全国医药高等教育药学类特色教材

医药企业管理学

主　编　曾　渝　罗兴洪

中国医药科技出版社

内 容 提 要

本书系统介绍了医药企业的研发、生产、经营等环节的管理过程和质量管理的主要内容，详细介绍了医药企业的人力资源管理、新药研发管理、生产质量管理、营销管理、物流管理、企业文化管理、市场准入管理、信息管理、广告管理、财务管理、战略管理等管理模式。同时介绍了GLP、GCP、GMP、GSP对医药企业管理的要求，以及在制药企业管理中的运用，是医药企业经营活动过程管理实务。在注重基础知识讲述的基础上，从不同角度介绍了当前企业管理领域的新理论、新技术和新方法，使读者既能掌握学科的基本知识，又能了解本学科的新动态。

本书可供高等教育医药学相关专业的学生使用，还可供硕士研究生、博士研究生以及医药企业技术人员和管理人员学习使用。

图书在版编目（CIP）数据

医药企业管理学/曾渝，罗兴洪主编．—北京：中国医药科技出版社，2013.11

全国医药高等教育药学类特色教材

ISBN 978-7-5067-6450-6

Ⅰ.①医… Ⅱ.①曾…②罗… Ⅲ.①制药工业-工业企业管理-医学院校-教材

Ⅳ.①F407.7

中国版本图书馆CIP数据核字（2013）第245793号

美术编辑 陈君杞

板式设计 邓 岩

出版 中国医药科技出版社

地址 北京市海淀区文慧园北路甲22号

邮编 100082

电话 发行：010-62227427 邮购：010-62236938

网址 www.cmstp.com

规格 787×1092mm 1/16

印张 24 1/2

字数 452千字

版次 2013年11月第1版

印次 2016年8月第2次印刷

印刷 廊坊市广阳区九洲印刷厂

经销 全国各地新华书店

书号 ISBN 978-7-5067-6450-6

定价 49.00元

编委会

主　编　曾　渝　罗兴洪

副主编　顾丽敏　唐冬蕾　杨　勇

编　委　(以姓氏笔画为序)

马　东　刘春平　杨　勇
杨再华　李果果　李维涅
张　峰　张　海　罗兴洪
周进东　顾丽敏　唐冬蕾
续　鸣　傅超美　曾　渝

前　言

医药企业管理学是研究药品研发、生产、营销、物流、医保、物价、招标、企业文化、人力资源、信息化建设等经营管理，以促进医药企业健康发展的科学。医药企业管理具有一般企业管理的普遍性，又有医药行业管理的特殊性。医药企业在新药研究、质量管理、营销管理、市场准入、物流管理、广告管理等各个环节都受到药品相关的法律法规的特殊要求，国家对医药行业从业人员和管理人员、特别是质量管理人员都有比较高的专业技术要求。

本书系统介绍了医药企业的研发、生产、经营等环节的管理过程和质量管理的主要内容，详细介绍了医药企业的人力资源、新药研发、生产质量管理、营销管理、物流管理、企业文化管理、市场准入管理、信息管理、广告管理等管理模式。同时介绍了 GLP、GCP、GMP、GSP 对医药企业管理的要求，以及在制药企业管理中的运用，是医药企业经营活动过程管理实务。在注重基础知识讲述的基础上，从不同角度介绍了当前企业管理领域的新理论、新技术和新方法，使学生既能掌握学科的基本知识，又能了解本学科的新动态。

《医药企业管理学》是高等教育医药市场营销专业、药事管理专业、药学专业、制药工程专业、药物制剂专业、卫生事业管理专业、医疗保险专业、卫生管理专业、卫生法学专业等专业的一门重要专业课程。主要供高等教育相关专业的学生使用，还可供硕士研究生和博士研究生选修课以及医药企业技术人员和管理人员培训使用。

本教材共十二章，第一章医药企业管理概论、第二章新药研发、第三章药品生产质量管理、第四章药品经营质量管理、第五章人力资源管理、第六章企业文化管理、第七章药品市场准入管理、第八章医药广告、第九章医药物流、第十章企业信息管理、第十一章财务管理、第十二章企业战略管理。教材中各章节前设有掌握、熟悉、了解等教学要求，每章节后附有本章复习测试题，包括名词解释题、选择题和简答题等。

本书由海南医学院、成都中医药大学、南京中医药大学、海南省食品药品监督管理局、江苏省发展和改革委员会、先声药业有限公司、南京优科生物医药有限公司、太极集团有限公司、四川联成投资管理有限公司等单位长期从事教学、药品监督管理、药品研发、生产、销售、政策研究的专家学者历时两年编写而成，真实反映了现代医药企业的管理实际，充分体现了理论来自于实践的哲学命题，是理论与实践有机结合的典范。在编写过程中各位编者付出了大量的智慧、心血和汗水，同时也得到了医药界有关专家学者的大力支持和帮助，在此表示衷心的感谢！

但由于受知识面和写作水平所限，时间也较为仓促，书中疏漏、错误之处在所难免，恳请广大读者批评指正。

编者
2013 年 8 月

目　录

第一章 医药企业管理概论

掌握： 企业的定义，企业的特点，管理概念，管理原理，医药企业概念，医药企业特点。

熟悉： 管理的特点，企业管理原则，医药企业分类，德鲁克管理理论。

了解： 现代管理理论，医药企业管理。

医药企业管理学是研究药品研发、生产、营销、物流、医保、物价、招标、企业文化、人力资源、信息化建设等经营管理，以促进医药企业健康发展的科学。

第一节 企业概论

企业是商品经济发展到一定阶段的产物，它是作为替代市场的一种更低交易费用的资源配置方式。企业是历史的产物，是社会生产力发展到一定水平的结果，是商品生产与商品交换的产物，是劳动分工的结果。个体手工业发展到手工作坊、商人雇主制、手工业工场，手工业工场的出现，标志着现代意义上企业的产生。

一、企业的概念

企业是指为满足社会需要、实现自身发展并获取盈利，依法设立的从事研发、生产、流通、服务等经济活动，进行自主经营、自负盈亏、独立核算的具有独立法人资格的经济实体。

企业还可从不同的角度有不同的理解。

从社会角度，企业是由员工组成的团体组织，承担一定的社会责任和义务。

从经济角度，企业是从事商品生产和经营活动的盈利性经济实体。

从法律角度，企业指从事生产、流通、服务等经济活动，以产品或劳务满足社会需要并获取盈利，自主经营、自负盈亏、依法设立的经济实体，是社会经济的基本单位。

美国《现代经济词典》把企业定义为：设在一定地点、拥有一个或一个以上的雇员的工厂、商店或办事机构。

《中国企业管理百科全书》将企业定义为：从事生产、流通等经济活动，为满足社会需要并获取赢利，进行自主经营，实行独立核算，具有法人资格的基本经济单位。

二、企业的特点

（1）企业必须依法设立，依法经营。

（2）企业以盈利为目的、以市场为导向，是一个经济组织。

这一点使企业区别于行政组织、事业单位、政治组织、社团组织、慈善机构等。

（3）企业必须自主经营、自负盈亏、独立核算。

企业有独立的账户，进行独立核算。以收抵支，用自己的财产承担责任，即盈利由企业自主支配，亏损由企业自己抵补，当资不抵债时，企业必须以其全部财产承担清偿责任。企业下属的分厂、车间、职能部门就不能称之为企业。

三、企业的类型

（一）企业类型的划分

1. 按照生产资料所有制的性质划分　可将企业划分为公有制企业和非公有制企业。

公有制企业包括国有企业和集体企业，非公有制企业包括个体企业、私营企业和外商投资企业等。

2. 按企业所属行业划分　分为医药企业、电子企业、纺织企业、化工企业等。

3. 按企业使用的主要经营资源划分　分为劳动密集型企业、资金密集型企业、技术密集型企业和知识密集型企业。

4. 按企业规模划分　分为大型企业、中型企业和小型企业。医药企业按规模又可分为百强企业、中小型企业。

5. 按企业组织形式划分　从生产力的组织形式方面考察，企业可划分为简单综合型企业、简单专业化企业、多元专业化企业和跨行业综合型企业，广义上还包括企业集团等企业之间的联合体；从财产组织形式方面考察，企业有单个业主制企业、合伙制企业和公司制企业等类型。

6. 按市场类型划分　从市场交易的客体看，市场体系有商品市场、金融市场、技术市场等多种类型；按市场范围不同，企业分为内向型企业、外向型企业和跨国公司。

7. 按企业运用的主体技术划分　可分为传统技术企业和高新技术企业。

（二）几种企业类型介绍

1. 外商投资企业　外商投资企业主要包括：中外合资经营企业、中外合作经营企业、外商独资经营企业。

（1）中外合资经营企业　是指外国的企业和其他经济组织或个人，按照平等互利的原则，同中国的企业或者其他经济组织在中国境内共同投资举办的企业。

中外合资经营企业是一种股份制的有限责任公司。合营各方按合同规定的出资比例进行投资。共同投资、共同经营、共担风险、共负盈亏是中外合资经营企业的主要特点。

中外合资经营企业有利于双方在生产经营中实现优势互补。中外合资经营企业是利用外资、引进先进技术和管理经验的一种重要形式。

（2）中外合作经营企业　是指外国的企业和其他经济组织或个人，按照平等互利的原则，同中国的企业或者其他经济组织在中国境内共同举办的契约式的合营企业。

中外合作者举办这样的企业，要在合同中规定投资或者合作条件、收益，或者产品的分配、风险和亏损的承担、经营管理的方式和合作企业终止时财产的归属等问题。

中外合作经营企业是由合作各方自行协商，以比较灵活的方式组织起来的有限责任制的国际经济合作形式。

（3）外商独资经营企业　是指外国投资者（包括企业和其他经济组织或个人）以及华侨和港澳台同胞，经中国政府批准，在中国境内租赁土地、独立投资兴办的企业。特点是由外商独立投资、独立经营管理、自负盈亏。

2. 私营企业和个体企业

（1）私营企业　私营企业又称民营企业，是指企业资产属于私人所有，雇工 8 人以上的营利性的经济组织。从所有权看，私营企业的资产是由私人进行投资形成的，其经济性质属于私有经济，这是它与国有企业、集体企业等公有制经济的根本区别。在劳动关系上，私营企业投资者是雇主，工人是被投资者所雇用的劳动者，双方关系是雇佣劳动关系，这也是私营企业同国有企业和集体企业相区别的根本不同之处。作为营利性的经济组织，私营企业同其他企业一样，都是自主经营、自负盈亏的。

（2）个体企业（个体工商户）　是由个体劳动者兴办，生产经营和管理主要依靠个体劳动者本人及其家庭成员的企业。

个体企业同私营企业的主要区别就在于：个体企业一般不雇工经营，主要依靠自己和家庭成员的劳动，即使雇工也为数很少，而私营企业则是以雇佣劳动为基础，雇工规模较大，至少在 8 人以上。

我国的基本经济制度是公有制为主体，多种所有制经济共同发展。个体、私营等非公有制经济是社会主义市场经济的重要组成部分，对充分调动社会各个方面的积极性、加快生产力发展具有重要作用，在巩固和发展公有制经济的同时，国家也鼓励、支持和引导非公有制经济的发展。

3. 高新技术企业　从企业投入的生产要素和产出的技术特点方面看，大多数企业属于传统产业企业。

属于高新技术企业类型的是那些从事信息技术、生物技术、新材料技术、新能源技术、空间技术和海洋开发技术等高新技术产品的研制、开发、生产和经营的企业。

高新技术企业要求每年用于研发的投入要占销售收入的 6% 以上，具有大专以上学历的科技人员占企业职工总数的30%以上；从事高新技术产品研究、开发的科技人员应占企业职工总数的10%以上。从事高新技术产品生产或服务劳动密集型高新技术企业，具有大专以上学历的科技人员占企业职工总数的20%以上。高新技术企业的技术性收入与高新技术产品产值的总和应占本企业当年总收入的50%以上。

高新技术企业的风险比普通企业大得多，淘汰率高，而一旦获得成功，收益也高。

4. 外向型企业和跨国公司 外向型企业和跨国公司的基本特征是生产和经营面向国际市场，以国际市场为产品销售的主要场所。

具备一定条件的企业，应积极向外向型企业的方向发展。特别是那些以内销为主、国内市场日趋饱和且发展余地不大、又有一定竞争实力的企业，可通过开拓国际市场、提高产品外销比例，逐步转变为外向型企业。

跨国公司又称多国公司、国际公司或环球公司，一般进行完全的国际化经营。

所谓完全的国际化经营，就是进行对外直接投资，在多个国家设立分支机构或子公司，从而在全球范围内捕捉市场机会，以最适宜的方式在最适宜的地区进行生产、销售或其他经营活动，实现全球性的经营战略目标。

（三）企业集团

1. 企业集团的含义 作为一种经济组织和企业组织形式，它是一个以少数几个或一个大企业为核心，以一批具有共同利益、受这个核心不同程度控制和影响的企业为外围，通过各种不同的联系方式而结成的比较稳定和紧密的企业联合体。

2. 企业集团的特征

（1）具备一个实力雄厚、对集团成员企业具有控制力和影响力的核心企业，它有独立财产，有法人地位，有资金、技术、产品和市场营销实力，能统一规划集团的投资活动。

（2）组织结构具有层次性，一般分为核心层、紧密层、半紧密层和松散层四个层次。

（3）多渠道影响和控制成员企业，以资产联结为主。

核心层即集团公司，是起主导作用的。紧密层由集团公司控股的子公司组成，是集团实施一体化经营的基本力量。半紧密层由集团公司参股的企业组成，是集团一体化经营的辅助力量。松散层是那些承认集团章程、与集团公司及紧密层企业建立有长期、稳定、优惠协作关系的关联企业。

3. 企业集团的种类 产品辐射型、多元复合型、项目成套型、经营服务型、出口导向型。

（1）产品辐射型 即以名优产品为“龙头”，以大型骨干企业为核心，与相关的协作配套企业、销售企业和科研机构联合所组成的企业集团。又称为产品辐射型企业集团，亦称为“一条龙”企业集团。产品辐射型企业集团的目的是为了迅速扩大龙头产品的生产能力，实现经济规模。

（2）多元复合型　是以有实力、有影响的大企业为核心，联合相关的工业企业、商业企业、金融企业和科研单位等，横跨多个行业和部门，是经营领域比较广的综合性企业集团。

（3）项目成套型　是以一种或几种相近的工程项目为对象，把从事设备成套设计、制造、供应、安装、人员培训、维修服务等经营活动的若干企业联合起来的企业集团。

项目成套型企业集团的优势主要在于拥有完整的、高质量的大型工程项目的成套能力，多以生产制造主体设备的大型企业为核心。

（4）经营服务型　是以知名度较高的大型企业为核心，把生产经营活动存在联系的科、工、商、贸等企业联合起来，以互相提供市场信息、促进科研开发、扩大销售和服务范围为主要内容，彼此之间紧密协作。

（5）出口导向型　是面向国际市场，为了扩大出口，以外贸企业为核心，联合若干生产出口产品的企业而组建起来的。

4. 我国发展企业集团的意义　在市场经济迅速发展，企业面临国内外市场竞争严峻挑战的新形势下，“大而全”、“小而全”的单厂制企业组织形式成为许多国有大中型企业缺乏活力、处境艰难的一个重要根源。针对企业组织机构庞大、人浮于事、效率低下，难以实现规模生产和规模经营；设备和人员负荷不均，重复建设现象严重的弊端，国有大中型企业借鉴国外企业实行专业化、联合化、集团化的经验，组建了多种形式的企业集团，取得了很好的效果。企业集团可以通过许多企业之间的联合，在远比单个企业大得多的规模和范围内合理组织生产力，既能在一定程度上实行统一经营，使规模庞大的资源按照统一的经营战略合理配置，又能给各个成员企业以最大限度的经营灵活性，充分发挥各自的专长与优势，从而使生产力能够获得迅速发展。它对于增强我国大中型企业的活力，提高企业经济效益，对于加快建立社会主义市场经济体制，具有十分重要的意义。

目前世界上最有生命力和竞争力、发展最快的一种企业组织形式是企业集团。如医药企业集团中的复星集团、石药集团、广药集团、先声药业集团、步长集团、扬子江药业集团、太极集团等。

四、企业的组织形式

（一）个人独资企业

1. 定义　个人独资企业是指在中国境内设立，由单个自然人出资兴办，财产为投资人个人所有，出资者直接经营和管理并享有企业的全部经营利润，同时对企业的债务承担无限责任的从事生产、经营的经济实体。如零售药店等。

2. 优点　规模小，结构简单，建立和歇业的程序简单；产权能够自由的转让；经营灵活，决策迅速；利润独享，保密性强。

3. 应具备的条件　根据《个人独资企业法》第八条规定，设立个人独资企业应当具备下列条件。

（1）投资人为一个自然人；

（2）有合法的企业名称；

（3）有投资人申报的出资；

（4）有固定的生产经营场所和必要的生产经营条件；

（5）有必要的从业人员。

4. 缺点　企业的规模、积累和扩大投资的能力有限，筹资能力有限；企业的经营风险大。

（二）合伙企业

1. 定义　合伙企业是指在中国境内设立，由两个或两个以上的个人订立合伙协议，共同出资、合伙经营、分享收益，共担风险，并对合伙企业债务承担无限连带责任的从事生产、经营的经营实体。如连锁药店、小型药厂等。

2. 有关规定　2007 年 6 月 1 日开始执行的合伙企业法的规定如下。

合伙企业是指自然人、法人和其他组织依照本法在中国境内设立的普通合伙企业和有限合伙企业。普通合伙企业由普通合伙人组成，合伙人对合伙企业债务承担无限连带责任。有限合伙企业由普通合伙人和有限合伙人组成，普通合伙人对合伙企业债务承担无限连带责任，有限合伙人以其认缴的出资额为限对合伙企业债务承担责任。

3. 优点　可以从众多的合伙人处筹集较多的资本，筹资能力有所提高。

4. 缺点　合伙关系比较复杂（合伙企业根据合同建立，每当一位合伙人离开或接受一位新的合伙人，就必须重新确立合伙关系）；合伙企业的重大决策都需要经过所有合伙人的同意，虽然经营决策有了制约，容易造成决策上的延误。

个人独资企业和合伙企业是自然人企业，不具备法人资格，承担无限责任，风险比较大。两者都是集所有权和经营权为一体，经营积累较缓慢，并承当无限责任，不适应大规模生产经营和生产现代化、社会化的需要。

（三）公司

公司是指在中国境内设立的，由两个以上的投资者依照《中华人民共和国公司法》共同投资，依法设立的、以营利为目的、并具有法人资格的从事生产、经营的经济实体。

法人是具有民事权利能力和民事行为能力，独立享有民事权利和承担民事义务的组织。法人必须同时具备四个条件：一是企业必须严格依法定设立；二是有独立的组织机构，使用自己的名称，有自己的场所；三是拥有独立支配的财产；四是能独立承担民事责任。

公司的特点：公司是企业法人，有独立的法人财产，享有法人财产权，公司以其全部财产对公司的债务承担责任；公司承担有限责任（出资者以出资额为限承担责任，企业以法人财产为限对公司承担责任）；所有权和经营权相分离，作为所有者的股东委托董事会，并由董事会聘任经理来经营企业。

公司包括依照我国公司法在中国境内设立的有限责任公司和股份有限公司。

1. 有限责任公司 有限责任公司亦称有限公司，是指依照公司法设立，由一定数额的股东出资建立，股东以其出资额为限对公司承担责任，公司以其全部资产对公司债务承担责任的企业法人。有限公司兼具资合和人合的性质。具有如下特征。

（1）股东人数有限制 我国公司法规定股东人数不超过 50 人。

（2）募集资本的封闭性 全部资本由股东出资，不向社会公开募集，不能发行股票，股东出资额协商确定，可多可少，不要求等额。

股东出资后，公司出具出资证明书（出资证明载明事项：公司名称，公司成立日期，公司注册资本，股东的姓名或者名称、缴纳的出资额和出资日期，出资证明书的编号和核发日期，出资证明书由公司盖章），作为股东在公司中享有的权益凭证。

（3）法定资本有最低限额，但比股份公司少得多 有限责任公司注册资本的最低限额为人民币 3 万元，股东可以用货币出资，也可以用实物、知识产权、土地使用权等可以用货币估价并可以依法转让的非货币财产作价出资。

（4）出资转让的限制性 有限公司股东所持资本不能随便转让，如向第三人转让，必须在其他股东同意的条件下才能转让，并且老股东有优先购买权。

（5）设立程序简单 一般无须设立审批，只需直接办理工商登记即可。

（6）不必向社会公开披露财务、经营等信息。

优点：设立程序比较简单；不必发行公告，也不必公开账目，尤其是公司的资产负债表一般不予公开；公司内部机构设置灵活。

缺点：不能公开发行股票，筹集资金的范围和规模一般都较小，难以适应大规模生产经营活动的需要。

2. 股份有限公司 股份有限公司又称股份公司，是指全部资本划分为等额股份，股东以其所持股份为限对公司承担责任，公司以其全部资产对公司债务承担责任的企业法人。股份公司是典型的公司。具有如下特征。

（1）股东人数有最低要求，而无上限。股份有限公司的设立必须有发起人，发起人为 2 人以上 200 以下，其中须有半数以上的发起人在中国境内有住所，发起人承担公司筹办事务。

设立方式可以采取发起设立或者募集。发起设立是指由发起人认购公司应发行的全部股份而设立公司。募集设立是指由发起人认购公司应发行股份的一部分（不得少于公司股份总数的 35%），其余股份向社会公开募集或者向特定对象募集而设立公司。

（2）资本募集的公开性。公司法允许股份公司向社会公众发行股票，公开募集资本。

股票是公司签发的证明股东所持股份的凭证，同种类的每一股份应当具有同等权利，同次发行的同种类股票，每股的发行条件和价格应当相同，任何单位或者个人所认购的股份，每股应当支付相同价额，即同股同权同酬。

（3）注册资本的数量要求较高，最低限额500万。

（4）股份的等额性。股份公司的全部资本划分为等额股份，这是股份公司与有限公司的主要区别。

（5）股份转让的自由性。股份公司的股份可以在依法设立的证券交易场所自由转让，而无须征得其他股东的同意。

（6）设立程序复杂，须经国务院授权部门或省级人民政府审批。

（7）必须向社会公开披露财务、经营等信息。

优点：除承担有限责任外，还可获准上市，向社会发行股票，具有大规模的筹资能力，能迅速扩展企业规模；此外，股票易于转让，资本的流动性好。

缺点：设立程序复杂；财务经营状况须向社会公开，保密性不强；股东购买股票往往为获利，缺少对企业长远发展的关心；所有权与经营权高度分离会产生复杂的委托－代理关系（经营者为了自身的经营而背离股东的利益，如产生道德风险、逆向选择）。

第二节 管理概论

在人类历史上，自从有了有组织的活动，就有了管理活动，人们把管理活动的经验加以总结，形成了最初的管理思想。到19世纪末，随着欧洲工业革命的发展，人们对管理思想进行提炼和概括，管理理论才真正出现。

一、管理的概念

1. 管理的定义 管理是指组织中的管理者通过计划、组织、指挥、协调和控制等环节和各种方法，来有效地获得和利用各种资源，以期达到组织目标的过程。

2. 管理的含义

（1）管理是为实现组织目标服务的，是一个有意识、有目的活动。

（2）管理工作是一个持续的过程。

（3）管理的本质是协调。

3. 管理的特征

（1）管理的主体——管理者。

（2）管理的客体——组织内各种资源。

（3）管理的手段——方法、职能。

（4）管理的目标——组织的目标。

4. 企业管理 企业管理就是为了保证企业生产经营活动的正常进行，实现企业的既定目标，而对企业的生产、财务、经营等活动所进行的计划、组织、指挥、协调和控制。

二、管理的原理

1. 系统原理 系统是指由相互依存、相互作用、相互制约的各种因素所构成的具有特定功能的有机体。

任何系统都具有集合性、相关性、目的性、整体性和适应性的特征。

管理的系统原理是指为了达到管理的优化目的，必须把企业看作是一个由各种相互依存不可分割的要素组成的统一整体，从整体高度对管理的各要素进行系统分析，综合治理。

2. 整分合原理 整分合原理是指系统各个要素是各具功能的，同时又是相互联系可以综合的。进行企业管理，必须在整体规划下明确分工，在分工的基础上进行有效的综合。

整分合原理有以下三个要点：首先，整体观点是大前提；其次，分工是关键；最后，必须组织综合。

3. 封闭原理 封闭原理是指一个系统内部各种管理机构、管理制度、管理方法之间，必须构成一个连续的封闭回路，即管理系统的各要素必须具有相互制约关系，才能形成有效的管理活动。管理活动在封闭回路中运行，才能推动管理前进，否则，管理大开口，就无法实现管理的功效。

4. 能级原理 为了取得最佳管理效率和效益，在管理系统中建立一套合理的能级，对不同的能量分级使用、分级管理，使各类企业管理能量在动态中处于相应的能级，保持能量与能级相称，这就是能级管理。在管理上不得越级指挥，也不得越级汇报。

企业管理能级的建立必须按层次具有稳定的组织状态。稳定的管理结构应当是正三角形或宝塔形。

5. 弹性原理 管理必须在坚持原则的基础上，保持充分的弹性，及时适应客观事物各种可能的变化，以变应变，才能实现灵活的动态管理，这就是弹性原理。

6. 激励原理 激励原理是指采取有效的措施和科学的方法，对企业人员施加刺激，引起其心理动机的变化，使之产生所期望的行为反应，以达到企业管理目标。

三、管理的特点

（1）管理是一种文化现象，也是一种社会现象——普遍性。

无论是营利性组织还是非营利性组织、大企业还是小企业、高层、中层还是基层，都存在管理。

（2）管理的载体是组织。

组织是指两个或两个以上的人为了实现共同的目标而组成的有机整体。

（3）管理的主体是管理者。

管理者是指在组织中行使管理职能、指挥或协调他人完成具体业务的人。

（4）管理具有任务性、职能性和层次性。

管理的任务：设计和维持一种环境，使在这一环境工作的人们能够用尽可能少的支出，实现既定的目标。

管理的职能：计划、组织、领导和控制。

管理的层次：高层、中层和基层。

不同层次的管理者在各个职能上所花费的时间不同，如表1－1所示。

表1－1　管理者在各个职能上花费的时间比例

管理者	计划	组织	领导	控制
高层管理者	28%	36%	22%	14%
中层管理者	18%	33%	36%	13%
基层管理者	15%	24%	51%	10%

摘自：斯蒂芬·P·罗宾斯，《管理学》

（5）管理的核心是处理好人际关系。

四、管理的意义

现代意义上的管理有四层含义。

（1）管理是为实现组织目标服务的，是一个有意识、有目的的行动过程。

（2）管理工作要通过综合运用组织中的各种资源来实现组织的目标。

（3）管理工作过程包括计划、组织、领导和控制等基本职能，这些职能是相互关联和连续进行的。

（4）管理工作处于一定的环境中，有效的管理必须充分考虑组织面临的内外环境。

第三节　管理理论

中国古代的管理思想在许多著作中有体现，如《孙子兵法》、《周礼》、《墨子》、《老子》、《管子》、《齐民要术》、《开工天物》等。但中国尚未形成有特色的管理理论。

西方古代的管理思想有亚当·斯密的劳动分工观点和经纪人观点、小瓦特和博尔顿的科学管理制度、马萨诸塞的所有权和管理权的分离、欧文的认识管理、巴贝奇的作业研究和报酬制度等，管理者及研究者对西方管理思想加以提炼和概括，找出其规律，在管理活动中进行检验，并对结果分析研究，形成管理活动普遍原理，并将原理抽象和综合，进而形成管理理论。

本节主要介绍西方管理理论的产生和发展过程。

一、古典管理理论

古典管理理论产生形成于19世纪末20世纪初，主要是系统地研究企业生产过程和行政组织管理。

（一）泰勒科学管理理论

泰勒，美国人，1886 年出生于宾西法尼亚，工人出身，其研究侧重于车间管理。泰勒在费城某钢铁公司工作，其科学管理理论是针对工厂中的“磨洋工”现象提出的，被称为“科学管理之父”。泰罗思想的出现标志着企业管理理论的形成。

泰勒 1911 年出版的《科学管理原理》一书中，泰勒思想主要侧重于企业生产的现场管理，他的管理思想主要内容如下。

（1）科学管理的中心问题是提高劳动生产率，为此必须科学地制定劳动定额。

（2）标准化管理——方法、工具、设备、材料、环境等。

（3）应该科学地选拔工人，并且通过工时研究和动作研究，制定科学合理的日工作量。

（4）劳资双方应该加强沟通，用合作代替对抗、例外管理，高层管理者应把例行性事务授权给下级，自己只保留对重要事项的决定权、监督权。

（5）实行“差别计件工资制”，工资率按照完成定额的程度浮动。

（6）应该把计划职能和执行职能分离开来。

（二）法约尔的一般管理理论

法约尔，法国人，大学毕业后，在一个矿业冶金公司度过了 58 年的职业生涯，先是担任工程师，后来任总经理，并且在总经理的职位上时间长达 30 年，同时当过教授，退休后创立了管理研究所。法约尔由于长期从事企业的高层管理工作，因此对全面管理有深刻的体会和理解，他的理论侧重于一般管理理论，被后人称为“经营管理之父”。

法约尔理论的贡献体现在他的著作《工业与一般管理》（1916 年），他提出把管理分为五大要素，即计划、组织、协调、指挥、控制等，并提出了管理的十四项原则：劳动分工、权力与责任相一致、纪律、统一指挥、统一领导、个人利益服从集体利益、合理的报酬、公平、适当集权和分权、等级链、秩序、人员的稳定、首创精神和人员的团结。

他把企业作为一个整体去研究，概括了一般管理的理论、要素、原则，着重研究企业的全面经营管理问题，指出工业企业经营活动可以概括为以下六个方面：技术活动、商业活动、财务活动、安全活动、会计活动和管理活动。他认为组织结构和管理原则的合理化，管理人员职责分工的合理化才是企业管理的中心。

（三）韦伯的行政组织

韦伯，德国社会学家，主要贡献是提出了理想的行政组织体系（或官僚制、科层制），被称为“组织理论之父”。

韦伯的理想的行政性组织特点如下。

（1）组织中的人员应有固定和正式的职责并依法行使职权。

（2）组织的结构是一层层控制的体系。在组织内，按照地位的高低，规定成员间的命令与服从关系。

（3）人与工作的关系。成员间的关系只有对事的关系而无对人的关系。

（4）成员的选用与保障。每一职位根据其资格限制（资历或学历），按自由契约原则，经公开考试合格予以使用，务求人尽其才。

（5）专业分工与技术训练。对成员进行合理分工并明确每人的工作范围及权责，然后通过技术培训来提高工作效率。

（6）成员的工资及升迁。按职位支付薪金，并建立奖惩与升迁制度，使成员安心工作，培养其事业心。

古典管理理论代表人物泰罗、法约尔、韦伯从三个不同角度，即车间工人、办公室总经理和组织来解决企业和社会组织的管理问题，为当时的社会解决企业组织中的劳资关系、管理原理和原则、生产效率等方面的问题，提供了管理思想的指导和科学理论方法。

科学管理理论不但在当时起了划时代的作用，而且对以后管理理论的发展也有着深远的影响。它着重研究企业内部的生产管理，提出了科学的工作方法，严格的奖惩制度等，这对于以后的工作具有一定指导意义，但它忽视社会条件对工作效率的影响，忽视了人际关系的研究等，因而具有一定的局限性。

（四）古典管理理论的系统化

代表人：英国的林德尔·厄威克、美国的卢瑟·古利克。

主要成就：组织原则的系统化、《管理科学论文集》，提出“POSDCRB”管理七职能论。

由于古典管理理论的局限性，1924 年，以美国哈佛大学梅奥教授为代表，创立了“行为科学”的学说，由此管理理论的发展进入行为科学理论的时期。

二、行为科学理论

行为科学学派是一种诞生于近代，形成于现代的管理理论学派。其早期为人际关系学派，是于 20 世纪 20 年代末 30 年代初，通过霍桑实验而形成的，其代表人物是梅奥。行为科学理论重视了人在生产中的作用，侧重激发人的创造性。主要研究个体行为、团体行为和组织行为。

（一）人际关系学说

人际关系学派主要代表人物为艾尔顿·梅奥。梅奥，原籍澳大利亚的美国行为科学家，1927～1932 年负责了著名的霍桑试验，并由此得出了人际关系学说。主要代表作《工业文明的人类问题》。

1. 霍桑试验的四个阶段　①工厂照明试验；②继电器装配试验；③谈话研究；④观察试验。

2. 发现以下现象　①工人们之间似乎有一个“合理的日工作量”；②“树大招风”；③在工人中形成的一些非正式团体。

3. 得出三条结论　①人是社会人；②企业中不但存在着正式组织，而且存在着非正式组织；③新的领导能力在于提高职工的满足度，在于通过提高职工的满足度来鼓舞职工的士气。

这三条结论构成了早期人际关系学说的主要内容，也是后期行为科学的基本理论基础。

（二）行为科学

1949 年在美国芝加哥召开的一次跨学科会议上，首先提出行为科学这一名称。1953 年正式把这门综合性学科定名为“行为科学”，是综合应用心理学、社会学、社会心理学、人类学、经济学、政治学、历史学、法律学、教育学、精神病学及管理理论和方法，研究人的行为的边缘学科。它研究人的行为产生、发展和相互转化的规律，以便预测人的行为和控制人的行为。

行为科学学派认为，管理是经由他人来达到组织目标的过程，因此，管理者最重要的工作是对人的管理。行为科学把以“事”为中心的管理，改变为以“人”为中心的管理，由原来对“规章制度”的研究发展到对人的行为的研究；由原来的专制型管理向民主型管理过渡。今天，人本管理的思想和方法已在企业管理中被广泛采用。

1. 现行的行为科学管理理论主要内容

（1）人性假设是行为科学管理理论的出发点。把人的因素作为管理的首要因素，强调以人为中心的管理，重视职工多种需要的满足；其中各个时期、管理者对管理对象的认识可以分为六种基本类型：工具人假设、经济人假设、社会人假设、自我实现人假设、复杂人假设、决策人假设。

（2）激励理论是行为科学的核心内容，具体而言，从需要层次理论、行为改造理论、过程分析理论三个方面进行的。

（3）群体行为理论是行为科学管理理论的重要支柱，掌握群体心理是研究群体行为的重要组成部分。

（4）领导行为理论是行为科学管理理论的重要组成部分，包括对领导者的素质、领导行为、领导本体类型、领导方式等方面的研究。

目前组织行为学从它研究的对象和涉及的范围来看，可分成三个层次，即个体行为、团体行为和组织行为。

2. 个体行为理论主要内容

（1）有关人的需要、动机和激励方面的理论　可分为三类。

1）内容型激励理论，包括需要层次论、双因素理论、成就激励理论等。

①马斯洛的需要层次理论　马斯洛认为人是有需要的动物，人的需要有轻重层次，并将人的需要分为五级：生理的需要、安全的需要、感情的需要、尊重的需要、自我

实现的需要，依次由较低层次到较高层次，他认为通过满足人的不同需要来达到激励人员的作用。不过，马斯洛的理论只说明了需要与激励之间的一般关系，没有考虑到不同的人对相同的需要的反映方式往往是不相同的，而且他没注意到工作和工作环境的关系。

②赫茨伯格的双因素理论　赫茨伯格，美国心理学家。20 世纪 50 年代末期，他和他的助手们在美国匹兹堡地区对 200 名工程师、会计师进行了调查访问，结果发现了双因素理论，于 1959 年提出了双因素理论（激励因素和保健因素），对需要层次理论作了补充。他划分了激励因素和保健因素的界限，分析出各种激励因素主要来自工作本身，这就为激励工作指出了方向。激励因素是使职工感到满意的因素，主要是属于工作本身或工作内容方面的，比如成就、赏识、挑战性的工作、增加的工作责任，以及成长和发展的机会等。保健因素是使职工感到不满的因素，主要是与工作环境或工作关系方面的，如公司政策、管理措施、监督、人际关系、物质工作条件、工资、福利等。

2）过程型激励理论　包括期望理论、公平理论等。

3）行为改造型激励理论　包括强化理论、归因理论等。

（2）有关企业中的人性理论　主要包括 X－Y 理论、不成熟－成熟理论。

1）X－Y 理论　美国教授麦克雷戈（Douglas Mc Gregor）把传统管理学说称为“X 理论”，他自己的管理学说称为“Y 理论”。

X 理论认为：多数人天生懒惰，尽一切可能逃避工作；多数人没有抱负，宁愿被领导，怕负责任，视个人安全高于一切；对多数人必须采取强迫命令、软（金钱刺激）硬（惩罚和解雇）兼施的管理措施。

Y 理论的看法则相反：一般人并不天生厌恶工作；多数人愿意对工作负责，并有相当程度的想象力和创造才能；控制和惩罚不是使人实现企业目标的惟一办法，还可以通过满足职工爱的需要、尊重需要和自我实现需要，使个人和组织目标融合一致，达到提高生产率的目的。

X－Y 理论实质上是对人性的两种不同看法，因此采用的管理方法也不同。

按 X 理论看待工人，在管理上就要采取严格的控制、强制方式。

按 Y 理论看待工人，管理者要创造一个能多方面满足工人需要的环境，使工人的智慧、能力得以充分的发挥。

超 Y 理论由美国人莫尔斯（J. J. Morse）和洛希（J. W. Lorsch）最先提出。他们做了一次试验：在一个工厂和一个研究所中，按 X 理论来管理，结果工厂的效率高而研究所的效率低；在另一个工厂和另一个研究所中，按 Y 理论来管理，结果工厂的效率低而研究所的效率高。由此得出结论：Y 理论并不一定到处都比 X 理论优越。这是因为职工素质各不相同（有的人富于主动性、责任感和创造才能，有的人则没有这些品质），工作内容各不一样（有的单调重复，有的丰富新奇），目标性质大相径庭（有的组织目标可以精确定性定量，有的则很难确定)。超 Y 理论认为：不同的人对管理方式的要求不同，因此应该根据不同的情况，决定采用 X 理论还是 Y 理论来管理。

2）不成熟－成熟理论 美国教授阿吉里斯（Chris Argyris）认为人总是处在从不成熟到成熟的连续发展过程之中。拙劣的管理就是阻碍这个过程，使人的性格不能走向成熟。良好的管理则是促进这个过程，具体办法是：扩大职工的工作范围，使职工有从事多种工作的经验，采取参与式的、以职工为中心的领导方式，加重职工的责任，更多地依靠职工的自我指挥和自我控制等。

三、现代管理理论

1. 管理过程学派

创始人：亨利、法约尔。

特点：把管理学说与管理人员的职能联系起来。

2. 经验学派

代表人物：戴尔。

主张：通过分析经验来研究管理学问题——“案例教学”。

3. 社会系统论

代表人物：（美）巴纳德，著作《经理的职责》。

基本观点：组织是一个复杂的社会系统，应使用社会学的观点来分析和研究管理问题。

①组织是一个社会协作系统：物理因素、生物因素、社会心理因素。

②正式组织存在的三个条件：协作意愿、共同目标、信息沟通。

③管理者的领导权威来自下级的认可。

4. 决策理论学派

代表人物：西蒙，1978 年获诺贝尔经济学奖。主要理论内容如下。

①管理就是决策：决策贯穿管理全过程。

②阐述了决策的原理：决策的程序；决策准则是令人满意原则代替最优化原则；决策类型包括程序性决策和非程序性决策。非程序化决策通常成为管理者管理活动的重点；决策结果应该遵循满意的行为准则；决策是目的与手段交替的连锁过程。

③强调了决策者的作用。

5. 数量学派 数量学派认为管理就是制定和运用数学模型与程序的系统，就是用数学符号和公式来表示计划、组织、控制、决策等合乎逻辑程序，求出最优的解答，以达到企业目标。在企业的目标下，用数学来解决管理与被管理之间的关系是该学派的特色。数量管理理论的内容主要有：运筹学、系统分析、决策科学化。

6. 系统管理学派

代表人物：卡斯特。

系统管理理论是运用一般系统论和控制论的理论和方法，考察组织结构和管理职能，以系统解决管理问题的理论体系。代表人物为美国管理学者卡斯特、詹姆斯·E·罗森茨韦克（James E. Rosenzweig）和约翰逊。卡斯特的代表作为《系统理论和管理》。

基本观点：强调从系统观念上给管理人员提供一种思想方法，提供一种把企业内外环境、各种因素作为整体进行考虑的结构。

卡斯特等人的系统学说是以普通系统理论为基础的，包括系统哲学、系统管理和系统分析三个方面。

组织是一个由很多相互关联的部分组成的系统，某一部分的活动都会影响到其他部分；组织是一个开放的系统，与外界环境存在着动态的相互作用。

7. 权变理论学派　20 世纪 70 年代产生于美国，代表人物芦桑斯。

权变的意思就是具体情况具体分析、具体处理。其核心观点是不存在不变的，无条件适用于一切组织的“最好”的管理方法，管理要根据组织所处的内外环境的变化随机应变，针对不同的情况选择不同的方案和方法。

8. 战略管理理论　战略，“strategy”，原意指“将军指挥军队的科学和艺术”。《中国大百科全书》“是指导战争全局的方略”。《辞海》“对战争全局的筹划和指挥”。一般含义：全局性、长远性、根本性的谋划。

企业战略是指企业为了实现其目标，通过对外部环境和内部条件的全面估量和分析，从企业发展的全局出发而做出的较长时期总体性的谋划和活动纲领。

安索夫（Ansoff）的《公司战略》（1965）一书的问世，开创了战略规划的先河。到 1976 年，安索夫的《从战略规则到战略管理》一书出版，标志着现代战略管理理论体系的形成。

迈克·波特在《竞争战略》、《竞争优势》、《国家的竞争优势》中提出：①“五种竞争力量”，分析产业环境的结构化方法；②三种通用战略，即成本领先、标新立异、目标集聚；③价值链分析模型等。

9. 全面质量管理　20 世纪 70 年代产生于美国，代表人物戴明和朱兰。

全面质量管理的本质是由顾客需求和期望驱动企业持续不断改善的管理理念。包括：关注顾客、持续改善、精确测量。

10. 企业文化理论　企业文化的兴起起因于对日本式管理的研究。主要理论如下。

（1）威廉·大内，《Z 理论——美国企业如何迎接日本挑战》，将企业分为 A 型和 Z 型。

（2）帕斯卡尔和阿索斯，《日本企业管理艺术》，美国只重视硬性管理，而日本不仅重视软性管理。

（3）托马斯·彼德斯和小罗伯特·沃特曼，《成功之路》，美国成功企业的规律。

（4）汤姆·彼德斯和南希·奥斯汀，《志在成功》，成功管理最重要的两条基本原则是对组织的自豪感和对工作的满腔热情。

11. "学习型组织"理论 20世纪90年代以来，知识经济的到来，使信息与知识成为重要的战略资源，相应诞生了学习型组织理论。"学习型组织"理论是美国麻省理工学院教授彼得·圣吉在其著作《第五项修炼》中提出来的。

学习型组织是这样一个组织：在其中，大家以不断突破自己的能力上限，创造真心向往的结果，培养全新、前瞻而开阔的思考方式，全力实现共同的抱负，以及不断一起学习如何共同学习。

"学习型组织"的基本思想认为"未来真正出色的企业，将是能够设法使各阶层人员全心投入，并有能力不断学习的组织"。

创建学习型组织的五项修炼技术：①培养自我超越的员工，能够不断认清个人的真实愿望、集中精力、全身心投入；②改善心智模式，心智模式是看待旧事物形成的特定的思维定式，会影响对待新事物的观点；③建立共同愿景，包括共同的目标、价值观和使命感；④促进有效的团队学习；⑤形成全局性的系统思考。

12. 业务流程再造理论 进入20世纪七八十年代，市场竞争日趋激烈。美国企业为挑战来自日本、欧洲的威胁而展开探索。1993年，原国麻省理工学院教授迈克尔·哈默（M. Hammer）博士与詹姆斯·钱皮（J. Champy）提出了业务流程再造理论。

业务流程再造是指"为了飞越地改善成本、质量、服务、速度等重大的现代企业的运营基准，对工作流程（business process）作根本的重新思考与彻底翻新"。

四、德鲁克管理理论

1954年，德鲁克首次提出"管理学"概念，被西方学界尊为"大师中的大师"！

德鲁克先生被称为大师中的大师，不仅因为他是现代管理学的奠基人，目标管理的创建者，他在市场、创新、变革、战略、知识管理、21世纪管理者的挑战等方面的真知灼见，也让诸多管理大师和成功企业家从中受益。

《哈佛商业评论》讲："只要一提到彼得·德鲁克的名字，在企业的丛林中就会有无数双耳朵竖起来听"。微软总裁比尔·盖茨认为："在所有的管理学书籍中，德鲁克的著作对我影响最深。1954年德鲁克首次提出'管理学'概念，随后于1973年出版的《管理：任务、责任、实践》一书被许多国家的企业与学术界奉为管理学'圣经'"。

德鲁克在管理学方面的真知灼见不但影响着美国企业和美国的管理者，同时也深刻影响了中国的企业和中国的管理者，德鲁克的著作《管理者的实践》为中国企业家津津乐道，

（一）企业管理的关键问题

（1）我们的事业是什么？

（2）谁是我们的客户？

（3）客户需要什么？

（4）我们要追求什么样的结果？

(5) 我们的计划是什么?

这五个问题融汇集了德鲁克先生60多年为众多世界知名企业做顾问咨询的经验。德鲁克把企业的战略规划简化为一个决策者可以马上使用的管理工具。使用这个工具,可以解决您的企业为什么存在,如何定位,如何制定长期目标和短期目标,如何取得卓越成效等一系列决策问题。

(二)管理者的两项要务

德鲁克认为,仅将管理者定义为“对他人的工作负有责任的人”是不够的,管理者应该是“对企业的绩效负有责任的人”。

这里所谓的绩效,就是合理使用资源(人员、设备、原材料等)。管理者两项核心要务是:建立团队和权衡利益。

1. 管理者必须建立一支单一有机的团队 团队不仅仅是个体成员能力的简单集合,良好的团队能使全体成员的能力倍增。如果两个人齐心协力,他们的工作绩效将超过10个单打独斗的人。

作为管理者,要协调大量活动。协调是管理的精要所在。企业必须协调股东、客户、社会、员工和管理人员之间的冲突。经理人的任务是创造出一个大于其各组成部分总和的、真正的、富有活力的整体,他把投入于其中的各项资源,转化为较各项资源的总和更多的东西。

2. 管理者必须权衡目前利益与长远利益 管理者所做的一切必须既有利于当前,又有利于根本的长期目标和原则。他即使不能把这两个方面协调起来,至少也必须使之取得平衡。他必须计算为了当前利益而在长期利益方面所作出的牺牲,以及为了长期利益而在当前利益方面所作出的牺牲。他必须使这两方面的牺牲尽可能地小。而且他必须尽可能快地弥补这些牺牲。

管理者生活与活动于当前和未来的两度时间之中,并要对整个企业及其各个组成部分的绩效负责。

(三)管理的三项任务

1. 实现组织的特定目的和使命 一个组织的存在,是为了特定的目的、使命以及特定的社会功能。对企业而言,这就是经济绩效。在这一点上,企业与非营利机构是不同的。只有企业才有经济绩效这项特殊任务,这虽然不是社会赋予企业的惟一任务,但它是优先的任务,因为所有的其他社会任务,如教育、卫生、国防以及知识的更新均依赖于经济资源的剩余,而经济资源的剩余源自成功的经济绩效产生的利润和其他储蓄。

企业管理必须始终将经济绩效放在首位。管理层只能以它创造的经济成果来证明自己存在的必要与权威性。如果管理未能创造经济成果,管理就是失败的;如果管理层不能以顾客愿意支付的价格提供顾客需要的商品和服务,管理就是失败的;如果管理层未能用交付于他的经济资源提高或至少保持其生产财富的能力,管理也是失败的。

2. 使工作富有成效，员工具有成就感 管理的第二项任务是使工作富有成效，使员工有成就感。企业只有一个真正的资源：人。只有使人力资源具有生产力，企业才能运作。今天的组织已经逐渐变为个人赖以谋生、取得社会地位、获得个人成就与满足的工具。因此，使员工有成就感不仅重要，也是一种衡量组织绩效的尺度。

人力资源是所有经济资源中最未有效使用的资源，提高经济绩效的最大机会在于提高人们工作的效率。企业能否运作归根结底取决于它促使人们尽职尽责、完成工作的能力。因此，对员工和工作的管理是管理层的一项基本职能。德鲁克用 IBM 公司的例子解释了什么叫使工作具有生产力。

3. 处理对社会的影响与承担社会责任 管理的第三项任务，就是处理对社会的影响与承担社会责任。没有一个机构能够独立生存并以己身之存在为存在的目的。每个组织都是社会的一个器官，企业也不例外。只有对社会有益的企业才是好企业。

企业、医院或大学承担的社会责任可能在两个领域中产生：一个领域是机构对社会的影响，另一个领域是社会本身的问题。这两个领域中所产生的问题虽然不同，但都与管理有关。第一个领域讨论的是机构能对社会做什么，第二个领域讨论的是机构能为社会做什么。

现代组织存在的目的是为了向社会提供某种特定的服务，所以它必须在一定的社会环境中工作。它还必须雇用人员为其工作，因此，不可避免地会对社会产生一些影响。

（四）管理者五项基本工作

1. 要制定目标 一个管理者首先要制定目标。他决定目标应该是什么，为了实现这些目标应该做些什么，这些目标在每一领域中的具体目标是什么。他把这些目标告诉那些同目标的实现有关的人员，以便目标得以有效地实现。制定目标是进行平衡：在企业成果同一个人信奉的原则的实现之间进行平衡，在企业的当前需要同未来需要之间进行平衡，在所要达到的目标同现有条件之间进行平衡。

制定目标显然要有分析和综合的能力。德鲁克认为，一个人能够制定目标，不一定就能成为经理人；正如一个人能在一个很小的空间范围内缝针打结，不一定就能成为外科大夫一样。但是，一个人没有制定目标的能力，决不能成为称职的管理者。正如一个外科大夫可以通过提高缝针打结技术来使自己成为更好的外科大夫那样，一个管理者通过提高其各项工作的技术和成就，可以使自己成为更好的经理人。

2. 从事组织工作 一定意义上说，管理者所从事的就是组织工作。他分析所需的各项活动、决策和关系，他对工作进行分类，把工作划分成各项可以管理的活动，又进一步把这些活动划分成各项可以管理的作业。他把这些单位和作业组合成为一个组织结构。

管理者选择人员来管理这些单位并执行这些作业。组织工作也要求有分析能力。因为它要求最经济地利用稀缺资源。但它是同人打交道的，所以要从属于公正的原则，并要求经理人有正直的品格。

3. 从事激励和信息交流工作　人们工作是出于不同的原因，有人为了金钱，有人为了社会地位，有人为了得到别人的欣赏，也有人是为了在工作中获得满足感和自我发展。作为管理者，一定要明晰这些人的需求以及不断变化，确保员工尽可能最有效地工作。简而言之，激励就是鼓舞和指导员工取得好绩效。管理者要培训员工，为他们提供有挑战性和有趣味的工作，激励他们在工作中追求优异。更为重要的是，身为管理者，一定要相信员工并公平地对待他们。

除了激励外，一个管理者还要做好沟通工作。他要把担任各项职务的人组织成为一个团队。他做到这点的方法是：通过日常的工作实践，通过员工关系，通过有关报酬、安置和提升的“人事决定”，通过同其下级、上级和同级之间经常的相互信息交流和沟通。

4. 建立绩效衡量标准　管理者要建立衡量标准。而衡量标准对于整个组织的绩效和个人绩效至关重要。经理人（管理者）要为每一个人确定一种衡量标准。衡量的标准不但要专注于组织的绩效，而且还要专注于个人的工作并帮助他做好。他对成就进行分析、评价和解释。他把这些衡量的意义和结果通报给他的下级、上级和同级。衡量首先要求的是分析能力，但也要求把衡量用来促使实现自我控制，而不是用作控制他人的工具。

衡量常常被人滥用，因而是目前管理者工作中最薄弱的领域。德鲁克提倡衡量的结果应告知当事人。衡量有时被用来作为一种内部秘密警察的工具，向上司汇报有关一个管理者工作成绩的审查和批评，却连副本也不送给该经理人本人。只要衡量还像这样被滥用为一种控制的工具，它就将始终是经理人工作中最薄弱的领域。

5. 培养他人（包括自己）　管理者最重要的工作就是培养人。这种培养的方向决定着人——既作为人，又作为一种资源——能否变得更富活力，或最终完全失去活力。这一点不仅适用于被管理的人，而且适用于管理者自身。管理者是否按正确的方向来培养其下属，是否帮助他们成长并成为更高大和更丰富的人，将直接决定着他本人是否得到发展，是成长还是萎缩，是更丰富还是更贫乏，是进步还是退步。

人们希望不断提升自己，要做到这一点，他们需要培训、指导和鼓励。应该为他们提供发展的机会。只有当人们承担有挑战性的工作，他们才能得到发展。人们工作时，不可避免犯有这样或那样的错误。对他人所犯的错误应给予宽容的态度。德鲁克写道：“一个人越好，他犯的错误就越多——因为他会努力尝试更多的新东西。我永远不会提拔一个从不犯错误、特别是从不犯大错误的人担任最高层的工作。否则，他肯定将成为一个工作平庸的管理者”。

（五）应当设立企业目标的八大领域

应当设立企业目标的八大领域包括：市场营销、创新、人力资源、财力资源、物力资源、生产力、社会责任、利润需求。

（六）制定目标的原则

制定目标的 SMART 原则如下。

（1）具体（specific）　制定的目标要具体，可操作性要强，不能模棱两可。

（2）可测量（measurable）　制定的目标要尽可能量化，要能检测。

（3）可实现（attainable）　制定的目标不能脱离实际，要能够实现，如果不能实现的目标，不切实际的目标，就失去了意义。

（4）相关（relevant）　目标要与工作具有相关性，不要制定一些与工作无关的目标。

（5）时效（time - based）　制定的目标一定要有时效性，规定完成的期限。

第四节　企业管理概论

一、企业管理的概念

1. 企业管理的概念　企业管理是为了实现企业的目标，提高经济效益，对企业的人力资源、财力资源、物力资源和信息资源进行优化和配置，对企业的生产经营活动进行有效的计划、组织、领导和控制的一系列工作的总称。

2. 企业管理含义　企业管理包括以下几层含义：①企业管理的目的是为了实现企业的目标，提高经济效益；②企业管理工作是由计划、组织、领导和控制的一系列相互关联、连续进行的活动所构成的过程；③企业管理通过运用企业中的各种资源来实现企业的目标。

二、企业系统结构与特征

（一）企业系统结构

1. 企业系统结构的五要素　包括产品、人、财、物、信息。

（1）产品　企业为市场提供的有形产品或服务。

（2）人　具有科学技术知识和工作技能的员工，包括经营管理人员、工程技术人员、市场营销人员、生产作业人员等。

（3）财　出资人投入的资本和日常运营所需的资金。

（4）物　土地、厂房、机器设备、工具、仪器仪表、运输设备以及产品生产所必需的能源、原材料等。

（5）信息　反映这些要素及其相互结合状态与运行的各种信息。

2. 企业系统中生产经营流程　包括物流、资金流、人事流、信息流。

（1）物流　以物质产品和服务为中心的流程，包括市场研究与产品决策、产品开发、物资采购、生产制造、市场营销、用户服务与反馈等。

（2）资金流　相对于物流这个使用价值流程来说，资金流则是价值流程，是伴随物流而同时发生的一种流程，包括资金的筹措、投入、使用、结算等。

（3）人事流　适应物流与资金流的需要，而对企业员工进行招聘、调配、考核、培训、薪酬分配、升迁、辞退等。

（4）信息流　上述流程的各个环节都会产生信息，企业还要运用信息对其进行监督和调节，这就形成了信息流，它包括信息的收集、传输、处理、存储。

（二）企业系统特征

1. 企业二重性　一方面，企业是运用现代科学技术、依靠协作劳动而向市场提供商品的生产经营单位，是生产力实际运动场所，是生产力的组织形式，因而具有同社会化大生产和市场经济相联系的一般属性（自然属性）。另一方面，任何企业都不能脱离一定的社会经济制度而孤立生存，总是在一定的生产资料所有制基础上从事生产经营活动，是一定生产关系的体现者，因而又必然具有同生产关系的性质与结构相联系的特殊属性（社会属性）。

2. 现代工业企业的主要特征　①大规模采用机器和机器体系进行生产，系统地将科学技术应用于生产；②劳动分工精细，协作关系复杂、严密；③生产过程具有高度的比例性和连续性；④生产社会化程度高，有广泛、密切的外部联系。

在现代工业企业中，劳动者在生产中同生产工具的关系发生了根本性的变化，生产效率和产品质量主要取决于技术装备与工艺的先进性以及劳动者能否有效地使用它。

现代工业企业不仅改变了劳动者与劳动资料之间的关系，还改变了劳动者与劳动者之间的关系，形成了高度社会化的集体劳动。

三、企业管理的原则

1. 坚持实事求是的原则　企业需要制定什么规范、达到何种水平，应当根据企业的实际情况来决定，制定出的管理规范又应当在实践中经过试点或试验，证明它确实符合客观规律和本企业的实际情况，确实能取得良好效果，才能组织实施。

2. 坚持领导和群众相结合的原则　管理规范是要全体员工来执行的，必须充分听取员工的意见。

3. 坚持系统、全面、统一的原则　系统是指各项管理规范要配套，达到整体优化。全面是指凡涉及经营管理活动全过程的各项工作、各个岗位都要有相应的管理规范，做到有章可循。统一是指各项管理规范应当相互协调，服从统一的领导意志的共同的目标。

4. 坚持职务、责任、权限、利益相一致　职务是前提，责任是核心，权限是条件，利益是动力，四者缺一不可，必须相互一致。

5. 坚持繁简适度、通俗易懂的原则　管理规范应当规定得详尽明确，有关项目不能有遗漏和含糊之处，指标、要求尽可能的定量化，并且，行文要做到简单明了、通俗易懂，使执行者易于理解和掌握。

四、影响企业的环境因素

1. 经济和技术环境

经济环境包括：宏观经济环境、税收环境、技术环境。

（1）宏观经济环境　经济增长与周期、通货膨胀与就业、资本市场与货币市场、外汇的管制。

（2）税收环境　税收的比例，在一些省市或区域，有税收的优惠。

（3）技术环境　技术进步迅速、产品寿命缩短、集体研究。

2. 政治和法律环境　影响我国医药企业的政治和法律环境如下。

（1）招标政策　这是目前影响我国医药行业发展最为重要的因素，导致药品价格直接降低，虽然在一定程度上让利给了患者，但实际上，并不能解决看病贵的问题，反而使药品的价格低于成本价，造成了用药安全的隐患。

（2）物价政策　《药品价格管理办法》是我国药品定价和管理的依据。

（3）药品注册管理办法　这是我国新药研究、申报、注册的依据。

（4）医保政策　决定了药品是否能进入报销目录，直接影响药品的销售。

3. 社会与文化环境

（1）社会环境　家庭、社会团体、读书观念的改进。

（2）文化环境　对权威及部属的看法、机构之间的合作精神、追求团体成就并努力工作的态度、社会阶层及就业迁移性、追求财富及物质享受的态度、追求改变及冒险的态度。

五、企业管理的职能

关于企业管理的职能有多种说法；有“三职能”、“四职能”、“五职能”、“七职能”等，其中最为基本的职能是计划、组织和控制这三个职能，其他职能都可以从这三个职能分解出来。

（一）计划职能

广义的计划职能可以分解为预测、决策和计划三个职能，它包括计划的制定、计划的执行和计划的检查和控制。狭义的计划仅指计划的制定。

1. 计划职能的含义　计划职能是指通过制定和选择决策方案，编制反映和执行决策方案的计划，监督和检查实施等管理活动的总和。其基本内容是制定经营战略、目标及实施方案，核心是决策。

计划工作有广义和狭义之分。广义的计划工作是指制定计划、执行计划和检查计划三个阶段工作过程的总和。狭义的计划工作是指制定计划，即根据组织内外部的实际情况，权衡客观的需要和主观的可能，通过科学的调查预测，提出在未来一定时期内组织所需达到的具体目标以及实现目标的方法。计划是一种预测未来、制定目标、决定政策、选择方案、实现组织目标的过程。在企业管理的各项职能中，它是首要职能。

计划的内容包括：①对企业内部条件和外部环境的现状及未来的变化趋势进行分析和预测（分析、预测内外环境）；②制定企业中长期和近期目标；③决策；④编制企业综合计划和各项专业计划，落实决策方案［判定计划（战略计划、生产计划、作业计划）→实施］；⑤检查监督。检查监督是计划职能与控制职能相互交叉的一项工作。

2. 计划职能的过程　调查预测；决策（确定经营目标）；编制计划。

3. 计划的构成要素　构成计划完整的要素如图 1－1 所示。

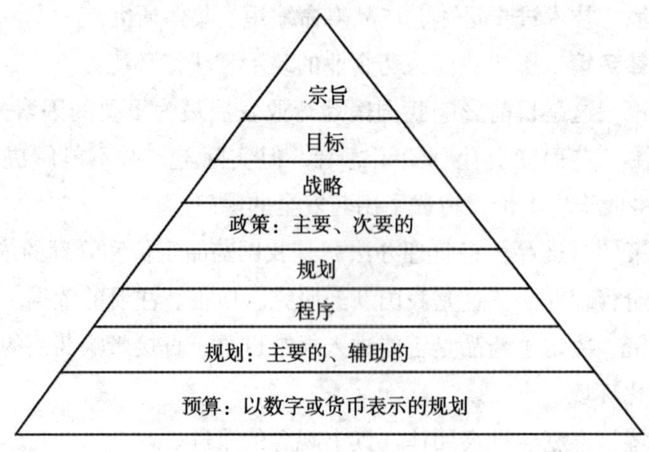

图 1－1　计划的构成要素

4. 计划工作的程序

（1）估量机会　它是在实际的计划工作之前就应着手进行的工作，是对将来可能出现的机会的估计，并根据自己的长处和短处，搞清楚自己所处的地位，做到心中有数，知己知彼。同时，还应该弄清楚面临的不确定性因素有哪些，并对可能取得的成果进行机会成本分析。

（2）确定目标　在制定重大计划时，第二个步骤就是确定整个企业的目标，然后确定每个下属工作单位的目标。计划工作的目标是指企业在一定时期内所要达到的效果。它指明所要做的工作有哪些，重点放在哪里，以及通过策略、政策、程序、预算和规划等各项工作所要完成的是什么任务。

（3）确定计划的前提　就是研究分析和确定计划工作的环境，或者说就是预测执行计划时的环境。因此，应选择那些对计划工作具有关键性的、有战略意义的、对执行计划最有影响的因素进行预测。

（4）制定可供选择的方案　一个计划往往有几个可供选择的方案。选择方案时，不是找可供选择的方案，而是减少可供选择方案的数量，以便可以对具有希望的方案进行分析。

（5）评价各种方案　在找出了各种可供选择的方案并明确了它们的优缺点后，就要根据前提和目标，权衡它们的轻重，对方案进行评估。

（6）选择方案　这是做决策的关键。有时会发现同时有两个可取的方案，在这种情况下，必须确定出首先采用哪个方案，将另一个方案也进行细化和完善，并作为后备方案。

（7）制定派生计划　派生计划是总计划下的分计划。做出决策之后，就要制定派生计划。总计划要靠派生计划来扶持。

（8）用预算形式使计划数字化　在完成上述各个步骤之后，最后一项工作便是把计划转化为预算，使之数字化。预算实质上是资源的数量分配计划。它既可以成为汇总各种计划的工具，又是衡量计划工作完成进度的重要标准。

（二）组织职能

1. 组织及其职能的含义　组织有两种不同的意义。

其一，组织是一个实体（名词），指以人为中心的各种资源的集合体。

其二，组织是一种行为（动词），是为了实现其经营目标，把构成企业生产经营活动的基本因素、生产经营的主要环节，以有秩序、有效率的方式组合起来的工作。

组织作为一项重要的管理职能是指：在组织目标已经确定的情况下，将实现组织所必需进行的各项业务加以分类组合，并根据管理跨度原理，划分出不同管理层次和部门，将监督各类活动所必需的职权授予各层次、各部门的管理人员，以及规定这些层次和部门间的相互配合关系的过程。

2. 组织职能的内容

（1）根据组织目标设计和建立一套组织机构和职位系统。

（2）确定职权关系，建立信息沟通的渠道，从而把组织上下左右联系起来。

（3）与管理的其他职能相结合，以保证所设计和建立的组织结构有效运转。

（4）根据组织内外部要素的变化，适时地调整组织结构。

3. 企业的主要组织结构形式（传统）

（1）直线制组织　如图1－2所示。

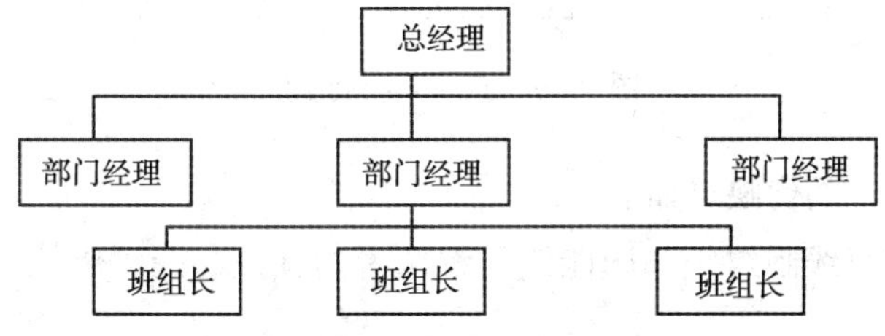

图1－2　直线制组织

直线制组织的优点：机构简单，指挥统一；上传下达迅速，工作效率高，解决问题快；垂直联系，责任明确。

局限性：只适用于小型企业，规模大或者管理工作比较复杂就不适宜采用。

（2）职能制组织　如图1－3所示。

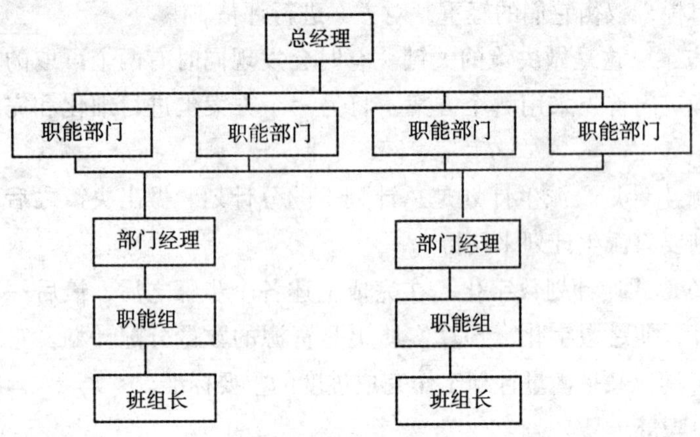

图1－3　职能制组织

职能制组织的优缺点如下。

优点：管理分工较细，管理深入，能充分发挥职能机构的专业管理作用。

缺点：多头领导，妨碍统一的领导。

（3）直线职能制组织　又称为直线参谋制组织，如图1－4所示。

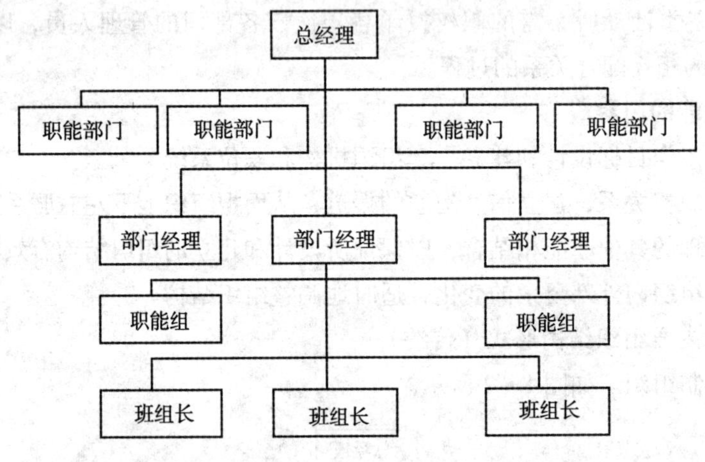

图1－4　直线职能制组织

直线职能指组织的优缺点如下。

优点：继承了直线制组织和职能制组织两者的优点，既可以统一指挥，又存在管理的职能分工。

缺点：下级缺乏自主权；职能部门间联系较差；信息传递的路线太长等。

（4）矩阵制组织　如图1－5所示。

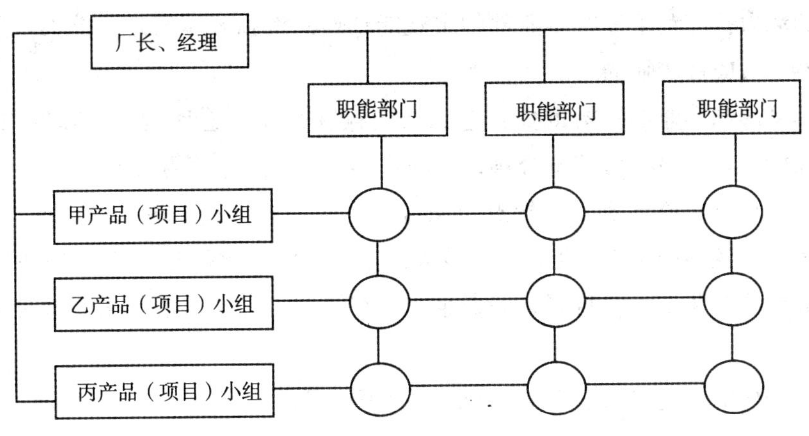

图 1－5　矩阵制组织

矩阵制组织的优缺点如下。

优点：打破了单向领导，加强了管理部门间的联系和配合，有利于信息沟通和共同决策，提高工作的效率；把不同的专业人员组织在一起，有利于激发人们的积极性和创造性，提高技术水平和管理水平；把完成任务所需的各种专业知识和经验集中在一起，提高了管理组织的机动性和灵活性。

缺点：双重领导，难免发生矛盾，也不易分清责任；组织成员不是固定的，易产生临时的观念，对工作有一定的影响。

这种组织适用于：生产经营复杂多变的企业，特别适宜于创新性和开发性的企业。

（5）事业部制组织　如图 1－6 所示。

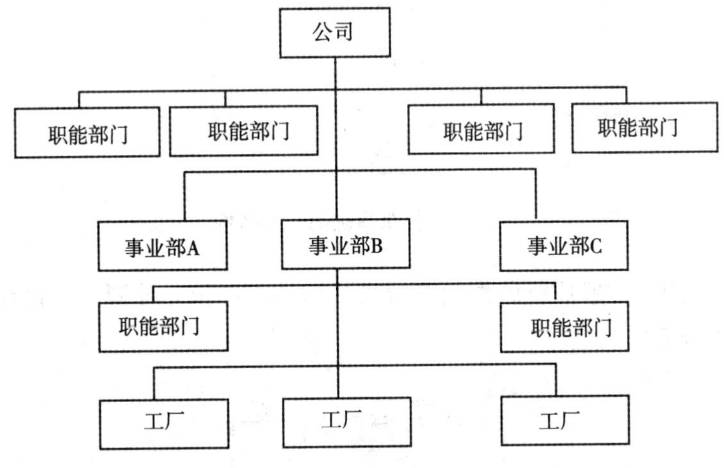

图 1－6　事业部制组织

事业部制组织的优缺点如下。

优点：有利于企业的高层领导层摆脱日常事务，集中精力搞好战略决策、长远规划和人才的开发；事业部相对独立的利润中心或责任中心，有利于事业部之间的竞争，增强企业的活力；有利于发挥事业部的主观能动性，增强经营管理的能力。这种组织具有稳定性和适应性较强的双重优点。

缺点：总部和事业部机构重叠会造成结构臃肿，提高管理费用，降低工作效率；事业部之间横向联系差，协调配合难，容易产生本位主义；各事业部往往只考虑自己的利益，而忽视企业整体利益，导致短期行为等。事业部组织一般适用于规模较大、产品种类较多、各种产品之间工作差别较大，技术比较复杂和市场广阔多变的企业。

现在大型的医药企业，特别是外资企业，在销售方面，一般都采用这种事业部的管理形式。

此外，传统组织还有网络组织、多维组织等形式。

4. 现代企业组织结构的变化趋势　组织的扁平化趋势；组织的混合型趋势；企业团队建设的“柔”型化趋势；学习型组织的未来发展等。

（三）控制职能

为了确保企业管理系统按预定的目标和计划进行，控制职能必须自始至终贯穿于整个企业经营管理的过程中。

1. 控制职能的概念　控制职能是指管理者接受企业内外的有关信息，按既定的目标和标准对企业的生产经营活动进行监督、检查，发现偏差，采取纠正措施，使工作按原定的计划进行，或适当地调整计划，以达到预期目标的管理活动。

2. 控制系统的基本结构　由控制对象、控制器、信息反馈结构三部分构成，如图1－7所示。

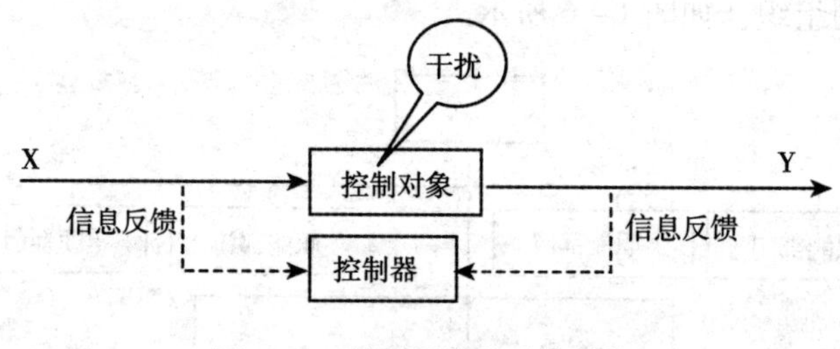

图1－7　控制系统的基本结构

3. 控制的类型　一般控制的类型按时机分为三种：预先控制、过程控制、事后控制，如图1－8所示。

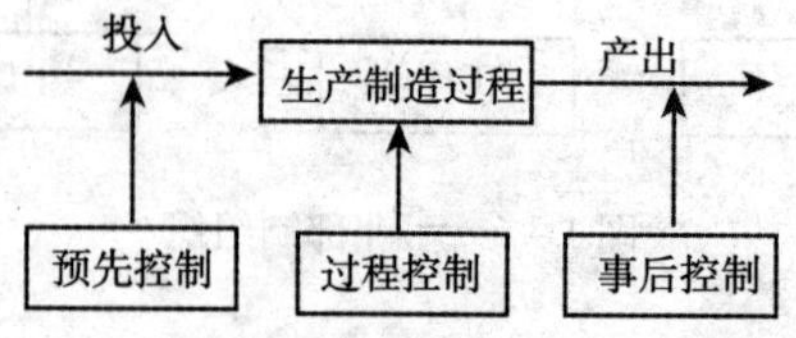

图1－8　控制的类型

4. 控制的过程 包括确定控制标准－衡量工作成效－纠正偏差三个阶段。

六、企业管理的基本内容

企业到底有哪些管理活动，依据不同的角度内容各不相同。按照企业生产经营活动的过程来分类，有产前－产中－产后的管理活动，即市场研究－产品开发与设计－供应与生产过程－销售及售后服务－市场研究；按照企业生产的要素来分类，有人、财、物、时间、信息等要素的管理；还可以按照企业活动的层次来分类，有高层－中层－基层管理等。综合上述三种分类，将企业管理的内容主要概括为以下方面。

1. 企业战略管理 是从企业的长期和总体发展为出发点，研究企业的经营战略思想、战略目标、战略体系及其任务、战略过程、战略措施等内容。

2. 市场调查与预测管理 研究企业的目标市场，以及相应的市场机会和市场战略。

3. 新产品开发管理 着重研究新产品开发的意义，开发的方式，开发的策略，开发的程序等内容。

4. 企业生产管理 广义的生产管理是包括生产过程管理、质量管理、技术与设备管理、物资与仓库管理等，与生产过程有关的各项活动的管理。

5. 企业人力资源管理 研究企业人力资源的规划、工作分析、人力资源的选聘、激励以及人力资源的培训与发展等活动。

6. 企业财务管理 着重研究企业资金的筹措、资金的投放和使用，以及资金的收入和分配等企业资金的运动过程。

7. 企业营销管理 包括：分析企业的营销机会、确定营销战略、实施营销组合、加强营销活动的控制等内容。

8. 企业文化管理 将研究企业文化的概念、结构与功能，分析企业建立的意义、原则和步骤，并结合典型案例分析成功与失败的企业文化。

9. 企业管理创新 研究企业经营方式的创新、企业组织制度的创新、企业技术创新、企业文化创新等企业管理创新体系。

第五节 医药企业管理

随着经济的发展、人口数量的增长、社会老龄化程度的加重，以及人们保健意识的不断增强，全球医药市场持续快速扩大，2012 年达到 8600 亿美元。北美、欧盟、日本是全球最大的三个药品市场，约占全球药品市场份额的 2/3 以上。从增长趋势看，除北美市场增长比较平缓之外，多数区域市场增长迅猛。中国成为亚太地区的最大亮点，增速连续 5 年超过 20%，2012 年将成为全球第三大医药市场，销售额达到了 18000 个亿，中国的医药行业黄金时代正在来临。

一、医药企业的概念

药品是指用于预防、治疗、诊断人的疾病，有目的地调节人的生理功能并规定有适应症或者功能、主治、用法和用量的物质。主要包括：中药草、中药饮片、中成药、化学原料药及其制剂、抗生素、生化药品、生物制品、放射药品、血清、疫苗、血液成品、麻醉药品、毒性药品、精神药品、医疗器械、卫生材料、医药包装材料和诊断药品等。

医药商品则是泛指医疗药品贸易企业所谋划的药品、医疗器械、健康食品、化学试剂及玻璃仪器等。

广义医药企业的概念：医药企业是指专门从事经营药品、医疗器械、化学试剂、玻璃仪器等商品的研发、生产、经营活动以及提供相关服务的企业。

狭义医药企业的概念：是指专门从事药品研发、生产、经营活动以及提供相关的服务的企业，包括药品研发企业、生产企业和药品经营企业。

本章探讨的是狭义的医药企业的管理。

二、医药企业的特点

1. 医药行业属于防守型行业 需求弹性小，供应弹性大。健康人一般不会因药品价格下降而多吃药，患者一般也不会因药品价格上涨而拒绝消费，尤其是在公费医疗和医疗保险普及的情况下，消费者一般不太注意药品的价格变化，但是药品价格对其供应的影响却很大。

2. 高技术性、科技成果产业化程度高 人类社会不同时期的最新技术往往首先在军事和医药领域获得应用，而且几乎涵盖了所有的重大技术成果，如生物工程科学和技术、放射技术、电磁技术、计算机技术、激光技术等，无不如此。医药行业的科技成果实现产业化比率较高，这反过来又进一步促进了医药科技的发展。

3. 高投入、高风险性

（1）高投入性 医药行业的高投入性在新药上要比普药表现得更为明显。一般，普药具有生产工序简单、投入低、产品科技含量低、市场需求量大的特点。而新药的开发和生产则需要大量投入，而且生产工序复杂，研制期长。通常开发一种新药平均需要耗资2.5亿美元，有的高达10亿美元，从筛选到投入临床需要10年的时间。在中国，研发一个一类新药，大约需要8～12年的时间，2～5亿人民币。

（2）高风险性 概念形成到最终完成，新药的完成过程是全世界最冒险的产业过程，甚至包括太空冒险在内，每一万种接受实验的化合物中，最终只有一种被批准用于临床患者。在制药行业，每一种获得成功的产品都要为无数失败的产品买单，有时甚至为惨重的失败买单。

4. 高收益性 由于药品特异性强，市场空间主要受其性能决定，技术含量高、性能好的药品往往有极广阔的市场和优厚的价格，开发出这类药品的企业能够取得高额利润。据统计，一个成功的新药年销售额可以多达10～40亿美元；世界排名前10位的医药企业利润率都在30%左右。

5. 市场进入壁垒高　由于医药商品与人类的健康和安全紧密相关，因此，世界各国无一例外地对药品的生产、管理、销售、进口等均采取严格的法律加以规范和管理。我国对某些医药的生产和经营设立了特许制度，如毒性药品、麻醉药品、精神药品、毒品前体、放射性药品、计划生育药品等均由国家统一定点、特许生产，并由国家特许定点依法经营；外资暂不能参与国内药品批发、零售业经营。同时，制药行业高技术、高风险、高投入的技术资本密集型特征也加大了新企业进入的难度。

6. 产业组织和区位结构优化　通过深入贯彻实施《中华人民共和国药品管理法》、《药品管理法实施条例》，我国药品监督部门进一步规范了对药品和经营企业的管理，逐步实现了以法治药。2009年，面对新一轮产业结构升级的潮流，医药企业通过各种形式的联合重组、股份制改造等，加快了产业组织结构调整。

近来产业区位优势亦进一步得到强化，长江三角洲地区在化学药物、制剂、中药、生物制药等领域全国名列前茅。山东、江苏、浙江、广东、北京五省市居进出口排名前五位，中西部地区，正利用当地动植物中药材的资源优势，迅速发展中药产业。

7. 社会效益和经济效益并重　保证医药产品质量是医药企业首要的社会责任，医药产品直接关系到人民群众的身体健康和生命安全，医药产品的研发设计、生产、销售等也与法律、伦理道德和生态环境等有密切关系。

三、医药企业的分类

1. 按经营范围分　按经营范围不同分为药品研发企业、药品经营企业和药品生产企业。

（1）药品研发企业　是指从事新药研究开发的企业，以前一般称为研究机构、科研院所。近年来，越来越多的研发企业成立，专职从事新药研究开发。

（2）药品生产企业　按照《中华人民共和国药品管理法》（以下简称《药品管理法》）中第一百零二条的定义，所谓药品生产企业，是指生产药品的专营企业或者兼营企业。

（3）药品经营企业　按照《药品管理法》中第一百零二条的定义，所谓药品经营企业，是指经营药品的专营和兼营企业。

药品经营企业按其在商品流通中的职能，可以分为药品批发企业和药品零售企业。

①药品批发企业　药品批发企业国内习称医疗药品贸易公司，俗称商业公司，国外叫批发商，是指将购进的药品销售给药品科研单位、药品生产企业、药品经营企业、药品使用单位的经营企业。拥有一个或多个仓库，将获得所有权的商品储存于仓库，以后运往其他地方。其特点是成批购进和成批出售，不直接服务于最终消费者。

②药品零售企业　习惯上又称为药店，有些国家叫社会药房。它是指从药品生产企业或药品批发企业处购进药品，直接发卖给最终消费者用以防病治病的机构。其特点是直接向患者提供所需药品和促进健康服务。

药店由于其所处地理位置、主营品种、谋划方式、性质及服务群体等的不同，药店之间也存在较大的差别，有社区型、医院型、贸易中心型、店中店型药店之分；有常用药品店、促销药品店、处方药专卖店、医疗器械专卖店、专业型药店之别；有开架式药店、柜台式药店之不同；还有单体药店、连锁药店的区分。

2. 按其组织形式不同分类　医药企业可以分为个人业主制医药企业、合伙制医药企业和公司制医药企业。

3. 按照企业的规模分类　医药企业可以分为大型医药企业、中型医药企业、小型医药企业。

4. 按其生产资料所有制形式分类　医药企业可以分为国有医药企业、集体医药企业、股份制医药企业、合伙制医药企业、民营医药企业和三资医药企业等。

四、医药企业的发展概况

（一）国际医药行业发展现状

（1）全球医药市场增长趋缓。

（2）市场集中、产品集中趋势显著。

（3）研发投入不断增强。

（4）市场并购重组高潮迭起。

（5）生物技术制药和天然药物前景广阔。

（6）战略性技术同盟成为新药开发的成功模式。

（7）药品安全警告使药业面临诚信危机。

（二）中国医药行业发展现状

1. 医药行业基本概况　目前中国约有 1 万多家的县级以上医院，8000 家有一定规模的医药批发商，4700 多家制药企业。我国医药企业的特点是：①发展迅速，我国医药行业自改革开放以来，以每年平均 20% 左右的速度增长，成为国民经济中发展最快的行业之一，也高于世界主要制药国的发展速度；②大而不强，我国医药行业发展中结构性矛盾比较突出，企业数量多，整体规模小；③整体素质差，创新能力弱；④市场高速扩容，外资企业占据优势；⑤三级医院成为市场重要组成部分；⑥新版 GMP 深入推进；⑦仿制药一致性评价即将来临；⑧医保支付方式改革迈步；⑨药品成本不断增长，但不断限价。

2. 医药行业面临的问题　①全球医药研发转设中国，加快我国医药发展步伐。目前世界销售前 20 位的跨国制药公司都已在中国合资或独资建厂，随着世界制药巨头大规模进入中国行动的完成，跨国公司逐渐从原来的注重产业投资向注重研发投入转变；

②外企参与程度日益加深，竞争更趋激烈；③成本上升、价格下降，已经成为近几年医药工业发展的典型特点；③GMP 改造促使医药工业优胜劣汰；④在医药工业总体运行环境没有明显改善的情况下，企业负担不断加重，生产集中度和利润集中度都会越来越高；⑤医药商业步履艰难，有赖医疗体制的深刻变革，城镇医疗保险制度本身存在明显缺陷，发展前景不容乐观；⑥新药研发能力薄弱；⑦行业整体盈利能力差；⑧政府将继续推动药价下调，主要针对医院药价。

3. 医药行业不断增长 造成增长的因素有：①国民经济持续快速增长，中国经济持续保持着7% ~9% 的速度增长；②中国人口持续快速增长，人口的净增长促进对医药市场产生新的需求；③医药市场有着巨大的发展空间，目前世界人均药品消费约 50 美元，美国的人均年药品消费超过 300 美元，而中国人均药品消费不到 10 美元；④社会老龄化问题日趋严重；⑤国家相关政策对医药行业的扶持；重民生，轻增长，限制抗生素影响逐步体现；基本药物目录（扩展板）出台和公立医院改革深化，医保逐渐实现全覆盖；⑥疾病谱不断变化，21 世纪前期，心脑血管病、糖尿病等慢性病和恶性肿瘤等的患病人数和患病率将进一步增加，并成为 21 世纪最主要的疾病，同时各种传染性疾病也有可能对人类健康构成严重威胁；⑦亚健康人群不断增大。

五、我国医药企业管理存在的问题

在企业管理水平方面，现阶段我国医药企业与合资及国外的医药企业相比，存在着较大差距，亟待提高。目前医药企业主要的管理问题如下。

（1）质量体系建设的实质性改进不大 目前国家要求的体系建设，部分企业都是走形式，无法从根本上控制产品质量。

（2）质量成本的控制力度不够 在质量控制的前提下，企业是否能生存；质量成本的关键是重视质量预防成本，以减少后期的质量问题退货或赔偿成本。

（3）对于外资出口企业，目前还面临着金融影响：美元贬值，出口退税率降低，这些都大大降低医药企业原来高利润的状况；控制质量成本成为当务之急。

（4）人才普遍匮乏，而医药企业之间在市场上的竞争最终取决于人才的竞争。

（5）药品生产低水平重复建设，生产工艺落后，新药开发能力差，信息化水平低，医药流通秩序混乱，药品价格“虚高”逐渐转化成“价格实低”，缺乏竞争力。

复习测试题

一、名称解释

1. 企业
2. 管理
3. 企业管理

4. 医药企业管理学

二、选择题

1. 按照生产资料所有制的性质，可将企业划分为（　）

A. 公有制企业　　B. 非公有制企业

C. 私有制企业　　D. 企业集团

E. 股份制企业

2. 外商投资企业主要包括（　）

A. 中外合资经营企业　　B. 中外合作经营企业

C. 外商独资经营企业　　D. 跨国公司

E. 外向性企业

3. 法人必须同时具备的条件（　）

A. 企业必须严格依法定设立

B. 有独立的组织机构

C. 使用自己的名称，有自己的场所

D. 拥有独立支配的财产

E. 能独立承担民事责任

4. 管理的原理（　）

A. 系统原理　　B. 整分合原理

C. 封闭原理　　D. 能级原理

E. 弹性原理

5. 管理的任务（　）

A. 实现组织的特定目的和使命

B. 使工作富有成效，员工具有成就感

C. 处理对社会的影响与承担社会责任

三、简答题

1. 简述管理的意义。
2. 简述企业的特点。
3. 简述企业管理的关键问题。
4. 简述企业管理的原则。
5. 简述医药企业的特点。
6. 我国医药企业管理存在的问题有哪些？

第二章

新药研发

掌握：新药研究的步骤、内容和申报的程序，新药研发的进度和质量管理。
熟悉：与新药有关的政策法规，如药品注册管理办法、GCP 的相关规定。
了解：新药立项的要求和注意点。

新药上市后生命周期不断缩短，更新换代速度越来越快，新药研究开发已成为国际制药企业生存与发展的必然选择。同时，随着生命科学及相关基础学科的迅速发展，新药研究开发的技术与手段日趋成熟，逐渐形成了其独立的研究体系。但由于新药研究具有知识技术高度密集，周期长，风险大，投入高，产出低的特点，决定了药物研究是一个复杂的系统工程。

新药研发项目管理的范围相当广阔，包括个别项目管理和研发战略管理以及项目具体运作的管理，包含决策、风险评估以及人员、信息流的管理过程。

第一节 概 述

一、新药的定义

新药是指未曾在中国境内上市销售的药品。

医药产品研发管理一般是指新药的研发管理，新药的定义，在实践中有两种含义：一是药品管理法规上的新药概念；二是营销学上的新药概念。

为了对新药进行管理，许多国家都对其含义和范畴做出明确的法律规定，我国《中华人民共和国药品管理法实施条例》规定，“新药，是指未曾在中国境内上市销售的药品”，国家食品药品监督管理部门 2007 年颁布的《药品注册管理办法》进一步明确规定“新药申请，是指未曾在中国境内上市销售药品的注册申请。已上市药品改变剂型、改变给药途径的，按照新药管理”。这些规定明确了新药管理的范畴。

从营销学的角度看，凡是与原有产品相比具有明显的优势，能够给消费者带来新的满足的产品都可以视为新产品。也就是说，只要构成药品的任意一个要素发生了变化，不管该要素是处于哪个层次，只要使药品产生了新的特点，从而给消费者带来了新的利益与满足，与原有药品有了一定的差异，有可能为制药企业创造更大价值的医药产品都可以视为医药新产品，或者称为“新药”。因此，已上市药品改变剂型、改变给药途径、增加新适应症的药品属于原来市场上没有的药品，并且满足了市场的潜在需求，能够为企业创造价值，应当属于医药新产品，属于“新药”。

二、新药的分类

目前我国对于新药的分类，是将药品分成：①中药、天然药物；②化学药品；③生物制品三大类，又按照各自不同的成熟程度和创新度再进行分类。

（一）新药分类的原则

新药分类应注意掌握如下原则。

（1）新药的类别从药政管理角度划分，以便于新药的研究和审批，而不完全从药物的药理作用角度考虑。对每类药品都相应规定必须进行的研究项目和审批必须申报的资料。

（2）对每类新药，要求呈报相应的资料，必须能够保证该类药品的安全与有效。而不能仅仅为了简化手续或减少人财物的消耗而忽视新药研究的质量并进而影响到新药的评价。

（3）属于同一类别的新药，原则上应该具备相似的条件，即它们所需要研究的项目和审批时必须提供的资料是相同的或大部分是相同的。

（4）新药的类别中，尽可能包含各种类的新药，以便于研究者对号入座，正确地执行国家关于新药的规定。

（二）中药、天然药物注册分类

1. 中药、天然药物注册分类

（1）未在国内上市销售的从植物、动物、矿物等物质中提取的有效成分及其制剂。

（2）新发现的药材及其制剂。

（3）新的中药材代用品。

（4）药材新的药用部位及其制剂。

（5）未在国内上市销售的从植物、动物、矿物等物质中提取的有效部位及其制剂。

（6）未在国内上市销售的中药、天然药物复方制剂。

（7）改变国内已上市销售中药、天然药物给药途径的制剂。

（8）改变国内已上市销售中药、天然药物剂型的制剂。

（9）仿制药。

2. 中药、天然药物注册分类说明

注册分类（1）～（6）的品种为新药，注册分类（7）、（8）按新药申请程序申报。

（1）“未在国内上市销售的从植物、动物、矿物等物质中提取的有效成分及其制剂”是指国家药品标准中未收载的从植物、动物、矿物等物质中提取得到的天然的单一成分及其制剂，其单一成分的含量应当占总提取物的90%以上。

（2）“新发现的药材及其制剂”是指未被国家药品标准或省、自治区、直辖市地方药材规范（统称“法定标准”）收载的药材及其制剂。

（3）“新的中药材代用品”是指替代国家药品标准中药成方制剂处方中的毒性药材或处于濒危状态药材的未被法定标准收载的药用物质。

（4）“药材新的药用部位及其制剂”是指具有法定标准药材的原动、植物新的药用部位及其制剂。

（5）“未在国内上市销售的从植物、动物、矿物等物质中提取的有效部位及其制剂”是指国家药品标准中未收载的从单一植物、动物、矿物等物质中提取的一类或数类成分组成的有效部位及其制剂，其有效部位含量应占提取物的50%以上。

（6）“未在国内上市销售的中药、天然药物复方制剂”包括：

①中药复方制剂；

②天然药物复方制剂；

③中药、天然药物和化学药品组成的复方制剂。

中药复方制剂应在传统医药理论指导下组方。主要包括：来源于古代经典名方的中药复方制剂、主治为证候的中药复方制剂、主治为病证结合的中药复方制剂等。

天然药物复方制剂应在现代医药理论指导下组方，其适应症用现代医学术语表述。

中药、天然药物和化学药品组成的复方制剂包括中药和化学药品，天然药物和化学药品，以及中药、天然药物和化学药品三者组成的复方制剂。

（7）“改变国内已上市销售中药、天然药物给药途径的制剂”是指不同给药途径或吸收部位之间相互改变的制剂。

（8）“改变国内已上市销售中药、天然药物剂型的制剂”是指在给药途径不变的情况下改变剂型的制剂。

（10）“仿制药”是指注册申请我国已批准上市销售的中药或天然药物。

（三）化学药品注册分类

化学药品注册分为六类。

（1）未在国内外上市销售的药品：

①通过合成或者半合成的方法制得的原料药及其制剂；

②天然物质中提取或者通过发酵提取的新的有效单体及其制剂；

③用拆分或者合成等方法制得的已知药物中的光学异构体及其制剂；

④由已上市销售的多组分药物制备为较少组分的药物；

⑤新的复方制剂；

⑥已在国内上市销售的制剂增加国内外均未批准的新适应症。

（2）改变给药途径且尚未在国内外上市销售的制剂。

（3）已在国外上市销售但尚未在国内上市销售的药品：

①已在国外上市销售的制剂及其原料药，和（或）改变该制剂的剂型，但不改变给药途径的制剂；

②已在国外上市销售的复方制剂，和（或）改变该制剂的剂型，但不改变给药途径的制剂；

③改变给药途径并已在国外上市销售的制剂；

④国内上市销售的制剂增加已在国外批准的新适应症。

（4）改变已上市销售盐类药物的酸根、碱基（或者金属元素），但不改变其药理作用的原料药及其制剂。

（5）改变国内已上市销售药品的剂型，但不改变给药途径的制剂。

（6）已有国家药品标准的原料药或者制剂。

（四）治疗用生物制品注册分类

（1）未在国内外上市销售的生物制品。

（2）单克隆抗体。

（3）基因治疗、体细胞治疗及其制品。

（4）变态反应原制品。

（5）由人的、动物的组织或者体液提取的，或者通过发酵制备的具有生物活性的多组分制品。

（6）由已上市销售生物制品组成新的复方制品。

（7）已在国外上市销售但尚未在国内上市销售的生物制品。

（8）含未经批准菌种制备的微生态制品。

（9）与已上市销售制品结构不完全相同且国内外均未上市销售的制品（包括氨基酸位点突变、缺失，因表达系统不同而产生、消除或者改变翻译后修饰，对产物进行化学修饰等）。

（10）与已上市销售制品制备方法不同的制品（例如采用不同表达体系、宿主细胞等）。

（11）首次采用 DNA 重组技术制备的制品（例如以重组技术替代合成技术、生物组织提取或者发酵技术等）。

（12）国内外尚未上市销售的由非注射途径改为注射途径给药，或者由局部用药改为全身给药的制品。

（13）改变已上市销售制品的剂型但不改变给药途径的生物制品。

（14）改变给药途径的生物制品［不包括上述（12）项］。

（15）已有国家药品标准的生物制品。

（五）预防用生物制品注册分类

（1）未在国内外上市销售的疫苗。

（2）DNA疫苗。

（3）已上市销售疫苗变更新的佐剂，偶合疫苗变更新的载体。

（4）由非纯化或全细胞（细菌、病毒等）疫苗改为纯化或者组分疫苗。

（5）采用未经国内批准的菌毒种生产的疫苗（流感疫苗、钩端螺旋体疫苗等除外）。

（6）已在国外上市销售但未在国内上市销售的疫苗。

（7）采用国内已上市销售的疫苗制备的结合疫苗或者联合疫苗。

（8）与已上市销售疫苗保护性抗原谱不同的重组疫苗。

（9）更换其他已批准表达体系或者已批准细胞基质生产的疫苗；采用新工艺制备并且实验室研究资料证明产品安全性和有效性明显提高的疫苗。

（10）改变灭活剂（方法）或者脱毒剂（方法）的疫苗。

（11）改变给药途径的疫苗。

（12）改变国内已上市销售疫苗的剂型，但不改变给药途径的疫苗。

（13）改变免疫剂量或者免疫程序的疫苗。

（14）扩大使用人群（增加年龄组）的疫苗。

（15）已有国家药品标准的疫苗。

三、新药研究特点

1. 知识技术密集，多学科渗透 新药研究涉及工艺研究、质量标准研究、毒理学研究、安全性评价、药效学研究、临床研究、生产管理等各个学科，技术标准要求高，参与研究各个环节的人才要求也较高，属于知识技术密集型和多学科参透的研究。

2. 高投入 由于药品关系到患者使用的安全性有效性，世界各国对新药研究的要求越来越高，在美国，一个新药的研究需要8～10亿美元，我国虽然人工成本较低，但开发一个新药也需要求1～5亿人民币，或更多。

3. 周期长 在欧美国家，开发一个新药大约需要8～12年的时间，目前我国的一个一类新药也大约需要8～12年的时间。

4. 风险大 由于新药的投入大，但要求很高，有的新药虽然花巨资完成了前期的工艺研究、质量标准研究、安全性评价和动物有效性研究，但如果在临床研究过程中，发现有安全性问题或临床疗效不佳的情况，将不发给新药证书和注册批件，不批准上市，那前期投入的数千万元甚至数亿元，将得不到回报。

5. 高产出、高效益 虽然新药的研发投入巨大，但产品一旦上市，将会给投资者带来较大的收益。

第二节　新药研究技术管理

一、药物非临床研究质量管理

新药研究可以简单分成临床前研究和临床研究，临床前研究又叫药物非临床试验，包括工艺研究、质量标准研究、稳定性研究、药效学试验、毒理学试验（也叫安全性评价）。

（一）GLP 发展概况

原国家药品监督管理局成立后开始对《药物非临床研究管理规范》（GLP）进行修订，于 1999 年 10 月颁布了《药品非临床研究质量管理规范（试行）》，并于 1999 年 11 月 1 日正式实施。但是在我国加入世界贸易组织（WTO）之后，该规范中某些有些条款已与国际公认原则不符，2003 年国家食品药品监督管理局（SFDA）根据《药品管理法》、《药品管理法实施条例》，并参照国际公认原则，重新修订并颁布了《药物非临床研究质量管理规范》（GLP），于 2003 年 9 月 1 日正式实施。

（二）GLP 基本内容

1. 非临床研究（non－clinical study）　系指为评价药物安全性，在实验室条件下，用实验系统进行的各种毒性试验，包括单次给药的毒性试验、反复给药的毒性试验、生殖毒性试验、遗传毒性试验、致癌试验、局部毒性试验、免疫原性试验、依赖性试验、药代动力学试验及与评价药物安全性有关的其他试验。

2. 非临床安全性评价研究机构　系指从事药物非临床研究的实验室。

3. 实验系统　系指用于毒性试验的动物、植物、微生物以及器官、组织、细胞、基因等。

4. 质量保证部门（quality assurance unit，QAU）　系指非临床安全性评价研究机构内履行有关非临床研究工作质量保证职能的部门。

5. 专题负责人（study director，SD）　系指负责组织实施某项研究工作的人员。

6. 供试品　系指供非临床研究的药品或拟开发为药品的物质。

7. 对照品（reference substance）　系指非临床研究中与供试品作比较的物质。

8. 原始资料　系指记载研究工作的原始观察记录和有关文书材料，包括工作记录、各种照片、缩微胶片、缩微复制品、计算机打印资料、磁性载体、自动化仪器记录材料等。

9. 标本（specimen）　系指采自实验系统用于分析观察和测定的任何材料。

10. 委托单位　系指委托非临床安全性评价研究机构进行非临床研究的单位。

（三）组织机构和人员

非临床安全性评价研究机构须建立完善的组织管理体系，设立独立的质量保证部门，配备机构负责人、质量保证部门负责人和相应的工作人员。

1. 人员要求

（1）具备严谨的科学作风和良好的职业道德以及相应的学历，经过专业培训，具备所承担的研究工作需要的知识结构、工作经验和业务能力。

（2）熟悉 GLP 的基本内容，严格履行各自职责，熟练掌握并严格执行与所承担工作有关的标准操作规程。

（3）及时、准确和清楚地进行试验观察记录，对实验中发生的可能影响实验结果的任何情况应及时向专题负责人书面报告。

（4）根据工作岗位的需要着装，遵守健康检查制度，确保供试品、对照品和实验系统不受污染。

（5）定期进行体检，患有影响研究结果的疾病者，不得参加研究工作。

（6）经过培训、考核，并取得上岗资格。

2. 机构负责人职责　非临床安全性评价研究机构负责人须具备医学、药学或其他相关专业本科以上学历及相应的业务素质和能力。其职责如下。

（1）全面负责非临床安全性评价研究机构的建设和组织管理。

（2）建立工作人员学历、专业培训及专业工作经历的档案材料。

（3）确保各种设施、设备和实验条件符合要求。

（4）确保有足够数量的工作人员，并按规定履行其职责。

（5）聘任质量保证部门的负责人，并确保其履行职责。

（6）制定主计划表，掌握各项研究工作的进展。

（7）组织制定和修改标准操作规程，并确保工作人员掌握标准操作规程。

（8）每项研究工作开始前，聘任专题负责人，有必要更换时，应记录更换的原因和时间。

（9）审查批准实验方案和总结报告。

（10）及时处理质量保证部门的报告，详细记录采取的措施。

（11）确保供试品、对照品的质量和稳定性符合要求。

（12）与协作或委托单位签订书面合同。

3. 质量保证部门负责人职责

（1）保存非临床研究机构的主计划表、实验方案和总结报告的副本。

（2）审核实验方案、实验记录和总结报告。

（3）对每项研究实施检查，并根据其内容和持续时间制定审查和检查计划，详细记录检查的内容、发现的问题、采取的措施等，并在记录上签名，保存备查。

（4）定期检查动物饲养设施、实验仪器和档案管理。

（5）向机构负责人和（或）专题负责人书面报告检查发现的问题及建议。

（6）参与标准操作规程的制定，保存标准操作规程的副本。

4. 专题负责人职责

（1）全面负责该项研究工作的运行管理。

（2）制定实验方案，严格执行实验方案，分析研究结果，撰写总结报告。

（3）执行标准操作规程的规定，及时提出修订或补充相应的标准操作规程的建议。

（4）确保参与研究的工作人员明确所承担的工作，并掌握相应的标准操作规程。

（5）掌握研究工作的进展，检查各种实验记录，确保其及时、直接、准确和清楚。

（6）详细记录实验中出现的意外情况和采取的措施。

（7）实验结束后，将实验方案、原始资料、应保存的标本、各种有关记录文件和总结报告等归档保存。

（8）及时处理质量保证部门提出的问题，确保研究工作各环节符合要求。

（四）实验设施、设备及实验材料

1. 实验设施

（1）实验动物饲养设施　具备设计合理、配置适当的动物饲养设施，并能根据需要调控温度、湿度、空气洁净度、通风和照明等环境条件。实验动物设施条件应与所使用的实验动物级别相符。实验动物饲养设施主要包括以下几方面：①不同种属动物或不同实验系统的饲养和管理设施；②动物的检疫和患病动物的隔离治疗设施；③收集和处置试验废弃物的设施；④清洗消毒设施；⑤供试品和对照品含有挥发性、放射性或生物危害性等物质时，应设置相应的饲养设施。

（2）饲料、垫料、笼具及其他动物用品的存放设施　各类设施的配置应合理，防止与实验系统相互污染。易腐败变质的动物用品应有适当的保管措施。

（3）供试品和对照品的处置设施　包括接收和贮藏供试品和对照品的设施及供试品和对照品的配制和贮存设施。

（4）根据工作需要设立相应的实验室　使用有生物危害性的动物、微生物、放射性等材料应设立专门实验室，并应符合国家有关管理规定。

（5）具备保管实验方案、各类标本、原始记录、总结报告及有关文件档案的设施。

此外，还应根据工作需要配备相应的环境调控设施。

（五）标准操作规程

标准操作规程（SOP）是保证实验数据真实、可靠、科学的必要条件。因此，它的制定与执行是药物非临床研究的关键环节。

标准操作规程（SOP）经质量保证部门签字确认和机构负责人批准后生效。失效后除一份存档之外，其他都应及时销毁，其制定、修改、生效日期及分发、销毁情况应记录并归档。标准操作规程（SOP）的存放应方便使用，研究过程中任何偏离它的操作，都应经专题负责人批准，并加以记录。改动标准操作规程（SOP），应经质量保证部门负责人确认，机构负责人书面批准。

（六）研究工作实施

研究工作的实施内容包括每次研究的专题名称或代号、实验中采集标本的标识、实验动物编号和收集日期、实验方案的基本要求、实验方案的主要内容、实验内容的修改、研究专题的管理及实验工作人员的工作要求、数据记录与修改、实验动物疾病或异常情况（非供试品引起）的处理、总结报告的书写和审查、总结报告的内容、总结报告的修改等。

1. 实验方案　专题负责人制定实验方案，经质量保证部门审查，机构负责人批准后方可执行，批准日期作为实验的起始日期。接受委托的研究，实验方案应经委托单位认可。研究过程中需要修改实验方案时，应经质量保证部门审查，机构负责人批准。变更的内容、理由及日期，应记入档案，并与原实验方案一起保存。

2. 总结报告　研究工作结束后，专题负责人应及时写出总结报告，签名或盖章后交质量保证部门负责人审查和签署意见，机构负责人批准。批准日期作为实验结束日期。

总结报告经机构负责人签字后，需要修改或补充时，有关人员应详细说明修改或补充的内容、理由和日期，经专题负责人认可，并经质量保证部门负责人审查和机构负责人批准。

（七）资料档案

研究工作结束后，专题负责人应将实验方案、标本、原始资料、文字记录和总结报告的原件、与实验有关的各种书面文件、质量保证部门的检查报告等按标准操作规程的要求整理交资料档案室，并按标准操作规程的要求编号归档。研究项目被取消或中止时，专题负责人应书面说明取消或中止的原因，并将上述实验资料整理归档。

资料档案室应有专人负责，按标准操作规程的要求进行管理。实验方案、标本、原始资料、文字记录、总结报告以及其他资料的保存期，应为药物上市后至少5年。质量容易变化的标本，如组织器官、电镜标本、血液涂片等的保存期，应以能够进行质量评价为时限。

（八）监督检查

国务院药品监督管理部门负责组织实施对非临床研究机构的检查。凡在中华人民共和国申请药品注册而进行的非临床研究都应接受国务院药品监督管理部门的监督检查。

（九）GLP认证管理

国务院药品监督管理部门负责GLP认证工作，并修订《药物非临床研究质量管理规范认证管理办法》，对已通过GLP认证的药物非临床研究机构进行复检。为促进GLP认证与新药注册的有机结合，2005年1月1日起，我国开始强制执行GLP认证。

二、药物临床试验质量管理

（一）GCP 发展概述

1995 年起草了《药品临床试验管理规范》（management practices of drug clinical trials，GCP），并开始在全国范围内组织 GCP 知识培训。

1998 年 3 月卫生部颁布了《药品临床试验管理规范（试行）》。

原国家药品监督管理局成立后，颁布了《药品临床试验管理规范》，于 1999 年 9 月 1 日正式实施。

重新制定的《药物临床试验质量管理规范》（GCP），于 2003 年 9 月 1 日正式颁布实施。

（二）GCP 相关术语

1. 试验方案（protocol） 叙述试验的背景、理论基础和目的，试验设计、方法和组织，包括统计学考虑、试验执行和完成的条件。方案必须由参加试验的主要研究者、研究机构和申办者签章并注明日期。

2. 研究者手册（investigator brochure） 是有关试验药物在进行人体研究时已有的临床与非临床研究资料。

3. 知情同意（informed consent） 指向受试者告知一项试验的各方面情况后，受试者自愿确认其同意参加该项临床试验的过程，须以签名和注明日期的知情同意书作为文件证明。

4. 知情同意书（informed consent form） 是每位受试者表示自愿参加某一试验的文件证明。研究者需向受试者说明试验性质、试验目的、可能的受益和风险、可供选用的其他治疗方法以及符合《赫尔辛基宣言》规定的受试者的权利和义务等，使受试者充分了解后表达其同意。

5. 伦理委员会（ethics committee） 由医学专业人员、法律专家及非医务人员组成的独立组织，其职责为核查临床试验方案及附件是否合乎道德，并为之提供公众保证，确保受试者的安全、健康和权益受到保护。

6. 研究者（investigator） 实施临床试验并对临床试验的质量及受试者安全和权益的负责者。研究者必须经过资格审查，具有临床试验的专业特长、资格和能力。

7. 协调研究者（coordinating investigator） 在多中心临床试验中负责协调参加各中心研究者工作的一名研究者。

8. 申办者（sponsor） 发起一项临床试验，并对该试验的启动、管理、财务和监查负责的公司、机构或组织。

9. 监查员（monitor） 由申办者任命并对申办者负责的具备相关知识的人员，其任务是监查和报告试验的进行情况和核实数据。

10. 稽查（audit） 指由不直接涉及试验的人员所进行的一种系统性检查，以评价试验的实施、数据的记录和分析是否与试验方案、标准操作规程以及药物临床试验相关法规要求相符。

11. 视察（inspection）　药品监督管理部门对一项临床试验的有关文件、设施、记录和其他方面进行官方审阅，视察可以在试验单位、申办者所在地或合同研究组织所在地进行。

12. 病例报告表（case report form，CRF）　指按试验方案所规定设计的一种文件，用以记录每一名受试者在试验过程中的数据。

13. 试验用药品（investigational product）　用于临床试验中的试验药物、对照药品或安慰剂。

14. 不良事件（adverse event）　患者或临床试验受试者接受一种药品后出现的不良医学事件，但并不一定与治疗有因果关系。

15. 严重不良事件（serious adverse event）　临床试验过程中发生需住院治疗、延长住院时间、伤残、影响工作能力、危及生命或死亡、导致先天畸形等事件。

16. 标准操作规程（standard operating procedure，SOP）　为有效地实施和完成某一临床试验中每项工作所拟定的标准和详细的书面规程。

17. 设盲（blinding/masking）　临床试验中使一方或多方不知道受试者治疗分配的程序。单盲指受试者不知情，双盲指受试者、研究者、监查员或数据分析者均不知治疗分配情况。

18. 合同研究组织（contract research organization，CRO）　一种学术性或商业性的科学机构。申办者可委托其执行临床试验中的某些工作和任务，此种委托必须做出书面规定。

（三）GCP 基本内容

1. 临床试验前准备与必要条件　①进行药物临床试验必须有充分的科学依据；②临床试验用药品由申办者准备和提供；③设施与条件应满足安全有效地进行临床试验的需要。

2. 受试者权益保障　①受试者权益保障原则和主要措施；②伦理委员会人员组成；③试验方案审议；④伦理委员会意见；⑤研究者应向受试者说明的情况；⑥知情同意书的获得。

3. 试验方案与人员职责

（1）研究者职责　负责临床试验的研究者应具备：在医疗机构中具有相应专业技术职务任职和行医资格；具有试验方案中所要求的专业知识和经验；对临床试验方法具有丰富经验或者能得到本单位有经验的研究者在学术上的指导；熟悉申办者所提供的与临床试验有关的资料与文献；有权支配参与该项试验的人员和使用该项试验所需的设备。

研究者必须详细阅读和了解试验方案的内容，并严格按照方案执行。了解并熟悉试验药物的性质、作用、疗效及安全性（包括该药物临床前研究的有关资料），同时也应掌握临床试验进行期间发现的所有与该药物有关的新信息。

研究者必须在有良好医疗设施、实验室设备、人员配备的医疗机构进行临床试验，该机构应具备处理紧急情况的一切设施，以确保受试者的安全。实验室检查结果应准确可靠。

研究者应获得所在医疗机构或主管单位的同意，保证有充分的时间在方案规定的期限内负责和完成临床试验。研究者须向参加临床试验的所有工作人员说明有关试验的资料、规定和职责，确保有足够数量并符合试验方案的受试者进入临床试验。

研究者应向受试者说明经伦理委员会同意的有关试验的详细情况，并取得知情同意书。研究者负责做出与临床试验相关的医疗决定，保证受试者在试验期间出现不良事件时得到适当的治疗。

研究者有义务采取必要的措施以保障受试者的安全，并记录在案。在临床试验过程中如发生严重不良事件，研究者应立即对受试者采取适当的治疗措施，同时报告药品监督管理部门、卫生行政部门、申办者和伦理委员会，并在报告上签名及注明日期。

研究者应保证将数据真实、准确、完整、及时、合法地载入病历和病例报告表。接受申办者派遣的监查员或稽查员的监查和稽查及药品监督管理部门的稽查和视察，确保临床试验的质量。

研究者应与申办者商定有关临床试验的费用，并在合同中写明。研究者在临床试验过程中，不得向受试者收取试验用药所需的费用。临床试验完成后，研究者必须写出总结报告，签名并注明日期后送申办者。研究者中止一项临床试验必须通知受试者、申办者、伦理委员会和药品监督管理部门，并阐明理由。

（2）申办者职责　申办者负责发起、申请、组织、监查和稽查一项临床试验，并提供试验经费。申办者按国家法律、法规等有关规定，向国家食品药品监督管理部门递交临床试验的申请，也可委托合同研究组织执行临床试验中的某些工作和任务。申办者选择临床试验的机构和研究者，认可其资格及条件以保证试验的完成。申办者提供研究者手册，其内容包括试验药物的化学、药学、毒理学、药理学和临床的（包括以前的和正在进行的试验）资料和数据。

（3）监查员职责　监查的目的是为了保证临床试验中受试者的权益受到保障，试验记录与报告的数据准确、完整无误，保证试验遵循已批准的方案和有关法规。

监查员是申办者与研究者之间的主要联系人。其人数及访视的次数取决于临床试验的复杂程度和参与试验的医疗机构的数目。监查员应有适当的医学、药学或相关专业学历，并经过必要的训练，熟悉药品管理有关法规，熟悉有关试验药物的临床前和临床方面的信息以及临床试验方案及其相关的文件。

4. 记录与报告　病历作为临床试验的原始文件，应完整保存。病例报告表中的数据来自原始文件并与原始文件一致。试验中的任何观察、检查结果均应及时、准确、完整、规范、真实地记录于病历和正确地填写至病例报告表中，不得随意更改，确因填写错误，作任何更正时应保持原记录清晰可辨，由更正者签署姓名和时间。

临床试验中各种实验室数据均应记录或将原始报告复印件粘贴在病例报告表上，在正常范围内的数据也应具体记录。对显著偏离或在临床可接受范围以外的数据须加以核实。检测项目必须注明所采用的计量单位。

5. 数据管理与统计分析　数据管理的目的在于把试验数据迅速、完整、无误地纳入报告，所有涉及数据管理的各种步骤均需记录在案，以便对数据质量及试验实施进行检查。应具有计算机数据库的维护和支持程序，用于保证数据库的保密性。

6. 试验用药品管理　临床试验用药品不得销售。申办者负责对临床试验用药品做适当的包装与标签，并标明为临床试验专用。在双盲临床试验中，试验药物与对照药品或安慰剂在外形、气味、包装、标签和其他特征上均应一致。试验用药品的使用记录应包括数量、装运、递送、接受、分配、应用后剩余药物的回收与销毁等方面的信息。

7. 质量保证　申办者及研究者均应履行各自职责，并严格遵循临床试验方案，采用标准操作规程，以保证临床试验的质量控制和质量保证系统的实施。

临床试验中有关所有观察结果和发现都应加以核实，在数据处理的每一阶段必须进行质量控制，以保证数据完整、准确、真实、可靠。

药品监督管理部门、申办者可委托稽查人员对临床试验相关活动和文件进行系统性检查，以评价试验是否按照试验方案、标准操作规程以及相关法规要求进行，试验数据是否及时、真实、准确、完整地记录。稽查应由不直接涉及该临床试验的人员执行。

8. 多中心试验　多中心试验是由多位研究者按同一试验方案在不同地点和单位同时进行的临床试验。各中心同期开始与结束试验。多中心试验由一位主要研究者总负责，并作为临床试验各中心间的协调研究者。多中心试验应当根据参加试验的中心数目和试验的要求，以及对试验用药品的了解程度建立管理系统，协调研究者负责整个试验的实施。

为加强药物临床试验的监督管理，确保药物临床试验在具有药物临床试验资格的机构中进行，国家食品药品监督管理部门和卫生部门共同制定了《药物临床试验机构资格认定办法（试行）》，并于2004年3月1日起施行，这意味着我国开始对药物临床试验机构实施资格认定。自2005年3月1日起，未提出资格认定申请和检查不合格的国家药品临床研究基地，将不再具有承担药物临床试验的资格。

三、新药注册的管理

根据《药品注册管理办法》，新药注册的管理要求如下。

（一）药品注册基本常识

1. 药品注册定义　药品注册是指国家食品药品监督管理局根据药品注册申请人的申请，依照法定程序，对拟上市销售药品的安全性、有效性、质量可控性等进行审查，并决定是否同意其申请的审批过程。

2. 药品注册的管理部门　国家食品药品监督管理局主管全国药品注册工作，负责对药物临床试验、药品生产和进口进行审批。国家食品药品监督管理局对药品注册实行主审集体负责制、相关人员公示制和回避制、责任追究制，受理、检验、审评、审批、送达等环节接受社会监督。

3. 注册申请人的要求　药品注册申请人（以下简称申请人）是指提出药品注册申请并承担相应法律责任的机构。

境内申请人应当是在中国境内合法登记并能独立承担民事责任的机构，境外申请人应当是境外合法制药厂商。境外申请人办理进口药品注册，应当由其驻中国境内的办事机构或者由其委托的中国境内代理机构办理。

办理药品注册申请事务的人员应当具有相应的专业知识，熟悉药品注册的法律、法规及技术要求。

境内申请人申请药品注册按照新药申请、仿制药申请的程序和要求办理，境外申请人申请进口药品注册按照进口药品申请的程序和要求办理。

（二）药品注册申请的分类

药品注册申请包括新药申请、仿制药申请、进口药品申请及其补充申请和再注册申请。

1. 新药申请　是指未曾在中国境内上市销售的药品的注册申请。

对已上市药品改变剂型、改变给药途径、增加新适应症的药品注册按照新药申请的程序申报。

2. 仿制药申请　是指生产国家食品药品监督管理局已批准上市的已有国家标准的药品的注册申请；但是生物制品按照新药申请的程序申报。

3. 进口药品申请　是指境外生产的药品在中国境内上市销售的注册申请。

4. 补充申请　是指新药申请、仿制药申请或者进口药品申请经批准后，改变、增加或者取消原批准事项或者内容的注册申请。

5. 再注册申请　是指药品批准证明文件有效期满后申请人拟继续生产或者进口该药品的注册申请。

（三）新药申请需要提供的资料

1. 注册申请资料的基本要求　申请人应当提供充分可靠的研究数据，证明药品的安全性、有效性和质量可控性，并对全部资料的真实性负责。

药品注册所报送的资料引用文献应当注明著作名称、刊物名称及卷、期、页等；未公开发表的文献资料应当提供资料所有者许可使用的证明文件。外文资料应当按照要求提供中文译本。

申请人应当提供充分可靠的研究数据，证明药品的安全性、有效性和质量可控性，并对全部资料的真实性负责。

药品注册过程中，药品监督管理部门应当对非临床研究、临床试验进行现场核查、有因核查，以及批准上市前的生产现场检查，以确认申报资料的真实性、准确性和完整性。

2. 注册申请的管辖　两个以上单位共同作为申请人的，应当向其中药品生产企业所在地省、自治区、直辖市药品监督管理部门提出申请；申请人均为药品生产企业的，应当向申请生产制剂的药品生产企业所在地省、自治区、直辖市药品监督管理部门提出申请；申请人均不是药品生产企业的，应当向样品试制现场所在地省、自治区、直辖市药品监督管理部门提出申请。

3. 注册申请的专利管理　申请人应当对其申请注册的药物或者使用的处方、工艺、用途等，提供申请人或者他人在中国的专利及其权属状态的说明；他人在中国存在专利的，申请人应当提交对他人的专利不构成侵权的声明。对申请人提交的说明或者声明，药品监督管理部门应当在行政机关网站予以公示。

药品注册过程中发生专利权纠纷的，按照有关专利的法律法规解决。

对他人已获得中国专利权的药品，申请人可以在该药品专利期届满前2年内提出注册申请。国家食品药品监督管理局按照本办法予以审查，符合规定的，在专利期满后核发药品批准文号、《进口药品注册证》或者《医药产品注册证》。

4. 注册的数据管理　按照《药品管理法实施条例》第三十五条的规定，对获得生产或者销售含有新型化学成分药品许可的生产者或者销售者提交的自行取得且未披露的试验数据和其他数据，国家食品药品监督管理局自批准该许可之日起6年内，对未经已获得许可的申请人同意，使用其未披露数据的申请不予批准；但是申请人提交自行取得数据的除外。

5. 注册的资料内容　为申请药品注册而进行的药物临床前研究，包括药物的合成工艺、提取方法、理化性质及纯度、剂型选择、处方筛选、制备工艺、检验方法、质量指标、稳定性、药理、毒理、动物药代动力学研究等。中药制剂还包括原药材的来源、加工及炮制等的研究；生物制品还包括菌毒种、细胞株、生物组织等起始原材料的来源、质量标准、保存条件、生物学特征、遗传稳定性及免疫学的研究等。

6. 新药研究机构的要求　药物研究机构应当具有与试验研究项目相适应的人员、场地、设备、仪器和管理制度，并保证所有试验数据和资料的真实性；所用实验动物、试剂和原材料应当符合国家有关规定和要求。

申请人委托其他机构进行药物研究或者进行单项试验、检测、样品的试制等的，应当与被委托方签订合同，并在申请注册时予以说明。申请人对申报资料中的药物研究数据的真实性负责。

药品注册申报资料中有境外药物研究机构提供的药物试验研究资料的，必须附有境外药物研究机构出具的其所提供资料的项目、页码的情况说明和证明该机构已在境外合法登记的经公证的证明文件。国家食品药品监督管理局根据审查需要组织进行现场核查。

药品监督管理部门可以要求申请人或者承担试验的药物研究机构按照其申报资料的项目、方法和数据进行重复试验，也可以委托药品检验所或者其他药物研究机构进行重复试验或方法学验证。

7. 原料药的要求 单独申请注册药物制剂的，研究用原料药必须具有药品批准文号、《进口药品注册证》或者《医药产品注册证》，且必须通过合法的途径获得。研究用原料药不具有药品批准文号、《进口药品注册证》或者《医药产品注册证》的，必须经国家食品药品监督管理局批准。

（四）药物的临床试验

药物的临床试验（包括生物等效性试验）必须经过国家食品药品监督管理局批准，且必须执行《药物临床试验质量管理规范》。药品监督管理部门应当对批准的临床试验进行监督检查。

申请新药注册，应当进行临床试验。仿制药申请和补充申请，也需进行相应临床试验。

1. 临床实验的分类 临床试验分为Ⅰ、Ⅱ、Ⅲ、Ⅳ期。

（1）Ⅰ期临床试验 初步的临床药理学及人体安全性评价试验。观察人体对于新药的耐受程度和药代动力学，为制定给药方案提供依据。

（2）Ⅱ期临床试验 治疗作用初步评价阶段。其目的是初步评价药物对目标适应症患者的治疗作用和安全性，也包括为Ⅲ期临床试验研究设计和给药剂量方案的确定提供依据。此阶段的研究设计可以根据具体的研究目的，采用多种形式，包括随机盲法对照临床试验。

（3）Ⅲ期临床试验 治疗作用确证阶段。其目的是进一步验证药物对目标适应症患者的治疗作用和安全性，评价利益与风险关系，最终为药物注册申请的审查提供充分的依据。试验一般应为具有足够样本量的随机盲法对照试验。

（4）Ⅳ期临床试验 新药上市后应用研究阶段。其目的是考察在广泛使用条件下的药物的疗效和不良反应，评价在普通或者特殊人群中使用的利益与风险关系以及改进给药剂量等。

生物等效性试验是指用生物利用度研究的方法，以药代动力学参数为指标，比较同一种药物的相同或者不同剂型的制剂，在相同的试验条件下，其活性成分吸收程度和速度有无统计学差异的人体试验。

2. 临床研究病例数要求 药物临床试验的受试例数应当符合临床试验的目的和相关统计学的要求，临床试验的最低病例数（试验组）要求：Ⅰ期为20～30例，Ⅱ期为

100 例，Ⅲ期为 300 例，Ⅳ期为 2000 例。避孕药的Ⅰ期临床数为 20～30 例，Ⅱ期临床试验应当完成至少 100 对 6 个月经周期的随机对照试验；Ⅲ期临床试验完成至少 1000 例 12 个月经周期的开放试验；Ⅳ期临床试验应当充分考虑该类药品的可变因素，完成足够样本量的研究工作。属注册分类 3 和 4 的，应当进行人体药代动力学研究和至少 100 对随机对照临床试验。多个适应症的，每个主要适应症的病例数不少于 60 对。避孕药应当进行人体药代动力学研究和至少 500 例 12 个月经周期的开放试验。

罕见病、特殊病种等情况，要求减少临床试验病例数或者免做临床试验的，应当在申请临床试验时提出，并经国家食品药品监督管理局审查批准。

3. 临床研究机构的管理　药物临床试验批准后，申请人应当从具有药物临床试验资格的机构中选择承担药物临床试验的机构。

申请人发现药物临床试验机构违反有关规定或者未按照临床试验方案执行的，应当督促其改正；情节严重的，可以要求暂停或者终止临床试验，并将情况报告国家食品药品监督管理局和有关省、自治区、直辖市药品监督管理部门。

4. 临床实验用药物要求　临床试验用药物应当在符合《药品生产质量管理规范》的车间制备。制备过程应当严格执行《药品生产质量管理规范》的要求。申请人对临床试验用药物的质量负责。

申请人可以按照其拟定的临床试验用样品标准自行检验临床试验用药物，也可以委托省级以上药品检验所进行检验；疫苗类制品、血液制品、国家食品药品监督管理局规定的其他生物制品，应当由国家食品药品监督管理局指定的药品检验所进行检验。临床试验用药物检验合格后方可用于临床试验。

药品监督管理部门可以对临床试验用药物抽查检验。

5. 临床研究方案管理　申请人在药物临床试验实施前，应当将已确定的临床试验方案和临床试验负责单位的主要研究者姓名、参加研究单位及其研究者名单、伦理委员会审核同意书、知情同意书样本等报送国家食品药品监督管理局备案，并抄送临床试验单位所在地和受理该申请的省、自治区、直辖市药品监督管理部门。

申请人完成临床试验后，应当向国家食品药品监督管理局提交临床试验总结报告、统计分析报告以及数据库。

6. 临床实验的期限管理　药物临床试验应当在批准后 3 年内实施。逾期未实施的，原批准证明文件自行废止；仍需进行临床试验的，应当重新申请。

7. 临床研究的安全管理　临床试验过程中发生严重不良事件的，研究者应当在 24 小时内报告有关省、自治区、直辖市药品监督管理部门和国家食品药品监督管理局，通知申请人，并及时向伦理委员会报告。

临床试验有下列情形之一的，国家食品药品监督管理局可以责令申请人修改试验方案、暂停或者终止临床试验：①伦理委员会未履行职责的；②不能有效保证受试者安全的；③未按照规定时限报告严重不良事件的；④有证据证明临床试验用药物无效的；⑤临床试验用药物出现质量问题的；⑥临床试验中弄虚作假的；⑦其他违反《药物临床试验质量管理规范》的。

临床试验中出现大范围、非预期的不良反应或者严重不良事件，或者有证据证明临床试验用药物存在严重质量问题时，国家食品药品监督管理局或者省、自治区、直辖市药品监督管理部门可以采取紧急控制措施，责令暂停或者终止临床试验，申请人和临床试验单位必须立即停止临床试验。

8. 多中心临床研究的管理 境外申请人在中国进行国际多中心药物临床试验的，应当按照《药品注册管理办法》向国家食品药品监督管理局提出申请，并按下列要求办理。

（1）临床试验用药物应当是已在境外注册的药品或者已进入Ⅱ期或者Ⅲ期临床试验的药物；国家食品药品监督管理局不受理境外申请人提出的尚未在境外注册的预防用疫苗类药物的国际多中心药物临床试验申请。

（2）国家食品药品监督管理局在批准进行国际多中心药物临床试验的同时，可以要求申请人在中国首先进行Ⅰ期临床试验。

（3）在中国进行国际多中心药物临床试验时，在任何国家发现与该药物有关的严重不良反应和非预期不良反应，申请人应当按照有关规定及时报告国家食品药品监督管理局。

（4）临床试验结束后，申请人应当将完整的临床试验报告报送国家食品药品监督管理局。

（5）国际多中心药物临床试验取得的数据用于在中国进行药品注册申请的，应当符合本办法有关临床试验的规定并提交国际多中心临床试验的全部研究资料。

（五）新药报生产管理

申请人完成药物临床试验后，应当填写《药品注册申请表》，向所在地省、自治区、直辖市药品监督管理部门报送申请生产的申报资料，并同时向中国药品生物制品检定所报送制备标准品的原材料及有关标准物质的研究资料。

省、自治区、直辖市药品监督管理部门应当对申报资料进行形式审查，符合要求的，出具药品注册申请受理通知书；不符合要求的，出具药品注册申请不予受理通知书，并说明理由。

省、自治区、直辖市药品监督管理部门自受理申请之日起5日内组织对临床试验情况及有关原始资料进行现场核查，对申报资料进行初步审查，提出审查意见。除生物制品外的其他药品，还需抽取3批样品，向药品检验所发出标准复核的通知。

省、自治区、直辖市药品监督管理部门在规定的时限内将审查意见、核查报告及申报资料送交国家食品药品监督管理局药品审评中心，并通知申请人。

药品检验所应对申报的药品标准进行复核，并在规定的时间内将复核意见送交国家食品药品监督管理局药品审评中心，同时抄送通知其复核的省、自治区、直辖市药品监督管理部门和申请人。

国家食品药品监督管理局药品审评中心收到申报资料后，在规定的时间内组织药学、医学及其他技术人员对申报资料进行审评，必要时可以要求申请人补充资料，并说明理由。

经审评符合规定的，国家食品药品监督管理局药品审评中心通知申请人申请生产现场检查，并告知国家食品药品监督管理局药品认证管理中心；经审评不符合规定的，国家食品药品监督管理局药品审评中心将审评意见和有关资料报送国家食品药品监督管理局，国家食品药品监督管理局依据技术审评意见，作出不予批准的决定，发给《审批意见通知件》，并说明理由。

申请人自收到生产现场检查通知之日起 6 个月内向国家食品药品监督管理局药品认证管理中心提出现场检查的申请。

国家食品药品监督管理局药品认证管理中心在收到生产现场检查的申请后，在 30 日内组织对样品批量生产过程等进行现场检查，确认核定的生产工艺的可行性，同时抽取 1 批样品（生物制品抽取 3 批样品），送进行该药品标准复核的药品检验所检验，并在完成现场检查后 10 日内将生产现场检查报告送交国家食品药品监督管理局药品审评中心。

样品需在取得《药品生产质量管理规范》认证证书的车间生产；新开办药品生产企业、药品生产企业新建药品生产车间或者新增生产剂型的，其样品生产过程需符合《药品生产质量管理规范》的要求。

药品检验所依据核定的药品标准对抽取的样品进行检验，并在规定的时间内将药品注册检验报告送交国家食品药品监督管理局药品审评中心，同时抄送相关省、自治区、直辖市药品监督管理部门和申请人。

国家食品药品监督管理局药品审评中心依据技术审评意见、样品生产现场检查报告和样品检验结果，形成综合意见，连同有关资料报送国家食品药品监督管理局。国家食品药品监督管理局依据综合意见，作出审批决定。符合规定的，发给新药证书，申请人已持有《药品生产许可证》并具备生产条件的，同时发给药品批准文号；不符合规定的，发给《审批意见通知件》，并说明理由。

改变剂型但不改变给药途径，以及增加新适应症的注册申请获得批准后不发给新药证书，只发给注册批件；靶向制剂、缓释、控释制剂等特殊剂型可以发给新药证书和注册批件。

（六）药品再注册管理

1. 注册批件的有效期　国家食品药品监督管理局核发的药品批准文号、《进口药品注册证》或者《医药产品注册证》的有效期为 5 年。有效期届满，需要继续生产或者进口的，申请人应当在有效期届满前 6 个月申请再注册。

在药品批准文号、《进口药品注册证》或者《医药产品注册证》有效期内，申请人应当对药品的安全性、有效性和质量控制情况，如监测期内的相关研究结果、不良反应的监测、生产控制和产品质量的均一性等进行系统评价。

2. 再注册管理权限　药品再注册申请由药品批准文号的持有者向省、自治区、直辖市药品监督管理部门提出，按照规定填写《药品再注册申请表》，并提供有关申报资料。进口药品的再注册申请由申请人向国家食品药品监督管理局提出。

省、自治区、直辖市药品监督管理部门对申报资料进行审查，符合要求的，出具药品再注册申请受理通知书；不符合要求的，出具药品再注册申请不予受理通知书，并说明理由。

省、自治区、直辖市药品监督管理部门应当自受理申请之日起 6 个月内对药品再注册申请进行审查，符合规定的，予以再注册；不符合规定的，报国家食品药品监督管理局。

进口药品的再注册申请由国家食品药品监督管理局受理，并在 6 个月内完成审查，符合规定的，予以再注册；不符合规定的，发出不予再注册的通知，并说明理由。

3. 不给再注册的药品　有下列情形之一的药品不予再注册：①有效期届满前未提出再注册申请的；②未达到国家食品药品监督管理局批准上市时提出的有关要求的；③未按照要求完成Ⅳ期临床试验的；④未按照规定进行药品不良反应监测的；⑤经国家食品药品监督管理局再评价属于疗效不确、不良反应大或者其他原因危害人体健康的；⑥按照《药品管理法》的规定应当撤销药品批准证明文件的；⑦不具备《药品管理法》规定的生产条件的；⑧未按规定履行监测期责任的。

对不予再注册的品种，除因法定事由被撤销药品批准证明文件的外，在有效期届满时，注销其药品批准文号、《进口药品注册证》或者《医药产品注册证》。

（七）注册管理的时限

药品注册时限，是指药品注册的受理、审查、审批等工作的最长时间，根据法律法规的规定中止审批或者申请人补充资料等所用时间不计算在内。药品注册检验、审评工作等药品监督管理部门会根据《药品管理法》、《行政许可法》及《药品管理法实施条例》规定的药品注册时限要求进行注册管理，有特殊原因需要延长时间的，应当说明理由，报国家食品药品监督管理局批准并告知申请人。

1. 形式审查时限　药品监督管理部门收到申请后进行形式审查，并根据下列情况分别作出处理。

（1）申请事项依法不需要取得行政许可的，应当即时告知申请人不受理。

（2）申请事项依法不属于本部门职权范围的，应当即时作出不予受理的决定，并告知申请人向有关行政机关申请。

（3）申报资料存在可以当场更正的错误的，应当允许申请人当场更正。

（4）申报资料不齐全或者不符合法定形式的，应当当场或者在 5 日内一次告知申请人需要补正的全部内容，逾期不告知的，自收到申报资料之日起即为受理。

（5）申请事项属于本部门职权范围，申报资料齐全、符合法定形式，或者申请人按照要求提交全部补正资料的，应当受理药品注册申请。

药品监督管理部门受理或者不予受理药品注册申请，应当出具加盖药品注册专用印章和注明日期的书面凭证。

省、自治区、直辖市药品监督管理部门应当在受理申请后30日内完成对研制情况及原始资料的核查、对申报资料的审查、抽取样品、通知药品检验所进行注册检验、将审查意见和核查报告连同申请人的申报资料一并报送国家食品药品监督管理局等工作，同时将审查意见通知申请人。

2. 药品注册检验的时间

（1）样品检验：30日，同时进行样品检验和标准复核为60日。

（2）特殊药品和疫苗类制品的样品检验：60日，同时进行样品检验和标准复核为90日。

3. 技术审评工作时限

（1）新药临床试验：90日；获准进入特殊审批程序的品种为80日。

（2）新药生产：150日；获准进入特殊审批程序的品种为120日。

（3）对已上市药品改变剂型和仿制药的申请：160日。

（4）需要进行技术审评的补充申请：40日。

4. 补充申请工作时限　在技术审评过程中需要申请人补充资料的，应当一次性发出补充资料通知，申请人对补充资料通知内容提出异议的，可以当面听取申请人的陈述意见。申请人应当在4个月内按照通知要求一次性完成补充资料，进入特殊审批程序的，按照特殊审批程序的要求办理。

收到补充资料后，技术审评时间应当不超过原规定时间的1/3；进入特殊审批程序的，不得超过原规定时间的1/4。

药品注册过程中申请人自行提出撤回申请的，其审批程序自行终止。

5. 审批时限　国家食品药品监督管理局应当在20日内作出审批决定；20日内不能作出决定的，经主管局领导批准，可以延长10日，并应当将延长时限的理由告知申请人。

国家食品药品监督管理局应当自作出药品注册审批决定之日起10日内颁发、送达有关行政许可证件。

（八）注册文号格式

药品批准文号的格式为：国药准字H（Z、S、J）+4位年号+4位顺序号，其中H代表化学药品，Z代表中药，S代表生物制品，J代表进口药品分包装。如化学药品艾拉莫德片的批准文号为：国药准字H20110084。

《进口药品注册证》证号的格式为：H（Z、S）+4位年号+4位顺序号；《医药产品注册证》证号的格式为：H（Z、S）C+4位年号+4位顺序号，其中H代表化学药品，Z代表中药，S代表生物制品。对于境内分包装用大包装规格的注册证，其证号在原注册证号前加字母B。

新药证书号的格式为：国药证字H（Z、S）+4位年号+4位顺序号，其中H代表化学药品，Z代表中药，S代表生物制品。如艾拉莫德片的新药证书号为：国药证字H20110035。

第三节　新药研究过程管理

一、药品研究开发思路

及时充分了解国内外市场信息，以市场需求来确定新药开发的方向。

（一）中药开发思路

世界天然药物市场容量巨大，中国加入世贸组织给中药走向世界带来了机遇。随着全球天然药物潮流的兴起，在世界卫生组织的极力推动下，各国政府纷纷将植物药、传统药纳入政府管理，给予合法的地位。植物药与传统医药取得了前所未有的发展机遇，2000年全球天然植物药市场销售额达165亿美元，近几年保持在10%～15%的增长速度。加入世贸组织后，有关协议及政策给中药进入国际市场提供了机遇，据报道，2002上半年中药中成药保健品出口与2001年同比增长15.9%，中医中药目前已在部分国家取得了合法地位，这表明国外有广阔的天然药物市场需求。

我国《药品管理办法实施条例》、《药品注册管理办法》等一系列政策以及增强药品质量的GAP、GLP、GCP、GMP、GSP工程深入开展，中药走向世界的条件越来越成熟，中药的开发在立项的同时便应充分考虑到如何进军国际市场的问题。

1. 适应世界潮流，开发能发挥中药优势和特色的新药　随着人民生活质量提高的需要，中药新药的开发应顺应人们对高质量生存方式的追求，满足人们个性化和多样性消费的需求，顺应人类医疗服务模式转向自助预防保健的大趋势，解决人类疾病谱改变所产生的新课题，发挥其自身特色和优势，吸收当代科技的最新成果，开发出有中药特色的新药品。

2. 针对中药具有的优势，市场上又缺少的产品开发　如中医的外用药、皮肤科用药、儿科用药、妇科用药，有很多疗效独特亟待挖掘、开发的品种。

中药真正的优势是以中医理论为指导、几千年来的行之有效的复方临床配伍经验、数量众多经临床直接证实有效的中药复方处方以及广大人民对中医的认可和中药的使用传统。中国是中药临床研究开展最优越的地方，这是中国所独有的优势。因而我们不仅要借鉴国外开发天然药物的思路及步骤进行开发，更重要的是要充分利用自己的优势，鼓励众多的中医医疗机构对有一定基础的中药复方进行科学的前瞻性研究，以临床疗效为出发点摸索出一条自己的、科学的中药研发道路。

（1）临床各科的有效验方（包括长年使用的医院制剂）　如复方丹参片。

（2）传统的古方（或有所加减）　如咳喘宁口服液（麻杏石甘汤加减）。

（3）名老中医的临床经验方。

（4）民间验方或祖传秘方　如治疗风湿病的单味草药。

（5）临床科研方（科研成果），或药物筛选后的小组方　如前列通瘀胶囊。

（6）从《中国药典》或部颁标准中选方。

（7）在中医理论指导下，针对某个病症，由有经验的中医根据自已的临床经验拟定的处方。

3. 开发有确切疗效的产品　如速效救心丸、复方丹参滴丸等，虽其同类产品众多，但因其确实可靠的疗效，而一直牢牢占有市场的相当的份额，经久不衰。所以，对于疗效显著、明显优于目前市场上同类一线药品（包括西药）的中药，无论同类品种竞争多激烈，都应作为开发重点。

4. 瞄准国际临床难点选题攻关　现代医学已发现世界上有上万种疾病，在诊断和治疗上已取得显著的成绩，但到目前为止仍有2/3的疾病缺乏有效的治疗方法。因此，中医药科研应该充分发挥自身的特色和优势，瞄准世界医学的难点选题攻关，加强对病毒性疾病如治疗SARS的中药、自身免疫性疾病、过敏性疾病、肿瘤、痴呆、肥胖等的研究。

5. 加强天然产物活性成分研究，从中寻找一类新药　1805年从阿片中分离出吗啡标志着单体化合物作为新药来源时期开始。近年来，从天然产物中研究开发新药，最引人瞩目的成果当算紫杉醇，1992年批准上市，作为治疗卵巢癌的首选药物。近70年来，我国先后研制出70余种高特新药广泛应用于临床，其中，两个举世公认的具有划时代意义的麻黄碱和青蒿素，都是从我国常用中药发掘出来的。

对天然药物进行深入的化学与生理活性的研究，从而发现临床上有用的原形药物，存在着极大的机遇，发现具有开发前景的新类型结构化合物作为先导化合物，经结构修饰和改造，寻找疗效更高、结构更为简单，并且便于大生产的、安全有效的候选化合物，再经临床验证判断这个化合物是否能成为新药而上市。

6. 进行新药的二次开发　对一些临床疗效好的传统中药，可以在进行纯化、研究有效成分的基础进行改变剂型的二次开发。

7. 加强中药有效部位研究　由人参皂苷中Rg3组分制成的“参一胶囊”，就是从传统中药活性组分筛选入手，开发出来的第一个中药抗癌一类新药，它为创新药物研究闯出了一条新路。

（二）化学药开发思路

1. 化学合成技术　计算机化学、组合化学以及分析鉴定技术的发展，不仅可以创造出更多的新化合物，而且为结构的修饰和改造创造了极为有效的方法和技术。化学理论和技术进步和发展，是促进新药研究十分重要的环节。

2. 药物筛选技术　药物的发现，有赖于药物筛选的大规模进行，20 世纪后期，国际新药研究机构总结新药研究的经验和规律，应用计算机、自动化等多种新技术，实现了自动化、大规模的高通量药物筛选。我国经过长期的准备和努力，近年基本实现了高通量药物筛选，使药物筛选的工作进入一个新的阶段。高通量药物筛选的实现，将会大幅度地缩短新药发现的时间，提高筛选效率，增加高特异性高生物活性药物的发现率。

3. 样品库的建立　大规模的筛选样品库的建立，不仅能够有效地保护、节约化合物资源，而且可以实现真正意义上的一药多筛，充分利用资源，还可以实现大样本量的筛选，发现高效药物。样品库的建立需要有完善的科学管理和自动化控制体系，我国已经基本具备这些条件。计算机辅助筛选也在计算机技术、化学理论、计算机辅助筛选等技术的发展中不断进步，逐步进入使用阶段。

4. 生物医学理论以及药学基础研究　生物医学理论和技术的发展，对多种疾病和药物作用机制有了比较深入和全面的了解，尤其是分子生物学、细胞生物学技术的发展，使药物研究的方法思路都产生了极大的变化，人类基因组计划的实施，药物作用的分子机制等，都将极大地推动我国在 21 世纪的新药研究工作。

5. 样品的制备技术　包括天然药物的分离提取技术、生物合成技术、生物工程技术、化学合成技术以及计算机辅助设计和组合化学等新技术的研究和应用。开发新药，必须具备样品的供应，没有大量的样品资源，等于无源之水，将直接限制新药的发现。研究新的制备样品的方法，获取样品的效率，对新药研究将起到巨大促进作用。

6. 制剂技术　制剂技术的提高关系到临床用药效果和药品的质量，新药的出现离不开应用剂型来实现其应用价值。制剂技术近年来进展很快，要使我国药品质量和疗效达到新的水平，加强制剂技术研究是不可忽视的重要任务。目前常用的制剂技术有靶向技术、控释技术、分散技术、冻干技术、脂质体技术、乳化技术和微囊技术等。

7. 仿创结合　据国家工信部提供的资料，到 2015 年，全世界将有 112 个专利药陆续到期。我国医药企业应提前跟踪即将到期的专利药，进行技术攻关，对工艺、设备、标准拟定、报批规则及相关资料等早做准备，甚至连该产品原来的销售渠道都要提前掌握。有的要以战略眼光提前几年做好，只待对方专利期一到，就能立即生产上市。

（三）仿制药（中药/化药）开发思路

对于仿制药开发的思路是，选择一些市场占有率较高的产品、销售额较高的产品、疗效确切的产品、无知识产权纷争的产品（没有新药监测期、专利保护、中药保护的产品）、生产厂家较少的产品、符合公司现有生产条件的产品、高附加值的产品（成本低、有利润空间）、风险小的产品、进入医保目录或基本药物目录的品种进行开发。

二、知识产权管理

知识产权主要涉及专利权、商标权、版权（著作权）和商业秘密四种。由药品的技术特点决定，药品知识产权主要涉及专利、商标和商业秘密。

在新药研究过程中，为避免重复劳动，通过药品专利信息检索了解当前国际相关领域技术状况是新药研究的重要一环，同时获得方法学的支持。

（一）专利权

1. 基本概念

（1）专利　专利是专利权的简称，是指就一项发明、实用新型或外观设计向国家专利行政部门提出专利申请，经依法审查合格后，向专利申请人授予在规定时间内对该项发明创造享有的专有权。

（2）专利行政部门　目前，我国负责全国专利工作的部门是国家知识产权局，在地方设有省级的知识产权局，负责本地区的专利工作，专利的审批权在国家知识产权局。

2. 授予专利条件　我国《专利法》对授予发明专利和实用新型专利的条件规定为，其应具备新颖性、创造性和实用性。

3. 专利权保护期限、范围、终止和无效

（1）专利权的保护期限　实用新型专利权和外观设计专利权的保护期限为10年，发明专利权的保护期限为20年，均自申请日起计算。

（2）专利权的保护范围　发明和实用新型专利权被授予后，任何单位或者个人未经专利权人许可，都不得实施其专利，即不得为生产经营目的制造、使用、许诺销售、销售、进口其专利产品，或者使用其专利方法以及使用、许诺销售、销售、进口依照该专利方法直接获得的产品。发明或者实用新型专利权的保护范围以其权利要求的内容为准，说明书及附图可以用于解释权利要求。

（3）专利权的终止　有下列几种情形之一的，专利权将终止：①专利权期限届满将自行终止；②没有按照规定缴纳年费的；③专利权人以书面声明放弃其专利权的。

（4）专利权的无效　自国务院专利行政部门公告授予专利权之日起，任何单位或个人认为该专利权的授予不符合法律有关规定的，可以请求专利复审委员会宣告该专利权无效。专利复审委员会对宣告专利权无效的请求应当及时审查和作出决定，并通知请求人和专利权人。

4. 不授予专利权的发明创造

（1）违反法律、道德等的。

（2）不适用专利法保护的科学技术领域的。

（3）对下列各项不授予专利权　①科学发现；②智力活动的规则和方法；③疾病的诊断和治疗方法；④动物和植物品种；⑤用原子核变换方法获得的物质。

5. 专利权人的权利和义务

（1）专利权人的权利　①独占实施权；②许可实施权；③转让权；④署名权；⑤标记权。

（2）专利权人的义务　①充分公开发明创造的义务；②缴纳年费的义务。

（二）商标权

1. 商标　是指在商品或者服务项目上所使用的，用以识别不同经营者所生产、制造、加工、拣选、经销的商品或者提供的服务的可视性标志。

2. 商标注册原则

（1）在先申请原则　即谁先申请商标注册，商标就授予谁。

（2）自愿注册的原则　即商标是否注册，由生产者或经营者根据需要自行决定。

（3）统一注册原则　即全国商标注册和管理的工作由国务院工商行政管理部门商标局主管。

3. 商标权内容　经商标局核准注册的商标为注册商标，商标注册人享有商标专用权，受法律保护。商标注册人享有以下的权利：①独占使用权；②转让权；③许可使用权。

4. 商标保护期限和续展　注册商标的期限是指商标具有法律效力，受法律保护的期限，也可以称为注册商标的有效期或保护期。我国《商标法》规定，注册商标的有效期为 10 年，自核准注册之日起计算；注册商标有效期满，需要继续使用的，应当在期满前 6 个月内申请续展注册；在此期间未能提出申请的，可以给予 6 个月的宽展期；宽展期满仍未提出申请的，注销其注册商标；每次续展注册的有效期为 10 年。

（三）商业秘密

商业秘密是指不为公众所知悉、能为权利人带来经济利益、具有实用性并经权利人采取保密措施的技术信息和经营信息，具有明显的财产价值，能通过经济上的利用或转让来实现其价值，属于知识产权的一部分。

（四）药品知识产权在新药研究中应用

1. 药品专利的应用

（1）产品发明专利　产品发明是指人工制造的各种有形物品的发明。

药品发明包括：①新物质，指具有一定化学结构式或物理、化学性能的单一物质；②药物组合物，指两种或两种以上元素或化合物按一定比例组成具有一定性质和用途的混合物；③生物制品、微生物及其代谢产物，可授予专利权的微生物及其代谢产物必须是经过分离成为纯培养物，并且具有特定工业用途。

（2）方法发明专利　方法发明是指为制造产品或解决某个技术课题而研究开发出来的操作方法、制造方法以及工艺流程。

关于药品的方法发明包括：①制备和生产方法，如化合物的制备方法、组合物的制备方法、提取分离方法、纯化方法等；②用途发明，如化学物质的新的医药用途、药物的新的适应症等。

（3）实用新型专利　其一，它必须是一种产品，该产品应该是工业方法制造的、占据一定空间的、具有实用型的物品，而不是方法；其二，它必须是具有一定形状和构造的产品，没有固定形状的物质，以及气体、液体、粉末物等不能被授予实用新型专利。

2. 药品商标保护　一般来说，药品的名称有商品名称和通用名称，但二者是存在区别的，不能相混淆。《药品管理法》规定：列入国家药品标准的药品名称为药品通用名称；已经作为药品通用名称的，该名称不得作为药品商标使用。另外，申请注册商标的药品商品名称不得与世界卫生组织非专利药品的名称相同，不得与已经被撤销、更换、淘汰的药品名称相同，还不应造成医疗使用的误解或不便。

3. 医药商业秘密管理　医药商业秘密包括：①新药研究开发技术秘密；②药品生产管理技术秘密；③药品经营销售商业秘密。现在一些研究机构和医药企业，都要求单位的员工签订商业秘密保持协议，违反者将依法追究相应的责任。

三、研发管理的要求

如何有效地管理研发项目是医药企业面临的最大管理问题之一。市场需要的不断变化，跨部门项目问题，开发人员流失造成项目延期，以及各项目的管理和协调，文档难以有效管理等，都使项目计划进度控制不力，领导不满，开发人员情绪波动甚至离职，项目经理夹在中间忙于上下解释四处协调。这些都是研发项目管理中经常遇到的问题。

研发管理的意义在于：降低研发风险，控制研发成本，提高新产品开发的成功率，确保企业能源源不断地推出有竞争力的新产品，以满足市场的需求，推动企业的发展。

（一）我国新药研发管理现状

我国现有医药科研院所近200家，企业研究机构1000余家，每年立项研究的课题有几千个，但除个别研究机构外，其余药物研发机构的平均成果转化率在10%以下。

在近期统计的2000多个医药科技成果中，技术的转出率约为8%，其中，真正投入市场的品种实际尚不足3%。也就是说，绝大多数科技成果都没有得到转化。目前在我国企业手中，沉淀了大量没有上市的技术资源，在我国许多企业的手中，拥有数百个品种的并不罕见。

可以肯定，跨国企业绝对不会去储备自己的真正意义的新产品。最新的趋势，他们会研发一个就上一个。我国药品R&D面临的最大问题是缺乏有效的管理。一方面，我们R&D的投入与跨国公司相比少得多；另一方面，由于缺乏有效的管理，客观上又造成了有限研发资源的极大浪费。

（二）研发理念存在的问题

1. 面向科研还是面向市场　科研的目的是探索未知的知识；研发的目的是研制新的产品，推向市场。企业的目标是其利润最大化。企业进行新产品的研发目的是通过新产品的研发成功获取其竞争优势。因此，企业必须明确自身的责任与义务，确定企业的研发战略定位。“有所为，有所不为”。

2. 面向项目还是面向产品　面向项目还是面向产品是企业进行新产品研发首先面对的理念问题。企业为了获得竞争优势，往往把企业的发展目标寄托在开发新产品的基础上。这种思路使企业容易仅关心企业产品目标的状态，忽视新产品研发的规律，忽视企业的研发技术管理，从而反过来影响新产品研发的成功率。

3. 面向过程还是面向结果　这是指企业进行新产品研发时是重视过程还是重视结果。企业在进行新产品研发时，往往把所有的注意力寄托在开发产品的结果上。我们可以经常听到这样的说法，“不管采用什么方式，只要能把新产品开发出来就行”。这种思路使企业容易忽视新产品研发的科学性和规律，仅关心产品结果。而开发出来的新产品往往不具有竞争力。研发过程的控制与管理要比研发结果的检验难得多。

4. 面向机遇还是面向战略　面向机遇还是面向战略也是企业进行新产品研发面对的理念问题。我们常常可以听到许多企业为了获得竞争优势，不是从企业自身的环境出发，盲目地把“寻找新产品，抓住机遇”作为企业发展的希望。这种思路使企业容易失去企业发展的战略目标，忽视新产品研发所需的技术储备与积累，从而反过来影响新产品研发的成功率。企业自身的能力和技术储备要比创意的“火花”和“闪光点”难得多。

5. “人治还是法制”　任何新产品的开发都是建立在研发规律的基础上，这种新产品的研发规律就是“法治”。但是，许多企业不重视新产品的研发规律，不重视企业的技术储备，忽视企业的长期发展战略，而把新产品的研发寄托于个人身上，希望依靠个人创造“奇迹”，完成新产品的研发。建立科学规范化的研发管理体系要比“寻找人才”，“以人为本”难得多。

（三）新产品研发成功的一般现象

（1）新产品研发成功是依靠企业的技术储备和技术积累，而不是依靠一闪念的“火花”。

（2）新产品研发成功是依靠企业的长期研发过程，而不是依靠企业一时的“创意冲动”。

（3）新产品研发成功是依靠企业的科学规范化体系生产的结果，而不是“人治”研发的结果。

（4）新产品研发成功是依靠企业团队的努力，而不是“单枪独斗”的结果。

（四）高度重视产品发展战略

企业为什么要高度重视产品战略？这是因为：产品战略是企业总体经营战略的核心和起点；产品战略是其他各项分战略的基础和依据；产品战略牵动着整个企业的经济效益和盈利水平；产品战略决定着企业的生存和发展。

企业是一个有机整体，它向市场提供产品，并以此为手段从市场争夺其生存发展的资源。产品是企业被市场接受，在市场中成长的前提和基础。市场是不断变化的，市场的需要在变化，竞争者也在不断变化，这就要求企业不断创新以适应变化的要求。

明确了三者的关系，我们不难分析这样一些现象：成功的企业总是有成功的产品，能够持续发展长盛不衰的企业都是有强大的产品创新能力和丰富创新产品储备的企业。有研究都调查了929家企业，其中盈利企业616家，32%有自己的新产品，亏损企业313家，仅有22%的企业有新产品，而破产企业中只有15%的企业有新产品。

（五）培养高素质研发管理人才

我国真正意义上的新药R&D，其兴起与发育是最近十来年的事，所以，与发达国家相比，我们的管理经验缺乏、管理素质较低是不争的事实。

管理人员、项目决策人员的素质与水平在新产品开发中起着关键性的作用。由于项目未来的发展涉及方方面面，风险很大，所以要求项目选择人员最好是懂管理、市场、金融和技术的复合型人才。

一方面，作为企业要大力引进和培养研发管理和决策人才。这些人是企业最为宝贵的资源。到国内外先进企业进行调研、考察、集中培训、提供舞台使其在实践中得到锻炼，获取经验都是十分重要的。另一方面，作为研发管理人员要注重内在素质的提高，观念的更新、要及时把握国家有关医药政策的变化以及国内外医药科技发展的趋势。我们在进行研发管理时，可能会遇到方方面面的问题：研发经费的不足、技术本身的难度、市场需求的变化、部门之间的协调、与技术人员的沟通、领导的支持等。这些都给我们的管理带来了极大的困难。

（六）强调规范化管理，建立有效的评价体系

技术创新是建立在科学的研发技术管理的基础上，规范化研发过程的控制与管理是技术创新成功的必要保证。在许多研发机构和企业中，往往混淆了技术创新与研发管理之间的关系，忽视了新产品具有不确定性和风险性特征，片面地强调技术创新的作用，从而在许多新产品研制过程中出现技术状态不足，研制经费不足，研制周期失控等，导致新产品的研制无法满足预期的技术状态，研制经费和研制周期的要求，反过来导致技术创新失去了意义。

研发过程要有一个客观、系统、量化的评价体系。产品创新工作应包括三个方面的评价：市场前景分析、财务分析、风险与技术可行性分析。这三个方面的评价应该贯穿创新过程的始终，而在不同的阶段又各有侧重。在产品初步概念形成、前期研究工作、临床研究和投放市场的各个阶段，只要出现问题应立即调整，或者终止项目。目的是实现创新工作的效益最大化。新药研发项目的耗损率是非常高的，大多数R&D分析都以失败告终。因此，R&D的第一个目标，是首先排除一些商业回报前景较差的项目。在临床研发和商品市场开发的导向中，目标产品分析是一个非常重要的战略性文件，也是在不同阶段建立清晰的继续或终止项目（Go/No Go）标准的基础。

（七）面向市场，做好市场调研

市场调研、信息收集是每一个先进制药企业必做的功课，战略目标与实际结果之间的差距一般应不超过10%，其关键就在于对市场准确地把握。

市场调研包括产品研发调研、新产品上市测试调研。其主要内容有消费者研究、市场需求研究、产品研究、竞争策略研究、价格研究等，每一项研究都要尽可能细化，以确保调研结果的科学性、精确性，贴近市场，同时注意调研的先后步骤。

具体地讲，一个完整的市场调研报告应回答以下问题。

（1）功效、适应症　是否能有效地治疗疾病或缓解症状？是针对性地治疗某种疾病，还是对相关多种疾病都有疗效？

（2）安全性　安全性与现有品种比较是否有改善？是否有显著的不良反应而影响产品的使用？

（3）剂型与服用方法　是口服、外用或是注射剂型？口服又是固体还是液体剂型？是短效还是长效？每天服用 3 次还是 1 次？高血压新药最好采用长效剂型，既可以使患者服用方便，又能避免忘记服药导致的血压波动对患者心脑血管系统的损伤。

（4）价格　价格是产品营销能否获得成功的关键因素。若定价过高，新产品难于被消费者接受，投入越多的广告促销费用，企业损失越大；反之如果定价太低，消费者可能不信任产品质量，企业也会损失较多的利润空间。价格的确定需要借助专门的市场研究技术。

（5）包装　包装不仅要给药品以有效的保护，便于使用、贮藏和运输，而且要美观而富于吸引力。

（6）原料、工艺和质量标准　这三项因素不仅关系到最终产品的内在质量，还经常成为消费者选择某一产品的独特理由。

（7）其他　产品的设计还包括名称品牌等，一个符合产品特点、有吸引力的名称或品牌能对产品销售和品牌建设起到有效的促进作用。

（八）建立专业化研发团队

建立一个跨部门、高效率、贴近市场的专业化研发团队，集成产品开发团队（IPT）是企业为了完成特定的产品开发任务而组成的各功能团队，它包括来自市场、设计、工艺、生产技术、采购、营销、财务等各部门的人员。团队的成员技能互补，致力于共同的绩效目标，并且共同承担责任。它能够大大提高产品生命周期的各阶段人员之间的相互信息交流，促进他们的协同工作。

IPT 是一个由少数能力互补的人员组成的小组，所有成员被委托以共同的目的、行为目标和工作方法，并互相负责。

1. IPT 的属性　①承担有限的任务，通常是某一具体项目；②由具有各种交叉能力的成员组成，其中包括参与产品 R&D 各阶段的核心成员组；③有惟一的团队领导。

2. IPT 的例会制度　IPT 一般每周开一次例会，由项目经理主持。

（1）对照上次 IPT 会议纪要，检查遗留问题的落实情况，对未完成的工作找出原因、明确责任，提出新要求。

（2）由成员汇报上次会议以来各项任务的完成情况，遇到的问题及处理情况。

（3）对各项任务完成情况进行讲评，强调保证进度的严肃性。

（4）对下一周工作做出具体布置，提出具体要求。

（九）正确处理好研发管理面临的三个关系

1. 研发管理与技术创新的关系 在技术创新过程中必须理清技术创新与科研管理的关系。第一，技术创新必须建立在企业现有的现实基础上。由于当前世界的技术进步是建立在不断创新的基础上，对于任何一种新产品来讲都具有许多技术创新点。如何确定新产品的技术创新定位与企业的现实基础是直接相关的，也是该新产品研制成功的关键。第二，科研管理必须严格控制技术创新带来的随意性和不可预见性。由于技术创新的含义就是在产品研制过程中引入了企业不熟悉或者未掌握的新技术，如何预期新技术带来的效应，严格控制研制过程各个技术状态，把技术创新纳入规范化的科研管理流程是新产品研制成功的必要保证。第三，技术创新必须建立在规范化科研管理的基础上。由于技术创新需求在产品的生命周期内不断变化和增加，在科研过程中必须锁定创新的变化，使整个研制过程技术状态控制在系统预期设计的状态控制流程中。

2. 研发管理和面向市场的关系 在技术创新过程中必须理清面向市场与规范管理的关系。第一，要面向市场，市场需求是企业新产品的主要来源；第二，在新产品开发前确定当前市场的需求，并预测一定量的市场需求的超前发展的余量；第三，在新产品开发过程中，应冻结市场需求的变化，所有的开发与研制过程都必须严格控制在系统规范管理的控制流程中；第四，市场新的需求一般在系统升级产品或新立项的产品中考虑。

3. 系统最优和局部最优的关系 在系统设计时，综合分析和考虑市场需求、技术储备、资金状态、设备状态以及研制周期等重要因素，尽可能在当前情况下进行系统综合考虑，尽可能做到系统最优设计。在系统设计时，一般不考虑局部最优。主要原因是在系统设计阶段，无法详细考虑局部的实现，而追求局部最优很容易带来系统失控，从而影响系统最佳的实现。

四、新药研发的管理过程

项目管理是指对已立项目的组织实施以及项目实施的督促、考核、验收和奖励，并归档、保存项目研究资料，发放和审批经费以及协调、整合项目研究的相关资源。

（一）项目立项

立项申请人撰写《项目计划书（A表）》并提交项目部，公司领导指定项目和外部合同项目立项，由项目管理小组协调确定立项申请人，项目部组织人员调研、评估（评估办法由项目部另定）。有潜力的项目提交有集团或关联企业、企业技术中心领导等（必要时邀请有关专家）参加的项目立项会决策。立项后，项目管理小组正式任命项目经理，项目经理撰写项目计划书，提交项目部并经项目管理小组审定、通过，项目开始起动。仿制、外部委托或外部转让项目，经领导或项目管理小组同意可不作评估，直接填写《项目计划书（B表）》提交项目部立项。

（二）管理构架

1. 项目经理 项目经理是项目研究的组织者、管理者和（或）参与者，项目组可跨部门组成。职责如下。①制定项目计划和预算；②配备设备和其他实验条件，并管理使用；③确定项目组人员，项目部和项目管理小组可建议相关人选；④协调、整合项目研究相关资源（人员和实验条件，包括外部的）；⑤组织实施项目研究（临床前/临床）等；⑥组织新药研究材料（报批资料、参考文献、原始资料等）的撰写和整理；⑦组织新药报批；⑧与项目部共同进行专利申请和（被）授权；⑨组织临床研究用样品的生产和检验；⑩组织撰写所研产品中试生产的SOP；⑪关注项目研究动态和相关法规、政策动态；⑫决定项目组奖金分配比例；⑬协助项目部进行项目技术转让；⑭接受、配合项目部或项目管理小组对项目实施监督、管理；⑮考核项目组成员并将考核结果反馈给成员所在部门，供部门作为季度考核的依据；⑯其他与项目研究相关工作。

2. 项目部 为项目管理小组的日常工作机构，由专人负责项目的日常管理。直接领导为项目管理小组组长（项目管理相关）和项目部经理（行政管理及其他）。职责如下。①项目评估、立项；②审查项目计划、预算、进度安排；③组织对项目实施的日常监督、阶段考核和成果验收；④协调、整合项目研究相关资源（人员和实验条件，包括外部的）；⑤管理、发放项目研究经费；⑥监督项目安全及保密措施；⑦实施项目奖惩；⑧归档、保管项目研究资料；⑨指定专人负责项目的技术转让；⑩定期向项目管理小组报告项目进展、考核情况及项目实施中出现的问题，并寻求解决；⑪将项目月考核和阶段考核结果反馈给部门，以供部门作为季度考核依据。

3. 项目管理小组 由院领导、人力资源部总监、部门经理、项目部项目管理人员（必要时邀请集团领导和/或专家参加）组成，组长由院领导担任。若其中有人担任项目经理，在研究其负责的项目时须回避。

（三）组织管理

为了保证项目完成进度以及质量，采取日常督促（月报告）、阶段考核和成果验收制度，对项目的中止或变更进行审定、批准。

1. 日常督促（月报告） 每月最后一周，项目经理填写项目进展报告表提交项目部；项目管理人员综合项目进展情况并向项目管理小组报告，并根据项目进展情况对项目组进行督促，并对项目运作中出现的问题寻求解决。

2. 阶段考核 按照项目计划书目标，项目部对项目进行阶段考核，并提出建议和意见（包括项目计划变更、替换项目经理等）。

3. 成果验收 项目经理在项目结题后提出成果验收申请，项目管理小组对成果进行验收。

4. 项目计划变更或中止 项目经理可提出项目计划变更或中止申请，项目管理小组对其申请进行审议，提出建议或意见。

（四）经费管理

项目经理在该项目预算的范围内有合理使用研究经费的权力。对5000元以下（含5000元）的经费支出有直接核准权，超过20000元须经院领导批准。数额大的特别支出须报项目部经项目管理小组讨论决定。项目部会同财务部发放科研经费卡，对所有项目经费使用应进行详细记录，以备检查。调研费用（主要用于立项前的调研、项目引进、项目转让等）每年年初发放，上一年未用完的不累积（原经费卡收回）。

（五）奖励

项目月和阶段考核分别由项目经理和项目部反馈给项目组成员所在部门作为季度考核的依据之一；立项奖、研发（临床前/临床）奖和技术转让奖在立项、研发或转让成功后方有此奖项。

（六）项目档案管理

对已立项目编号、建立项目档案。所有项目立项资料以及以后的研究等资料归档。项目结题后，项目经理递交所有其他未归档的研究资料。需要借阅的，办理借阅手续。

复习测试题

一、名词解释

1. 新药
2. GLP
3. GCP
4. 试验方案
5. 知情同意书
6. 伦理委员会
7. 不良事件
8. 药品注册
9. 专利

二、选择题

1. 新药注册是指未曾在中国境内上市销售药品的注册申请，按照新药管理的情形包括（ ）

A. 改变剂型　　B. 改变给药途径的

C. 仿制药　　D. 增加新的适应症

E. 创新药

2. 新药研究的特点（　）

A. 知识技术密集，多学科渗透　　B. 高投入

C. 周期长　　D. 风险大

E. 高产出、高效益

3. 临床前研究又叫药物非临床试验，包括（　）

A. 工艺研究　　B. 质量标准研究

C. 药效学试验　　D. 毒理学试验

E. 安全性评价

4. 临床实验的分类（　）

A. Ⅰ期临床研究　　B. Ⅱ期临床研究

C. Ⅲ期临床研究　　D. Ⅳ期临床研究

5. 知识产权主要涉及（　）

A. 专利权　　B. 商标权

C. 版权（著作权）　　D. 商业秘密

三、简答题

1. 简述新药分类的原则。

2. 简述新药研究的组织管理。

第三章

药品生产质量管理

掌握：药品生产管理规范的目的、意义和基本点，生产过程管理、质量管理、文件管理、验证管理的相关知识。

熟悉：物料管理、卫生管理的相关内容；生产管理基本术语。

了解：目前欧美药品生产管理的基本知识和我国药品生产企业管理的现状。

药品的各个生产工艺过程，需要在符合标准的厂房里，使用适宜的设备，按照规定的操作程序进行。药品质量符合规定不仅是产品质量符合注册质量标准，还应使其生产全过程符合《药品生产质量管理规范》（简称 GMP）。

第一节　药品的特殊性

一、药品的定义

《中华人民共和国药品管理法》关于药品的定义为：药品是指用于预防、治疗、诊断人的疾病，有目的地调节人的生理功能并规定有适应症、用法和用量的物质，包括中药材、中药饮片、中成药、化学原料药及其制剂、抗生素、生化药品、放射性药品、血清疫苗、血液制品和诊断药品等。

从以上定义我们可以得知，没有任何东西其本质就是药品，只有在当人们决定用它作为预防、治疗和诊断疾病，有目的地调节生理功能才能称其为药品。药品主要通过其内在的主要成分预防或阻止致病因素对身体的伤害这一原理来治疗疾病，从而确保人们的身体健康。

在原始社会，我们的祖先为了保护自己的生命，竭力与疾病做斗争，在这过程中逐渐积累了一些医治疾病的经验，发现自然界有许多植物可以治疗疾病，这就是我们最早的药品。后来人们在前人的基础上通过研发，制造出了合成药和发酵药物，形成了现在药品的三个大类：中药、化学药物和生物制剂。

药品是一种特殊商品，从使用对象上说：它是以人为使用对象，预防、治疗、诊断人的疾病，有目的地调节人的生理功能，有规定的适应症、用法和用量要求；从使用方法上说：除外观外，患者无法辨认其内在质量，许多药品要在医生的指导下使用，而不由患者选择决定。同时，药品的使用方法、数量、时间等多种因素在很大程度上决定其使用效果，误用不仅不能“治病”，还可能“致病”，甚至危及生命安全。因此，药品是一种特殊商品。

二、药品的特性

1. 药品的医用专属性　药品不是一种独立商品，它与医学紧密结合，相辅相成。患者只有通过医生的检查诊断，并在医生的指导下合理用药，才能达到防止疾病、保护健康的目的。

2. 药品质量的严格性　药品直接关系到人们的身体健康甚至生命存亡，因此，其质量不得有半点马虎。我们必须确保药品的安全、有效、均一、稳定。

（1）安全性　指按规定的适应症和用法、用量使用药品后，人体产生毒副反应的程度。大多数药品均有不同程度的毒副反应，因此，只有在衡量有效性大于毒副反应，或可解除、缓解毒副作用的情况下才可使用某种药品。假如某物质对防治、诊断疾病有效，但是对人体有致癌、致畸、致突变的严重损害，甚至致死，则不能作为药品。

（2）有效性　指在规定的适应症、用法和用量的条件下能满足预防、治疗、诊断人的疾病，有目的地调节人的生理功能的要求。疗效确切，适应症肯定，是药品质量根本的要求，是药品的基本特征。若对防治疾病没有效，则不能成为药品。有效也必须在一定前提条件下，即有一定的适应症和用法、用量。

（3）均一性　指药品质量的一致性，主要表现为物理分布方面的特性，是体现药品质量标准的质量特性。

药品的每一单位产品都应符合有效性、安全性的规定要求。人们用药剂量一般与药品的单位产品有密切关系，特别是有效成分在单位产品中含量很少的药品，若不均一，则可能等于没有用药，或用量过大而中毒至致死。

（4）稳定性　指药品质量的稳定程度，在规定条件下保持其有效性和安全性的能力。稳定性是药品的重要质量特性。稳定性好，有效期就长，服用也方便。

另外，药品的质量还有显著的特点：它不像其他商品一样，有质量等级之分：如优等品、一等品、二等品、合格品等，都可以销售，而药品只有符合规定与不符合规定之分，只有符合规定的产品才能允许销售，否则不得销售。

3. 种类复杂性　药品种类有十多种，具体品种，全世界大约有20000余种，我国目前中药制剂约5000多种，化学药制剂约4000多种，由此可见，药品的种类复杂、品种繁多。

药品还有生产规范性、两重性、检验专业性、使用的时效性、经济性等。药品生产规范性指我们作为药品生产企业，必须遵守GMP规范，按规范生产管理。药品的两重性指药品可以治疗疾病，但是，如果我们不能正确使用药品，也会给身体带来严重后果。如阿片类药品，作为药物可以镇痛，作为毒品则能致瘾，对社会造成危害。检验的专业性是因为药品不像其他商品，消费者无法自己分辨药品的质量好坏，而必须由专业的检验人员通过专业的仪器设备分析，才能确定药品的质量是否符合要求。药品的使用时效性指药品只能在有效期内服用，超过有效期不得服用。药品的经济性指药品是一种商品，具有商品的属性——经济性。它主要体现在药品的流通和交换环节中，是指药品生产、流通过程形成的价格水平。国家对药品价格实行政府定价、政府指导价或者市场调节价。

在以上特性中，最重要的是药品质量的严格性。作为药品，质量出不得任何差错，一旦出现质量问题，就可能危害我们的生命。因此，要严格控制药品质量，把可能影响产品质量的因素在生产过程中一一消除。

第二节 GMP 概述

在国际上，GMP 已成为药品生产和质量管理的基本准则，它是一套系统的、科学的管理制度。实施 GMP，是在药品生产的全过程中实施科学的全面管理和严格的监控，以获得预期的质量。实施 GMP，可以防止生产过程中药品的污染、混药和错药，保证药品质量的不断提高。21 世纪经济发展中竞争愈来愈激烈，产品质量是各个药品生产企业的竞争法宝，而 GMP 提供了保证药品质量的药品生产企业的基本制度。中药前处理过程是 GMP 所要求的一个重要组成部分，只有严格按 GMP 的要求对中药制剂进行前处理，才能确保所得的半成品质量均一、稳定，也才能确保最终成品的安全、有效、稳定、经济和均一。

一、GMP 的概念与特点

（一）GMP 的概念

《药品生产质量管理规范》原文为“good practice in the manufacture and quality control of drugs”，或简称“good manufacturing practice”，故又简称为 GMP。它是药品生产质量全面管理（TQC）控制的准则，其内容可概括为硬件、软件和湿件。所谓硬件，是指厂房、设备等；软件是组织、制度、工艺、操作、卫生标准、记录、教育等管理规定；湿件指生产过程的管理和控制，其主体是人。

（二）GMP 的特点

（1）它强调药品生产和质量管理的法律责任，只要开办药品生产企业，就要向药品监督管理部门履行审批手续，其产品质量管理就要按 GMP 的要求，接受药监行政部门的监督。

（2）对凡能引起药品质量的诸因素均有严格要求，并强调从事生产人员的业务素质、技术水平和教育。

(3) 强调生产过程的全面质量管理，建立全面质量管理档案。

(4) 强调检、防结合，以防为主。

(5) 重视为用户服务，要求建立销售档案，并做好用户信息反馈。

(三) GMP的分类

1. 按适用的范围分类

(1) 国际性 WHO的GMP。

(2) 区域性 如欧盟的GMP (EEC、GMP)、北欧自由贸易联盟的GMP (EF-TA、GMP)、东南亚国家联盟的GMP (ASEA、GMP)。

(3) 各国GMP 如美国、英国、日本、中国等国家均有本国的GMP。

(4) 行业性 如美国制药厂协会 (PMA) 的GMP，日本制药协会的GMP。

2. 按法定性质分类

(1) 由各国政府部门依法性质分类。

(2) 指导性的 (包括法定过渡性的)，多数国家的GMP为指导性的。

3. 按针对性分类

(1) 基础性 如WHO的GMP适用于一切药品 (制剂)。

(2) 特殊性 如浸膏制剂GMP，药材前处理的GMP等。

WHO推荐的GMP，是药品生产质量管理通用指南，它可使国家对投资、合资经营的药品生产及进出口贸易进行监督检查有统一标准。

二、GMP的发展史

GMP起源于美国。1937年，美国的“磺胺事件”造成107人死亡。美国国会通过一项议案，规定新药和老药上市前必须经美国食品药品管理局 (简称FAD) 批准等一系列规定。20世纪60年代初，西欧发生了震惊世界的“反应停”灾难 (海豹肢事件)。当时在前西德、英国反应停作为镇静剂、催眠药出售，药理试验求不出半数致死量。在临床上还用于妇女的妊娠反应，并推荐给儿童使用。仅4~5年后，在前西德造成1万个肢畸胎婴儿，其中5000个存活。反应停事件波及英国、澳大利亚、加拿大、瑞典等10多个国家，这是一起罕见的药品致畸胎事故，受到了舆论的强烈谴责，并要求对药品严加管理。美国FAD于1963年颁布了世界第一部GMP，实施后，使制药企业在改善生产条件，加强生产管理，保证药品质量方面收到了显著实效。以后在1979年3月和1987年分别颁布了美国第二版和第三版GMP，使之不断适应生产发展和人民健康的要求。

美国的GMP引起了世界各国的广泛关注，世界卫生组织 (WHO) 在国际药典1967年版中收载了美国的GMP。在1979年第22届世界卫生大会上建议各成员国采用GMP制度。1975年颁布世界卫生组织的GMP，目的是提供一个能为国际接受的，能够进行相互检查的标准。1992年WHO对GMP又进行了修订，提出了新的要求和内容。

各国的卫生行政部门相继颁布 GMP，1974 年日本政府颁发 GMP，并要求 1976 年 4 月企业按照 GMP 进行生产和质量管理；我国台湾地区 1972 年颁发 GMP；欧共体 1974 年颁布 GMP；……至今已有一百多个国家和地区实行了 GMP 管理。21 世纪 80 年代开展了各国之间相互检查和 GMP 认证。此外，随着科学技术的飞速发展和人们对药品的安全性、有效性的期望日益提高，对于已颁布的 GMP 条款已不适应经济发展的要求，因此每隔数年都要进行修订，使 GMP 的水平不断提高。

中国医药工业公司和中国药材公司在考察了国内外医药产品生产现状后，于 1982 年分别制定了《药品生产管理规范》（试行）和《中成药生产质量管理办法》，这是我国制药工业行业组织制定的 GMP。1988 年 3 月 17 日由卫生部正式颁布了我国法定的第一部《药品生产质量管理规范》。1990 年，卫生部组织对中国第一版 GMP 进行修订，1992 年 12 月 28 日颁布了第二版 GMP（1992 年修订）。GMP 1998 年版于 1999 年 6 月 18 日颁布，1999 年 8 月 1 日起正式施行。现行的 GMP 是 2010 年修订，2011 年 3 月 1 日执行。

三、实施 GMP 的意义

《药品管理法》及其实施办法都规定药品生产企业要按照 GMP 的要求，制定和执行保证药品质量的规章制度和卫生要求，药品生产企业实施 GMP，具有法律的强制性，实施 GMP 是药品生产企业不可推卸的责任。

（1）给法定要求提供一个广泛的实际的解释，使药品生产企业能在法律范围之内进行管理。同时，也为药品监督管理部门提供监督检查药品生产企业质量管理的依据。

（2）提供一种办法，使任何一种药物制剂能按照一套标准指导生产，可以消除生产中的不良习惯，可以预防生产中的差错事故，使药品生产企业对原辅料供应商的要求更为严格，从而使药品质量得以保证。

（3）它可以调动药品生产企业培训技术人员和工人的积极性，能促进药品生产中的技术更新和技术改造，可激发药品生产企业员工对药品质量高度负责的热情。

（4）它给国际上药品质量标准的建立提供基线，为药品的国际贸易提供了统一的指导原则。

（5）是制药企业自下而上和发展的必要条件。实施 GMP 是我国医药行业与国际接轨，进入国际市场的先决条件，是企业和产品提高竞争力的重要保证，是企业的重要形象。在规定期限内，未取得“药品 GMP 证书”的企业，不准予生产。

四、推行 GMP 的重要性

（1）药品检验合格只能说明该样品是合格的，经过检验的样品已不存在，故药品不能百分之百的全检，只能抽样检验。抽样检验的可信性，受药品批量、抽样方法、抽样量、化验项目等因素的影响，因此检验合格的药品不一定代表该批药品全部合格。

只有生产全过程中按 GMP 要求组织生产，在这样条件下生产的药品质量才有保证。

（2）使药品生产企业依法经营、管理、有章可循。促使企业走质量效益型发展的道路，减少盲目投资，提高企业科学管理的水平。

（3）为药品监督管理部门提供监督检查制药企业的依据。

（4）GMP 为国际公认，是衡量医药产品能否进入国际市场的依据。1969 年 WHO 在建议会员国家采用 GMP 的同时，还推荐了“国际贸易中的药品质量签证体制”，于 1975 年第 28 届世界卫生大会讨论通过。至今大多数会员国参加了签证体制。其目标是提供一个有效的管理手段以保证进口药品的质量，主要内容包括：①要求出口国保证出口的药品是在国内批准上市的药品，否则必须提出理由。②要求出口国保证药品生产符合 WHO 的 GMP，并接受进口国的检查。③要求提供和交流质量检查和管理方面的资料。

（5）自 2011 年 3 月 1 日起，凡新建药品生产企业、药品生产企业新建（改、扩建）车间均应符合《药品生产质量管理规范（2010 年修订）》的要求。现有药品生产企业血液制品、疫苗、注射剂等无菌药品的生产，应在 2013 年 12 月 31 日前达到《药品生产质量管理规范（2010 年修订）》要求。其他类别药品的生产均应在 2015 年 12 月 31 日前达到《药品生产质量管理规范（2010 年修订）》要求。未达到《药品生产质量管理规范（2010 年修订）》要求的企业（车间），在上述规定期限后不得继续生产药品。

五、GMP 三大目标要素

实施 GMP 的目标要素在于将人为的差错控制在最低的限度，防止对药品的污染和降低质量，保证高质量产品的质量管理体系。

1. 将人为的差错控制在最低的限度

（1）在管理方面　如质量管理部门从生产管理部门独立出来，建立相互督促检查制度；制订各部门的责任制；制订规范的实施细则和作业程序；各生产工序严格复核，如称量、材料贮存领用等；在各生产工序，对用于生产的运送容器、主要机械，要标明正在生产的药品名称、规格、批号等状态标志；整理和保管好记录至产品有效期终止后 1 年；人员的配备、教育和管理要制度化、有效化。

（2）在装备方面　如各工作间要保持宽敞，消除妨碍生产的障碍；不同品种操作必须有一定的间距，严格分开，有效隔离。

2. 防止对药品的污染和降低质量

（1）在管理方面　如操作室清扫和设备洗净的标准及实施；对生产人员进行严格的卫生教育；操作人员定期进行身体检查，以防止生产人员带有病毒而污染药品；限制非生产人员进入工作间等。

（2）在装备方面　如防止粉尘对药品的污染，要有相应的机械设备（空调净化等)；操作室专用化；对直接接触药品的机械设备、工具、容器，选用对药物不发生变化的材质制造，如使用#316 型不锈钢材等，注意防止机械润滑油对药品的污染；操作室的结构及天花板、地面、墙壁等要容易清扫。对无菌操作区要进行微粒检查和菌检，定期灭菌等。

3. 保证高质量产品的质量管理体系

（1）在管理方面　如质量管理部门独立行使质量管理职责；机械设备、工具、量具定期维修校正；检查生产工序各阶段的质量（包括工程检查）；有计划的合格的质量控制（包括质量管理实施计划、试验方案、技术改造质量攻关要适应生产计划要求）；追踪药品批号，并作好记录；按规定进行产品留样考察；收集消费者对药品投诉的情报信息，随时完善生产管理和质量管理。

（2）在装备方面　如操作室和机械设备的合理配备，采用先进的设备及合理的工艺布局；为保证质量管理的实施，配备必要的检验设备和仪器。

第三节　GMP 管理的基本要求

一、质量管理

（一）质量管理原则

企业应当建立符合药品质量管理要求的质量目标，将药品注册的有关安全、有效和质量可控的所有要求，系统地贯彻到药品生产、控制及产品放行、贮存、发运的全过程中，确保所生产的药品符合预定用途和注册要求。

企业高层管理人员应当确保实现既定的质量目标，不同层次的人员以及供应商、经销商应当共同参与并承担各自的责任。

企业应当配备足够的、符合要求的人员、厂房、设施和设备，为实现质量目标提供必要的条件。

（二）质量保证

质量保证是质量管理体系的一部分。企业必须建立质量保证系统，同时建立完整的文件体系，以保证系统有效运行。质量保证系统应当确保：①药品的设计与研发体现 GMP 的要求；②生产管理和质量控制活动符合 GMP 的要求；③管理职责明确；④采购和使用的原辅料和包装材料正确无误；⑤中间产品得到有效控制；⑥确认、验证的实施；⑦严格按照规程进行生产、检查、检验和复核；⑧每批产品经质量受权人批准后方可放行；⑨在贮存、发运和随后的各种操作过程中有保证药品质量的适当措施；⑩按照自检操作规程，定期检查评估质量保证系统的有效性和适用性。

（三）药品生产质量管理的基本要求

（1）制定生产工艺，系统地回顾并证明其可持续稳定地生产出符合要求的产品。

（2）生产工艺及其重大变更均经过验证。

（3）配备所需的资源，至少包括：①具有适当的资质并经培训合格的人员；②足够的厂房和空间；③适用的设备和维修保障；④正确的原辅料、包装材料和标签；⑤经批准的工艺规程和操作规程；⑥适当的贮运条件。

（4）应当使用准确、易懂的语言制定操作规程。

（5）操作人员经过培训，能够按照操作规程正确操作。

（6）生产全过程应当有记录，偏差均经过调查并记录。

（7）批记录和发运记录应当能够追溯批产品的完整历史，并妥善保存、便于查阅。

（8）降低药品发运过程中的质量风险。

（9）建立药品召回系统，确保能够召回任何一批已发运销售的产品。

（10）调查导致药品投诉和质量缺陷的原因，并采取措施，防止类似质量缺陷再次发生。

（四）质量控制

质量控制包括相应的组织机构、文件系统以及取样、检验等，确保物料或产品在放行前完成必要的检验，确认其质量符合要求。质量控制的基本要求如下。

（1）应当配备适当的设施、设备、仪器和经过培训的人员，有效、可靠地完成所有质量控制的相关活动。

（2）应当有批准的操作规程，用于原辅料、包装材料、中间产品、待包装产品和成品的取样、检查、检验以及产品的稳定性考察，必要时进行环境监测，以确保符合GMP的要求。

（3）由经授权的人员按照规定的方法对原辅料、包装材料、中间产品、待包装产品和成品取样。

（4）检验方法应当经过验证或确认。

（5）取样、检查、检验应当有记录，偏差应当经过调查并记录。

（6）物料、中间产品、待包装产品和成品必须按照质量标准进行检查和检验，并有记录。

（7）物料和最终包装的成品应当有足够的留样，以备必要的检查或检验；除最终包装容器过大的成品外，成品的留样包装应当与最终包装相同。

（五）质量风险管理

质量风险管理是在整个产品生命周期中采用前瞻或回顾的方式，对质量风险进行评估、控制、沟通、审核的系统过程。应当根据科学知识及经验对质量风险进行评估，以保证产品质量。质量风险管理过程所采用的方法、措施、形式及形成的文件应当与存在风险的级别相适应。

二、机构与人员

（一）基本要求

（1）企业应当建立与药品生产相适应的管理机构，并有组织机构图。一般包括人力资源部、质量管理部、制造部、物控部、工程部、财务部等部门。

（2）企业应当设立独立的质量管理部门，履行质量保证（QA）和质量控制（QC）的职责。质量管理部门可以分别设立质量保证部门和质量控制部门。质量管理部门应当参与所有与质量有关的活动，负责审核所有与 GMP 有关的文件。质量管理部门人员不得将职责委托给其他部门的人员。

（3）企业应当配备足够数量并具有适当资质（含学历、培训和实践经验）的管理和操作人员，应当明确规定每个部门和每个岗位的职责。岗位职责不得遗漏，交叉的职责应当有明确规定。每个人所承担的职责不应当过多。所有人员应当明确并理解自己的职责，熟悉与其职责相关的要求，并接受必要的培训，包括上岗前培训和继续培训。

（二）关键人员

关键人员应当为企业的全职人员，至少应当包括企业负责人、生产管理负责人、质量管理负责人和质量受权人。

质量管理负责人和生产管理负责人不得互相兼任。质量管理负责人和质量受权人可以兼任。应当制定操作规程确保质量受权人独立履行职责，不受企业负责人和其他人员的干扰。

1. 企业负责人 企业负责人是药品质量的主要责任人，全面负责企业日常管理。为确保企业实现质量目标并按照 GMP 要求生产药品，企业负责人应当负责提供必要的资源，合理计划、组织和协调，保证质量管理部门独立履行其职责。

2. 生产管理负责人

（1）资质 生产管理负责人应当至少具有药学或相关专业本科学历（或中级专业技术职称或执业药师资格），具有至少 3 年从事药品生产和质量管理的实践经验，其中至少有 1 年的药品生产管理经验，接受过与所生产产品相关的专业知识培训。

（2）主要职责 ①确保药品按照批准的工艺规程生产、贮存，以保证药品质量；②确保严格执行与生产操作相关的各种操作规程；③确保批生产记录和批包装记录经过指定人员审核并送交质量管理部门；④确保厂房和设备的维护保养，以保持其良好的运行状态；⑤确保完成各种必要的验证工作；⑥确保生产相关人员经过必要的上岗前培训和继续培训，并根据实际需要调整培训内容。

3. 质量管理负责人

（1）资质 质量管理负责人应当至少具有药学或相关专业本科学历（或中级专业技术职称或执业药师资格），具有至少 5 年从事药品生产和质量管理的实践经验，其中至少1年的药品质量管理经验，接受过与所生产产品相关的专业知识培训。

（2）主要职责　①确保原辅料、包装材料、中间产品、待包装产品和成品符合经注册批准的要求和质量标准；②确保在产品放行前完成对批记录的审核；③确保完成所有必要的检验；④批准质量标准、取样方法、检验方法和其他质量管理的操作规程；⑤审核和批准所有与质量有关的变更；⑥确保所有重大偏差和检验结果超标已经过调查并得到及时处理；⑦批准并监督委托检验；⑧监督厂房和设备的维护，以保持其良好的运行状态；⑨确保完成各种必要的确认或验证工作，审核和批准确认或验证方案和报告；⑩确保完成自检；⑪评估和批准物料供应商；⑫确保所有与产品质量有关的投诉已经过调查，并得到及时、正确的处理；⑬确保完成产品的持续稳定性考察计划，提供稳定性考察的数据；⑭确保完成产品质量回顾分析；⑮确保质量控制和质量保证人员都已经过必要的上岗前培训和继续培训，并根据实际需要调整培训内容。

4. 生产管理负责人和质量管理负责人　通常有下列共同的职责：①审核和批准产品的工艺规程、操作规程等文件；②监督厂区卫生状况；③确保关键设备经过确认；④确保完成生产工艺验证；⑤确保企业所有相关人员都已经过必要的上岗前培训和继续培训，并根据实际需要调整培训内容；⑥批准并监督委托生产；⑦确定和监控物料和产品的贮存条件；⑧保存记录；⑨监控影响产品质量的因素。

5. 质量受权人

（1）资质　质量受权人应当至少具有药学或相关专业本科学历（或中级专业技术职称或执业药师资格），具有至少5年从事药品生产和质量管理的实践经验，从事过药品生产过程控制和质量检验工作。质量受权人应当具有必要的专业理论知识，并经过与产品放行有关的培训，方能独立履行其职责。

（2）主要职责　①参与企业质量体系建立、内部自检、外部质量审计、验证以及药品不良反应报告、产品召回等质量管理活动；②承担产品放行的职责，确保每批已放行产品的生产、检验均符合相关法规、药品注册要求和质量标准；③在产品放行前，质量受权人必须按照上述的要求出具产品放行审核记录，并纳入批记录。

（三）培训

企业应当指定部门或专人负责培训管理工作，应当有经生产管理负责人或质量管理负责人审核或批准的培训方案或计划，培训记录应当予以保存。与药品生产、质量有关的所有人员都应当经过培训，培训的内容应当与岗位的要求相适应。除进行GMP理论和实践的培训外，还应当有相关法规、相应岗位的职责、技能的培训，并定期评估培训的实际效果。高风险操作区（如：高活性、高毒性、传染性、高致敏性物料的生产区）的工作人员应当接受专门的培训。

（四）人员卫生

所有人员都应当接受卫生要求的培训，企业应当建立人员卫生操作规程，最大限度地降低人员对药品生产造成污染的风险。

人员卫生操作规程应当包括与健康、卫生习惯及人员着装相关的内容。生产区和质量控制区的人员应当正确理解相关的人员卫生操作规程。企业应当采取措施确保人员卫生操作规程的执行。

企业应当对人员健康进行管理，并建立健康档案。直接接触药品的生产人员上岗前应当接受健康检查，以后每年至少进行一次健康检查。

企业应当采取适当措施，避免体表有伤口、患有传染病或其他可能污染药品疾病的人员从事直接接触药品的生产。

参观人员和未经培训的人员不得进入生产区和质量控制区，特殊情况确需进入的，应当事先对个人卫生、更衣等事项进行指导。

任何进入生产区的人员均应当按照规定更衣。工作服的选材、式样及穿戴方式应当与所从事的工作和空气洁净度级别要求相适应。

进入洁净生产区的人员不得化妆和佩戴饰物。

生产区、仓储区应当禁止吸烟和饮食，禁止存放食品、饮料、香烟和个人用药品等非生产用物品。

操作人员应当避免裸手直接接触药品、与药品直接接触的包装材料和设备表面。

三、厂房与设施

（一）厂房设施基本要求

厂房的选址、设计、布局、建造、改造和维护必须符合药品生产要求，应当能够最大限度地避免污染、交叉污染、混淆和差错，便于清洁、操作和维护。

应当根据厂房及生产防护措施综合考虑选址，厂房所处的环境应当能够最大限度地降低物料或产品遭受污染的风险。

企业应当有整洁的生产环境；厂区的地面、路面及运输等不应当对药品的生产造成污染；生产、行政、生活和辅助区的总体布局应当合理，不得互相妨碍；厂区和厂房内的人、物流走向应当合理。

应当对厂房进行适当维护，并确保维修活动不影响药品的质量。应当按照详细的书面操作规程对厂房进行清洁或必要的消毒。有适当的照明、温度、湿度和通风，确保生产和贮存的产品质量以及相关设备性能不会直接或间接地受到影响。

厂房、设施的设计和安装应当能够有效防止昆虫或其他动物进入。应当采取必要的措施，避免所使用的灭鼠药、杀虫剂、烟熏剂等对设备、物料、产品造成污染。

应当采取适当措施，防止未经批准人员的进入。生产、贮存和质量控制区不应当作为非本区工作人员的直接通道。

应当保存厂房、公用设施、固定管道建造或改造后的竣工图纸。

（二）生产区

（1）为降低污染和交叉污染的风险，厂房、生产设施和设备应当根据所生产药品的特性、工艺流程及相应洁净度级别要求合理设计、布局和使用，并符合下列要求。

①应当综合考虑药品的特性、工艺和预定用途等因素，确定厂房、生产设施和设备多产品共用的可行性，并有相应评估报告。

②生产特殊性质的药品，如高致敏性药品（如青霉素类）或生物制品（如卡介苗或其他用活性微生物制备而成的药品），必须采用专用和独立的厂房、生产设施和设备。青霉素类药品产尘量大的操作区域应当保持相对负压，排至室外的废气应当经过净化处理并符合要求，排风口应当远离其他空气净化系统的进风口。

③生产β-内酰胺结构类药品、性激素类避孕药品必须使用专用设施（如独立的空气净化系统）和设备，并与其他药品生产区严格分开。

④生产某些激素类、细胞毒性类、高活性化学药品应当使用专用设施（如独立的空气净化系统）和设备；特殊情况下，如采取特别防护措施并经过必要的验证，上述药品制剂则可通过阶段性生产方式共用同一生产设施和设备。

⑤用于上述第②、③、④项的空气净化系统，其排风应当经过净化处理。

⑥药品生产厂房不得用于生产对药品质量有不利影响的非药用产品。

（2）生产区和贮存区应当有足够的空间，确保有序地存放设备、物料、中间产品、待包装产品和成品，避免不同产品或物料的混淆、交叉污染，避免生产或质量控制操作发生遗漏或差错。

（3）应当根据药品品种、生产操作要求及外部环境状况等配置空调净化系统，使生产区有效通风，并有温度、湿度控制和空气净化过滤，保证药品的生产环境符合要求。

洁净区与非洁净区之间、不同级别洁净区之间的压差应当不低于10Pa。必要时，相同洁净度级别的不同功能区域（操作间）之间也应当保持适当的压差梯度。

（4）口服液体和固体制剂、腔道用药（含直肠用药）、表皮外用药品等非无菌制剂生产的暴露工序区域及其直接接触药品的包装材料最终处理的暴露工序区域，应当参照GMP“无菌药品”附录中D级洁净区的要求设置，企业可根据产品的标准和特性对该区域采取适当的微生物监控措施。

（5）洁净区的内表面（墙壁、地面、天棚）应当平整光滑、无裂缝、接口严密、无颗粒物脱落，避免积尘，便于有效清洁，必要时应当进行消毒。各种管道、照明设施、风口和其他公用设施的设计和安装应当避免出现不易清洁的部位，应当尽可能在生产区外部对其进行维护。排水设施应当大小适宜，并安装防止倒灌的装置。应当尽可能避免明沟排水；不可避免时，明沟宜浅，以方便清洁和消毒。

（6）制剂的原辅料称量通常应当在专门设计的称量室内进行。

（7）产尘操作间（如干燥物料或产品的取样、称量、混合、包装等操作间）应当保持相对负压或采取专门的措施，防止粉尘扩散、避免交叉污染并便于清洁。

（8）用于药品包装的厂房或区域应当合理设计和布局，以避免混淆或交叉污染。

如同一区域内有数条包装线，应当有隔离措施。

（9）生产区应当有适度的照明，目视操作区域的照明应当满足操作要求。生产区内可设中间控制区域，但中间控制操作不得给药品带来质量风险。

（三）仓储区

仓储区应当有足够的空间，确保有序存放待验、合格、不合格、退货或召回的原辅料、包装材料、中间产品、待包装产品和成品等各类物料和产品。

仓储区的设计和建造应当确保良好的仓储条件，并有通风和照明设施。仓储区应当能够满足物料或产品的贮存条件（如温湿度、避光）和安全贮存的要求，并进行检查和监控。高活性的物料或产品以及印刷包装材料应当贮存于安全的区域。

接收、发放和发运区域应当能够保护物料、产品免受外界天气（如雨、雪）的影响。接收区的布局和设施应当能够确保到货物料在进入仓储区前可对外包装进行必要的清洁。

如采用单独的隔离区域贮存待验物料，待验区应当有醒目的标识，且只限于经批准的人员出入。不合格、退货或召回的物料或产品应当隔离存放。如果采用其他方法替代物理隔离，则该方法应当具有同等的安全性。

通常应当有单独的物料取样区。取样区的空气洁净度级别应当与生产要求一致。如在其他区域或采用其他方式取样，应当能够防止污染或交叉污染。

（四）质量控制区

质量控制实验室通常应当与生产区分开。生物检定、微生物和放射性同位素的实验室还应当彼此分开。

实验室的设计应当确保其适用于预定的用途，并能够避免混淆和交叉污染，应当有足够的区域用于样品处置、留样和稳定性考察样品的存放以及记录的保存。应当设置专门的仪器室，使灵敏度高的仪器免受静电、震动、潮湿或其他外界因素的干扰。处理生物样品或放射性样品等特殊物品的实验室应当符合国家的有关要求。

实验动物房应当与其他区域严格分开，其设计、建造应当符合国家有关规定，并设有独立的空气处理设施以及动物的专用通道。

四、设备

（一）设备基本要求

设备的设计、选型、安装、改造和维护必须符合预定用途，应当尽可能降低产生污染、交叉污染、混淆和差错的风险，便于操作、清洁、维护，以及必要时进行的消毒或灭菌。

应当建立设备使用、清洁、维护和维修的操作规程，并保存相应的操作记录。应当建立并保存设备采购、安装、确认的文件和记录。

（二）设计和安装

生产设备不得对药品质量产生任何不利影响。与药品直接接触的生产设备表面应当平整、光洁、易清洗或消毒、耐腐蚀，不得与药品发生化学反应、吸附药品或向药品中释放物质。

应当配备有适当量程和精度的衡器、量具、仪器和仪表。选择适当的清洗、清洁设备，并防止这类设备成为污染源。设备所用的润滑剂、冷却剂等不得对药品或容器造成污染，应当尽可能使用食用级或级别相当的润滑剂。生产用模具的采购、验收、保管、维护、发放及报废应当制定相应操作规程，设专人专柜保管，并有相应记录。

（三）维护和使用

1. 维护和维修 设备的维护和维修不得影响产品质量。应当制定设备的预防性维护计划和操作规程，设备的维护和维修应当有相应的记录。

经改造或重大维修的设备应当进行再确认，符合要求后方可用于生产。

2. 使用和清洁 主要生产和检验设备都应当有明确的操作规程，生产设备应当在确认的参数范围内使用。按照详细规定的操作规程清洁生产设备。

生产设备清洁的操作规程应当规定具体而完整的清洁方法、清洁用设备或工具、清洁剂的名称和配制方法、去除前一批次标识的方法、保护已清洁设备在使用前免受污染的方法、已清洁设备最长的保存时限、使用前检查设备清洁状况的方法，使操作者能以可重现的、有效的方式对各类设备进行清洁。

如需拆装设备，还应当规定设备拆装的顺序和方法；如需对设备消毒或灭菌，还应当规定消毒或灭菌的具体方法、消毒剂的名称和配制方法。必要时，还应当规定设备生产结束至清洁前所允许的最长间隔时限。

已清洁的生产设备应当在清洁、干燥的条件下存放。用于药品生产或检验的设备和仪器，应当有使用日志，记录内容包括使用、清洁、维护和维修情况以及日期、时间、所生产及检验的药品名称、规格和批号等。

生产设备应当有明显的状态标识，标明设备编号和内容物（如名称、规格、批号）；没有内容物的应当标明清洁状态。不合格的设备如有可能应当搬出生产和质量控制区，未搬出前，应当有醒目的状态标识。主要固定管道应当标明内容物名称和流向。

（四）校准

应当按照操作规程和校准计划定期对生产和检验用衡器、量具、仪表、记录和控制设备以及仪器进行校准和检查，并保存相关记录。校准的量程范围应当涵盖实际生产和检验的使用范围。确保生产和检验使用的关键衡器、量具、仪表、记录和控制设备以及仪器经过校准，所得出的数据准确、可靠。应当使用计量标准器具进行校准，且所用计量标准器具应当符合国家有关规定。校准记录应当标明所用计量标准器具的名称、编号、校准有效期和计量合格证明编号，确保记录的可追溯性。

衡器、量具、仪表、用于记录和控制的设备以及仪器应当有明显的标识，标明其校准有效期。不得使用未经校准、超过校准有效期、失准的衡器、量具、仪表以及用于记录和控制的设备、仪器。在生产、包装、仓储过程中使用自动或电子设备的，应当按照操作规程定期进行校准和检查，确保其操作功能正常。校准和检查应当有相应的记录。

（五）制药用水设备

制药用水应当适合其用途，并符合《中华人民共和国药典》的质量标准及相关要求。制药用水至少应当采用饮用水。水处理设备及其输送系统的设计、安装、运行和维护应当确保制药用水达到设定的质量标准。水处理设备的运行不得超出其设计能力。

纯化水、注射用水储罐和输送管道所用材料应当无毒、耐腐蚀；储罐的通气口应当安装不脱落纤维的疏水性除菌滤器；管道的设计和安装应当避免死角、盲管。纯化水、注射用水的制备、贮存和分配应当能够防止微生物的滋生。纯化水可采用循环，注射用水可采用 70℃以上保温循环。

应当对制药用水及原水的水质进行定期监测，并有相应的记录。应当按照操作规程对纯化水、注射用水管道进行清洗消毒，并有相关记录。发现制药用水微生物污染达到警戒限度、纠偏限度时应当按照操作规程处理。

五、物料与产品

（一）物料与产品的基本要求

药品生产所用的原辅料、与药品直接接触的包装材料应当符合相应的质量标准。药品上直接印字所用油墨应当符合食用标准要求。进口原辅料应当符合国家相关的进口管理规定。

建立物料和产品的操作规程，确保物料和产品的正确接收、贮存、发放、使用和发运，防止污染、交叉污染、混淆和差错。物料和产品的处理应当按照操作规程或工艺规程执行，并有记录。

物料供应商的确定及变更应当进行质量评估，并经质量管理部门批准后方可采购。物料和产品的运输应当能够满足其保证质量的要求，对运输有特殊要求的，其运输条件应当予以确认。

原辅料、与药品直接接触的包装材料和印刷包装材料的接收应当有操作规程，所有到货物料均应当检查，以确保与订单一致，并确认供应商已经质量管理部门批准。物料的外包装应当有标签，并注明规定的信息。必要时，还应当进行清洁，发现外包装损坏或其他可能影响物料质量的问题，应当向质量管理部门报告并进行调查和记录。

每次接收均应当有记录，内容包括：①交货单和包装容器上所注物料的名称；②企业内部所用物料名称和（或）代码；③接收日期；④供应商和生产商（如不同）的名称；⑤供应商和生产商（如不同）标识的批号；⑥接收总量和包装容器数量；⑦接收后企业指定的批号或流水号；⑧有关说明（如包装状况）。

物料接收和成品生产后应当及时按照待验管理，直至放行。物料和产品应当根据其性质有序分批贮存和周转，发放及发运应当符合先进先出和近效期先出的原则。使用计算机化仓储管理的，应当有相应的操作规程，防止因系统故障、停机等特殊情况而造成物料和产品的混淆和差错。使用完全计算机化仓储管理系统进行识别的，物料、产品等相关信息可不必以书面可读的方式标出。

（二）原辅料

制定相应的操作规程，采取核对或检验等适当措施，确认每一包装内的原辅料正确无误。一次接收数个批次的物料，要按批取样、检验、放行。

仓储区内的原辅料应当有适当的标识，并至少标明下述内容：①指定的物料名称和企业内部的物料代码；②企业接收时设定的批号；③物料质量状态（如待验、合格、不合格、已取样）；④有效期或复验期。

只有经质量管理部门批准放行并在有效期或复验期内的原辅料方可使用。原辅料应当按照有效期或复验期贮存。贮存期内，如发现对质量有不良影响的特殊情况，应当进行复验。由指定人员按照操作规程进行配料，核对物料后，精确称量或计量，并作好标识。配制的每一物料及其重量或体积应当由他人独立进行复核，并有复核记录。用于同一批药品生产的所有配料应当集中存放，并作好标识。

（三）中间产品和待包装产品

中间产品和待包装产品应当在适当的条件下贮存。中间产品和待包装产品应当有明确的标识，并至少标明下述内容：①产品名称和企业内部的产品代码；②产品批号；③数量或重量（如毛重、净重等）；④生产工序（必要时）；⑤产品质量状态（必要时，如待验、合格、不合格、已取样）。

（四）包装材料

与药品直接接触的包装材料和印刷包装材料的管理和控制要求与原辅料相同。

包装材料应当由专人按照操作规程发放，并采取措施避免混淆和差错，确保用于药品生产的包装材料正确无误。建立印刷包装材料设计、审核、批准的操作规程，确保印刷包装材料印制的内容与药品监督管理部门核准的一致，并建立专门的文档，保存经签名批准的印刷包装材料原版实样。

印刷包装材料的版本变更时，应当采取措施，确保产品所用印刷包装材料的版本正确无误。宜收回作废的旧版印刷模板并予以销毁。印刷包装材料应当设置专门区域妥善存放，未经批准人员不得进入。切割式标签或其他散装印刷包装材料应当分别置于密闭容器内储运，以防混淆。

印刷包装材料应当由专人保管，并按照操作规程和需求量发放。每批或每次发放的与药品直接接触的包装材料或印刷包装材料，均应当有识别标志，标明所用产品的名称和批号。过期或废弃的印刷包装材料应当予以销毁并记录。

（五）成品

成品放行前应当待验贮存。成品的贮存条件应当符合药品注册批准的要求。

特殊管理的物料和产品，如麻醉药品、精神药品、医疗用毒性药品（包括药材）、放射性药品、药品类易制毒化学品及易燃、易爆和其他危险品的验收、贮存、管理应当执行国家有关的规定。

（六）其他

不合格的物料、中间产品、待包装产品和成品的每个包装容器上均应当有清晰醒目的标志，并在隔离区内妥善保存。不合格的物料、中间产品、待包装产品和成品的处理应当经质量管理负责人批准，并有记录。

产品回收需经预先批准，并对相关的质量风险进行充分评估，根据评估结论决定是否回收。回收应当按照预定的操作规程进行，并有相应记录。回收处理后的产品应当按照回收处理中最早批次产品的生产日期确定有效期。

制剂产品不得进行重新加工。不合格的制剂中间产品、待包装产品和成品一般不得进行返工。只有不影响产品质量、符合相应质量标准，且根据预定、经批准的操作规程以及对相关风险充分评估后，才允许返工处理。返工应当有相应记录。

对返工或重新加工或回收合并后生产的成品，质量管理部门应当考虑需要进行额外相关项目的检验和稳定性考察。企业应当建立药品退货的操作规程，并有相应的记录，内容至少应当包括：产品名称、批号、规格、数量、退货单位及地址、退货原因及日期、最终处理意见。同一产品同一批号不同渠道的退货应当分别记录、存放和处理。

只有经检查、检验和调查，有证据证明退货质量未受影响，且经质量管理部门根据操作规程评价后，方可考虑将退货重新包装、重新发运销售。评价考虑的因素至少应当包括药品的性质、所需的贮存条件、药品的现状、历史，以及发运与退货之间的间隔时间等因素。不符合贮存和运输要求的退货，应当在质量管理部门监督下予以销毁。对退货质量存有怀疑时，不得重新发运。退货处理的过程和结果应当有相应记录。

六、确认与验证

1. 确认与验证范围 企业应当确定需要进行的确认或验证工作，以证明有关操作的关键要素能够得到有效控制。确认或验证的范围和程度应当经过风险评估来确定。企业的厂房、设施、设备和检验仪器应当经过确认，应当采用经过验证的生产工艺、操作规程和检验方法进行生产、操作和检验，并保持持续的验证状态。

2. 确认与验证文件 应当建立确认与验证的文件和记录，并能以文件和记录证明达到以下预定的目标：①设计确认应当证明厂房、设施、设备的设计符合预定用途和GMP要求；②安装确认应当证明厂房、设施、设备的建造和安装符合设计标准；③运行确认应当证明厂房、设施、设备的运行符合设计标准；④性能确认应当证明厂房、设施、设备在正常操作方法和工艺条件下能够持续符合标准；⑤工艺验证应当证明一个生产工艺按照规定的工艺参数能够持续生产出符合预定用途和注册要求的产品。

3. 需要确认验证的情形 采用新的生产处方或生产工艺前，应当验证其常规生产的适用性。生产工艺在使用规定的原辅料和设备条件下，应当能够始终生产出符合预定用途和注册要求的产品。

当影响产品质量的主要因素，如原辅料、与药品直接接触的包装材料、生产设备、生产环境（或厂房）、生产工艺、检验方法等发生变更时，应当进行确认或验证。必要时，还应当经药品监督管理部门批准。清洁方法应当经过验证，证实其清洁的效果，以有效防止污染和交叉污染。清洁验证应当综合考虑设备使用情况、所使用的清洁剂和消毒剂、取样方法和位置以及相应的取样回收率、残留物的性质和限度、残留物检验方法的灵敏度等因素。

4. 确认与验证的周期 确认和验证不是一次性的行为。首次确认或验证后，应当根据产品质量回顾分析情况进行再确认或再验证。关键的生产工艺和操作规程应当定期进行再验证，确保其能够达到预期结果。

5. 验证计划 企业应当制定验证总计划，以文件形式说明确认与验证工作的关键信息。验证总计划或其他相关文件中应当作出规定，确保厂房、设施、设备、检验仪器、生产工艺、操作规程和检验方法等能够保持持续稳定。应当根据确认或验证的对象制定确认或验证方案，并经审核、批准。确认或验证方案应当明确职责。

确认或验证应当按照预先确定和批准的方案实施，并有记录。确认或验证工作完成后，应当写出报告，并经审核、批准。确认或验证的结果和结论（包括评价和建议）应当有记录并存档。应当根据验证的结果确认工艺规程和操作规程。

七、文件管理

（一）文件管理基本要求

文件是质量保证系统的基本要素。企业必须有内容正确的书面质量标准、生产处方和工艺规程、操作规程以及记录等文件。

企业应当建立文件管理的操作规程，系统地设计、制定、审核、批准和发放文件。与 GMP 有关的文件应当经质量管理部门的审核。文件的内容应当与药品生产许可、药品注册等相关要求一致，并有助于追溯每批产品的历史情况。

文件的起草、修订、审核、批准、替换或撤销、复制、保管和销毁等应当按照操作规程管理，并有相应的文件分发、撤销、复制、销毁记录。

文件的起草、修订、审核、批准均应当由适当的人员签名并注明日期。文件应当标明题目、种类、目的以及文件编号和版本号。文字应当确切、清晰、易懂，不能模棱两可。

文件应当分类存放、条理分明，便于查阅。原版文件复制时，不得产生任何差错；

复制的文件应当清晰可辨。文件应当定期审核、修订；文件修订后，应当按照规定管理，防止旧版文件的误用。分发、使用的文件应当为批准的现行文本，已撤销的或旧版文件除留档备查外，不得在工作现场出现。

与生产有关的每项活动均应当有记录，以保证产品生产、质量控制和质量保证等活动可以追溯。记录应当留有填写数据的足够空格。记录应当及时填写，内容真实，字迹清晰、易读，不易擦除。应当尽可能采用生产和检验设备自动打印的记录、图谱和曲线图等，并标明产品或样品的名称、批号和记录设备的信息，操作人应当签注姓名和日期。

记录应当保持清洁，不得撕毁和任意涂改。记录填写的任何更改都应当签注姓名和日期，并使原有信息仍清晰可辨，必要时，应当说明更改的理由。记录如需重新誊写，则原有记录不得销毁，应当作为重新誊写记录的附件保存。

每批药品应当有批记录，包括批生产记录、批包装记录、批检验记录和药品放行审核记录等与本批产品有关的记录。批记录应当由质量管理部门负责管理，至少保存至药品有效期后 1 年。质量标准、工艺规程、操作规程、稳定性考察、确认、验证、变更等其他重要文件应当长期保存。

如使用电子数据处理系统、照相技术或其他可靠方式记录数据资料，应当有所用系统的操作规程；记录的准确性应当经过核对。使用电子数据处理系统的，只有经授权的人员方可输入或更改数据，更改和删除情况应当有记录；应当使用密码或其他方式来控制系统的登录；关键数据输入后，应当由他人独立进行复核。用电子方法保存的批记录，应当采用磁带、缩微胶卷、纸质副本或其他方法进行备份，以确保记录的安全，且数据资料在保存期内便于查阅。

（二）质量标准

物料和成品应当有经批准的现行质量标准；必要时，中间产品或待包装产品也应当有质量标准。

1. 物料的质量标准　一般应当包括以下方面。

（1）物料的基本信息　①企业统一指定的物料名称和内部使用的物料代码；②质量标准的依据；③经批准的供应商；④印刷包装材料的实样或样稿。

（2）取样、检验方法或相关操作规程编号。

（3）定性和定量的限度要求。

（4）贮存条件和注意事项。

（5）有效期或复验期。

2. 中间产品和待包装产品质量标准　外购或外销的中间产品和待包装产品应当有质量标准；如果中间产品的检验结果用于成品的质量评价，则应当制定与成品质量标准相对应的中间产品质量标准。

3. 成品的质量标准　应当包括：产品名称以及产品代码；对应的产品处方编号

（如有）；产品规格和包装形式；取样、检验方法或相关操作规程编号；定性和定量的限度要求；贮存条件和注意事项；有效期。

（三）工艺规程

每种药品的每个生产批量均应当有经企业批准的工艺规程，不同药品规格的每种包装形式均应当有各自的包装操作要求。工艺规程的制定应当以注册批准的工艺为依据。

工艺规程不得任意更改。如需更改，应当按照相关的操作规程修订、审核、批准。

制剂的工艺规程的内容至少应当包括以下方面。

1. 生产处方 应包括：产品名称和产品代码；产品剂型、规格和批量；所用原辅料清单（包括生产过程中使用，但不在成品中出现的物料），阐明每一物料的指定名称、代码和用量；如原辅料的用量需要折算时，还应当说明计算方法。

2. 生产操作要求 应包括：①对生产场所和所用设备的说明（如操作间的位置和编号、洁净度级别、必要的温湿度要求、设备型号和编号等）；②关键设备的准备（如清洗、组装、校准、灭菌等）所采用的方法或相应操作规程编号；③详细的生产步骤和工艺参数说明（如物料的核对、预处理、加入物料的顺序、混合时间、温度等）；④所有中间控制方法及标准；⑤预期的最终产量限度，必要时，还应当说明中间产品的产量限度，以及物料平衡的计算方法和限度；⑥待包装产品的贮存要求，包括容器、标签及特殊贮存条件；⑦需要说明的注意事项。

3. 包装操作要求 应包括：①以最终包装容器中产品的数量、重量或体积表示的包装形式；②所需全部包装材料的完整清单，包括包装材料的名称、数量、规格、类型以及与质量标准有关的每一包装材料的代码；③印刷包装材料的实样或复制品，并标明产品批号、有效期打印位置；④需要说明的注意事项，包括对生产区和设备进行的检查，在包装操作开始前，确认包装生产线的清场已经完成等；⑤包装操作步骤的说明，包括重要的辅助性操作和所用设备的注意事项、包装材料使用前的核对；⑥中间控制的详细操作，包括取样方法及标准；⑦待包装产品、印刷包装材料的物料平衡计算方法和限度。

（四）批生产记录

每批产品均应当有相应的批生产记录，可追溯该批产品的生产历史以及与质量有关的情况。

1. 批生产记录的要求 批生产记录应当依据现行批准的工艺规程的相关内容制定。记录的设计应当避免填写差错。批生产记录的每一页应当标注产品的名称、规格和批号。

原版空白的批生产记录应当经生产管理负责人和质量管理负责人审核和批准。批生产记录的复制和发放均应当按照操作规程进行控制并有记录，每批产品的生产只能发放1份原版空白批生产记录的复制件。

在生产过程中，进行每项操作时应当及时记录，操作结束后，应当由生产操作人员确认并签注姓名和日期。

2. 批生产记录的内容　批生产记录的内容应当包括：①产品名称、规格、批号；②生产以及中间工序开始、结束的日期和时间；③每一生产工序的负责人签名；④生产步骤操作人员的签名；必要时，还应当有操作（如称量）复核人员的签名；⑤每一原辅料的批号以及实际称量的数量（包括投入的回收或返工处理产品的批号及数量）；⑥相关生产操作或活动、工艺参数及控制范围，以及所用主要生产设备的编号；⑦中间控制结果的记录以及操作人员的签名；⑧不同生产工序所得产量及必要时的物料平衡计算；⑨对特殊问题或异常事件的记录，包括对偏离工艺规程的偏差情况的详细说明或调查报告，并经签字批准。

（五）批包装记录

1. 批包装记录要求　每批产品或每批中部分产品的包装，都应当有批包装记录，以便追溯该批产品包装操作以及与质量有关的情况。

批包装记录应当依据工艺规程中与包装相关的内容制定。记录的设计应当注意避免填写差错。批包装记录的每一页均应当标注所包装产品的名称、规格、包装形式和批号。批包装记录应当有待包装产品的批号、数量以及成品的批号和计划数量。原版空白的批包装记录的审核、批准、复制和发放的要求与原版空白的批生产记录相同。在包装过程中，进行每项操作时应当及时记录，操作结束后，应当由包装操作人员确认并签注姓名和日期。

2. 批包装记录的内容　包括：①产品名称、规格、包装形式、批号、生产日期和有效期；②包装操作日期和时间；③包装操作负责人签名；④包装工序的操作人员签名；⑤每一包装材料的名称、批号和实际使用的数量；⑥根据工艺规程所进行的检查记录，包括中间控制结果；⑦包装操作的详细情况，包括所用设备及包装生产线的编号；⑧所用印刷包装材料的实样，并印有批号、有效期及其他打印内容；不易随批包装记录归档的印刷包装材料可采用印有上述内容的复制品；⑨对特殊问题或异常事件的记录，包括对偏离工艺规程的偏差情况的详细说明或调查报告，并经签字批准；⑩所有印刷包装材料和待包装产品的名称、代码，以及发放、使用、销毁或退库的数量、实际产量以及物料平衡检查。

（六）操作规程和记录

1. 操作规程的要求　操作规程的内容应当包括：题目、编号、版本号、颁发部门、生效日期、分发部门以及制定人、审核人、批准人的签名并注明日期，标题、正文及变更历史。

厂房、设备、物料、文件和记录应当有编号（或代码），并制定编制编号（或代码）的操作规程，确保编号（或代码）的惟一性。

2. 需要制定操作规程的范围　下述活动也应当有相应的操作规程，其过程和结果应当有记录：①确认和验证；②设备的装配和校准；③厂房和设备的维护、清洁和消毒；④培训、更衣及卫生等与人员相关的事宜；⑤环境监测；⑥虫害控制；⑦变更控制；⑧偏差处理；⑨投诉；⑩药品召回；⑪退货。

八、生产管理

（一）生产管理基本要求

1. 生产管理的文件要求　所有药品的生产和包装均应当按照批准的工艺规程和操作规程进行操作并有相关记录，以确保药品达到规定的质量标准，并符合药品生产许可和注册批准的要求。

2. 生产日期和生产批次要求　建立划分产品生产批次的操作规程，生产批次的划分应当能够确保同一批次产品质量和特性的均一性。建立编制药品批号和确定生产日期的操作规程。每批药品均应当编制惟一的批号。除另有法定要求外，生产日期不得迟于产品成型或灌装（封）前经最后混合的操作开始日期，不得以产品包装日期作为生产日期。

3. 物料平衡要求　每批产品检查产量和物料平衡，确保物料平衡符合设定的限度。如有差异，必须查明原因，确认无潜在质量风险后，方可按照正常产品处理。

4. 生产车间要求　不得在同一生产操作间同时进行不同品种和不同规格药品的生产操作，除非没有发生混淆或交叉污染的可能。在生产的每一阶段，应当保护产品和物料免受微生物和其他污染。

5. 生产过程中的物料管理　在干燥物料或产品，尤其是高活性、高毒性或高致敏性物料或产品的生产过程中，应当采取特殊措施，防止粉尘的产生和扩散。生产期间使用的所有物料、中间产品或待包装产品的容器及主要设备、必要的操作室应当贴签标识或以其他方式标明生产中的产品或物料名称、规格和批号，如有必要，还应当标明生产工序。

6. 生产过程中的容器和设备要求　容器、设备或设施所用标识应当清晰明了，标识的格式应当经企业相关部门批准。除在标识上使用文字说明外，还可采用不同的颜色区分被标识物的状态（如待验、合格、不合格或已清洁等）。应当检查产品从一个区域输送至另一个区域的管道和其他设备连接，确保连接正确无误。

7. 清场要求　每次生产结束后应当进行清场，确保设备和工作场所没有遗留与本次生产有关的物料、产品和文件。下次生产开始前，应当对前次清场情况进行确认。

8. 其他要求　应当尽可能避免出现任何偏离工艺规程或操作规程的偏差。一旦出现偏差，应当按照偏差处理操作规程执行。生产厂房应当仅限于经批准的人员出入。

（二）防止生产过程中的污染和交叉污染

生产过程中应当尽可能采取措施，防止污染和交叉污染，如：在分隔的区域内生产不同品种的药品；采用阶段性生产方式；设置必要的气锁间和排风；空气洁净度级别不同的区域应当有压差控制；应当降低未经处理或未经充分处理的空气再次进入生产区导致污染的风险；在易产生交叉污染的生产区内，操作人员应当穿戴该区域专用的防护服；采用经过验证或已知有效的清洁和去污染操作规程进行设备清洁；必要时，应当对与物料直接接触的设备表面的残留物进行检测；采用密闭系统生产；干燥设备的进风应当有空气过滤器，排风应当有防止空气倒流装置；生产和清洁过程中应当避免使用易碎、易脱屑、易发霉器具；使用筛网时，应当有防止因筛网断裂而造成污染的措施；液体制剂的配制、过滤、灌封、灭菌等工序应当在规定时间内完成；软膏剂、乳膏剂、凝胶剂等半固体制剂以及栓剂的中间产品应当规定贮存期和贮存条件。

应当定期检查防止污染和交叉污染的措施并评估其适用性和有效性。

（三）生产操作

生产开始前应当进行检查，确保设备和工作场所没有上批遗留的产品、文件或与本批产品生产无关的物料，设备处于已清洁及待用状态。检查结果应当有记录。

生产操作前，还应当核对物料或中间产品的名称、代码、批号和标识，确保生产所用物料或中间产品正确且符合要求。

应当进行中间控制和必要的环境监测，并予以记录。

每批药品的每一生产阶段完成后必须由生产操作人员清场，并填写清场记录。清场记录内容包括：操作间编号、产品名称、批号、生产工序、清场日期、检查项目及结果、清场负责人及复核人签名。清场记录应当纳入批生产记录。

（四）包装操作

包装操作规程应当规定降低污染和交叉污染、混淆或差错风险的措施。

1. 包装前的检查 包装开始前进行检查，确保工作场所、包装生产线、印刷机及其他设备已处于清洁或待用状态，无上批遗留的产品、文件或与本批产品包装无关的物料。检查结果应当有记录。包装前检查所领用的包装材料正确无误，核对待包装产品和所用包装材料的名称、规格、数量、质量状态，且与工艺规程相符。

2. 包装时注意防止污染和混淆 每一包装操作场所或包装生产线，应当有标识标明包装中的产品名称、规格、批号和批量的生产状态。有数条包装线同时进行包装时，应当采取隔离或其他有效防止污染、交叉污染或混淆的措施。待用分装容器在分装前应当保持清洁，避免容器中有玻璃碎屑、金属颗粒等污染物。

3. 包装的标签管理 产品分装、封口后应当及时贴签。未能及时贴签时，应当按照相关的操作规程操作，避免发生混淆或贴错标签等差错。单独打印或包装过程中在线打印的信息（如产品批号或有效期）均应当进行检查，确保其正确无误，并予以记录。如手工打印，应当增加检查频次。使用切割式标签或在包装线以外单独打印标签，应当采取专门措施，防止混淆。

应当对电子读码机、标签计数器或其他类似装置的功能进行检查，确保其准确运行。检查应当有记录。包装材料上印刷或模压的内容应当清晰，不易褪色和擦除。

4. 包装的检查　包装期间，产品的中间控制检查应当至少包括下述内容：包装外观；包装是否完整；产品和包装材料是否正确；打印信息是否正确；在线监控装置的功能是否正常。

样品从包装生产线取走后不应当再返还，以防止产品混淆或污染。

5. 其他　因包装过程产生异常情况而需要重新包装产品的，必须经专门检查、调查并由指定人员批准。重新包装应当有详细记录。

在物料平衡检查中，发现待包装产品、印刷包装材料以及成品数量有显著差异时，应当进行调查，未得出结论前，成品不得放行。

包装结束时，已打印批号的剩余包装材料应当由专人负责全部计数销毁，并有记录。如将未打印批号的印刷包装材料退库，应当按照操作规程执行。

九、质量控制与质量保证

（一）质量控制实验室管理

1. 实验室要求　质量控制实验室的人员、设施、设备应当与产品性质和生产规模相适应。

企业通常不得进行委托检验，确需委托检验的，应当按照委托检验部分的规定，委托外部实验室进行检验，但应当在检验报告中予以说明。

2. 检验人员要求　质量控制负责人应当具有足够的管理实验室的资质和经验，可以管理同一企业的一个或多个实验室。质量控制实验室的检验人员至少应当具有相关专业中专或高中以上学历，并经过与所从事的检验操作相关的实践培训且通过考核。

3. 检验文件资料要求　质量控制实验室应当配备药典、标准图谱等必要的工具书，以及标准品或对照品等相关的标准物质。质量控制实验室的文件应当符合下列要求。

（1）质量控制实验室应当至少有下列详细文件：质量标准；取样操作规程和记录；检验操作规程和记录（包括检验记录或实验室工作记事簿）；检验报告或证书；必要的环境监测操作规程、记录和报告；必要的检验方法验证报告和记录；仪器校准和设备使用、清洁、维护的操作规程及记录。

（2）每批药品的检验记录应当包括中间产品、待包装产品和成品的质量检验记录，可追溯该批药品所有相关的质量检验情况。

（3）宜采用便于趋势分析的方法保存某些数据（如检验数据、环境监测数据、制药用水的微生物监测数据）。

（4）除与批记录相关的资料信息外，还应当保存其他原始资料或记录，以方便查阅。

4. 取样要求　取样应当至少符合以下要求。

（1）质量管理部门的人员有权进入生产区和仓储区进行取样及调查。

（2）应当按照经批准的操作规程取样，操作规程应当详细规定：经授权的取样人；

取样方法；所用器具；样品量；分样的方法；存放样品容器的类型和状态；取样后剩余部分及样品的处置和标识；取样注意事项，包括为降低取样过程产生的各种风险所采取的预防措施，尤其是无菌或有害物料的取样以及防止取样过程中污染和交叉污染的注意事项；贮存条件；取样器具的清洁方法和贮存要求。

（3）取样方法应当科学、合理，以保证样品的代表性。

（4）留样应当能够代表被取样批次的产品或物料，也可抽取其他样品来监控生产过程中最重要的环节（如生产的开始或结束）。

（5）样品的容器应当贴有标签，注明样品名称、批号、取样日期、取自哪一包装容器、取样人等信息。

（6）样品应当按照规定的贮存要求保存。

5. 检验要求 物料和不同生产阶段产品的检验应当至少符合以下要求。

（1）企业应当确保药品按照注册批准的方法进行全项检验。

（2）符合下列情形之一的，应当对检验方法进行验证：采用新的检验方法；检验方法需变更的；采用《中华人民共和国药典》及其他法定标准未收载的检验方法；法规规定的其他需要验证的检验方法。

（3）对不需要进行验证的检验方法，企业应当对检验方法进行确认，以确保检验数据准确、可靠。

（4）检验应当有书面操作规程，规定所用方法、仪器和设备，检验操作规程的内容应当与经确认或验证的检验方法一致。

（5）检验应当有可追溯的记录并应当复核，确保结果与记录一致。所有计算均应当严格核对。

（6）检验记录应当至少包括以下内容：①产品或物料的名称、剂型、规格、批号或供货批号，必要时注明供应商和生产商（如不同）的名称或来源；②依据的质量标准和检验操作规程；③检验所用的仪器或设备的型号和编号；④检验所用的试液和培养基的配制批号、对照品或标准品的来源和批号；⑤检验所用动物的相关信息；⑥检验过程，包括对照品溶液的配制、各项具体的检验操作、必要的环境温湿度；⑦检验结果，包括观察情况、计算和图谱或曲线图，以及依据的检验报告编号；⑧检验日期；⑨检验人员的签名和日期；⑩检验、计算复核人员的签名和日期。

（7）所有中间控制（包括生产人员所进行的中间控制），均应当按照经质量管理部门批准的方法进行，检验应当有记录。

（8）应当对实验室容量分析用玻璃仪器、试剂、试液、对照品以及培养基进行质量检查。

（9）必要时应当将检验用实验动物在使用前进行检验或隔离检疫。饲养和管理应当符合相关的实验动物管理规定。动物应当有标识，并应当保存使用的历史记录。

6. 检验的异常处理 质量控制实验室应当建立检验结果超标调查的操作规程。任何检验结果超标都必须按照操作规程进行完整的调查，并有相应的记录。

7. 检验样品的留样管理　企业按规定保存的、用于药品质量追溯或调查的物料、产品样品为留样。用于产品稳定性考察的样品不属于留样。留样应当至少符合以下要求。

（1）应当按照操作规程对留样进行管理；

（2）留样应当能够代表被取样批次的物料或产品。

（3）成品的留样　①每批药品均应当有留样；②如果一批药品分成数次进行包装，则每次包装至少应当保留一件最小市售包装的成品；③留样的包装形式应当与药品市售包装形式相同，原料药的留样如无法采用市售包装形式的，可采用模拟包装；④每批药品的留样数量一般至少应当能够确保按照注册批准的质量标准完成两次全检（无菌检查和热原检查等除外）；⑤如果不影响留样的包装完整性，保存期间内至少应当每年对留样进行一次目检观察，如有异常，应当进行彻底调查并采取相应的处理措施；⑥留样观察应当有记录；⑦留样应当按照注册批准的贮存条件至少保存至药品有效期后1年；⑧如企业终止药品生产或关闭的，应当将留样转交受权单位保存，并告知当地药品监督管理部门，以便在必要时可随时取得留样。

（4）物料的留样　①制剂生产用每批原辅料和与药品直接接触的包装材料均应当有留样，与药品直接接触的包装材料（如输液瓶），如成品已有留样，可不必单独留样；②物料的留样量应当至少满足鉴别的需要；③除稳定性较差的原辅料外，用于制剂生产的原辅料（不包括生产过程中使用的溶剂、气体或制药用水）和与药品直接接触的包装材料的留样应当至少保存至产品放行后2年。如果物料的有效期较短，则留样时间可相应缩短；④物料的留样应当按照规定的条件贮存，必要时还应当适当包装密封。

8. 试剂、试液、培养基和检定菌的管理　试剂、试液、培养基和检定菌的管理应当至少符合以下要求。

（1）试剂和培养基应当从可靠的供应商处采购，必要时应当对供应商进行评估。

（2）应当有接收试剂、试液、培养基的记录，必要时，应当在试剂、试液、培养基的容器上标注接收日期。

（3）应当按照相关规定或使用说明配制、贮存和使用试剂、试液和培养基。特殊情况下，在接收或使用前，还应当对试剂进行鉴别或其他检验。

（4）试液和已配制的培养基应当标注配制批号、配制日期和配制人员姓名，并有配制（包括灭菌）记录。不稳定的试剂、试液和培养基应当标注有效期及特殊贮存条件。标准液、滴定液还应当标注最后一次标化的日期和校正因子，并有标化记录。

（5）配制的培养基应当进行适用性检查，并有相关记录，应当有培养基使用记录。

（6）应当有检验所需的各种检定菌，并建立检定菌保存、传代、使用、销毁的操作规程和相应记录。

（7）检定菌应当有适当的标识，内容至少包括菌种名称、编号、代次、传代日期、传代操作人。

（8）检定菌应当按照规定的条件贮存，贮存的方式和时间不应当对检定菌的生长特性有不利影响。

9. 标准品或对照品的管理　标准品或对照品的管理应当至少符合以下要求。

（1）标准品或对照品按照规定贮存和使用。

（2）标准品或对照品有适当的标识，内容至少包括名称、批号、制备日期（如有）、有效期（如有）、首次开启日期、含量或效价、贮存条件。

（3）企业如需自制工作标准品或对照品，应当建立工作标准品或对照品的质量标准以及制备、鉴别、检验、批准和贮存的操作规程，每批工作标准品或对照品应当用法定标准品或对照品进行标化，并确定有效期，还应当通过定期标化证明工作标准品或对照品的效价或含量在有效期内保持稳定。标化的过程和结果应当有相应的记录。

（二）物料和产品放行

分别建立物料和产品批准放行的操作规程，明确批准放行的标准、职责，并有相应的记录。

1. 物料放行的条件　物料的放行应当至少符合以下要求。

（1）物料的质量评价内容应当至少包括生产商的检验报告、物料包装完整性和密封性的检查情况和检验结果。

（2）物料的质量评价应当有明确的结论，如批准放行、不合格或其他决定。

（3）物料应当由指定人员签名批准放行。

2. 产品放行的条件　产品的放行应当至少符合以下要求。

（1）在批准放行前，应当对每批药品进行质量评价，保证药品及其生产应当符合注册和 GMP 要求，并确认以下各项内容：①主要生产工艺和检验方法经过验证；②已完成所有必需的检查、检验，并综合考虑实际生产条件和生产记录；③所有必需的生产和质量控制均已完成并经相关主管人员签名；④变更已按照相关规程处理完毕，需要经药品监督管理部门批准的变更已得到批准；⑤对变更或偏差已完成所有必要的取样、检查、检验和审核；⑥所有与该批产品有关的偏差均已有明确的解释或说明，或者已经过彻底调查和适当处理；⑦如偏差还涉及其他批次产品，应当一并处理。

（2）药品的质量评价有明确的结论，如批准放行、不合格或其他决定。

（3）每批药品均由质量受权人签名批准放行。

（4）疫苗类制品、血液制品、用于血源筛查的体外诊断试剂以及国家食品药品监督管理局规定的其他生物制品放行前还应取得批签发合格证明。

（三）持续稳定性考察

1. 持续稳定性考察的目的　持续稳定性考察的目的是在有效期内监控已上市药品的质量，以发现药品与生产相关的稳定性问题（如杂质含量或溶出度特性的变化），并确定药品能够在标示的贮存条件下，符合质量标准的各项要求。

2. 持续稳定性考察的范围　主要针对市售包装药品，但也需兼顾待包装产品。例如，当待包装产品在完成包装前，或从生产厂运输到包装厂，还需要长期贮存时，应当在相应的环境条件下，评估其对包装后产品稳定性的影响。此外，还应当考虑对贮存时间较长的中间产品进行考察。

3. 持续稳定性考察的要求　持续稳定性考察应当有考察方案，结果应当有报告。用于持续稳定性考察的设备（尤其是稳定性试验设备或设施）应当按照“六、确认与验证”和“四、设备”的要求进行确认和维护。

4. 考察方案　持续稳定性考察的时间应当涵盖药品有效期，考察方案应当至少包括以下内容：①每种规格、每个生产批量药品的考察批次数；②相关的物理、化学、微生物和生物学检验方法，可考虑采用稳定性考察专属的检验方法；③检验方法依据；④合格标准；⑤容器密封系统的描述；⑥试验间隔时间（测试时间点）；⑦贮存条件（应当采用与药品标示贮存条件相对应的《中华人民共和国药典》规定的长期稳定性试验标准条件）；⑧检验项目，如检验项目少于成品质量标准所包含的项目，应当说明理由。

5. 考察批次　考察批次数和检验频次应当能够获得足够的数据，以供趋势分析。通常情况下，每种规格、每种内包装形式的药品，至少每年应当考察一个批次，除非当年没有生产。

某些情况下，持续稳定性考察中应当额外增加批次数，如重大变更或生产和包装有重大偏差的药品应当列入稳定性考察。此外，重新加工、返工或回收的批次，也应当考虑列入考察，除非已经过验证和稳定性考察。

应当根据所获得的全部数据资料，包括考察的阶段性结论，撰写总结报告并保存。应当定期审核总结报告。

（四）变更控制

企业应当建立变更控制系统，对所有影响产品质量的变更进行评估和管理。需要经药品监督管理部门批准的变更应当在得到批准后方可实施。

建立操作规程，规定原辅料、包装材料、质量标准、检验方法、操作规程、厂房、设施、设备、仪器、生产工艺和计算机软件变更的申请、评估、审核、批准和实施。质量管理部门应当指定专人负责变更控制。

变更都应当评估其对产品质量的潜在影响。企业可以根据变更的性质、范围、对产品质量潜在影响的程度将变更分类（如主要、次要变更）。判断变更所需的验证、额外的检验以及稳定性考察应当有科学依据。

与产品质量有关的变更由申请部门提出后，应当经评估、制定实施计划并明确实施职责，最终由质量管理部门审核批准。变更实施应当有相应的完整记录。

改变原辅料、与药品直接接触的包装材料、生产工艺、主要生产设备以及其他影响药品质量的主要因素时，还应当对变更实施后最初至少3个批次的药品质量进行评估。如果变更可能影响药品的有效期，则质量评估还应当包括对变更实施后生产的药品进行稳定性考察。变更实施时，应当确保与变更相关的文件均已修订。质量管理部门应当保存所有变更的文件和记录。

（五）偏差处理

各部门负责人要确保所有人员正确执行生产工艺、质量标准、检验方法和操作规程，防止偏差的产生。企业需建立偏差处理的操作规程，规定偏差的报告、记录、调查、处理以及所采取的纠正措施，并有相应的记录。

任何偏差都应评估其对产品质量的潜在影响。企业可以根据偏差的性质、范围、对产品质量潜在影响的程度将偏差分类（如重大、次要偏差），对重大偏差的评估还应当考虑是否需要对产品进行额外的检验以及对产品有效期的影响，必要时，应当对涉及重大偏差的产品进行稳定性考察。

任何偏离生产工艺、物料平衡限度、质量标准、检验方法、操作规程等的情况均应当有记录，并立即报告主管人员及质量管理部门，应当有清楚的说明，重大偏差应当由质量管理部门会同其他部门进行彻底调查，并有调查报告。偏差调查报告应当由质量管理部门的指定人员审核并签字。企业还应当采取预防措施有效防止类似偏差的再次发生。

质量管理部门应当负责偏差的分类，保存偏差调查、处理的文件和记录。

（六）纠正措施和预防措施

1. 纠正和预防措施的要求 企业应当建立纠正措施和预防措施系统，对投诉、召回、偏差、自检或外部检查结果、工艺性能和质量监测趋势等进行调查并采取纠正和预防措施。调查的深度和形式应当与风险的级别相适应。纠正措施和预防措施系统应当能够增进对产品和工艺的理解，改进产品和工艺。

2. 纠正和预防措施的操作规程 企业应当建立实施纠正和预防措施的操作规程，内容至少包括以下方面。

（1）对投诉、召回、偏差、自检或外部检查结果、工艺性能和质量监测趋势以及其他来源的质量数据进行分析，确定已有和潜在的质量问题，必要时，应当采用适当的统计学方法。

（2）调查与产品、工艺和质量保证系统有关的原因。

（3）确定所需采取的纠正和预防措施，防止问题的再次发生。

（4）评估纠正和预防措施的合理性、有效性和充分性。

（5）对实施纠正和预防措施过程中所有发生的变更应当予以记录。

（6）确保相关信息已传递到质量受权人和预防问题再次发生的直接负责人。

（7）确保相关信息及其纠正和预防措施已通过高层管理人员的评审。

实施纠正和预防措施应当有文件记录，并由质量管理部门保存。

（七）供应商的评估和批准

质量管理部门应当对所有生产用物料的供应商进行质量评估，会同有关部门对主要物料供应商（尤其是生产商）的质量体系进行现场质量审计，并对质量评估不符合要求的供应商行使否决权。主要物料的确定应当综合考虑企业所生产的药品质量风险、物料用量以及物料对药品质量的影响程度等因素。企业法定代表人、企业负责人及其他部门的人员不得干扰或妨碍质量管理部门对物料供应商独立做出质量评估。

应当建立物料供应商评估和批准的操作规程，明确供应商的资质、选择的原则、质量评估方式、评估标准、物料供应商批准的程序。如质量评估需采用现场质量审计方式的，还应当明确审计内容、周期、审计人员的组成及资质。需采用样品小批量试生产的，还应当明确生产批量、生产工艺、产品质量标准、稳定性考察方案。

质量管理部门应当指定专人负责物料供应商质量评估和现场质量审计，分发经批准的合格供应商名单。被指定的人员应当具有相关的法规和专业知识，具有足够的质量评估和现场质量审计的实践经验。

现场质量审计应当核实供应商资质证明文件和检验报告的真实性，核实是否具备检验条件。应当对其人员机构、厂房设施和设备、物料管理、生产工艺流程和生产管理、质量控制实验室的设备、仪器、文件管理等进行检查，以全面评估其质量保证系统。现场质量审计应当有报告。

对主要物料供应商提供的样品进行小批量试生产，并对试生产的药品进行稳定性考察。质量管理部门对物料供应商的评估至少应当包括：供应商的资质证明文件、质量标准、检验报告、企业对物料样品的检验数据和报告。如进行现场质量审计和样品小批量试生产的，还应当包括现场质量审计报告，以及小试产品的质量检验报告和稳定性考察报告。

改变物料供应商，应当对新的供应商进行质量评估；改变主要物料供应商的，还需要对产品进行相关的验证及稳定性考察。质量管理部门应当向物料管理部门分发经批准的合格供应商名单，该名单内容至少包括物料名称、规格、质量标准、生产商名称和地址、经销商（如有）名称等，并及时更新。

质量管理部门应当与主要物料供应商签订质量协议，在协议中应当明确双方所承担的质量责任。质量管理部门应当定期对物料供应商进行评估或现场质量审计，回顾分析物料质量检验结果、质量投诉和不合格处理记录。如物料出现质量问题或生产条件、工艺、质量标准和检验方法等可能影响质量的关键因素发生重大改变时，还应当尽快进行相关的现场质量审计。

企业应当对每家物料供应商建立质量档案，档案内容应当包括供应商的资质证明文件、质量协议、质量标准、样品检验数据和报告、供应商的检验报告、现场质量审计报告、产品稳定性考察报告、定期的质量回顾分析报告等。

（八）产品质量回顾分析

按照操作规程，每年对所有生产的药品按品种进行产品质量回顾分析，以确认工艺稳定可靠，以及原辅料、成品现行质量标准的适用性，及时发现不良趋势，确定产品及工艺改进的方向。应当考虑以往回顾分析的历史数据，还应当对产品质量回顾分析的有效性进行自检。

当有合理的科学依据时，可按照产品的剂型分类进行质量回顾，如固体制剂、液体制剂和无菌制剂等。回顾分析应当有报告。

企业至少应当对下列情形进行回顾分析：①产品所用原辅料的所有变更，尤其是来自新供应商的原辅料；②关键中间控制点及成品的检验结果；③所有不符合质量标准的批次及其调查；④所有重大偏差及相关的调查、所采取的整改措施和预防措施的有效性；⑤生产工艺或检验方法等的所有变更；⑥已批准或备案的药品注册所有变更；⑦稳定性考察的结果及任何不良趋势；⑧所有因质量原因造成的退货、投诉、召回及调查；⑨与产品工艺或设备相关的纠正措施的执行情况和效果；⑩新获批准和有变更的药品，按照注册要求上市后应当完成的工作情况；⑪相关设备和设施，如空调净化系统、水系统、压缩空气等的确认状态；⑫委托生产或检验的技术合同履行情况。

应当对回顾分析的结果进行评估，提出是否需要采取纠正和预防措施或进行再确认或再验证的评估意见及理由，并及时、有效地完成整改。

药品委托生产时，委托方和受托方之间应当有书面的技术协议，规定产品质量回顾分析中各方的责任，确保产品质量回顾分析按时进行并符合要求。

（九）投诉与不良反应报告

生产企业应当建立药品不良反应报告和监测管理制度，设立专门机构并配备专职人员负责管理。

应当主动收集药品不良反应，对不良反应应当详细记录、评价、调查和处理，及时采取措施控制可能存在的风险，并按照要求向药品监督管理部门报告。应当建立操作规程，规定投诉登记、评价、调查和处理的程序，并规定因可能的产品缺陷发生投诉时所采取的措施，包括考虑是否有必要从市场召回药品。

应当有专人及足够的辅助人员负责进行质量投诉的调查和处理，所有投诉、调查的信息应当向质量受权人通报。所有投诉都应当登记与审核，与产品质量缺陷有关的投诉，应当详细记录投诉的各个细节，并进行调查。发现或怀疑某批药品存在缺陷，应当考虑检查其他批次的药品，查明其是否受到影响。投诉调查和处理应当有记录，并注明所查相关批次产品的信息。

应当定期回顾分析投诉记录，以便发现需要警觉、重复出现以及可能需要从市场召回药品的问题，并采取相应措施。企业出现生产失误、药品变质或其他重大质量问题，应当及时采取相应措施，必要时还应当向当地药品监督管理部门报告。

十、委托生产与委托检验

1. 委托生产与委托检验基本要求　为确保委托生产产品的质量和委托检验的准确性和可靠性，委托方和受托方必须签订书面合同，明确规定各方责任、委托生产或委托检验的内容及相关的技术事项。

委托生产或委托检验的所有活动，包括在技术或其他方面拟采取的任何变更，均应当符合药品生产许可和注册的有关要求。

2. 委托方　委托方应当对受托方进行评估，对受托方的条件、技术水平、质量管理情况进行现场考核，确认其具有完成受托工作的能力，并能保证符合 GMP 的要求。

委托方应当向受托方提供所有必要的资料，以使受托方能够按照药品注册和其他法定要求正确实施所委托的操作。委托方应当使受托方充分了解与产品或操作相关的各种问题，包括产品或操作对受托方的环境、厂房、设备、人员及其他物料或产品可能造成的危害。

委托方应当对受托生产或检验的全过程进行监督。委托方应当确保物料和产品符合相应的质量标准。

3. 受托方　受托方必须具备足够的厂房、设备、知识和经验以及人员，满足委托方所委托的生产或检验工作的要求。受托方应当确保所收到委托方提供的物料、中间产品和待包装产品适用于预定用途。受托方不得从事对委托生产或检验的产品质量有不利影响的活动。

4. 合同　委托方与受托方之间签订的合同应当详细规定各自的产品生产和控制职责，其中的技术性条款应当由具有制药技术、检验专业知识和熟悉 GMP 的主管人员拟订。委托生产及检验的各项工作必须符合药品生产许可和药品注册的有关要求并经双方同意。

合同应当详细规定质量受权人批准放行每批药品的程序，确保每批产品都已按照药品注册的要求完成生产和检验。

合同应当规定何方负责物料的采购、检验、放行、生产和质量控制（包括中间控制），还应当规定何方负责取样和检验。在委托检验的情况下，合同应当规定受托方是否在委托方的厂房内取样。

合同应当规定由受托方保存的生产、检验和发运记录及样品，委托方应当能够随时调阅或检查；出现投诉、怀疑产品有质量缺陷或召回时，委托方应当能够方便地查阅所有与评价产品质量相关的记录。

合同应当明确规定委托方可以对受托方进行检查或现场质量审计，明确受托方有义务接受药品监督管理部门检查。

十一、产品发运与召回

1. 产品发运与召回原则　企业应当建立产品召回系统，必要时可迅速、有效地从市场召回任何一批存在安全隐患的产品。因质量原因退货和召回的产品，均应当按照规定监督销毁，有证据证明退货产品质量未受影响的除外。

2. 产品发运　每批产品均应当有发运记录。根据发运记录，应当能够追查每批产品的销售情况，必要时应当能够及时全部追回，发运记录内容应当包括：产品名称、规格、批号、数量、收货单位和地址、联系方式、发货日期、运输方式等。药品发运的零头包装只限两个批号为一个合箱，合箱外应当标明全部批号，并建立合箱记录。发运记录应当至少保存至药品有效期后 1 年。

3. 产品召回　企业需要制定召回操作规程，确保召回工作的有效性，指定专人负责组织协调召回工作，并配备足够数量的人员。产品召回负责人应当独立于销售和市场部门；如产品召回负责人不是质量受权人，则需向质量受权人通报召回处理情况。

召回应当能够随时启动，并迅速实施，因产品存在安全隐患决定从市场召回的，应立即向当地药品监督管理部门报告。

产品召回负责人应当能够迅速查阅到药品发运记录。已召回的产品应当有标识，并单独、妥善贮存，等待最终处理决定。召回的进展过程应当有记录，并有最终报告。产品发运数量、已召回数量以及数量平衡情况应当在报告中予以说明。应当定期对产品召回系统的有效性进行评估。

十二、自检

1. 自检的基本要求　质量管理部门应当定期组织对企业进行自检，监控 GMP 的实施情况，评估企业是否符合 GMP 要求，并提出必要的纠正和预防措施。

2. 自检的内容　自检应当有计划，对机构与人员、厂房与设施、设备、物料与产品、确认与验证、文件管理、生产管理、质量控制与质量保证、委托生产与委托检验、产品发运与召回等项目定期进行检查。由企业指定人员进行独立、系统、全面的自检，也可由外部人员或专家进行独立的质量审计。自检应当有记录。自检完成后应当有自检报告，内容至少包括自检过程中观察到的所有情况、评价的结论以及提出纠正和预防措施的建议。自检情况应当报告企业高层管理人员。

第四节　洁净度级别及监测

一、洁净级别的划分

洁净区的设计必须符合相应的洁净度要求，包括达到“静态”和“动态”的标准。无菌药品生产所需的洁净区可分为以下 4 个级别。

A 级：高风险操作区，如灌装区、放置胶塞桶和与无菌制剂直接接触的敞口包装容器的区域及无菌装配或连接操作的区域，应当用单向流操作台（罩）维持该区的环境状态。单向流系统在其工作区域必须均匀送风，风速为0.36～0.54m/s（指导值）。应当有数据证明单向流的状态并经过验证。

在密闭的隔离操作器或手套箱内，可使用较低的风速。

B级：指无菌配制和灌装等高风险操作A级洁净区所处的背景区域。

C级和D级：指无菌药品生产过程中重要程度较低操作步骤的洁净区。

以上各级别空气悬浮粒子的标准规定如表3－1所示。

表3－1 洁净级别的悬浮粒子标准

洁净度级别	悬浮粒子最大允许数/立方米			
	静态		动态③	
	≥0.5μm	≥5.0μm②	≥0.5μm	≥5.0μm
A级①	3520	20	3520	20
B级	3520	29	352000	2900
C级	352000	2900	3520000	29000
D级	3520000	29000	不作规定	不作规定

注：①为确认A级洁净区的级别，每个采样点的采样量不得少于1m³。A级洁净区空气悬浮粒子的级别为ISO 4.8，以≥5.0μm的悬浮粒子为限度标准。B级洁净区（静态）的空气悬浮粒子的级别为ISO 5，同时包括表中两种粒径的悬浮粒子。对于C级洁净区（静态和动态）而言，空气悬浮粒子的级别分别为ISO 7和ISO 8。对于D级洁净区（静态）空气悬浮粒子的级别为ISO 8。测试方法可参照ISO 14644－1。

②在确认级别时，应当使用采样管较短的便携式尘埃粒子计数器，避免≥5.0μm悬浮粒子在远程采样系统的长采样管中沉降。在单向流系统中，应当采用等动力学的取样头。

③动态测试可在常规操作、培养基模拟灌装过程中进行，证明达到动态的洁净度级别，但培养基模拟灌装试验要求在"最差状况"下进行动态测试。

二、悬浮粒子监测

按以下要求对洁净区的悬浮粒子进行动态监测。

（1）根据洁净度级别和空气净化系统确认的结果及风险评估，确定取样点的位置并进行日常动态监控。

（2）在关键操作的全过程中，包括设备组装操作，应当对A级洁净区进行悬浮粒子监测。生产过程中的污染（如活生物、放射危害）可能损坏尘埃粒子计数器时，应当在设备调试操作和模拟操作期间进行测试。A级洁净区监测的频率及取样量，应能及时发现所有人为干预、偶发事件及任何系统的损坏。灌装或分装时，由于产品本身产生粒子或液滴，允许灌装点≥5.0μm的悬浮粒子出现不符合标准的情况。

（3）在B级洁净区可采用与A级洁净区相似的监测系统。可根据B级洁净区对相邻A级洁净区的影响程度，调整采样频率和采样量。

(4) 悬浮粒子的监测系统应当考虑采样管的长度和弯管的半径对测试结果的影响。

(5) 日常监测的采样量可与洁净度级别和空气净化系统确认时的空气采样量不同。

(6) 在A级洁净区和B级洁净区，连续或有规律地出现少量≥5.0 μm的悬浮粒子时，应当进行调查。

(7) 生产操作全部结束、操作人员撤出生产现场并经15~20分钟（指导值）自净后，洁净区的悬浮粒子应当达到表中的“静态”标准。

(8) 按照质量风险管理的原则对C级洁净区和D级洁净区（必要时）进行动态监测。监控要求以及警戒限度和纠偏限度可根据操作的性质确定，但自净时间应当达到规定要求。

(9) 根据产品及操作的性质制定温度、相对湿度等参数，这些参数不应对规定的洁净度造成不良影响。

三、微生物监测

应当对微生物进行动态监测，评估无菌生产的微生物状况。监测方法有沉降菌法、定量空气浮游菌采样法和表面取样法（如棉签擦拭法和接触碟法）等。动态取样应当避免对洁净区造成不良影响。成品批记录的审核应当包括环境监测的结果。

对表面和操作人员的监测，应当在关键操作完成后进行。在正常的生产操作监测外，可在系统验证、清洁或消毒等操作完成后增加微生物监测。

洁净区微生物监测的动态标准如表3~2所示。

表3-2 洁净区微生物监测的动态标准①

洁净度级别	浮游菌 cfu/m^3	沉降菌（ϕ 90mm）cfu /4 小时②	表面微生物	
			接触（ϕ 55mm）cfu /碟	5 指手套 cfu /手套
A级	<1	<1	<1	<1
B级	10	5	5	5
C级	100	50	25	-
D级	200	100	50	-

注：①表中各数值均为平均值；
②单个沉降碟的暴露时间可以少于4小时，同一位置可使用多个沉降碟连续进行监测并累积计数。

应当制定适当的悬浮粒子和微生物监测警戒限度和纠偏限度。操作规程中应当详细说明结果超标时需采取的纠偏措施。

四、无菌生产操作洁净要求

无菌药品的生产操作环境可参照表3-3和表3-4中的示例进行选择。

表 3-3　最终灭菌产品无菌生产操作环境要求

洁净度级别	最终灭菌产品生产操作示例
C 级背景下的局部 A 级	高污染风险(1)的产品灌装（或灌封）
C 级	1. 产品灌装（或灌封） 2. 高污染风险(2)产品的配制和过滤 3. 眼用制剂、无菌软膏剂、无菌混悬剂等的配制、灌装（或灌封） 4. 直接接触药品的包装材料和器具最终清洗后的处理
D 级	1. 轧盖 2. 灌装前物料的准备 3. 产品配制（指浓配或采用密闭系统的配制）和过滤 4. 直接接触药品的包装材料和器具的最终清洗

注：①此处的高污染风险是指产品容易长菌、灌装速度慢、灌装用容器为广口瓶、容器须暴露数秒后方可密封等状况；

②此处的高污染风险是指产品容易长菌、配制后需等待较长时间方可灭菌或不在密闭系统中配制等状况。

表 3-4　非最终灭菌产品无菌生产操作环境要求

洁净度级别	非最终灭菌产品的无菌生产操作示例
B 级背景下的 A 级	1. 处于未完全密封①状态下产品的操作和转运，如产品灌装（或灌封）、分装、压塞、轧盖②等 2. 灌装前无法除菌过滤的药液或产品的配制 3. 直接接触药品的包装材料、器具灭菌后的装配以及处于未完全密封状态下的转运和存放 4. 无菌原料药的粉碎、过筛、混合、分装
B 级	1. 处于未完全密封①状态下的产品置于完全密封容器内的转运 2 直接接触药品的包装材料、器具灭菌后处于密闭容器内的转运和存放
C 级	1. 灌装前可除菌过滤的药液或产品的配制 2. 产品的过滤
D 级	直接接触药品的包装材料、器具的最终清洗、装配或包装、灭菌

注：①轧盖前产品视为处于未完全密封状态。

②根据已压塞产品的密封性、轧盖设备的设计、铝盖的特性等因素，轧盖操作可选择在 C 级或 D 级背景下的 A 级送风环境中进行。A 级送风环境应当至少符合 A 级区的静态要求。

第五节　生产管理的基本术语

1. 工艺规程　为生产特定数量的成品而制定的一个或一套文件，包括生产处方、生产操作要求和包装操作要求，规定原辅料和包装材料的数量、工艺参数和条件、加工说明（包括中间控制）、注意事项等内容。

2. 待验　指原辅料、包装材料、中间产品、待包装产品或成品，采用物理手段或其他有效方式将其隔离或区分，在允许用于投料生产或上市销售之前贮存、等待作出放行决定的状态。

3. 批　经一个或若干加工过程生产的、具有预期均一质量和特性的一定数量的原辅料、包装材料或成品。为完成某些生产操作步骤，可能有必要将一批产品分成若干亚批，最终合并成为一个均一的批。在连续生产情况下，批必须与生产中具有预期均一特性的确定数量的产品相对应，批量可以是固定数量或固定时间段内生产的产品量。

例如：口服或外用的固体、半固体制剂在成型或分装前使用同一台混合设备一次混合所生产的均质产品为一批；口服或外用的液体制剂以灌装（封）前经最后混合的药液所生产的均质产品为一批。

4. 批号　用于识别一个特定批的具有惟一性的数字和（或）字母的组合。

5. 批记录　用于记述每批药品生产、质量检验和放行审核的所有文件和记录，可追溯所有与成品质量有关的历史信息。

6. 交叉污染　不同原料、辅料及产品之间发生的相互污染。

7. 洁净区　需要对环境中尘粒及微生物数量进行控制的房间（区域），其建筑结构、装备及其使用应当能够减少该区域内污染物的引入、产生和滞留。

8. 警戒限度　系统的关键参数超出正常范围，但未达到纠偏限度，需要引起警觉，可能需要采取纠正措施的限度标准。

9. 物料　指原料、辅料和包装材料等。

例如：化学药品制剂的原料是指原料药；生物制品的原料是指原材料；中药制剂的原料是指中药材、中药饮片和外购中药提取物；原料药的原料是指用于原料药生产的除包装材料以外的其他物料。

10. 物料平衡　产品或物料实际产量或实际用量及收集到的损耗之和与理论产量或理论用量之间的比较，并考虑可允许的偏差范围。

11. 污染　在生产、取样、包装或重新包装、贮存或运输等操作过程中，原辅料、中间产品、待包装产品、成品受到具有化学或微生物特性的杂质或异物的不利影响。

12. 验证　证明任何操作规程（或方法）、生产工艺或系统能够达到预期结果的一系列活动。

13. 文件　GMP 所指的文件包括质量标准、工艺规程、操作规程、记录、报告等。

14. 原辅料　除包装材料之外，药品生产中使用的任何物料。

15. 中间产品　指完成部分加工步骤的产品，尚需进一步加工方可成为待包装产品。

16. 中间控制　也称过程控制，指为确保产品符合有关标准，生产中对工艺过程加以监控，以便在必要时进行调节而做的各项检查。可将对环境或设备控制视作中间控制的一部分。

17. 包装　待包装产品变成成品所需的所有操作步骤，包括分装、贴签等。但无菌生产工艺中产品的无菌灌装，以及最终灭菌产品的灌装等不视为包装。

18. 包装材料　药品包装所用的材料，包括与药品直接接触的包装材料和容器、印刷包装材料，但不包括发运用的外包装材料。

19. 操作规程　经批准用来指导设备操作、维护与清洁、验证、环境控制、取样和检验等药品生产活动的通用性文件，也称标准操作规程。

20. 产品　包括药品的中间产品、待包装产品和成品。

21. 产品生命周期　产品从最初的研发、上市直至退市的所有阶段。

22. 成品　已完成所有生产操作步骤和最终包装的产品。

23. 重新加工　将某一生产工序生产的不符合质量标准的一批中间产品或待包装产品的一部分或全部，采用不同的生产工艺进行再加工，以符合预定的质量标准。

24. 待包装产品　尚未进行包装但已完成所有其他加工工序的产品。

25. 发放　指生产过程中物料、中间产品、待包装产品、文件、生产用模具等在企业内部流转的一系列操作。

26. 复验期　原辅料、包装材料贮存一定时间后，为确保其仍适用于预定用途，由企业确定的需重新检验的日期。

27. 发运　指企业将产品发送到经销商或用户的一系列操作，包括配货、运输等。

28. 返工　将某一生产工序生产的不符合质量标准的一批中间产品或待包装产品、成品的一部分或全部返回到之前的工序，采用相同的生产工艺进行再加工，以符合预定的质量标准。

29. 放行　对一批物料或产品进行质量评价，作出批准使用或投放市场或其他决定的操作。

30. 供应商　指物料、设备、仪器、试剂、服务等的提供方，如生产商、经销商等。

31. 回收　在某一特定的生产阶段，将以前生产的一批或数批符合相应质量要求的产品的一部分或全部，加入到另一批次中的操作。

32. 校准　在规定条件下，确定测量、记录、控制仪器或系统的示值（尤指称量）或实物量具所代表的量值，与对应的参照标准量值之间关系的一系列活动。

33. 阶段性生产方式　指在共用生产区内，在一段时间内集中生产某一产品，再对相应的共用生产区、设施、设备、工器具等进行彻底清洁，更换生产另一种产品的方式。

34. 纠偏限度　系统的关键参数超出可接受标准，需要进行调查并采取纠正措施的限度标准。

35. 检验结果超标　检验结果超出法定标准及企业制定标准的所有情形。

36. 气锁间　设置于两个或数个房间之间（如不同洁净度级别的房间之间）的具有两扇或多扇门的隔离空间。设置气锁间的目的是在人员或物料出入时，对气流进行控制。气锁间有人员气锁间和物料气锁间。

37. 确认　证明厂房、设施、设备能正确运行并可达到预期结果的一系列活动。

38. 退货　将药品退还给企业的活动。

39. 印刷包装材料　指具有特定式样和印刷内容的包装材料，如印字铝箔、标签、说明书、纸盒等。

复习测试题

一、名称解释

1. 药品
2. GMP
3. 质量授权人
4. 工艺规程
5. 批
6. 洁净区
7. 物料
8. 验证
9. 操作规程
10. 物料平衡

二、选择题

1. 药品的特性是（　）

   A. 种类复杂性　　B. 医用专属性

   C. 药品质量的严格性　　D. 生产规范性和检验专业性

   E. 两重性

2. 质量风险管理是在整个产品生命周期中采用前瞻或回顾的方式，对质量风险进行（　）的系统过程。

   A. 评估　　B. 控制

   C. 沟通　　D. 审核

   E. 批准

3. 企业应当建立与药品生产相适应的管理机构，并有组织机构图。一般包括（　）等部门。

   A. 人力资源部　　B. 质量管理部

   C. 制造部　　D. 物控部

   E. 工程部和财务部

4. 关键人员应当为企业的全职人员，至少应当包括（　）

   A. 企业负责人　　B. 生产管理负责人

   C. 质量管理负责人　　D. 质量受权人

   E. 生产人员

5. 设备的设计、选型、安装、改造和维护必须符合预定用途，应当尽可能降低产生（　）的风险，便于操作、清洁、维护，以及必要时进行的消毒或灭菌。

A. 污染　　B. 交叉污染
C. 混淆　　D. 差错
E. 丢失

6. GMP 所指的文件包括（　）

A. 质量标准　　B. 工艺规程
C. 操作规程　　D. 记录
E. 报告

三、简答题

1. 简述 GMP 的特点。
2. 简述推行 GMP 的重要性。
3. 简述 GMP 三类目标要素。
4. 简述质量受权人主要职责。
5. 简述洁净级别的划分。

第四章

药品经营质量管理

掌握：药品经营质量管理的概念；药品经营企业、药品批发企业、药品零售企业、首营品种；药品经营活动的特点。

熟悉：药品经营活动的特点；药品经营方式；GSP 的要求。

了解：GSP 指导思想。

药品经营管理又叫药品的销售管理。药品经营质量管理是药品生产质量管理的延伸，也是公众获得质量合格药品的重要保证。在我国药品经营企业建立和实施质量保证体系的依据和操作原则是《药品经营质量管理规范》（GSP）。《药品管理法》第十六条规定："药品经营企业必须按照国务院药品监督管理部门依据本法制定的《药品经营质量管理规范》经营药品。药品监督管理部门按照规定对药品经营企业是否符合《药品经营质量管理规范》的要求进行认证，对认证合格的，发给认证证书。"这一明确规定，标志着我国实施 GSP 的工作进入到了依法强制实施阶段。

第一节　药品经营质量管理概述

一、经营管理的概念

1. 广义的概念　是指企业的经营目标、经营方针、经营思想、经营战略、经营体制等在内的产供销全过程的一切活动。

2. 狭义的概念　是指市场营销活动，是在经营目标、经营方针、经营思想、经营战略指导下的市场营销机制及购销活动。

二、药品经营活动的特点

1. 专业性强　由于药品的特殊性，要求从事药品经营活动的人员应具备一定的专业知识。

2. 政策性强　国家有相关规定，应依法经营。

3. 综合交融性强 经营活动涉及方方面面的问题，应处理好各方面的关系。

三、GSP 指导思想

1. 全过程的质量管理 药品经营企业的经营活动可分为售前工作（市场调研、制订计划、采购、验收、储存养护）、售中工作（洽谈业务、用药指导、包扎或装箱送货）、售后工作（质量查询、药品退调、市场调研）三个过程。这些工作是环环相连紧密相关的，一个环节疏忽就导致了所有环节工作的失效。

2. 全员参与的质量管理 质量管理工作是靠人来做的，那么每个过程中的每个环节的工作人员就都和质量管理有关，所以从企业经理到销售代表以及验收仓库保养员都要参加质量管理。规定每个岗位的任务、权限，作到各司其职，共同配合。

3. 全方位的质量管理 企业内的质量职能分散在各个部门，各部门的质量管理工作都是不可缺少的。要从过去就事论事、分散管理转变成以系统观念为指导的全面综合管理。不仅强调各方面工作各自的重要性，更强调各方面工作共同发挥作用时的协同作用。

4. 全动态、全循环的质量管理 强调的是持续改进，也就是改进的动态性。在传统的质量管理中，产品生产的目标是符合质量技术要求，而现在对产品质量的要求是能够符合顾客的需求。但是，由于顾客的需求是不断发生变化的，顾客的需求通常会随着产品质量的提高而变得更高，这就要求我们有动态的质量管理概念。

全过程、全员、全方位、全动态、全循环，这就是 GSP 的指导思想。就是根据这些思想来指导药品的经营管理。

四、我国药品 GSP 发展历史

我国药品经营质量管理规范发展的历程如下。

1982 年，日本制定的《医药品供应管理规范》被介绍到我国；

1984 年，国家医药管理局制定了《医药商品质量管理规范》，在医药行业内试行；

1992 年，国家医药管理局正式颁布了《医药商品质量管理规范》；

2000 年，随着我国医药体制的改革变化，国家药品监督管理局发布了《药品经营质量管理规范》，于 2000 年 7 月 1 日起施行。

2000 年 11 月 16 日国家药品监督管理局又印发 GSP 实施细则。

2013 年，卫生部颁布新版《药品经营质量管理规范》，于 2013 年 6 月 1 日起施行。

五、药品经营企业质量方针与目标管理

1. 目标制定 质量方针、目标制定的程序一般应包括准备、制定和展开三个阶段，制定的主要依据是药品经营企业外部与内部环境。具体工作程序包括：环境的调查与

分析、基本方针的确立、讨论与修改、审查及发布、逐级展开、有效实施、检查考核。

2. 目标实施 质量目标应分部门、分层次逐级分解，确保质量目标的落实和实现。质量目标的分解应在药品经营企业最高管理层的统一组织下，按照药品经营企业组织结构及各级质量管理职责，采取自上而下、横向纵向结合、逐级分解落实的原则展开。与此同时，还要注意方针、目标、措施的相互对应，并确保质量目标的适宜性、有效性、可行性及可考核性。

3. 目标检查与考核 为了保证药品经营企业质量方针、目标的有效实施，必须对其实施情况进行检查与考核。对质量方针、目标的检查考核，应在质量管理部门统一的组织管理下，建立可行的、切合实际的检查与考核制度，各部门每月对方针、目标的实施情况进行自查，质量管理部门每季度组织相关人员对各部门方针、目标执行情况进行有侧重的检查，从而为药品经营企业完成年度质量方针、目标的要求提供保障。

六、我国药品经营企业现状

（1）企业数量多，企业规模小。

我国目前药品批发企业约有8000家，药品零售连锁企业约2000家，县以上零售企业约7000家，县以下零售企业8000家。

药品批发企业数量太多，规模偏小。年销售额超过2000万的批发企业不足5%，全国前10名批发商销售额仅占市场30%的份额；而在美国前4名批发商就占市场份额的80%。

（2）企业运行效率低。

全国医药商业平均流通费用高达12.56%，销售利润不足1%，而美国药品批发商的平均流通费用仅为3%~4%。

七、药品经营企业开办与管理

（一）有关术语

1. 药品经营企业 是指经营药品的专营企业或者兼营企业。

2. 药品经营范围 是指经药品监督管理部门核准经营药品的品种类别。

3. 药品批发企业 是指将购进的药品销售给药品生产企业、药品经营企业、医疗机构的药品经营企业。

4. 药品零售企业 是指将购进的药品直接销售给消费者（患者）的药品经营企业。

5. 企业主要负责人 具有法人资格的企业指其法定代表人，不具有法人资格的企业指其最高管理者。

6. 首营企业 采购药品时，与本企业首次发生供需关系的药品生产或者经营企业。

7. 首营品种 本企业首次采购的药品。

8. 药品直调　将已购进但未入库的药品，从供货方直接发送到向本企业购买同一药品的需求方。

9. 处方调配　销售药品时，营业人员根据医生处方调剂、配备药品的过程。

10. 在职　与企业确定劳动关系的在册人员。

11. 在岗　相关岗位人员在工作时间内在规定的岗位履行职责。

12. 原印章　企业在购销活动中，为证明企业身份在相关文件或者凭证上加盖的企业公章、发票专用章、质量管理专用章、药品出库专用章的原始印记，不能是印刷、影印、复印等复制后的印记。

13. 待验　对到货、销后退回的药品采用有效的方式进行隔离或者区分，在入库前等待质量验收的状态。

14. 零货　指拆除了用于运输、储藏包装的药品。

15. 拼箱发货　将零货药品集中拼装至同一包装箱内发货的方式。

16. 拆零销售　将最小包装拆分销售的方式。

17. 国家有专门管理要求的药品　国家对蛋白同化制剂、肽类激素、含特殊药品复方制剂等品种实施特殊监管措施的药品。

（二）药品经营许可证管理

《药品管理法》第十四条规定："开办药品批发企业，须经企业所在地省级药品监督管理部门批准并发给《药品经营许可证》；开办药品零售企业，须经企业所在地县级以上地方药品监督管理部门批准并发给《药品经营许可证》，凭《药品经营许可证》到工商行政管理部门办理登记注册。无《药品经营许可证》的，不得经营药品"。

国家食品药品监督管理局（SFDA）于2004年2月4日颁布了《药品经营许可证管理办法》，自2004年4月1日起施行。其主要内容为：①管理机构；②许可证的申请条件；③许可证的申请程序；④许可证的变更与换发；⑤监督检查。

（三）经营方式与范围

1. 经营方式　目前，我国药品监督管理部门核准的药品经营方式有批发、零售连锁、零售三种。

2. 企业规模　药品经营企业规模划分如表4－1所示。

表4－1　药品经营企业规模划分

企业类型	年药品销售额（万元）		
	大型企业	中型企业	小型企业
批发企业	≥20000	5000～20000	≤5000
零售连锁企业	≥20000	5000～20000	≤5000
零售企业	≥1000	500～1000	≤500

3. 经营范围　药品批发企业《药品经营许可证》许可经营的药品有：中药材、中

药饮片、中成药、化学原料药、化学药制剂、抗生素、生化药品、放射性药品、生物制品、诊断药品。经营特殊管理药品必须取得国务院药品监督管理部门的有关批准文件。

药品零售企业《药品经营许可证》许可经营的药品有：中药饮片、中成药、化学药制剂、抗生素、生化药品、生物制品、诊断药品。

按照药品分类管理的规定，企业的经营范围还可分为处方药、非处方药，其中处方药、非处方药实行经营备案管理。

第二节　药品批发的质量管理

一、质量管理体系

（1）企业应当依据有关法律法规及GSP的要求建立质量管理体系，确定质量方针，制定质量管理体系文件，开展质量策划、质量控制、质量保证、质量改进和质量风险管理等活动。

（2）企业制定的质量方针文件应当明确企业总的质量目标和要求，并贯彻到药品经营活动的全过程。

（3）企业质量管理体系应当与其经营范围和规模相适应，包括组织机构、人员、设施设备、质量管理体系文件及相应的计算机系统等。

（4）企业应当定期以及在质量管理体系关键要素发生重大变化时，组织开展内审。

（5）企业应当对内审的情况进行分析，依据分析结论制定相应的质量管理体系改进措施，不断提高质量控制水平，保证质量管理体系持续有效运行。

（6）企业应当采用前瞻或者回顾的方式，对药品流通过程中的质量风险进行评估、控制、沟通和审核。

（7）企业应当对药品供货单位、购货单位的质量管理体系进行评价，确认其质量保证能力和质量信誉，必要时进行实地考察。

（8）企业应当全员参与质量管理。各部门、岗位人员应当正确理解并履行职责，承担相应质量责任。

二、组织机构与质量管理职责

企业应当设立与其经营活动和质量管理相适应的组织机构或者岗位，明确规定其职责、权限及相互关系。

1. 质量负责人　企业负责人是药品质量的主要责任人，全面负责企业日常管理，负责提供必要的条件，保证质量管理部门和质量管理人员有效履行职责，确保企业实现质量目标并按照 GSP 要求经营药品。

企业质量负责人应当由高层管理人员担任，全面负责药品质量管理工作，独立履行职责，在企业内部对药品质量管理具有裁决权。

2. 质量管理部

（1）企业应当设立质量管理部门，有效开展质量管理工作。质量管理部门的职责不得由其他部门及人员履行。

（2）质量管理部门应当履行以下职责。

督促相关部门和岗位人员执行药品管理的法律法规及 GSP；组织制订质量管理体系文件，并指导、监督文件的执行；负责对供货单位和购货单位的合法性、购进药品的合法性以及供货单位销售人员、购货单位采购人员的合法资格进行审核，并根据审核内容的变化进行动态管理；负责质量信息的收集和管理，并建立药品质量档案；负责药品的验收，指导并监督药品采购、储存、养护、销售、退货、运输等环节的质量管理工作；负责不合格药品的确认，对不合格药品的处理过程实施监督；负责药品质量投诉和质量事故的调查、处理及报告；负责假劣药品的报告；负责药品质量查询；负责指导设定计算机系统质量控制功能；负责计算机系统操作权限的审核和质量管理基础数据的建立及更新；组织验证、校准相关设施设备；负责药品召回的管理；负责药品不良反应的报告；组织质量管理体系的内审和风险评估；组织对药品供货单位及购货单位质量管理体系和服务质量的考察和评价；组织对被委托运输的承运方运输条件和质量保障能力的审查；协助开展质量管理教育和培训；其他应当由质量管理部门履行的职责。

三、人员与培训

1. 管理人员的要求

（1）企业从事药品经营和质量管理工作的人员，应当符合有关法律法规及 GSP 规定的资格要求，不得有相关法律法规禁止从业的情形。

（2）企业负责人应当具有大学专科以上学历或者中级以上专业技术职称，经过基本的药学专业知识培训，熟悉有关药品管理的法律法规及 GSP。

（3）企业质量负责人应当具有大学本科以上学历、执业药师资格和 3 年以上药品经营质量管理工作经历，在质量管理工作中具备正确判断和保障实施的能力。

（4）企业质量管理部门负责人应当具有执业药师资格和 3 年以上药品经营质量管理工作经历，能独立解决经营过程中的质量问题。

2. 其他人员的要求

（1）企业应当配备符合以下资格要求的质量管理、验收及养护等岗位人员。①从事质量管理工作的，应当具有药学中专或者医学、生物、化学等相关专业大学专科以上学历或者具有药学初级以上专业技术职称；②从事验收、养护工作的，应当具有药学或者医学、生物、化学等相关专业中专以上学历或者具有药学初级以上专业技术职称；③从事中药材、中药饮片验收工作的，应当具有中药学专业中专以上学历或者具有中药学中级以上专业技术职称；从事中药材、中药饮片养护工作的，应当具有中药学专业中专以上学历或者具有中药学初级以上专业技术职称；直接收购地产中药材的，验收人员应当具有中药学中级以上专业技术职称。

（2）经营疫苗的企业还应当配备2名以上专业技术人员专门负责疫苗质量管理和验收工作，专业技术人员应当具有预防医学、药学、微生物学或者医学等专业本科以上学历及中级以上专业技术职称，并有3年以上从事疫苗管理或者技术工作经历。

（3）从事质量管理、验收工作的人员应当在职在岗，不得兼职其他业务工作。

（4）从事采购工作的人员应当具有药学或者医学、生物、化学等相关专业中专以上学历，从事销售、储存等工作的人员应当具有高中以上文化程度。

3. 培训的要求 企业应当对各岗位人员进行与其职责和工作内容相关的岗前培训和继续培训，以符合GSP要求。

培训内容应当包括相关法律法规、药品专业知识及技能、质量管理制度、职责及岗位操作规程等。

企业应当按照培训管理制度制定年度培训计划并开展培训，使相关人员能正确理解并履行职责。培训工作应当做好记录并建立档案。

从事特殊管理的药品和冷藏冷冻药品的储存、运输等工作的人员，应当接受相关法律法规和专业知识培训并经考核合格后方可上岗。

企业应当制定员工个人卫生管理制度，储存、运输等岗位人员的着装应当符合劳动保护和产品防护的要求。

质量管理、验收、养护、储存等直接接触药品岗位的人员应当进行岗前及年度健康检查，并建立健康档案。患有传染病或者其他可能污染药品的疾病的，不得从事直接接触药品的工作。身体条件不符合相应岗位特定要求的，不得从事相关工作。

四、质量管理体系文件

1. 文件的管理

（1）企业制定质量管理体系文件应当符合企业实际。文件包括质量管理制度、部门及岗位职责、操作规程、档案、报告、记录和凭证等。

（2）文件的起草、修订、审核、批准、分发、保管，以及修改、撤销、替换、销毁等应当按照文件管理操作规程进行，并保存相关记录。

（3）文件应当标明题目、种类、目的以及文件编号和版本号。文字应当准确、清晰、易懂。

（4）文件应当分类存放，便于查阅。

（5）企业应当定期审核、修订文件，使用的文件应当为现行有效的文本，已废止或者失效的文件除留档备查外，不得在工作现场出现。

（6）企业应当保证各岗位获得与其工作内容相对应的必要文件，并严格按照规定开展工作。

2. 质量管理制度　质量管理制度应当包括以下内容：质量管理体系内审的规定；质量否决权的规定；质量管理文件的管理；质量信息的管理；供货单位、购货单位、供货单位销售人员及购货单位采购人员等资格审核的规定；药品采购、收货、验收、储存、养护、销售、出库、运输的管理；特殊管理的药品的规定；药品有效期的管理；不合格药品、药品销毁的管理；药品退货的管理；药品召回的管理；质量查询的管理；质量事故、质量投诉的管理；药品不良反应报告的规定；环境卫生、人员健康的规定；质量方面的教育、培训及考核的规定；设施设备保管和维护的管理；设施设备验证和校准的管理；记录和凭证的管理；计算机系统的管理；执行药品电子监管的规定；其他应当规定的内容。

3. 岗位职责　部门及岗位职责应当包括：①质量管理、采购、储存、销售、运输、财务和信息管理等部门职责；②企业负责人、质量负责人及质量管理、采购、储存、销售、运输、财务和信息管理等部门负责人的岗位职责；③质量管理、采购、收货、验收、储存、养护、销售、出库复核、运输、财务、信息管理等岗位职责；④与药品经营相关的其他岗位职责。

4. 其他管理文件　企业应当制定药品采购、收货、验收、储存、养护、销售、出库复核、运输等环节及计算机系统的操作规程。

企业应当建立药品采购、验收、养护、销售、出库复核、销后退回和购进退出、运输、储运温湿度监测、不合格药品处理等相关记录，做到真实、完整、准确、有效和可追溯。

通过计算机系统记录数据时，有关人员应当按照操作规程，通过授权及密码登录后方可进行数据的录入或者复核；数据的更改应当经质量管理部门审核并在其监督下进行，更改过程应当留有记录。

5. 文件的保存　书面记录及凭证应当及时填写，并做到字迹清晰，不得随意涂改，不得撕毁。更改记录的，应当注明理由、日期并签名，保持原有信息清晰可辨。

记录及凭证应当至少保存 5 年。疫苗、特殊管理的药品的记录及凭证按相关规定保存。

五、设施与设备

1. 基本的要求

（1）企业应当具有与其药品经营范围、经营规模相适应的经营场所和库房。药品批发和零售连锁企业设置的相应仓库，其面积（指建筑面积，下同）大型企业不应低于 $1500m^2$，中型企业不应低于 $1000m^2$，小型企业不应低于 $500m^2$。

（2）库房的选址、设计、布局、建造、改造和维护应当符合药品储存的要求，防止药品的污染、交叉污染、混淆和差错。

（3）药品储存作业区、辅助作业区应当与办公区和生活区分开一定距离或者有隔离措施。

（4）库房的规模及条件应当满足药品的合理、安全储存，并达到以下要求，便于开展储存作业：①库房内外环境整洁，无污染源，库区地面硬化或者绿化；②库房内墙、顶光洁，地面平整，门窗结构严密；③库房有可靠的安全防护措施，能够对无关人员进入实行可控管理，防止药品被盗、替换或者混入假药；④有防止室外装卸、搬运、接收、发运等作业受异常天气影响的措施。

2. 设施设备的要求 库房应当配备以下设施设备：药品与地面之间有效隔离的设备；避光、通风、防潮、防虫、防鼠等设备；有效调控温湿度及室内外空气交换的设备；自动监测、记录库房温湿度的设备；符合储存作业要求的照明设备；用于零货拣选、拼箱发货操作及复核的作业区域和设备；包装物料的存放场所；验收、发货、退货的专用场所；不合格药品专用存放场所；经营特殊管理的药品有符合国家规定的储存设施。

3. 特殊经营的设备要求

（1）经营中药材、中药饮片的，应当有专用的库房和养护工作场所，直接收购地产中药材的应当设置中药样品室（柜）。

（2）经营冷藏、冷冻药品的，应当配备以下设施设备：①与其经营规模和品种相适应的冷库，经营疫苗的应当配备两个以上独立冷库；②用于冷库温度自动监测、显示、记录、调控、报警的设备；③冷库制冷设备的备用发电机组或者双回路供电系统；④对有特殊低温要求的药品，应当配备符合其储存要求的设施设备；⑤冷藏车及车载冷藏箱或者保温箱等设备。

4. 运输工具的要求 运输药品应当使用封闭式货物运输工具。

运输冷藏、冷冻药品的冷藏车及车载冷藏箱、保温箱应当符合药品运输过程中对温度控制的要求。冷藏车具有自动调控温度、显示温度、存储和读取温度监测数据的功能；冷藏箱及保温箱具有外部显示和采集箱体内温度数据的功能。

5. 设施设备的管理 储存、运输设施设备的定期检查、清洁和维护应当由专人负责，并建立记录和档案。

六、校准与验证

1. 校准或检定 企业应当按照国家有关规定，对计量器具、温湿度监测设备等定期进行校准或者检定。

2. 验证 企业应当对冷库、储运温湿度监测系统以及冷藏运输等设施设备进行使用前验证、定期验证及停用时间超过规定时限的验证。

企业应当根据相关验证管理制度，形成验证控制文件，包括验证方案、报告、评价、偏差处理和预防措施等。

验证应当按照预先确定和批准的方案实施，验证报告应当经过审核和批准，验证文件应当存档。

企业应当根据验证确定的参数及条件，正确、合理使用相关设施设备。

七、计算机系统

（1）企业应当建立能够符合经营全过程管理及质量控制要求的计算机系统，实现药品质量可追溯，并满足药品电子监管的实施条件。

（2）企业计算机系统应当符合以下要求：①有支持系统正常运行的服务器和终端机；②有安全、稳定的网络环境，有固定接入互联网的方式和安全可靠的信息平台；③有实现部门之间、岗位之间信息传输和数据共享的局域网；④有药品经营业务票据生成、打印和管理功能；⑤有符合 GSP 要求及企业管理实际需要的应用软件和相关数据库。

（3）各类数据的录入、修改、保存等操作应当符合授权范围、操作规程和管理制度的要求，保证数据原始、真实、准确、安全和可追溯。

（4）计算机系统运行中涉及企业经营和管理的数据应当采用安全、可靠的方式储存并按日备份，备份数据应当存放在安全场所，记录类数据的保存时限应当符合 GSP 的要求。

八、采购

1. 基本要求 企业的采购活动应当符合以下要求：①确定供货单位的合法资格；②确定所购入药品的合法性；③核实供货单位销售人员的合法资格；④与供货单位签订质量保证协议。

采购中涉及的首营企业、首营品种，采购部门应当填写相关申请表格，经过质量管理部门和企业质量负责人的审核批准。必要时应当组织实地考察，对供货单位质量管理体系进行评价。

2. 首营管理 对首营企业的审核，应当查验加盖其公章原印章的以下资料，确认真实、有效：①《药品生产许可证》或者《药品经营许可证》复印件；②营业执照及其年检证明复印件；③《药品生产质量管理规范》认证证书或者《药品经营质量管理规范》认证证书复印件；④相关印章、随货同行单（票）样式；⑤开户户名、开户银行及账号；⑥《税务登记证》和《组织机构代码证》复印件。

采购首营品种应当审核药品的合法性，索取加盖供货单位公章原印章的药品生产或者进口批准证明文件复印件并予以审核，审核无误的方可采购。

以上资料应当归入药品质量档案。

3. 供货员管理　企业应当核实、留存供货单位销售人员以下资料：①加盖供货单位公章原印章的销售人员身份证复印件；②加盖供货单位公章原印章和法定代表人印章或者签名的授权书，授权书应当载明被授权人姓名、身份证号码，以及授权销售的品种、地域、期限；③供货单位及供货品种相关资料。

4. 协议管理　企业与供货单位签订的质量保证协议至少包括以下内容：①明确双方质量责任；②供货单位应当提供符合规定的资料且对其真实性、有效性负责；③供货单位应当按照国家规定开具发票；④药品质量符合药品标准等有关要求；⑤药品包装、标签、说明书符合有关规定；⑥药品运输的质量保证及责任；⑦质量保证协议的有效期限。

5. 发票管理　采购药品时，企业应当向供货单位索取发票。发票应当列明药品的通用名称、规格、单位、数量、单价、金额等；不能全部列明的，应当附《销售货物或者提供应税劳务清单》，并加盖供货单位发票专用章原印章、注明税票号码。

发票上的购、销单位名称及金额、品名应当与付款流向及金额、品名一致，并与财务账目内容相对应。发票按有关规定保存。

6. 采购记录管理　采购药品应当建立采购记录。采购记录应当有药品的通用名称、剂型、规格、生产厂商、供货单位、数量、价格、购货日期等内容，采购中药材、中药饮片的还应当标明产地。

7. 特殊情况管理　发生灾情、疫情、突发事件或者临床紧急救治等特殊情况，以及其他符合国家有关规定的情形，企业可采用直调方式购销药品，将已采购的药品不入本企业仓库，直接从供货单位发送到购货单位，并建立专门的采购记录，保证有效的质量跟踪和追溯。

采购特殊管理的药品，应当严格按照国家有关规定进行。

8. 质量评审工作　企业应当定期对药品采购的整体情况进行综合质量评审，建立药品质量评审和供货单位质量档案，并进行动态跟踪管理。

九、收货与验收

1. 验收的基本要求　企业应当按照规定的程序和要求对到货药品逐批进行收货、验收，防止不合格药品入库。

药品到货时，收货人员应当核实运输方式是否符合要求，并对照随货同行单（票）和采购记录核对药品，做到票、账、货相符。

随货同行单（票）应当包括供货单位、生产厂商、药品的通用名称、剂型、规格、批号、数量、收货单位、收货地址、发货日期等内容，并加盖供货单位药品出库专用章原印章。

冷藏、冷冻药品到货时，应当对其运输方式及运输过程的温度记录、运输时间等质量控制状况进行重点检查并记录。不符合温度要求的应当拒收。

2. 收货的要求 收货人员对符合收货要求的药品，应当按品种特性要求放于相应待验区域，或者设置状态标志，通知验收。冷藏、冷冻药品应当在冷库内待验。

验收药品应当按照药品批号查验同批号的检验报告书。供货单位为批发企业的，检验报告书应当加盖其质量管理专用章原印章。检验报告书的传递和保存可以采用电子数据形式，但应当保证其合法性和有效性。

3. 抽样要求 企业应当按照验收规定，对每次到货药品进行逐批抽样验收，抽取的样品应当具有代表性。①同一批号的药品应当至少检查一个最小包装，但生产企业有特殊质量控制要求或者打开最小包装可能影响药品质量的，可不打开最小包装；②破损、污染、渗液、封条损坏等包装异常以及零货、拼箱的，应当开箱检查至最小包装；③外包装及封签完整的原料药、实施批签发管理的生物制品，可不开箱检查。

4. 外观检查 验收人员应当对抽样药品的外观、包装、标签、说明书以及相关的证明文件等逐一进行检查、核对；验收结束后，应当将抽取的完好样品放回原包装箱，加封并标示。

5. 特殊管理的药品 特殊管理的药品应当按照相关规定在专库或者专区内验收。

6. 验收记录管理 验收药品应当做好验收记录，包括药品的通用名称、剂型、规格、批准文号、批号、生产日期、有效期、生产厂商、供货单位、到货数量、到货日期、验收合格数量、验收结果等内容。验收人员应当在验收记录上签署姓名和验收日期。

中药材验收记录应当包括品名、产地、供货单位、到货数量、验收合格数量等内容。中药饮片验收记录应当包括品名、规格、批号、产地、生产日期、生产厂商、供货单位、到货数量、验收合格数量等内容，实施批准文号管理的中药饮片还应当记录批准文号。

验收不合格的还应当注明不合格事项及处置措施。

7. 电子监管 对实施电子监管的药品，企业应当按规定进行药品电子监管码扫码，并及时将数据上传至中国药品电子监管网系统平台。

企业对未按规定加印或者加贴中国药品电子监管码，或者监管码的印刷不符合规定要求的，应当拒收。监管码信息与药品包装信息不符的，应当及时向供货单位查询，未得到确认之前不得入库，必要时向当地药品监督管理部门报告。

8. 库存记录管理 企业应当建立库存记录，验收合格的药品应当及时入库登记；验收不合格的，不得入库，并由质量管理部门处理。

9. 其他要求 企业按规定进行药品直调的，可委托购货单位进行药品验收。购货单位应当严格按照 GSP 的要求验收药品和进行药品电子监管码的扫码与数据上传，并建立专门的直调药品验收记录。验收当日应当将验收记录相关信息传递给直调企业。

十、储存与养护

1. 药品储存要求 企业应当根据药品的质量特性对药品进行合理储存，并符合以下要求。

（1）按包装标示的温度要求储存药品，包装上没有标示具体温度的，按照《中华人民共和国药典》规定的贮藏要求进行储存。

（2）储存药品相对湿度为35%～75%。

（3）在人工作业的库房储存药品，按质量状态实行色标管理：合格药品为绿色，不合格药品为红色，待确定药品为黄色。

（4）储存药品应当按照要求采取避光、遮光、通风、防潮、防虫、防鼠等措施。

（5）搬运和堆码药品应当严格按照外包装标示要求规范操作，堆码高度符合包装图示要求，避免损坏药品包装。

（6）药品按批号堆码，不同批号的药品不得混垛，垛间距不小于5cm，与库房内墙、顶、温度调控设备及管道等设施间距不小于30cm，与地面间距不小于10cm。

（7）药品与非药品、外用药与其他药品分开存放，中药材和中药饮片分库存放。

（8）特殊管理的药品应当按照国家有关规定储存。

（9）拆除外包装的零货药品应当集中存放。

（10）储存药品的货架、托盘等设施设备应当保持清洁，无破损和杂物堆放。

（11）未经批准的人员不得进入储存作业区，储存作业区内的人员不得有影响药品质量和安全的行为。

（12）药品储存作业区内不得存放与储存管理无关的物品。

2. 养护要求 养护人员应当根据库房条件、外部环境、药品质量特性等对药品进行养护，主要内容是：①指导和督促储存人员对药品进行合理储存与作业；②检查并改善储存条件、防护措施、卫生环境；③对库房温湿度进行有效监测、调控；④按照养护计划对库存药品的外观、包装等质量状况进行检查，并建立养护记录；对储存条件有特殊要求的或者有效期较短的品种应当进行重点养护；⑤发现有问题的药品应当及时在计算机系统中锁定和记录，并通知质量管理部门处理；⑥对中药材和中药饮片应当按其特性采取有效方法进行养护并记录，所采取的养护方法不得对药品造成污染；⑦定期汇总、分析养护信息。

3. 有质量问题药品的管理 对质量可疑的药品应当立即采取停售措施，并在计算机系统中锁定，同时报告质量管理部门确认。对存在质量问题的药品应当采取以下措施：①存放于标志明显的专用场所，并有效隔离，不得销售；②怀疑为假药的，及时报告药品监督管理部门；③属于特殊管理的药品，按照国家有关规定处理；④不合格药品的处理过程应当有完整的手续和记录；⑤对不合格药品应当查明并分析原因，及时采取预防措施。

4. 其他要求

（1）企业应当采用计算机系统对库存药品的有效期进行自动跟踪和控制，采取近效期预警及超过有效期自动锁定等措施，防止过期药品销售。

（2）药品因破损而导致液体、气体、粉末泄漏时，应当迅速采取安全处理措施，防止对储存环境和其他药品造成污染。

（3）企业应当对库存药品定期盘点，做到账、货相符。

十一、销售管理

（1）企业应当将药品销售给合法的购货单位，并对购货单位的证明文件、采购人员及提货人员的身份证明进行核实，保证药品销售流向真实、合法。

（2）企业应当严格审核购货单位的生产范围、经营范围或者诊疗范围，并按照相应的范围销售药品。

（3）企业销售药品，应当如实开具发票，做到票、账、货、款一致。

（4）企业应当做好药品销售记录。销售记录应当包括药品的通用名称、规格、剂型、批号、有效期、生产厂商、购货单位、销售数量、单价、金额、销售日期等内容。特殊情况（按照 GSP 第六十九条的规定）进行药品直调的，应当建立专门的销售记录。

中药材销售记录应当包括品名、规格、产地、购货单位、销售数量、单价、金额、销售日期等内容；中药饮片销售记录应当包括品名、规格、批号、产地、生产厂商、购货单位、销售数量、单价、金额、销售日期等内容。

（5）销售特殊管理的药品以及国家有专门管理要求的药品，应当严格按照国家有关规定执行。

十二、出库管理

1. 不得出库的情况　出库时应当对照销售记录进行复核。发现以下情况不得出库，并报告质量管理部门处理：①药品包装出现破损、污染、封口不牢、衬垫不实、封条损坏等问题；②包装内有异常响动或者液体渗漏；③标签脱落、字迹模糊不清或者标识内容与实物不符；④药品已超过有效期；⑤其他异常情况的药品。

2. 出库管理基本要求

（1）药品出库复核应当建立记录，包括购货单位、药品的通用名称、剂型、规格、数量、批号、有效期、生产厂商、出库日期、质量状况和复核人员等内容。

（2）特殊管理的药品出库应当按照有关规定进行复核。

（3）药品拼箱发货的代用包装箱应当有醒目的拼箱标志。

（4）药品出库时，应当附加盖企业药品出库专用章原印章的随货同行单（票）。

企业按照 GSP 规定直调药品的，直调药品出库时，由供货单位开具两份随货同行单（票），分别发往直调企业和购货单位。随货同行单（票）的内容应当符合 GSP 的要求，还应当标明直调企业名称。

（5）冷藏、冷冻药品的装箱、装车等项作业，应当由专人负责并符合以下要求：①车载冷藏箱或者保温箱在使用前应当达到相应的温度要求；②应当在冷藏环境下完成冷藏、冷冻药品的装箱、封箱工作；③装车前应当检查冷藏车辆的启动、运行状态，达到规定温度后方可装车；④启运时应当做好运输记录，内容包括运输工具和启运时间等。

（6）对实施电子监管的药品，应当在出库时进行扫码和数据上传。

十三、运输与配送

（1）企业应当按照质量管理制度的要求，严格执行运输操作规程，并采取有效措施保证运输过程中的药品质量与安全。

（2）运输药品，应当根据药品的包装、质量特性并针对车况、道路、天气等因素，选用适宜的运输工具，采取相应措施防止出现破损、污染等问题。

（3）发运药品时，应当检查运输工具，发现运输条件不符合规定的，不得发运。运输药品过程中，运载工具应当保持密闭。

（4）企业应当严格按照外包装标示的要求搬运、装卸药品。

（5）冷链运输管理　企业应当根据药品的温度控制要求，在运输过程中采取必要的保温或者冷藏、冷冻措施。运输过程中，药品不得直接接触冰袋、冰排等蓄冷剂，防止对药品质量造成影响。

在冷藏、冷冻药品运输途中，应当实时监测并记录冷藏车、冷藏箱或者保温箱内的温度数据。

企业应当制定冷藏、冷冻药品运输应急预案，对运输途中可能发生的设备故障、异常天气影响、交通拥堵等突发事件，能够采取相应的应对措施。

（6）委托运输管理　企业委托其他单位运输药品的，应当对承运方运输药品的质量保障能力进行审计，索取运输车辆的相关资料，符合 GSP 运输设施设备条件和要求的方可委托。

企业委托运输药品应当与承运方签订运输协议，明确药品质量责任、遵守运输操作规程和在途时限等内容。

企业委托运输药品应当有记录，实现运输过程的质量追溯。记录至少包括发货时间、发货地址、收货单位、收货地址、货单号、药品件数、运输方式、委托经办人、承运单位，采用车辆运输的还应当载明车牌号，并留存驾驶人员的驾驶证复印件。记录应当至少保存 5 年。

已装车的药品应当及时发运并尽快送达。委托运输的，企业应当要求并监督承运方严格履行委托运输协议，防止因在途时间过长影响药品质量。

（7）企业应当采取运输安全管理措施，防止在运输过程中发生药品盗抢、遗失、调换等事故。

（8）特殊管理的药品的运输应当符合国家有关规定。

十四、售后管理

企业应当加强对退货的管理，保证退货环节药品的质量和安全，防止混入假冒药品。

企业应当按照质量管理制度的要求，制定投诉管理操作规程，内容包括投诉渠道及方式、档案记录、调查与评估、处理措施、反馈和事后跟踪等。

企业应当配备专职或者兼职人员负责售后投诉管理，对投诉的质量问题查明原因，采取有效措施及时处理和反馈，并做好记录，必要时应当通知供货单位及药品生产企业。

企业应当及时将投诉及处理结果等信息记入档案，以便查询和跟踪。

企业发现已售出药品有严重质量问题，应当立即通知购货单位停售、追回并做好记录，同时向药品监督管理部门报告。

企业应当协助药品生产企业履行召回义务，按照召回计划的要求及时传达、反馈药品召回信息，控制和收回存在安全隐患的药品，并建立药品召回记录。

企业质量管理部门应当配备专职或者兼职人员，按照国家有关规定承担药品不良反应监测和报告工作。

第三节　药品零售的质量管理

一、质量管理与职责

1. 基本要求　企业应当按照有关法律法规及 GSP 的要求制定质量管理文件，开展质量管理活动，确保药品质量。

企业应当具有与其经营范围和规模相适应的经营条件，包括组织机构、人员、设施设备、质量管理文件，并按照规定设置计算机系统。

企业负责人是药品质量的主要责任人，负责企业日常管理，负责提供必要的条件，保证质量管理部门和质量管理人员有效履行职责，确保企业按照 GSP 要求经营药品。

2. 质量管理人员职责　企业应当设置质量管理部门或者配备质量管理人员，履行以下职责。

（1）督促相关部门和岗位人员执行药品管理的法律法规及 GSP。

（2）组织制订质量管理文件，并指导、监督文件的执行。

（3）负责对供货单位及其销售人员资格证明的审核。

（4）负责对所采购药品合法性的审核。

（5）负责药品的验收，指导并监督药品采购、储存、陈列、销售等环节的质量管理工作。

（6）负责药品质量查询及质量信息管理。

（7）负责药品质量投诉和质量事故的调查、处理及报告。

（8）负责对不合格药品的确认及处理。

（9）负责假劣药品的报告。

（10）负责药品不良反应的报告。

（11）开展药品质量管理教育和培训。

（12）负责计算机系统操作权限的审核、控制及质量管理基础数据的维护。

（13）负责组织计量器具的校准及检定工作。

（14）指导并监督药学服务工作。

（15）其他应当由质量管理部门或者质量管理人员履行的职责。

二、人员管理

（1）企业从事药品经营和质量管理工作的人员，应当符合有关法律法规及 GSP 规定的资格要求，不得有相关法律法规禁止从业的情形。

（2）企业法定代表人或者企业负责人应当具备执业药师资格。企业应当按照国家有关规定配备执业药师，负责处方审核，指导合理用药。

（3）质量管理、验收、采购人员应当具有药学或者医学、生物、化学等相关专业学历或者具有药学专业技术职称。从事中药饮片质量管理、验收、采购人员应当具有中药学中专以上学历或者具有中药学专业初级以上专业技术职称。

（4）营业员应当具有高中以上文化程度或者符合省级药品监督管理部门规定的条件。中药饮片调剂人员应当具有中药学中专以上学历或者具备中药调剂员资格。

（5）企业各岗位人员应当接受相关法律法规及药品专业知识与技能的岗前培训和继续培训，以符合 GSP 要求。

（6）企业应当按照培训管理制度制定年度培训计划并开展培训，使相关人员能正确理解并履行职责。培训工作应当做好记录并建立档案。

（7）企业应当为销售特殊管理的药品、国家有专门管理要求的药品、冷藏药品的人员接受相应培训提供条件，使其掌握相关法律法规和专业知识。

（8）在营业场所内，企业工作人员应当穿着整洁、卫生的工作服。

（9）企业应当对直接接触药品岗位的人员进行岗前及年度健康检查，并建立健康档案。患有传染病或者其他可能污染药品的疾病的，不得从事直接接触药品的工作。

（10）在药品储存、陈列等区域不得存放与经营活动无关的物品及私人用品，在工作区域内不得有影响药品质量和安全的行为。

三、文件管理

1. 文件管理基本要求　企业应当按照有关法律法规及 GSP 规定，制定符合企业实际的质量管理文件。文件包括质量管理制度、岗位职责、操作规程、档案、记录和凭证等，并对质量管理文件定期审核、及时修订。

企业应当采取措施确保各岗位人员正确理解质量管理文件的内容，保证质量管理文件有效执行。

2. 药品零售质量管理制度的内容 药品零售质量管理制度应当包括以下内容：药品采购、验收、陈列、销售等环节的管理，设置库房的还应当包括储存、养护的管理；供货单位和采购品种的审核；处方药销售的管理；药品拆零的管理；特殊管理的药品和国家有专门管理要求的药品的管理；记录和凭证的管理；收集和查询质量信息的管理；质量事故、质量投诉的管理；中药饮片处方审核、调配、核对的管理；药品有效期的管理；不合格药品、药品销毁的管理；环境卫生、人员健康的规定；提供用药咨询、指导合理用药等药学服务的管理；人员培训及考核的规定；药品不良反应报告的规定；计算机系统的管理；执行药品电子监管的规定；其他应当规定的内容。

3. 岗位职责 企业应当明确企业负责人、质量管理、采购、验收、营业员以及处方审核、调配等岗位的职责，设置库房的还应当包括储存、养护等岗位职责。质量管理岗位、处方审核岗位的职责不得由其他岗位人员代为履行。

4. 药品零售操作规程 药品零售操作规程应当包括：①药品采购、验收、销售；②处方审核、调配、核对；③中药饮片处方审核、调配、核对；④药品拆零销售；⑤特殊管理的药品和国家有专门管理要求的药品的销售；⑥营业场所药品陈列及检查；⑦营业场所冷藏药品的存放；⑧计算机系统的操作和管理；⑨设置库房的还应当包括储存和养护的操作规程。

5. 记录管理 包括：①不合格药品处理等相关记录，做到真实、完整、准确、有效和可追溯；②记录及相关凭证应当至少保存5年。特殊管理的药品的记录及凭证按相关规定保存；③通过计算机系统记录数据时，相关岗位人员应当按照操作规程，通过授权及密码登录计算机系统，进行数据的录入，保证数据原始、真实、准确、安全和可追溯；④电子记录数据应当以安全、可靠方式定期备份。

四、设施与设备

1. 设施要求 企业的营业场所应当与其药品经营范围、经营规模相适应，并与药品储存、办公、生活辅助及其他区域分开。

用于药品零售的营业场所和仓库，面积不应低于以下标准：①大型零售企业营业场所面积100m^2，仓库30m^2；②中型零售企业营业场所面积50m^2，仓库20m^2；③小型零售企业营业场所面积40m^2，仓库20m^2；④零售连锁门店营业场所面积40m^2。

营业场所应当具有相应设施或者采取其他有效措施，避免药品受室外环境的影响，并做到宽敞、明亮、整洁、卫生。

2. 营业设备 营业场所应当有以下营业设备：①货架和柜台；②监测、调控温度的设备；③经营中药饮片的，有存放饮片和处方调配的设备；④经营冷藏药品的，有专用冷藏设备；⑤经营第二类精神药品、毒性中药品种和罂粟壳的，有符合安全规定的专用存放设备；⑥药品拆零销售所需的调配工具、包装用品。

3. 计算机系统 企业应当建立能够符合经营和质量管理要求的计算机系统，并满足药品电子监管的实施条件。

4. 仓库设施 企业设置库房的，应当做到库房内墙、顶光洁，地面平整，门窗结构严密；有可靠的安全防护、防盗等措施。

仓库应当有以下设施设备：①药品与地面之间有效隔离的设备；②避光、通风、防潮、防虫、防鼠等设备；③有效监测和调控温湿度的设备；④符合储存作业要求的照明设备；⑤验收专用场所；⑥不合格药品专用存放场所；⑦经营冷藏药品的，有与其经营品种及经营规模相适应的专用设备。

5. 其他要求 经营特殊管理的药品应当有符合国家规定的储存设施。

储存中药饮片应当设立专用库房。

企业应当按照国家有关规定，对计量器具、温湿度监测设备等定期进行校准或者检定。

五、采购与验收

（1）药品到货时，收货人员应当按采购记录，对照供货单位的随货同行单（票）核实药品实物，做到票、账、货相符。

（2）企业应当按规定的程序和要求对到货药品逐批进行验收，并按照 GSP 规定做好验收记录。验收抽取的样品应当具有代表性。

（3）冷藏药品到货时，应当按照 GSP 规定进行检查。

（4）验收药品应当按照 GSP 规定查验药品检验报告书。

（5）特殊管理的药品应当按照相关规定进行验收。

（6）验收合格的药品应当及时入库或者上架，实施电子监管的药品，还应当进行扫码和数据上传，验收不合格的，不得入库或者上架，并报告质量管理人员处理。

六、陈列与储存

（1）企业应当对营业场所温度进行监测和调控，以使营业场所的温度符合常温要求。

（2）企业应当定期进行卫生检查，保持环境整洁。存放、陈列药品的设备应当保持清洁卫生，不得放置与销售活动无关的物品，并采取防虫、防鼠等措施，防止污染药品。

（3）药品的陈列应当符合以下要求：①按剂型、用途以及储存要求分类陈列，并设置醒目标志，类别标签字迹清晰、放置准确；②药品放置于货架（柜），摆放整齐有序，避免阳光直射；③处方药、非处方药分区陈列，并有处方药、非处方药专用标识；④处方药不得采用开架自选的方式陈列和销售；⑤外用药与其他药品分开摆放；⑥拆零销售的药品集中存放于拆零专柜或者专区；⑦第二类精神药品、毒性中药品种和罂粟壳不得陈列；⑧冷藏药品放置在冷藏设备中，按规定对温度进行监测和记录，并保证存放温度符合要求；⑨中药饮片柜斗谱的书写应当正名正字；装斗前应当复核，防止错斗、串斗；应当定期清斗，防止饮片生虫、发霉、变质；不同批号的饮片装斗前应当清斗并记录；⑩经营非药品应当设置专区，与药品区域明显隔离，并有醒目标志。

（4）企业应当定期对陈列、存放的药品进行检查，重点检查拆零药品和易变质、近效期、摆放时间较长的药品以及中药饮片。发现有质量疑问的药品应当及时撤柜，停止销售，由质量管理人员确认和处理，并保留相关记录。

（5）企业应当对药品的有效期进行跟踪管理，防止近效期药品售出后可能发生的过期使用。

（6）企业设置库房的，库房的药品储存与养护管理应当符合 GSP 的相关规定。

七、销售管理

（1）企业应当在营业场所的显著位置悬挂《药品经营许可证》、营业执照、执业药师注册证等。

（2）营业人员应当佩戴有照片、姓名、岗位等内容的工作牌，是执业药师和药学技术人员的，工作牌还应当标明执业资格或者药学专业技术职称。在岗执业的执业药师应当挂牌明示。

（3）销售药品应当符合以下要求：①处方经执业药师审核后方可调配；对处方所列药品不得擅自更改或者代用，对有配伍禁忌或者超剂量的处方，应当拒绝调配，但经处方医师更正或者重新签字确认的，可以调配；调配处方后经过核对方可销售；②处方审核、调配、核对人员应当在处方上签字或者盖章，并按照有关规定保存处方或者其复印件；③销售近效期药品应当向顾客告知有效期；④销售中药饮片做到计量准确，并告知煎服方法及注意事项；提供中药饮片代煎服务，应当符合国家有关规定。

（4）企业销售药品应当开具销售凭证，内容包括药品名称、生产厂商、数量、价格、批号、规格等，并做好销售记录。

（5）药品拆零销售应当符合以下要求：①负责拆零销售的人员经过专门培训；②拆零的工作台及工具保持清洁、卫生，防止交叉污染；③做好拆零销售记录，内容包括拆零起始日期、药品的通用名称、规格、批号、生产厂商、有效期、销售数量、销售日期、分拆及复核人员等；④拆零销售应当使用洁净、卫生的包装，包装上注明药品名称、规格、数量、用法、用量、批号、有效期以及药店名称等内容；⑤提供药品说明书原件或者复印件；⑥拆零销售期间，保留原包装和说明书。

（6）销售特殊管理的药品和国家有专门管理要求的药品，应当严格执行国家有关规定。

（7）药品广告宣传应当严格执行国家有关广告管理的规定。

（8）非本企业在职人员不得在营业场所内从事药品销售相关活动。

（9）对实施电子监管的药品，在售出时，应当进行扫码和数据上传。

八、售后管理

除药品质量原因外，药品一经售出，不得退换。

企业应当在营业场所公布药品监督管理部门的监督电话，设置顾客意见簿，及时处理顾客对药品质量的投诉。

企业应当按照国家有关药品不良反应报告制度的规定，收集、报告药品不良反应信息。

企业发现已售出药品有严重质量问题，应当及时采取措施追回药品并做好记录，同时向药品监督管理部门报告。

企业应当协助药品生产企业履行召回义务，控制和收回存在安全隐患的药品，并建立药品召回记录。

复习测试题

一、名称解释

1. 药品经营质量管理
2. 药品经营企业
3. 药品批发企业
4. 药品零售企业
5. 首营品种

二、选择题

1. 我国药品监督管理部门核准的药品经营方式有（　）几种形式。

A. 批发　　B. 零售连锁

C. 零售　　D. 医院销售

E. 超市销售

2. 企业应当依据有关法律法规及 GSP 的要求建立质量管理体系，确定质量方针，制定质量管理体系文件，开展（　）等活动。

A. 质量策划　　B. 质量控制

C. 质量保证　　D. 质量改进

E. 质量风险管理

3. 从事质量管理工作的，应当具有（　）

A. 药学中专学历　　B. 医学专业大学专科

C. 具有药学初级以上专业技术职称
D. 生物专业中专学历
E. 化学大专学历

4. 培训内容应当包括（　）
A. 相关法律法规
B. 药品专业知识及技能
C. 质量管理制度
D. 职责及岗位操作规程
E. 企业文化

5. 运输冷藏、冷冻药品的冷藏车及车载冷藏箱、保温箱应当符合药品运输过程中对温度控制的要求。冷藏车具有（　）的功能。
A. 自动调控温度
B. 显示温度
C. 存储温度
D. 读取温度
E. 监测数据

6. 企业的采购活动应当符合以下要求（　）
A. 确定供货单位的合法资格
B. 确定所购入药品的合法性
C. 核实供货单位销售人员的合法资格
D. 与供货单位签订质量保证协议

三、简答题

1. 简述药品经营活动的特点。
2. 简述 GSP 的指导思想。

第五章

人力资源管理

掌握：医药企业人力资源的概念和特征；内部招聘与外部招聘的优缺点；绩效评价标准制定的原则。

熟悉：工作分析与设计的内容；医药企业人力资源报酬的类型。

了解：工作评价的方法。

有一种现象被称为“金鱼现象”。鱼缸里的金鱼色彩缤纷，甚是引人注目。有时，比较活泼可爱的小金鱼对着透明的鱼缸向外张望，似乎对外面的世界充满了向往和憧憬。然而，随着金鱼家庭的不断扩大或是主人的疏于管理，从透明到浑浊的日子也从1个月、10天到5天。最终，金鱼就这样不得不无奈地离开本应透明的鱼缸。

某著名上市医药企业，曾经很多人对于该企业的员工羡慕有加。在外人看来，在该企业工作就意味着有良好的工作环境并有较高的收入。但是，该企业的员工自我感觉又是如何呢？人浮于事，干多干少一个样，薪酬不与岗位挂钩，也不与绩效挂钩，是企业中的事业单位；员工铺张浪费，请客吃饭，出差旅游没有约束，在外兼职、私自另外办公司的不在少数。诸多不正常现象，使得这家企业的领导者头疼不已。到底在什么方面出现了差错呢？人力资源管理在具体实施过程中，企业环境越来越像一个浑浊的鱼缸，令人不可琢磨。

良好的人力资源能够对企业财富的创造起贡献作用，成为社会财富的源泉。但是如果管理不善，人力资源不但不能创造财富，而且还会引起企业管理的整体混乱。越来越多的企业已经深刻意识到了人力资源管理的重要性，将人力资源管理放在了越来越重要的位置。

第一节　人力资源管理概述

随着改革开放的不断深入，医药市场竞争越来越激烈，药品品种的更新换代加快，新药研究开发科学技术难度加大。医药企业竞争的核心之一是科学技术的竞争。谁掌握了先进的科学技术，谁就会在竞争中立于不败之地。但是先进的科学技术是依靠人来掌握、依靠人来发展的。科学技术的载体是人而不是科学技术本身。由此，医药企业的发展还是对人才的竞争、人才优势的形成、人力资源开发与管理水平的竞争。人才不会自己产生或生成，需要靠发展、培训、教育。好的人力资源管理，可以把人才吸引过来；反之，即使有了人才，人才也会离去。人力资源管理，已成为决定企业生死存亡的关键。

一、人力资源的概念和特征

（一）概念

人力资源（human resource，HR）是指一定时期内组织中的人所拥有的能够被企业所用，且对价值创造起贡献作用的教育、能力、技能、经验、体力等的总称。

（二）特征

人力资源具有以下特征。

1. 主动性 人力资源是诸多生产要素中惟一具有主动性的生产要素，主动性是人力资源区别于其他资源的最根本的区别。人力资源的主动性表现在可以通过接受教育或主动学习，提高知识、技能、意志、体质等方面的素质；可以按照自己的特长和爱好自主择业；在劳动过程中，会产生敬业、爱业精神，能有效地利用其他资源为企业创造性地工作。因此，人的创新精神、创造能力始终是人力资源的精髓。

2. 时效性 人力资源作为劳动能力资源具有自身的生命周期。人力资源的生命周期就是人从出生到死亡的整个过程。在生命的不同阶段，人力资源的性质和状态是有差别的。童年和少年阶段主要是人力资源的储备和形成阶段，此后的青年和中年阶段是人力资源发挥作用的最佳阶段；进入老年阶段以后，虽然还能继续发挥作用，但是效率已经大大下降。生命持续阶段和人力资源效率呈倒“U”形的关系决定了人力资源的时效性，必须在人的成年时期对其进行开发和利用，否则就浪费了宝贵的人力资源。大体上，人才的最佳创造年龄为25~45岁，37岁为峰值年。医药企业属于知识密集型的高新技术企业，更要强调人力资源开发的最佳时效性。

3. 可再生性 人力资源的可再生性是指人可以通过不断学习、更新知识、提高技能而得以持续开发。人力资源的这一特点要求在人力资源的开发与管理中注重终身教育，加强后期培训与开发，不断提高其德才水平。某著名制药公司的人力资源部总经理曾说：“人才的培训在公司发展中起着重要作用，它是企业生存与发展的原动力。只有每个公司员工的素质和能力都提高了，才能促进整个公司的发展，它们是相辅相成的。公司从成立之初就一直坚守着这样一个以人为本的信念”。事实上，发展较好的医药企业对员工的培训都非常严格，新员工培训要集中半个月至一个月的时间，进行一种封闭式的强化培训。由于培训的费用昂贵，企业在招聘新员工时有着严格的招聘程序作为前提。企业要求员工必须具有合格的技能才能上岗，一旦正式上岗就应具有良好的生产效率。员工投入工作后，如果对所担负的业务和产品不熟悉，是企业所不可接受的，对企业带来的损失更大。

4. 社会性 人处在一定的社会之中，人力资源的形成、配置、利用、开发是通过社会分工来完成的，是以社会的存在为前提条件的。人力资源的社会性，主要表现为人与人之间的交往及由此产生的千丝万缕的联系。人力资源开发的核心，在于提高个体的素质，因为每一个个体素质的提高，必将形成高水平的人力资源质量。但是，在现代社会中，在高度社会化大生产的条件下，个体要通过一定的群体来发挥作用，合理的群体组织结构有助于个体的成长及高效地发挥作用，不合理的群体组织结构则会对个体构成压抑。群体组织结构在很大程度上又取决于社会环境，社会环境构成了人力资源的大背景，它通过群体组织直接或间接地影响人力资源开发，这就给人力资源管理提出了要求：既要注重人与人、人与团体、人与社会的关系协调，又要注重组织中团队建设的重要性。

5. 可变性 人力资源在使用过程中所发挥作用的程度可能会有所变动，从而具有一定的可变性。人力资源是人所具有的脑力和体力的总和，它必须以人为载体，因此人力资源的使用表现为人的劳动过程，而人在劳动过程中又会因为自身心理状况的不同而影响到劳动的效果。例如，当人受到有效的激励时，就会主动地进行工作，尽可能地发挥自身的能力，人力资源的价值就能得到充分的发挥；相反，当人不愿意进行工作时，其脑力和体力就不会发挥出应有的作用。所以，人力资源作用的发挥具有一定的可变性，在相同的外部条件下，人力资源创造的价值大小可能会不同。自然资源则不同，在相同的外部条件下，其价值大小一般不会发生变化。

二、医药企业人力资源的构成

按照对人力资源构成要素的普遍定义，医药企业人力资源的构成包括数量和质量两个方面。人力资源数量是基础，人力资源质量是关键。

人力资源数量是构成人力资源总量的基础性指标，反映了人力资源量的特征。人力资源数量又分为绝对数量和相对数量两个指标。企业人力资源的绝对数量 = 企业内在岗员工 + 企业外欲招聘的潜在员工；人力资源的相对数量（或称为企业人力资源率）= 企业人力资源绝对数量/企业总员工数，它是企业竞争力的表征指标之一。

人力资源质量是指员工的总体素质和相应的劳动力水平，包括身体素质——人力资源质量的生理基础；心理素质——人力资源质量的心理基础；文化技术素质——人力资源质量的核心部分；思想道德素质——人力资源质量的重要标准之一。

依部门和岗位设置不同，医药企业人力资源是指在医药企业内从事药品的研发、生产、销售、运输等一系列相关活动，能通过其体力或脑力劳动创造价值增加企业经济效益，具备一定特定行业素质的人员总称。医药企业与其他企业的人力资源有所不同，往往具有鲜明的行业特点。大体来说，医药企业人力资源主要由以下几个方向人员组成。

1. 市场销售方向　医药代表、高级医药代表、地区主管、地区经理、办事处销售经理、大区经理、销售总监、销售副总监。

2. 市场支持方向　产品专员、产品经理、市场总监、销售培训师。

3. 药品注册、临床数据统计方向　注册专员、注册经理；CRA（临床监察员）、SCRA（资深临床监察员）、研究经理；医学顾问、药物安全、药物管理、QA（现场监控员）、统计师、数据管理专员。

4. 药品研发方向　实验员、项目主管、室主任。

5. 药品生产方向　生产一线员工、质检科技术员（QC）、QA、车间主任、技术主管、部门经理、总工程师。

三、医药企业人力资源管理

（一）人力资源管理的含义与内容

人力资源管理是指运用现代化的科学方法，对与一定物力相结合的人力进行合理的组织、培训和调配，使人力、物力经常保持最佳比例，同时对人的思想、心理和行为进行恰当的诱导、控制和协调，充分发挥人的主观能动性，使人尽其才、事得其人、人事相宜，提高员工劳动生产率，最终实现企业生产、发展的目的。人力资源管理的内容包括人力资源规划、工作分析与设计、员工招聘与选拔、绩效评估、薪酬与激励、员工培训、职业生涯管理等一系列活动。

（二）人力资源管理的重要性

1. 人力资源管理是企业管理的核心　为实现企业目标，企业必须有人力资源、物力资源、财力资源和信息资源的投入，而人力资源是关键。人力资源的费用是组织所提供的产品或服务中的主要成本，人力资源是影响一个组织工作成效和效果的决定性因素。

大火烧出的奇迹

1933 年，正当经济危机在美国蔓延的时候，哈里逊纺织公司偏偏遭遇了一场大火，将公司的一切化为灰烬。3000 名员工悲观地回到家，等待着董事长亚伦先生宣布公司破产后自己加入失业大军。可是不久他们接到了董事会的一封信：公司将向每位员工支付 1 个月的薪金。员工们万分惊喜，纷纷打电话向董事长表示感谢。因为他们知道，公司在陷入绝境的情况下拿出了对公司来说弥足珍贵的数十万美元。1 个月后，当员工们又在为下个月忧虑时又接到了公司的第二封信，董事长再次宣布，向每位员工再支付 1 个月的薪金，这封信给员工的不再是意外惊喜而是热泪盈眶。不到 1 周，数千名员工纷纷拥进公司。大家自发地找到各种工具，清理废墟，擦洗修理机器，安装电线和电话线；还有一些人主动去南方的一些州联络被中断的货源；另一些人则奔走于染布公司和制衣公司之间，不辞辛苦地一遍又一遍地与下游厂商洽谈新的订单，全部员工拼命工作。3 个月后，哈里逊纺织公司重新恢复了正常的生产，生产效率也比火灾前大幅度提高。

点评：大火非但没有为哈里逊带来灭顶之灾，而且使他站在了一个全新的起点上，成为一个耀眼的新星。亚伦董事长失去了一个纺织厂，但是又得到了一个纺织厂。

2. 人力资源具有潜在的主观能动性和创造性　不可否认，每个员工都有自己擅长或不擅长的方面，企业人力资源管理就是要不断发现、利用好每个员工的优势。并通过采取一定措施，充分调动广大员工的积极性和创造性，也就是最大程度地发挥人的主观能动性。一项调查发现：按时计酬的员工每天只需发挥自己20%～30%的能力，就足以保住个人的饭碗。但若充分调动其积极性、创造性，其潜力可发挥出80%～90%。

3. 医药企业必须高度重视人力资源管理　由于药品与人的身体健康乃至生命密切相关，政府高度重视药品质量，对医药行业实行严格的法制化管理。我国《药品管理法》中规定：开办药品生产企业必须具有依法经过资格认定的药学技术人员、工程技术人员及相应的技术工人；开办药品经营企业必须具有依法经过资格认定的药学技术人员。2011年3月1日起施行的《药品生产质量管理规范（2010年修订）》第十八条规定：企业应当配备足够数量并具有适当资质（含学历、培训和实践经验）的管理和操作人员，应当明确规定每个部门和每个岗位的职责。岗位职责不得遗漏，交叉的职责应当有明确规定。每个人所承担的职责不应当过多。所有人员应当明确并理解自己的职责，熟悉与其职责相关的要求，并接受必要的培训，包括上岗前培训和继续培训。2013年6月1日起施行的《药品经营质量管理规范》第十九条规定：企业负责人应当具有大学专科以上学历或者中级以上专业技术职称，经过基本的药学专业知识培训，熟悉有关药品管理的法律法规及本规范。第二十条规定：企业质量负责人应当具有大学本科以上学历、执业药师资格和3年以上药品经营质量管理工作经历，在质量管理工作中具备正确判断和保障实施的能力。第二十五条规定：企业应当对各岗位人员进行与其职责和工作内容相关的岗前培训和继续培训，以符合本规范要求。培训内容应当包括相关法律法规、药品专业知识及技能、质量管理制度、职责及岗位操作规程等。出于对药品质量的严格要求，对医药行业法规、法律的遵守，医药企业必须高度重视人力资源管理，将人力资源作为企业生存和发展的根本。

第二节　医药企业工作分析与设计

为什么有人工作量很大，做也做不完？而有人没活干，整天喝茶看报纸、上网、聊天、打游戏？——每个人的工作量是多少？

为什么有人工作相互重叠，有功劳大家争，有责任没人担？而有工作没人去做，贻误战机？——到底需要多少工作人员？

为什么不能完成客观的绩效考核，勤无奖懒无罚，主管难以确切地评价下属员工的工作成绩是好是坏？——如何有效地考核员工的工作？

为什么公司付出了巨大的薪资总额，而员工仍是抱怨工资太低、福利太少？——员工到底需要什么？

要解决这些疑惑，我们需要了解每个人的工作量多少，需要多少工作人员，每个人都做什么工作，而这些都必须依赖于——工作分析与设计。

一、工作分析与设计的含义与作用

工作也称为职务，它是同类岗位或职位的总称，所以工作分析也叫作职务分析。工作分析是指对工作的内容和相关因素进行系统的、全面的描述和研究的过程。医药企业工作分析就是研究医药行业中某一项工作本身到底需要做什么。工作分析给出了完成一项工作所需的职责、知识和技能，依旧完成这项工作所需的工作条件和与其他工作的关系等。

工作分析与设计是医药企业人力资源管理的基础，也是人力资源管理中的关键环节。作为人力资源管理的第一个步骤，工作分析与设计是进行其他环节的核心与基础。其核心目的是为医药企业的管理提供有关一项工作的全面信息，明确每项工作与组织系统的关系，确认每项工作的特点、行为类型、职责范围，为医药企业进行人才招聘、员工培训与开发等工作提供依据。

工作分析与设计是组织设计的重要组成部分之一，绝不能脱离组织的大环境。组织设计是对组织的结构、正式的沟通体系、分工、协调、控制、权威及责任进行评估和选择，以实现组织目标的过程。组织设计的内容主要包括组织结构设计、部门设计、层级设计、工作分析与设计四个部分。

1. 组织结构设计 组织结构设计是指通过设计组织结构图，建立构成组织的工作之间的相对稳定并且是正式的、纵向和横向的网络连接。比较典型的组织结构有：职能型组织结构、事业部型组织结构、矩阵式组织结构等。

2. 部门设计 部门设计是指在专业化分工的基础上，将工作岗位按照职能类别进行归并，使职业技术、工作性质相近的人员集中在一起以提高工作效率，实现组织结构的“部门化”。部门化可以根据活动职能、产品类别、营销地域、顾客类型、生产流程等来进行，环境和技术复杂、规模较大的组织可以综合利用各种方法进行部门化。

3. 层级设计 层级设计描述的是在组织成员之间是一种什么样的命令、指挥和服从关系，谁对谁负责或报告，决策是集中还是分散。

4. 工作分析与设计 在明确部门职责和层级关系之后，需要对组织中的每一项工作进行分析，明确其工作内容和工作职责、任职资格等一系列问题。在必要的时候，还需要对工作进行重新设计，以使他们更富有效率，对承担工作的人更有激励性。

二、工作分析与设计的内容

进行工作分析，主要解决以下6个问题：①需要做什么样的工作（what）？②工作将在什么时候完成（when）？③工作将在哪里完成（where）？④应该由哪些人去完成工作（how）？⑤为什么要完成此项工作（why）？⑥完成工作需要哪些条件（requirement）？

工作分析的结果就是形成书面的工作说明书。一般说来，工作说明书由工作识别信息、工作描述和工作规范三部分组成。

1. 工作识别信息　工作识别信息主要包括工作名称、工作编号、所在部门、职位等级、定员标准、分析时间等构成。工作名称是指组织对从事该项工作活动所规定的工作名称；工作编号是组织对各种工作进行分类并赋予的编号，以便于对工作的识别、登记、分类等管理工作；所在部门是指对工作性质的界定及所在部门；定员标准是指该部门应该对该岗位配备的工作人员数量；分析时间即进行工作分析的时间。

2. 工作描述　工作描述是指用书面形式对组织中各类岗位或职位的工作性质和任务、工作职责与环境等所做的统一要求。主要包括：工作综述、工作职责、工作权限、工作关系、工作利益、工作环境、工作标准和变动方向等。

3. 工作规范　工作规范是对工作任职人要求的说明，即为完成特定工作所需必备的身体条件、知识技能、心理条件和职业品德。身体条件包括身高、体型、力量大小、耐力及身体健康状况等。知识技能包括一般文化修养、专业知识水平、实际工作技能和经验等，如营销总监不但要专业知识雄厚，而且要求具备很强的业务能力，通常要具备5年以上的工作经验；心理素质，包括视觉、听觉等各种感知觉能力，如急诊室医生要能够迅速作出判断，综合处理急诊；职业品德是指从职人员除了必须遵纪守法和具有一般公德外，还要对职业所需的职业品德有所要求，如教师要热爱学生，财务人员要公私分明等。

工作说明书一般没有非常严格的固定格式。常见的格式有描述式和表格式，如表5－1所示。

表5－1　某医药企业业务部销售业务员职务说明书

<table>
<tr><td>岗位名称</td><td colspan="2">销售业务员</td><td>岗位编号</td><td></td></tr>
<tr><td>所在部门</td><td colspan="2">业务部</td><td>岗位定员</td><td></td></tr>
<tr><td>直接上级</td><td colspan="2">业务部经理</td><td>薪酬类型</td><td></td></tr>
<tr><td>直接下级</td><td colspan="2"></td><td>岗位分析日期</td><td>2013年3月</td></tr>
<tr><td>所辖人员</td><td colspan="2"></td><td></td><td></td></tr>
<tr><td colspan="5">本职：进行市场开发，签订销售合同；跟踪订单，对客户进行售后服务</td></tr>
<tr><td colspan="5">职责与工作任务：</td></tr>
<tr><td rowspan="3">职责一</td><td colspan="4">职责表述：协助业务部经理制定销售计划</td></tr>
<tr><td rowspan="2">工作任务</td><td colspan="3">协助销售经理制定本部门年度销售计划、制定个人年度销售计划</td></tr>
<tr><td colspan="3">收集和分析本销售区域销售信息，为公司决策提供参考意见</td></tr>
</table>

续表

<table>
<tr><td rowspan="4">职责二</td><td colspan="2">职责表述：负责寻找客户、代理商（二级分销商），进行销售区域市场代理商（二级经销商）开发和维护</td></tr>
<tr><td rowspan="3">工作任务</td><td>负责寻找和了解客户、代理商（二级分销商）信息，对客户、代理商（二级分销商）提出评价意见，负责拟定合作协议</td></tr>
<tr><td>负责持续掌握客户、代理商（二级分销商）情况，保持关系，做好客户、代理商（二级分销商）与公司间信息沟通与共享</td></tr>
<tr><td>负责根据公司销售政策提出本区域内客户、代理商（二级分销商）政策建议，并监督客户、代理商（二级分销商）实施公司销售政策</td></tr>
<tr><td rowspan="5">职责三</td><td colspan="2">职责表述：负责销售工作，完成销售目标</td></tr>
<tr><td rowspan="4">工作任务</td><td>负责向客户、代理商（二级分销商）传达公司产品信息，企业文化与销售政策</td></tr>
<tr><td>积极争取客户、代理商（二级分销商）订单，完成销售目标</td></tr>
<tr><td>负责组织和参与对客户、代理商（二级分销商）商务谈判，拟定销售合同</td></tr>
<tr><td>负责协调销售合同履行中与客户、代理商（二级分销商）接洽，促进货款回收</td></tr>
<tr><td rowspan="4">职责四</td><td colspan="2">职责表述：负责对销售市场的信息收集</td></tr>
<tr><td rowspan="3">工作任务</td><td>负责协调客户、代理商（二级分销商）定期收集市场信息</td></tr>
<tr><td>负责定期走访市场，亲自了解相关国家政策、市场用户、竞争对手、渠道等信息</td></tr>
<tr><td>负责寻找多种渠道，获得销售市场相关信息</td></tr>
<tr><td rowspan="3">职责五</td><td colspan="2">职责表述：负责销售区域市场推广工作</td></tr>
<tr><td rowspan="2">工作任务</td><td>针对本销售区域特点，提出市场推广建议</td></tr>
<tr><td>根据公司市场推广方案，负责协调和参与本销售区域内实施，并进行评价数据收集</td></tr>
<tr><td rowspan="3">职责六</td><td colspan="2">职责表述：协助经营药品创新工作</td></tr>
<tr><td rowspan="2">工作任务</td><td>针对本市场特点，提出新药品引入建议</td></tr>
<tr><td>协助新药品市场开发中的市场推广工作，做好信息反馈</td></tr>
<tr><td rowspan="4">职责七</td><td colspan="2">职责表述：参与售后服务工作</td></tr>
<tr><td rowspan="3">工作任务</td><td>负责参与协调客户、代理商（二级经销商）退换货</td></tr>
<tr><td>负责参与质量问题分析，协调回收或检查客户或代理商退换货物原件</td></tr>
<tr><td>负责组织对客户、代理商（二级经销商）药理知识的简单培训</td></tr>
<tr><td>职责八</td><td colspan="2">职责表述：完成业务部经理交办的其他工作任务</td></tr>
<tr><td colspan="3">权力：</td></tr>
<tr><td colspan="3">经理授权范围内的合同签订权</td></tr>
<tr><td colspan="3">客户服务条款的建议权</td></tr>
<tr><td colspan="3">新产品市场推广建议权</td></tr>
<tr><td colspan="3">推广方案的建议权</td></tr>
<tr><td colspan="3">工作协作关系：</td></tr>
<tr><td>内部协调关系</td><td colspan="2">销售部经理、储运部、财务部、质量部、事业发展部等</td></tr>
<tr><td>外部协调关系</td><td colspan="2">客户（二级经销商）、销售区域内相关政府机构、行业协会等</td></tr>
<tr><td colspan="3">任职资格：</td></tr>
<tr><td>教育水平</td><td colspan="2">大学本科以上</td></tr>
<tr><td>专业</td><td colspan="2">医药相关专业或营销管理相关专业</td></tr>
</table>

续表

培训经历	市场营销管理、销售管理、公共关系、推销技巧培训
经验	2 年以上工作经验，1 年以上本行业或相近行业营销或管理经历
知识	掌握市场营销相关知识、具备财务管理、法律等方面的知识，了解公司所经营产品技术知识
技能技巧	熟练使用 WORD、EXCEL 等办公软件，具备基本的网络知识，具备英语知识
个人素质	具有一定的判断与决策能力、人际能力、沟通能力、计划与执行能力、客户服务能力
其他：	
使用工具/设备	计算机、一般办公设备（电话、传真机、打印机、Internet 网络）、通讯设备
工作环境	办公场所、各市场区域
工作时间特征	经常需要加班
所需记录文档	汇报文件或报告、总结等
考核指标：	
销售金额、利润率、市场占有率、客户满意度、应收账款拖欠天数及坏账率、重要任务完成情况、市场信息提供收集情况考勤、服从安排、遵守制度	
判断与决策能力、人际能力、沟通能力、计划与执行能力、客户服务能力、专业知识及技能	

三、工作分析与工作评价

工作评价是对工作进行研究和分级的方法，以便为合理的工资结构奠定基础。它关心工作的分类，但不去注意谁在做或谁去做这些工作。也可以说，工作评价就是评定工作的价值，制定工作的等级，以确定工资收入的计算标准。因此，工作评价是工作分析的逻辑结果。

人们很容易将职位级别和薪酬机械地联系起来，只有通过工作评价，才能够比较客观地区分开相同级别职位的内在不同价值。

那么，工作评价有哪些方法呢？

用以评价工作的方法甚多，较为常用的有下列几种。

1. 排列定等法　排列定等法是由工作评价人员对各个岗位工作的重要性做出判断，并根据岗位工作相对价值的大小按升值或降值顺序排列，来确定岗位等级的一种工作评价方法。这种方法的优点是简便易行，省事省时，因而可以很快地建立起一个新的工资结构，适用于小企业工作岗位数量较少时使用。缺点是岗位等级完全靠评价人员的主观判断来决定岗位等级，而不同的评定者可能有不同的标准。而且在排列时，不易找到熟悉所有工作的评价人员，容易导致评价结果与工作实际情况不符而发生错误。

2. 分类法　分类法是指事先建立一连串的劳动等级，给出等级定义；然后根据劳动等级类别比较工作类别，把工作确定到各等级中去，直到安排在最后逻辑处。分类法不同于排列法，劳动等级是预先决定并建立的，然后参考岗位工作的内容对其分级。在分类法中，等级定义是最重要、最困难的工作，必须使不同的劳动等级之间有清晰的界限，能够清楚地描述出不同等级工作的特征，使两个等级之间的技术水平和责任大小显而易见。某企业对劳动等级的分类见表5－2。

表5－2　某企业对劳动等级的分类

员工种类	工作内容
三级员工	工作内容单一，能够在上级的指导或监督下完成工作，有可能对工作结果承担责任
二级员工	工作内容单一，但不受他人监督就能完成工作，对工作细节十分熟悉，工作准确快速，有较高的工作技能
一级员工	具备二级员工的优点，同时能够承担工作的结果和责任
资深员工	从事多样化的工作，需要独立思考并从事困难的工作，具有特殊的工作能力，对所在部门的工作原则和业务基础有透彻的了解，能够制定决策。在任何范围内不受他人监督，工作只受有限的检查

第三节　人力资源招聘

一、招聘的概念和作用

人力资源招聘是指在企业总体发展战略规划的指导下，制定相应的职位空缺计划，并决定如何寻找合适的人员来填补这些职位空缺的过程，它的实质是让潜在的合格人员对本企业的相关职位产生兴趣并且前来应聘这些职位。

员工的招聘工作是人力资源管理中最基础的工作。如果企业无法招聘到合乎企业发展目标的员工，企业在资金、时间上的投入就会成为一种浪费。完不成企业最初的人员配备，企业就无法进入运营。对于企业来说，拥有什么样的员工，决定了其在激烈的市场中处于何种地位。而对人才的获取正是通过招聘这一环节来实现的。而且，成功的招聘工作有利于企业形象的树立。招聘过程可能会帮助企业树立良好形象，吸引更多的应聘者。

二、招聘渠道

（一）内部招聘

内部招聘是指当职位空缺时，在组织内部通过各种方式向全体员工公开职位空缺的信息，并招募具备条件的合适人选来填补空缺。其主要的形式如下。

1. 公布招聘布告　当企业出现空缺职位时，至少在内部招聘前1周发布现有工作岗位空缺信息，清楚地列出工作描述和工作规范，使拥有这些资格的内部员工都可以竞聘该职位。这种方法的优点在于：一是提高了企业最合格员工将被选拔从事该工作的可能性；二是给员工一个对自己职业生涯开发更负责任的机会。

2. 档案法　档案法是指企业运用员工档案帮助人力资源部门寻找合适的人员补充空缺的职位。尤其是在建立了人力资源管理系统的企业，则更为便捷、快速。档案法只限于员工的客观或实际信息，如员工所在职位、教育程度、技能、教育培训经历、绩效等信息，而对主管的信息，如人际技能、判断能力等难以确认。

3. 推荐法　推荐法是由本企业员工根据单位和职位的需要，推荐其熟悉的合适人员，供用人部门或人力资源部门进行选择和考核。

（二）外部招聘

所谓外部招聘是指组织向外界发布招聘信息，并对应聘者进行测试、考核、评定及一定时期的试用，综合考虑其各方面条件之后决定是否聘用的招聘方式。其主要的形式如下。

1. 广告招聘　广告招聘是应用很广泛的一种方法，它可以比较容易的从劳动力市场中招聘到所需的人才。其传播媒体可以是大学校园里的布告栏、专业技术杂志、报纸等。广告的作用一方面是可将有关工作性质、要求，雇员应该具备的资格等信息提供给潜在的申请人；另一个作用是向申请人“兜售”公司或企业的优势。但广告的内容应该真实，虚假的广告会引起雇佣时的不满和日后的跳槽。

2. 人才交流会　人才交流会是由政府人才交流机构（人才市场或人力资源市场）或具有人才中介服务资质的部门组织的用人单位和求职者面对面洽谈的招聘形式。人才交流会的优势是：应聘者集中，企业选择余地大，节省企业和应聘者的时间，但是企业如要在人才交流会上招聘高级人才比较困难。招聘会基本上可以分为两大类：一类是专场招聘会，即只有一家公司举行的招聘会；另一类是非专场招聘会，即由某些人才中介机构组织有多家单位参加的招聘会，通常是成百上千家单位参加的大型招聘会。

3. 猎头公司　猎头公司是一种与职介机构类似的就业中介组织，由于特殊的运作方式和服务对象的特殊性，常被看作独立的招聘渠道。猎头公司的捕猎对象一般是高级人才，设法诱使某些人才离开正在服务的企业，利用联系面广的优势为招聘单位节省时间、同时捕猎到合格人才。但猎头公司一般收取的费用较高，为所推荐人才年薪的1/4到1/3。

4. 校园招聘　招聘组织（企业等）直接从学校招聘各类各层次应届毕业生。高校作为一个巨大的人才储备库，可谓“人才济济，藏龙卧虎”。大学生经过几年的专业学习，具备了系统的专业理论功底，尽管还缺乏丰富的工作经验，但其仍然具有很多就业优势，比如，富有热情；学习能力强；善于接受新事物；头脑中的条条框框少；对未来抱有憧憬；而且都是年轻人，没有家庭拖累；可以全身心地投入到工作中；更为重要的是，他们是“白纸”一样的“职场新鲜人”，可塑性极强，更容易接受公司的管理理念和文化。正是毕业生身上的这些特质，吸引了众多企业的眼球，校园招聘成为企业重要的招聘渠道之一。招聘单位在选择学校时一般会考虑：本单位关键的技术领域水平；需要的毕业生人数；该校以前毕业生在此的业绩和服务年限；学生的质量；该校毕业生过去录用数量与实际报到数量的比率。除了校园宣讲会、专场招聘会等传统的校园招聘形式外，企业正在拓展更能够全方位考察毕业生素质和能力的招聘形式，如实习生计划、管理培训生计划、校园俱乐部、校园夏令营、选秀大赛等。

三、内部招聘与外部招聘的利与弊

（一）内部招聘的优点

实际上，企业中绝大多数工作岗位的空缺是由公司的现有员工填充的，因此公司内部是最大的招聘来源。当一个职位出现空缺时，管理人员首先考虑的是从企业内部现有的人员中进行招聘。现在的雇员通常是企业最大的招募来源。据有关资料显示，79%的美国公司采用以内部招聘为主的政策，而且企业中90%以上的管理职位都是由企业内部提拔起来的人担任的。内部招聘被如此广泛和经常地采用，必定有其优点。

1. 能够简化招聘程序，减少招聘费用 人力资源部门对企业原有职员都有一定的了解，可通过多种渠道获取该员工是否适合招聘职位要求的相关信息，而且在内部发布招聘信息可以利用各种内部媒体，具有节省人力、物力、财力的优点。

2. 降低招聘风险 尤其是招聘一些关键的管理人员时，企业可以通过选拔内部成员来降低由于对应聘者的缺乏了解而承担的风险。

3. 减少企业对员工进行岗位培训的费用 由于内部招聘的人才来源于企业内部，他们对企业，特别是企业文化比较熟悉，已经具备了一定的工作能力和经验，对空缺职位的职责、要求等也较了解，因此在对他们进行上岗前的培训时，可以在很大程度上简化培训程序和减少培训费用。

4. 能够有效地激励员工 通过内部招聘来选拔人才，会使员工更加意识到工作绩效与提拔、晋升、加薪之间的关系，从而可以起到强有力的“鼓励先进、鞭策后进”的作用，激励员工奋发向上。

5. 能为员工提供更好地成长、发展机会 内部招聘给企业员工提供了一个对自己职业开发更负责任的机会，内部招聘的对象是企业内部的员工，他们基于对企业的原有了解，认识到在企业中能够获得广阔的发展前景和更多的发展机会。

6. 有助于提高企业的生产率 内部招聘的人员对原有职位和现有职位都比较熟悉，尤其是通过多次招聘的人员对企业内部的企业结构、生产过程、人员配置等都有较好的了解，因此能够有效地提高企业整体的劳动生产率，增加对现有员工的投资回报。

7. 有利于培养员工的奉献精神 由于内部招聘为员工提供了更多提拔、晋升、培训、加薪的机会，因此能够使员工在企业中得到高度的认同感和归属感，同时也使得他们在不断开拓自己的职业生涯过程中获得自我实现的满足，从而让广大员工感到企业是自身发展的良好空间，在该企业里能够让自己的才能得到最大限度的发挥，进而愿意为企业贡献自己的全部才智和能力。

8. 有效地进行内部沟通 内部招聘还是一个有效的内部沟通手段，它向员工传递了有关企业的发展目标、前景等信息，使员工对企业有更加深入的了解。

9. 有助于企业文化的形成　一种企业文化的形成依赖于诸多因素，其中人的因素是最为重要的。一个善于从内部发现人才、知人善任的企业必定能在其员工中形成良好的竞争氛围、学习风气与和谐的人际关系，并且在企业内部形成强大的凝聚力，形成完善、独特的企业文化。

（二）内部招聘的缺点

1. 可能造成内部矛盾　“本部制造”需要竞争，而竞争的结果是失败者占多数。竞争失败的员工可能会心灰意冷，士气低下，不利于企业的内部团结。内部招聘还可能导致部门之间“挖人才”现象，不利于部门之间的协作。此外，如果招聘中按资历而非能力进行选择，将会诱发员工养成“不求有功，但求无过”的心理，使优秀人才流失或被埋没，削弱企业的竞争力。

2. 容易造成“近亲繁殖”　同一企业内的员工有相同的文化背景，可能产生“团队思维”现象，抑制了个体创新。尤其是当企业内重要职位由基层员工提拔，进而僵化思维意识，不利于企业的长期发展，如通用电气20世纪90年代所面临的困境被认为与其长期实施“内部招聘”策略有关。

3. 失去选取外部优秀人才的机会　一般情况下，外部优秀人才是比较多的，一味寻求内部招聘，降低了外部“新鲜血液”进入本企业的机会，表面上看是节约了成本，实际上是对机会成本的巨大浪费。

4. 短期内可能不能达到预期的要求　除非有很好的发展/培训计划，内部晋升者不会在短期内达到对他们预期的要求，内部发展计划的成本比雇佣外部直接适合需要的人才要高。且多个被提升员工由于“彼得原理”可能还不能很好地适应工作，影响到企业整体的运作效率和绩效。

（三）外部招聘的优点

1. 有利于树立形象　“外部招聘”是一种有效的对外交流方式，“外部招聘”会起到广告的作用，在招聘的过程中，企业在其员工、客户和其他外界人士中宣传了自己，从而形成良好的口碑。

2. 外部招聘能够带来新理念、新技术　从“外部引进”的员工对现有企业文化有一种崭新的，大胆的视野，而少有主观的偏见。典型的内部员工已基本适应企业文化，与外部人员相比，他们既看不出企业有待改进之处，也无进行改革和自我提高意识和冲动，整个企业缺乏竞争意识和氛围。另外，通过从外部引进优秀的技术和管理专家，能够给企业现有员工带来一种无形的压力，使其产生危机意识，激发其斗志和潜能，从而产生“鲶鱼效应”。

3. 有更广的选择余地，有利于招到优秀人才　“外部招聘”的人才来源广泛，选择余地充分，具备各类条件和不同年龄层次的求职人员有利于满足企业选择合适人选的需要。能引进许多杰出人才，特别是某些稀缺的复合型人才，在一定程度上，既能够节约企业内部培养和业务培训费用支出，又能够给企业带来急需的知识和技能。

4. 可以缓解内部竞争者间的紧张关系　由于空缺职位有限，企业内可能有几个候选人，他们之间的不良竞争可能导致钩心斗角、相互拆台等问题发生。一旦某一员工被提升，其他候选人可能会出现不满情绪，消极懈怠，不服管理。外部招聘可以使内部竞争者得到某种心理平衡，避免了企业成员间的不团结。

（四）外部招聘的缺点

1. 筛选时间长，难度大　要招聘到优秀的合适的员工，企业必须能够比较准确地测定应聘者的能力、性格、态度、兴趣等素质，从而准确预测他们在未来的工作岗位上能否达到企业所期望的要求。而研究表明，这些测量结果只有中等程度的预测效果，仅仅依靠这些测量结果来进行科学的录用决策是比较困难的。为此，一些企业还辅助采取诸如推荐信、个人资料、自我评定、工作模拟等方法，这些方法各有各的优势，但也都存在着不同程度的缺陷，这就使得录用决策耗费的时间较长。

2. 进入角色状态慢　外部招聘的员工需要花费较长的时间才能了解企业的工作流程和运作方式，才能了解企业的文化并能融入到其中。如果外聘员工的价值观与企业的文化相冲突，那么员工能不能适应企业文化并及时进入角色将面临一定的考验和风险。

3. 引进成本高　外部招聘需要在媒体发布信息或者通过中介机构招募时，一般需要支付一笔不小的费用，而且由于外部应聘人员相对较多，后继的挑选过程也非常的繁琐与复杂，不仅花费了较多的人力、财力、还占用了大量的时间。

4. 决策风险大　外部招聘只能通过几次短时间的接触，就必须判断候选人是否符合本企业空缺岗位的要求，而不像内部制造那样经过长期的接触和考察，所以，很可能因为一些外部的原因（如信息的不对称性等、逆向选择及道德风险）而做出不准确的判断，进而增加了决策风险。

5. 影响内部员工的积极性　如果企业中有胜任的人未被选用或提拔，即内部员工得不到相应的晋升和发展机会，内部员工的积极性可能会受到影响，容易导致“招来女婿气走儿子”的现象发生。

第四节　人力资源培训

任何企业的创新、变革和发展，都源于企业员工的不断学习和进步，员工的素质将最终决定企业的生产效率与竞争优势。在欧美发达国家，职工培训被认为是企业最有价值的可增值投资。通过培训，不仅可以提升员工的个人素质和技能而使员工受益，而且可以提高员工的自觉性、积极性、能动性、创造性和企业归属感来增加企业产出的效益和组织凝聚力，并为企业的长期战略发展培训后备力量，从而使企业长期持续受益。

一、培训的目录与职责

（一）培训目标

（1）达成对公司文化、价值观、发展战略的了解和认同。

（2）掌握公司规章制度、岗位职责、工作要领。

（3）提高员工的知识水平，关心员工职业生涯发展。

（4）提升员工履行职责的能力，改善工作绩效。

（5）改善工作态度，提高员工的工作热情，培养团队精神。

（二）培训职责

教育培训工作在公司总经理室统一布署下由人力资源部归口管理、统筹规划，各实施部门（指专业部门和分支机构）各司其职，员工个人主动配合，齐抓共管，共同完成培训任务。

1. 公司人力资源部职责　根据公司的发展规划制定公司教育培训战略规划和实施纲要。制定员工职业生涯发展规划，并形成实施方案，督促各部门和分支机构贯彻落实。根据公司年度工作计划、各项考核结果和各部门提出的培训计划，分析培训需求，并统筹安排，形成中短期培训计划。着重组织实施管理干部培训、业务骨干培训和海外培训。负责制定公司年度培训的财务预算，并管理调控培训经费。负责培训资源的开发与管理。根据公司培训工作开展情况，做好培训项目和重点培养人才的培训档案的建立与管理工作。开展培训的效果评估工作。

2. 公司各专业部门和各分支机构职责　根据工作需要，结合本专业、本部门、本系统员工需求，制定年度培训计划，并组织实施相应的培训工作。指导本部门员工制定和实施职业发展规划。建立和管理本部门和本机构员工的培训档案。负责向公司提供本专业的培训师和教材。负责本系统的代理人等中介机构人员和主要客户的培训。

3. 员工个人的职责　员工享有参加培训的权利，也有接受培训和培训他人的义务。员工除了积极参加公司和各部门组织的各项培训外，重点在提高专业知识、工作技能和综合素质方面进行自主学习，同时对自己的职业发展做出具体规划，并在直接领导和公司主管部门的指导下实施。

二、人力资源培训的内容

（一）根据培训对象分类

根据培训对象的层次，企业培训分为高层管理人员培训、中层管理人员培训、基层管理人员培训及作业人员培训等，如图 5－1 所示。某医药贸易公司培训对象与课程设置如表 5－3 所示。

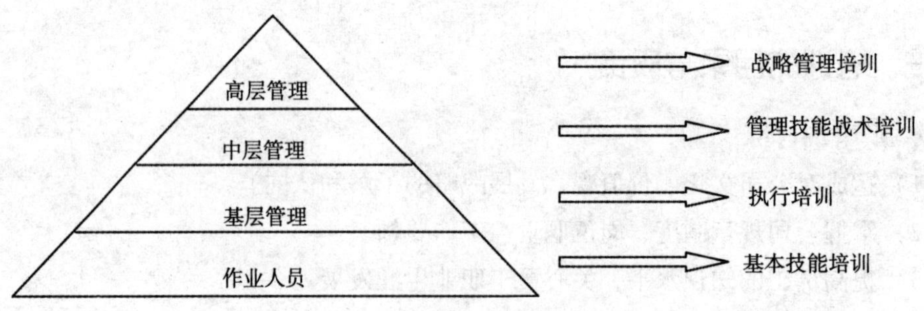

图 5－1　培训与管理层次的关系

表 5－3　某医药贸易公司培训对象与课程设置

课程分类	培训对象								
	中高管理	产品经理	区域经理	线经理	业务主管	内务主管	内务员工	医药代表	新员工
沟通与销售	▲	○	○	○	★	▲	▲	★	★
市场营销类	★	★	★	○	○	○	▲	▲	▲
处方销售管理类	○	★	★	★	★	○	▲	▲	▲
非处方药销售管理	○	★	★	★	★	○	▲	▲	▲
管理及领导力	★	▲	★	○	▲	▲	▲	▲	▲
企业文化及个人生涯规划	★	○	★	○	★	★	○	○	★
客户管理	▲	▲	○	★	★	▲	▲	★	▲
政策及环境分析	★	★	★	○	○	○	▲	▲	▲
专业产品知识	▲	▲	▲	○	★	▲	▲	★	★
人力资源管理	○	▲	★	○	○	○	▲	▲	▲
财务知识	○	▲	○	○	▲	★	▲	▲	▲

注：★核心课程；○重要课程；▲参考课程。

（二）根据培训点分类

根据是否离开工作单位，可将培训分为在职培训和外派培训。

1. 在职培训　在职培训是指为了使员工具备有效完成工作任务所必需的知识、技能和态度，在不离开工作岗位的情况，对员工进行培训。常用的在职培训的类型如下。

（1）转岗培训　对已经被批准转换岗位的员工进行的培训，目的在于使其达到新岗位的要求。

（2）晋升培训　对拟晋升人员或后备人才进行的培训，目的在于使其达到更高一级岗位的要求需要。其意义在于当某个领导岗位出现空缺时，能够挑选到满意的候选人。

（3）岗位资格培训　对某些特殊岗位上的人员所进行的培训，这些岗位一般要求获得相应的资格证后才能上岗，且该资格仅有几年的有效期，资格证到期后员工需要接受培训并再次参加资格考试。

（4）更新知识、掌握新技能培训　为了使员工能及时跟上企业外部环境和内部环境变化，能及时获得相关的新知识和新技能所进行的培训。

（5）以改善绩效考核为依据的培训　当绩效未达到要求、绩效下降或绩效虽达到要求，但员工希望改进其绩效时所进行的培训。

2. 外派培训　外派培训是指员工离开工作岗位，在企业之外所参加的培训。按照参加培训的目的可分为以取得学历证、资格证为目的的培训和以补充或更新知识、掌握新技能为目的的培训。企业派员工外出接受长期培训，需要支付较多的培训费用。企业一般会要求员工学习结束后继续工作若干年。为确保双方的利益，受训者要与单位签订培训合同。

（三）根据培训的目的分类

1. 以加速新员工组织社会化为目的的培训　新员工初来乍到，对工作环境、工作内容、企业规章制度等往往不了解、不熟悉，在初期开展工作时往往一头雾水，不知道如何有效地进行工作。对于刚从学校毕业进入社会工作的新员工更是如此，往往对新工作、新环境感到胆怯、陌生。人力资源培训就显得尤为必要了。人力资源培训不仅可以使新员工明确自己的工作职责，了解企业的规章制度和晋升、加薪的标准，使新员工获得职业生涯提升所必需的有关信息，满足其自身发展的需要；而且有利于新员工熟悉工作环境，使老员工与新员工充分接触、相互交流，形成良好的人际关系；也使新员工清楚企业的组织结构和发展目标，增加员工对于企业的自豪感。

2. 新员工培训的内容

（1）公司概况与文化　包括：公司的创业、成长和发展过程，公司经营战略和目标，公司的优势和面临的挑战；公司的企业文化和价值观、行为规范和标准；产品和服务，主要客户情况；公司活动范围；组织结构；主要经理人员等。

（2）主要政策及其程序　包括：假期、请假、加班、报销的政策及其程序，购买内部产品的特权和享受内部服务等政策及其程序，工资、福利和奖励政策及其程序，员工培训和职业发展政策及其程序，绩效管理的政策及其程序等。

（3）公司设施和部门参观　包括：设施参观、规定的用餐地点、急救站、员工出入口、停车场、禁区等，部门工作休息室、个人物品储藏柜、火灾报警箱、主管办公室等。

（4）部门职能和岗位职责　包括：部门目标及最新优先事项或项目，与其他职能部门的关系，部门结构及部门内各项工作之间的关系，工作职责说明，工作绩效考核标准和方法，常见的问题及解决方法，工作时间和合作伙伴或服务对象，请求援助的条件和方法，加班要求，规定的记录和报告，设备的领取与维护等。

（5）职位说明及职业必备　向新员工详细说明职位说明书上的有关条款，描述恰当的工作行为，并做出示范，制定日程安排，并在规定的时间内让新员工掌握工作方法和工作技能，接受新员工提出的问题并给予必要的指导。对于绩效考核、晋职、加薪等规定也要详加说明。所谓职业必备是指员工应掌握的在具体工作中的同事的联络方式、上司的管理风格、必要的保密要求、公司中的一些“行话”等。

（6）法律文件与规章制度文件　劳动合同、公司的身份卡、钥匙、考勤卡、社会保障等方面基于法律和有关规定而签署的文件。

3. 以促进老员工具备卓越的岗位胜任能力为目的的常规培训　当员工逐渐熟悉了工作环境，具备了胜任工作的基本能力之后，面临的是工作技能进一步提升的问题。作为一家规范化的医药企业，应该逐步完善针对不同关键岗位员工的阶梯式培训系统，是员工逐步具备卓越的岗位胜任能力。

某公司医药代表的阶梯式培训系统如下。

该公司根据员工工作经验的长短及个人发展的需要，安排阶梯式培训。分别从员工入职，工作0.5年至1年，1年至2年及2年以上，给予上岗培训（一期），二期，三期到四期（高级/选修课程），培训的内容逐步加深，并与医药代表的个人发展同步。

表5-4　某公司医药代表的培训计划

工作年限	培训内容
新代表	工作职责概述 本公司政策 本公司核心销售技巧 行政管理系统 幻灯片演讲技巧 销售辅助资料使用技巧 客户服务
0.5至1年	本公司高级销售技巧 人际关系技巧 时间与区域管理 重点客户管理 说服技巧 目标设定 挫折管理
1年至2年	谈判技巧 沟通与信任 问题处理技巧
2年以上	基本教导技巧 决策技巧 拓展训练

三、培训作业流程

1. 年度培训计划的拟定程序　人力资源部每年年底根据公司的下一年度的业务目标，分析，判断所需要的技能和知识，根据绩效考评结果，对员工作出培训需求建议。

与各部门讨论员工所需培训课程的分配，制定出公共课程和特定课程，制作“年度培训计划表”、“月度培训计划表”。

人力资源部根据各部门计划，统筹年培训计划并上报公司总经理批准。

2. 培训实施程序

（1）进一步明确课程要求，根据课程要求联络讲师。由讲师设计课程，进行教案设计，制定有效的培训方法。

（2）人力资源部公布课程大纲。相关部门或分支机构根据自身需求填写报名表报人力资源部。人力资源部统筹确定学员名单，与受训员工的直接主管确认其对该培训的期望。同时安排讲师做培训前调查。

（3）课程实施　①选择适宜的培训地点，保证良好的环境；②准备培训设备及辅助材料；③制备教材；④课堂管理；⑤培训评估。

培训作业流程如图5－2所示。

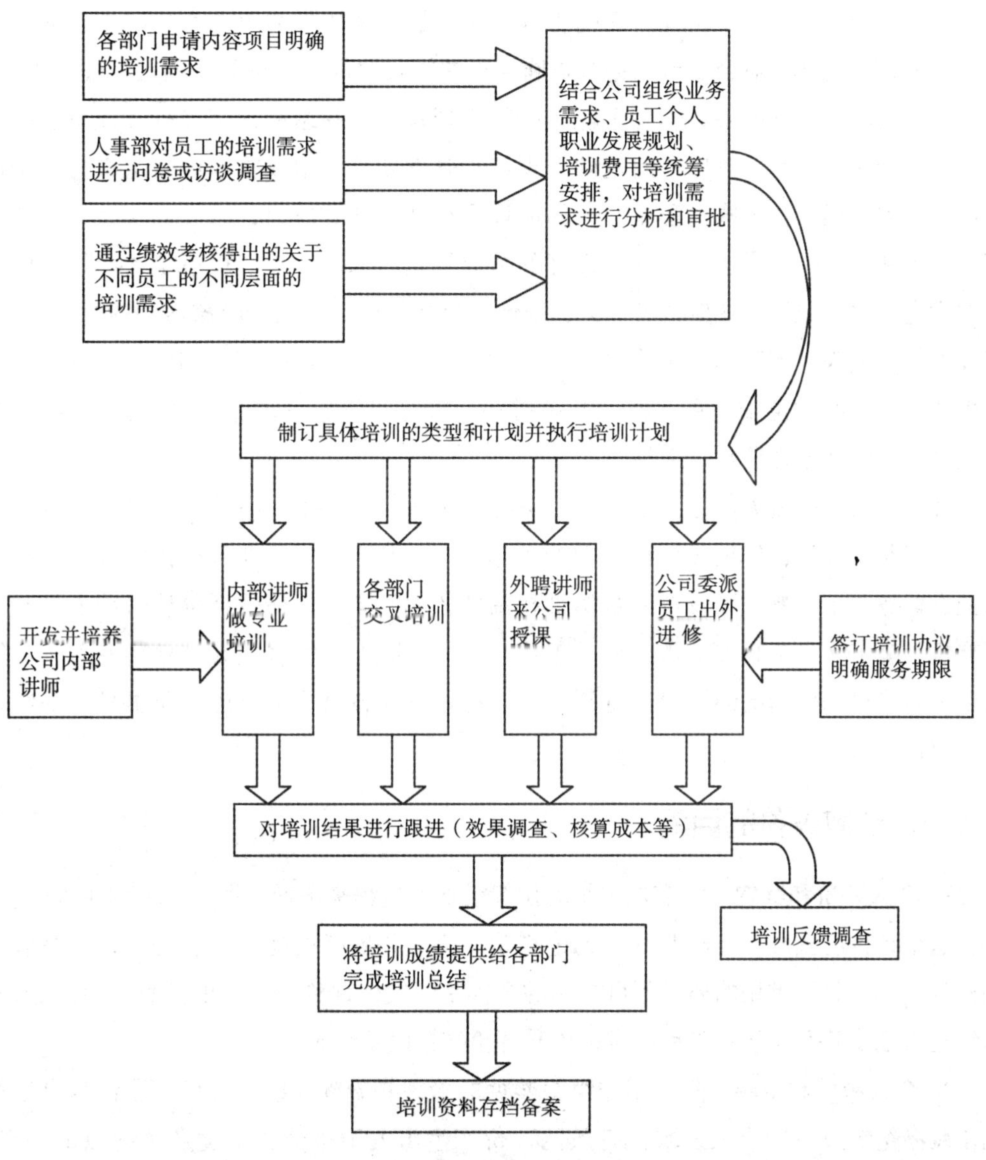

图5－2　培训作业流程

第五节 绩效评价

绩效评价（performance evaluation）是指对照工作目标或绩效标准，采用一定的考评方法，评定员工的工作任务完成情况、员工的工作职责履行程度和员工的发展情况，并将上述评定结果反馈给员工的过程。

在市场经济条件下，企业内部的管理是企业能否在激烈的市场竞争中生存的一个重要环节，因此如何对企业员工进行正确合理的绩效评价至关重要。绩效管理是组织、团队和个人取得更好成果的一种手段。绩效管理首先要在组织内部目标和成就、能力的评判标准达成一致，然后在此基础上理解和管理绩效。绩效管理可以定义为一个过程或一系列过程。在这些过程中，人们应该取得什么样的成果，以及如何在长期和短期内管理和提高生产率达成一致。良好的绩效管理意味着，人们很清楚地知道他们做事的优先顺序，他们现在应该做什么，他们的目标应该是什么，应该达到的能力水平，以及他们的表现对团队和公司绩效的贡献。绩效管理是从经理、员工和团队之间公开、积极和建设性的讨论中发展起来的，最后在三者之间就如何才能做好工作达成一致。个人与组织的绩效评价是管理的根本。

没有绩效评价就无法做出最佳人力资源管理与开发决策。绩效评价可以使管理者及其下属制定计划，纠正任何可识别的工作失误；其次，绩效评价提供的资料可以作为提升职务、工资晋级以及进一步培训提高的依据。第三，绩效评价使管理者及其下属有机会坐下来，考察一下该下属的工作行为。实际上，大多数人都希望并希望了解其他人对自己工作情况的评价，特别是当这种评价对自己有益处时更是如此，而绩效评价提供了这种反馈。

一、绩效评价的目的

1. 个人评价和奖赏 大多数组织利用绩效评价过程来衡量和评价个人的工作表现，并在这个评价的基础上实施奖赏。无论判定一个人是胜任的还是不胜任的，是高效的还是低效的，是可重用的还是不可重用的全都基于绩效评价所产生的信息。除此之外，组织通常把加薪和提职等各种奖赏措施与评价结果联系起来。

2. 个人激励和发展 除了用作组织奖惩的管理基础外，绩效评价产生的信息还可用于刺激组织成员的个人发展。有效的评价产生出关于每个员工优点和缺点的信息，如果这种信息能以一种清晰、明朗和无威胁性的方式反馈到个人，就能达到两个重要的目的。首先，如果信息表明某人工作富有成效，反馈过程本身就能通过增加自尊和自强的感觉奖赏了当事人。其次，如果信息揭示了某方面的弱点，它也能刺激培训和发展来克服所揭示出的弱点。

3. 组织计划和决策 除了作为提供对组织成员评价，激励和发展的基础，有效的绩效评价所产生的信息还能对组织在规划其未来人力资源需要和政策上有重要价值。一个组织的成员可以看作该组织的人力资本。绩效评价过程产生的信息可使组织以一种确定的和系统的方式来估计和预测其人力资本的状况，计划出它的录用、人事和发展战略 。

二、绩效评价标准的制定

绩效评价标准是企业对员工在绩效期内应达到的工作目标做出的一种书面陈述，目的在于明确员工应该做什么事情，及应该将事情做到什么程度。由于绩效评价目标是通过实现员工个人的绩效期望来促进组织目标的实现，因此绩效评价标准的设立是企业目标、期望从高层到基层进行传递的过程，也是引导员工工作前进的关键。在制定绩效评价标准的过程中，能量化的尽量量化、不能量化的要细化，不能细化的要流程化。

也可以认为，每个岗位员工的绩效评价标准通常都是直接来源于其上级，即部门的绩效目标。只有如此，才能保证每个员工的努力方向都是符合公司要求的，公司的战略才能得到真正的落实。

在制定每个岗位的绩效评价标准时，应遵守以下原则，通常称之为“SMART”原则。

（1）明确具体的（specific，S） 指的是绩效评价标准应该明确化、具体化。由于每个岗位的具体情况不同，绩效评价标准要明确地、具体地体现出管理者对每个岗位的绩效要求。

（2）可衡量的（measurable，M） 绩效评价标准要尽可能地采用可衡量的方式陈述，才能对员工的表现作出有效地评价。

（3）行为导向的（action－oriented，A） 绩效评价标准应具有行为导向的特征，即绩效评价标准不仅仅可以得到一个最终结果，而且可以对员工在实现该结果的过程中应有行为的约束。

（4）切实可行的（realistic，R） 这要求向员工提出一个切实可行的工作目标，以激发员工更好地实现管理者的期望。目标要定得恰到好处，目标过高会使员工失去信心，失去动力；目标太低则无法使员工发挥应有的水平。

（5）受时间限制的（time－bounded，T） 绩效评价标准应带有时限要求。

某医药公司针对员工培训主管的工作绩效标准如表5－5所示。

表 5-5 某医药公司针对员工培训主管的工作绩效标准

工作职责	增值产出	绩效标准
制定与实施员工培训发展计划	1. 员工的生产力有所提高 2. 员工能够达到学习目标 3. 管理人员的胜任力得到提高	1. 50%～70%的主管人员认为其下属有如下表现： ＊员工的生产率明显提高 ＊员工能很快掌握新的工作技能 ＊员工能够做出更多的独立判断 2. 75%～90%的员工在培训期末能达到学习目标 3. 实际培训费用与预算的差异控制在5%以内 4. 98%～99%的培训项目能在预期内完成 5. 70%～80%的管理者表现出核心领导胜任力
帮助员工制定职业生涯规划	员工能够发展和管理自己的职业生涯规划	1. 85%～90%的被裁掉的员工获得帮助从而找到新的工作 2. 裁员后的组织内部员工安置得到管理者的认可
建立员工发展中心	培训的职能满足组织发展的需要	1. 直线管理者认为员工发展中心支持了经营目标的实现 2. 员工发展中心能满足直线管理者所要求的期限 3. 直线管理者愿意主动提供未来的培训发展需求 4. 1年内只有1～2次来自其他部门的抱怨 5. 实际培训费用与预算的差异控制在5%以内
收集与提供员工培训发展方面的信息资料	提供的信息支持商业目标	1. 85%～90%的使用者认为得到的信息支持商业目标 2. 收集信息的费用与预算的差异控制在5%以内

三、绩效评价的方法

绩效评价旨在通过科学的方法来评价员工在岗位上的工作行为和工作结果。在实际的考评工作中，通常有以下几种方法。

（一）主观的绩效评价方法

1. 书面报告法（essay evaluation） 也许最简便的绩效评价就是写一篇短文来描述员工的优缺点、过去的绩效状况、潜能和改善建议。书面报告不需要复杂的形式，不需多少训练就可以做。但这种评价法反映的常常是写作者的能力。绩效评价结果的好坏往往一半取决于评估者的写作技巧，一半取决于员工的实际绩效水平。

2. 排序法（ranking methods） 排序法是指将员工工作绩效从好到坏的顺序进行排列，从而得出考评结论的方法。主要由两种类型：直接排序法和交替排序法。

简单排序法（simple ranking method）是指针对某一考评要素，如工作责任感、问题解决能力、团队合作能力等，由考评者根据整体印象把员工从最好到最差排出顺序。

交替排序法（alternative ranking method）是指考评者经过通盘考虑后，先从所有的考评对象中挑选出最好和最差的两名，然后在余下的人员中再挑出最好的和最差的两名，以此类推，直至全部人员的顺序排定。

评价步骤：针对你要评价的每一种要素，将所有员工的姓名都列举出来。将工作绩效评价最高的员工的姓名列在第1行的位置上，将评价最低的员工的姓名列在第10行的位置上；然后将此最好的员工姓名列在第2行的位置上，将次最差的员工姓名列在第9行的位置上。将这一交替排序继续下去，直至所有的员工都被排列出来。

排序法有利于识别出对于某个因素上绩效有问题的员工，但排序法只适合于人数较少的团队进行绩效考评，因为人数过多会使排序工作变得非常繁琐。另外，排序法的缺点是只能根据较少的指标进行排序，有时甚至只根据一个指标进行排序，很容易使员工为了这单一的绩效指标而忽视其他重要方面。

3. 配对比较法（paired comparison） 配对比较法类似体育中的循环赛。把每一个员工与另外所有的员工进行比较，在两个人的比较中，评出优劣，然后，在配对比较得分的基础上，给每个员工一个总和的登记。这种方法可以保证每个员工都与其他员工作一次比较，但如果员工人数太多，这种比较就难以进行了。

4. 强制分布法（forced distribution） 强制分步法是将考评对象分成几类，如可划分为卓越、优秀、良好、需改进、不足五类，每一类强制规定一个百分比，按员工的绩效表现将其归入某一类中。强制分步法通常与其他考评方法结合起来使用，运用其他考评方法评定出员工的成绩，并最终将考核得分从高到低依次排名。通常，每一类人数所占的百分比应该符合正态分布，极好的和极差的员工占少数，大部分员工属于一般。

在实践中，很多公司将推断绩效，即部门的整体业绩完成情况与部门内部员工绩效等级比例联系起来。这样做的好处是可以避免以往仅考核员工个人表现，忽略部门绩效考核，而造成员工的考绩优良但部门或公司目标却不佳的落差现象。当部门整体的业绩完成情况较好时，部门内部员工被评定为较高绩效等级的比例相对较高；相反，如果部门整体的业绩完成情况不好，那么部门内部员工被评定为较高绩效等级的比例相对较低。

（二）客观的绩效评价方法

1. 关键事件法 关键事件法是将绩效评价的注意力集中在那些有效从事一项工作与无效从事一项工作的关键行为上。也就是说，评价者记录下员工的哪些行为是特别有效和无效的。这里的关键是描述的重点必须是具体的行为，而不是定义模糊的人格特质。关键事件法可以为员工提供丰富的行为榜样，让员工知道哪些行为是符合要求的，哪些行为是需要改进的。

2. 图评价尺度法 图评价尺度法（评定量表法或等级鉴定法）是把一系列绩效因素（如工作的质与量、知识深度、合作、忠诚度、出勤率、诚实度、主动性等）罗列出来，评价者就用这张表，用递增式尺度对逐个因素进行评价。典型的量表为五点量表。为什么评定量表法应用如此广泛？虽然它们提供的信息不如书面报告法和关键事件法所提供的信息那样深刻，但在编制和实施中花费时间较少，而且还可以进行定量分析和比较。

3. 强制选择系统 强制选择系统是由行为对照表法改进而来，一种程序化的书面报告。即设计一个行为对照表（含有描述员工规范的工作行为表格），其中的评价项目分组排列，但是每个评价项目并不列出对应的分数。评价者从行为对照表中挑选出他认为最能够描述和最不能描述员工的工作的陈述，然后汇总到人事部门，由人事部门根据不公开的评分标准计算每位员工的总分。

4. 行为锚定等级评价法　行为锚定等级评价法（BARS）结合了关键事件法与评定量表法的优势。具体来说，绩效评价者用由多个条目组成的连续带对员工进行评级，但得分点是员工在工作中的实际行为表现的实例，而不是一般性描述。

BARS 的优点：对工作绩效的计量更为准确；工作绩效评价标准更为明确；具有良好的反馈功能；各种工作绩效评价要素之间有着较强的相互独立性；具有较好的连贯性。

很明显，BARS 的缺点是设计和执行要花费更多的时间和精力；即便如此也不能包罗不同层次影响员工绩效的每一事例；同时也不适用于具有高度脑力因素的工作。

5. 行为观察评价法　行为观察评价法（BOS）与 BARS 相似，但它在工作绩效评价的角度方面能比 BARS 提供更加明确的标准。在使用这种评价方法时，需要首先确定衡量业绩水平的角度（如工作的质量、人际沟通技能、工作的可靠性等），每个角度都细分为若干个具体的标准，并设计一个评价表。评价者将员工的工作行为同评价标准进行比照，每个衡量要素的所有具体科目的得分构成员工在这一方面的得分，将员工在所有评价方面的得分加总，就可以得到员工的评价总分。

6. 目标管理法　目标管理法也叫目标管理评价法或工作成果评价法。它的过程非常类似于主管人员与员工签定一个合同，双方规定在某个具体的时间达到某个特定的目标。员工的绩效水平就根据届时这一目标的实现程度来评定。其关键是目标的制定应遵循 SMART 原则，即具体化的（specific results）、可衡量的（measurable）、可接受的（accepted）、适当的（relevant）和时间限制的（time）。

如何客观公正考核评价员工绩效是人力资源管理的重要课题。在实践中，管理者往往会综合利用多种方法，保证评价能够切实发挥作用。在考核过程由于多种原因可能出现对评价结果的异议，因此应由畅通的渠道让员工申述，对确有偏差的考核结果进行补救，从制度上促进绩效考核工作的合理化，达到提高组织绩效的应用作用。同时，管理人员要对员工进行经常性的有效的绩效沟通，让员工真正理解自己在组织中应承担的责任，产生对绩效产出的参与感。针对考核的结果帮助员工改进工作绩效，制定适合员工个人职业生涯发展的规划以及培训内容。同时，也借此检查企业各项管理政策的实用性以及人员配置的合理性。

四、绩效评价的困境与策略

绩效本身是一种很难的测量工作，有很多因素，如环境、组织、个人等都会影响绩效。在具体的实施过程中，绩效管理常常面临以下困境。

1. 考核目标简单化　考核目标是指南针、是行动标杆。如果目的指引发生偏差，则会影响全局。从理论上说，绩效考核的目的应该是多元化的，考核结果不仅是薪酬奖金、职务晋升的可靠依据，更应成为雇员发展的指导标杆。然而，实际上绩效考核却常常流于评定及判断，而少于改进。

2. 考核指标设置的偏离问题　考核方案的设计最后都聚焦在指标体系的设置上，如何挖空心思、想方设法设立和完善考核指标体系成了整个考核方案的重心工作。实际上，过多的考核指标只会分散员工的关注重点，而并不能提高工作绩效。管理需要付出成本，面面俱到、细枝末节的衡量指标只会加大管理成本，分散管理人员和员工的注意力。而且更无法识别和判断个体和团队的发展潜能，而这恰恰可能是组织加速发展招聘竞争优势的关键所在。

3. 考核方法的误用　考核不是泄愤，而是从对员工的工作提出改善意见，是对员工进行开发的角度来展开的。

4. 考核中的公平性难以保证　首先，绩效考核没有惟一科学的标准。管理人员的价值观决定了考核评价的内容，按什么标准进行评价，不同的人有不同的标准。很多时候评价意图才是影响评估准确性的更重要的原因；其次，评价者的能力有限，评价结果可能会有所偏颇；再次，员工往往有偏袒自我的倾向，他们往往高估自己的投资而低估他人的投入。当取得好的工作业绩时，员工更倾向于认为这是自己努力的结果；当工作业绩不理想时，员工往往寻找各种外部因素为自己解脱。

5. 考核效果不尽如人意　首先，考核容易引起人们的焦虑情绪，会在一定程度上影响工作绩效。没有人愿意分为三六九等。绩效考核是一件容易让人引起焦虑的事情。因为当一个人知道自己将要被被人评价时，或者一个人评价别人时，往往会感到有些焦虑，而绩效考核就是一个评价与被评价的过程，所以有此而产生的焦虑是不可避免的。这种焦虑有时会引起对评价的回避、抵触，甚至影响工作绩效；其次，考核与提升组织绩效的关系值得进一步验证。

6. 绩效考核制度本身要科学、合理　考核指标的制定要同公司的战略目标一致；公司制定的目标是要让员工经过艰苦努力后，少数是可以超过的，多数人基本实现，还有一部分人无法达到。考核结果的应用，应该侧重对员工能力的提升（例如培训、开发）上以及（个人、组织）今后绩效的改善上，可以有辞退，但辞退不应该成为主要手段，更不该成为目的。

第六节　薪酬管理

薪酬是影响员工保留与激励的重要影响因素。薪酬管理是指一个组织针对员工所提供的服务来确定他们应当得到的薪酬总额、薪酬结构和薪酬形式的过程。薪酬管理是人力资源管理的一个重要组成部分，也是企业员工最为关注的核心问题，薪酬体系的完善与否对人才的选用去留及整体业绩有着直接的影响。

一、薪酬的类型

最初的人力资源薪酬表现为货币或物质的形态，它决定于员工对物质利益的追逐。当物质需要基本得到满足后，员工对于非物质的精神追求就越来越迫切。人力资源薪酬便逐渐由单一的货币物质形态扩展为包括多种要素的系统——总体薪酬。

特鲁普曼认为，总体薪酬包含了5大类9种成分，它可以用一个薪酬等式来表现，即：

$$TC = (BP + AP + IP) + (WP + PP) + (OA + OG) + (PL + OL) + X$$

式中，TC——总体薪酬；

BP——基本工资；

AP——附加工资，定期的收入，如加班工资等一次性报酬；

IP——间接工资，主要指福利，有法定福利和企业福利；

WP——工作用品补贴，如工作服、办公用品等；

PP——额外津贴，如购买企业产品的优惠折扣；

OA——晋升机会；

OG——发展机会，如学习与培训机会、学费赞助；

PL——心理收入，如员工从工作本身和公司得到的精神满足；

OL——生活质量，指生活中其他方面的重要因素，如弹性工作时间、班车接送、子女入托等；

X——私人因素，如可否带宠物上班、个人收藏等。

二、薪酬管理中的问题

1. 执薪不公，没有做到同工同酬 如果在企业中出现了同工不同酬，认为自己受到不公正待遇的员工可能会减少自己的投入，降低努力程度，在极端的情况下将发展为辞职。如果这是一名普通的员工，他的做法给企业造成的损失可能不会太大，但有可能使公司的名声受损。如果这是一名优秀的员工或是一名高级主管，他的消极工作态度，甚至是辞职离去，给企业造成的损失将会不小。

2. 劳逸不均，人力资源运用不当 如果一家企业中，有的员工一天到晚忙得连喘息的机会都没有，有的员工却无事可做，喝茶聊天，其薪酬管理系统肯定存在问题。长此以往，该公司的员工都将是牢骚满腹，造成内部不团结，影响士气。

3. 管理层薪酬远远高于基层员工 如果出现这种情况，企业的主要干将即基层员工与管理层的关系疏远甚至僵化，基层员工情绪低落，士气下降，整个公司将会出现死气沉沉的局面。

4. 没有依据绩效调薪，或绩效评价不公平 毫无根据地随意调薪，或绩效评价不公正，都会导致企业员工对企业的薪酬系统产生怀疑，以致不满。

5. 薪资拖延发放，计算经常出错误　不按时发放薪资，薪资计算经常出错，都会导致员工对公司的信用产生疑问，很可能使公司名誉遭受损失，也可能使外部投资者对该企业丧失信心。

6. 公司利润未能与员工适当分享　第一，分给员工的过少，这样可能会导致员工的不满，影响员工工作的积极性；第二，分给员工的过多，这样公司自身留取的盈余可能不能满足长远发展的需要，与前者相比，公司的损失更大。

在进行薪酬制定时，企业需要考虑到以下几个问题：①薪酬的制定是否依据职位分析进行；②薪酬的制定是否与员工的绩效挂钩；③薪酬的制定是否与员工能力挂钩；④薪酬是否做到公平公正。如果企业能够完美的解答这四个问题，那薪酬即便是公开，所造成的影响也会很小。因为员工会感觉自己处在一个公正的氛围内，会淡化掉对薪酬数字的重视度。

三、基本薪酬制度

在企业中，基本薪酬制度通常可以在职位薪酬制、技能薪酬制和能力薪酬制度中选择一种或几种组合。

（一）计时工资制度

计时工资制度是一种按照单位时间的工资标准和劳动时间来计算和支付的工资制度，包括月工资制、日工资制、小时工资制。计算方式：计时工资 = 特定岗位在单位时间的工资标准 × 实际有效的劳动时间。

计时工资的基础是按照一定质量的劳动的直接持续时间支付工资，简单易行、适应性强，员工收入稳定，不至于追求产量而过于紧张。但是，计时工资以劳动的外延量计算工资、劳动强度不能反映；其实际提供的劳动量与质量、工资与质量间往往存在矛盾；计时工资不能反映劳动者劳动量的多少、质量的高低。

（二）计件工资制度

计件工资制度指根据员工完成的工作量或合格产品的数量和计件单价来计发工资的制度。计算方式：计件工资 = 完成产品的数量 × 单件工资标准。

计件工资制度能反映劳动者的劳动量，促进工人改进工作方法，提高劳动熟练程度，易于计算单位产品直接人工成本，并可减少管理人员及其工资支出。但计件工资制容易出现片面追求产品数量，忽视质量、消耗定额、安全和不注意机器设备保养的偏向；因管理和技术改造而使生产效率增加时，提高定额会遇到困难；因追求收入使工人过度紧张，有碍健康。

（三）职位薪酬制度

职位薪酬制度也叫岗位薪酬制度，其基本思想是首先对职位本身的价值作出客观评价，然后根据职位评价结果确定与该职位价值相当的薪酬，无论是哪位员工承担这一职位，都会得到与该职位价值相当的薪酬。因此，职位薪酬制度的特点是员工承担什么样的职位就得到什么样的报酬。与技能薪酬制度和能力薪酬制度相比，职位薪酬制度在确定基本薪酬时主要考虑职位本身的因素，很少考虑人的因素。优点是：真正实现了同工同酬；有利于按照职位系列进行薪酬管理，操作简单，管理成本低；晋升和基本薪酬增加之间的连带性加大了员工提高自身技能和能力的动力。缺点是：薪酬与职位直接挂钩，当员工晋升无望时，就没有机会获得较大幅度的加薪；职位相对稳定，员工薪酬也就相对稳定，不利于及时激励员工，也不利于企业快速适应多变的经营环境。某公司职位初次定档模型见表5－6。

表5－6　某公司职位初次定档定薪模型

	权重	1分	2分	3分	4分	5分
学历	10%	高中及以下	中专或技校	大专	本科	硕士以上
职称	10%	无职称	初级职称	中级职称1～3年（含）	中级职称3年以上	高级职称
工作年限	30%	5年及以下	6～10年（含）	10～20年（含）	20～30年（含）	30年以上
入司年限	30%	2年及以下	3～6年（含）	6～10年（含）	10～15年（含）	15年以上
本岗位或同等岗位工作年限	20%	1年及以下	2～4年（含）	4～8年（含）	8～10年（含）	10年以上

（四）技能薪酬制度

技能薪酬制度是指组织根据员工所掌握的与工作有关的技能，以及知识的深度和广度来支付基本薪酬的一种薪酬制度。技能薪酬制度的特征是：员工获得薪酬或薪酬晋升的主要依据是工作相关的技能而不是其承担的具体工作或职位的价值。这种薪酬制度通常适用于所从事的工作比较具体而且能够被界定出来的操作人员、技术人员。

在现实的工作中，可以将技能分为以下几个类别。

1. 深度技能　在从事这一类职位的工作时，任职者想要达到良好的工作绩效，就必须既能胜任一些简单的体力活动，如清洁及将准备使用的零部件存放在生产线上等，又可以从事一些较为复杂技能的活动。在这种情况下，员工要想达到良好的工作绩效，一开始可能需要胜任一些相对比较简单的工作内容，然后逐渐开始还要从事一些需要运用较为复杂技能的活动。这种深度技能的培养往往是沿着某一专业化的职业发展通道不断上行的一个过程。如图5－3所示。

2. 广度技能　与深度技能不同，任职者在从事这一类职位工作时，需要运用其上游职位、下游职位或者是同级职位所要求的多种一般性技能。这些工作往往要求任职者不仅学会自己职位范围内需要完成的各种任务，而且需要掌握本职位之外其他职位所需要完成的一般性工作任务。

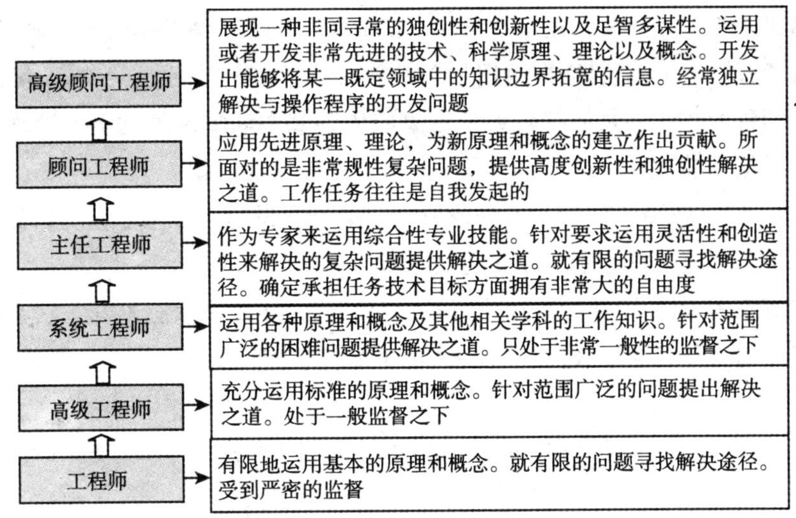

图 5－3　深度技能薪资计划

（五）能力薪酬制度

能力是指一种胜任力和胜任素质，它特指员工所具备的能够达到某种特定绩效标准或表现出有利于绩效提升行为的能力。能力薪酬中的“能力”应当具备以下特征：是技能、知识、行为特征及其他个人特征的总称；依附于特定的组织，具有组织的专用性特征，也就是说一种能力在一个组织中的高价值性未必能在另一个组织中也同样体现出来。

在人力资源开发中，能力通常分为三个层次：核心能力、能力群、能力指标。核心能力是保证组织能够获得持续竞争优势所需要的员工能力，它通常是从企业核心竞争力和价值观中引申出来的。能力群是指可转化为行动的每项核心能力的集合。例如，某公司一个特定部门的核心能力是药品研发能力，可观察到的能力包括人物分配的能力、影响他人的能力、维持关系的能力，这些能力构成了能力群。能力指标是表明每个能力群内各种能力水平上可观察和可测量的行为，它是从事各种复杂性工作所需要的能力程度，如能力群中“影响他人的能力”就可以列出许多可观察的行为，进而划分出等级。如最高级：利用专家或其他第三方的力量去施加影响；次级：采取一种以上的行为影响，并使行为适应某些具体的听众；较次级：在陈述中注意贴近听众的兴趣和水平。

在建立能力薪酬制度时，应确定哪些能力是为公司创造价值，而应当获得报酬的能力；这些能力能通过哪些特征和行为表现出来，即具备何种品质、行为的员工最有可能是绩效优秀者；检验这些能力是否真的使员工的绩效与众不同；评价员的能力，将能力与薪酬结合起来。

（六）业绩薪酬制度

业绩薪酬是指与员工业绩相关的薪酬。业绩薪酬主要用来奖励优秀的工作表现或业绩，创造未来工作动力和帮助组织留住有价值的员工。业绩薪酬的组成如下。

1. 成就薪酬 成就薪酬是指根据员工绩效排序法和行为比较法确定的绩效薪酬。成就薪酬有两种形式：一是将绩效评价结果应用到基本薪酬的增加上，被称为成就工资；另一种是根据绩效评价结果支付员工的奖金，被称为成就奖金。

2. 激励薪酬 激励薪酬是指根据绩效评价结果支付的旨在激励员工绩效的组合薪酬形式。如员工利润分享计划、股票期权计划。

3. 特殊绩效薪酬 特殊绩效薪酬是指对员工超过正常绩效标准却无法在激励中得到反映而采取的一种奖励形式，主要包括货币或非货币奖励。

第七节 职业生涯管理

人力资源管理的一个基本理念是：企业既有义务最大限度地利用员工的能力，又要为每一位员工提供不断成长的机会，挖掘他们的最大潜能，使他们实现职业成功。职业生涯管理主要包括两种：一种是组织职业生涯管理（organizational career management），是指由组织实施的、旨在开发员工的潜力、留住员工、使员工能自我实现的一系列管理方法；二是自我职业生涯管理（individual career management），是指个人在职业生命周期（从进入劳动力市场到退出劳动力市场）的过程中，由职业发展计划、职业策略、职业进入、职业变动和职业位置的一系列变量构成。由于个人所进行的职业生涯管理都需要通过组织才能最终得以实现，所以组织方面的生涯计划和生涯发展才是职业生涯管理的重要方面。

对员工而言，职业生涯管理有利于增强对工作环境的把握能力和对工作困难的控制能力，有利于过好职业生活，处理好职业生活同生活其他部分的关系，可以实现自我价值的不断提升和超越。

对于组织而言，职业生涯管理有利于全面了解组织内部员工的需要、能力及目标，调和其与存在于实现和未来的机会与挑战的矛盾；可以更加有效的利用人力资源；为员工提供平等就业机会，对员工持续发展十分重要。

一、组织职业生涯管理

组织职业生涯管理可分为常规管理和延伸管理两个方面。

（一）职业生涯常规管理

1. 设定职业生涯目标 职业生涯目标是指个人在选定的职业领域内未来时点上所要达到的具体目标，包括短期目标、中期目标和长期目标。生涯目标一般都是在进行个人评估、组织评估和环境评估的基础上，由组织里的部门负责人或人力资源部负责人与员工个人共同商议设定。生涯目标要具体明确、高低适度、留有余地，并与组织目标相一致。

2. 帮助新人尽快度过职业适应期 任何一个人从学校毕业进入一个职业，其初始阶段都有一个适应期。为了要帮助新人尽快度过适应期，组织都要先做一些工作，如招聘时将有关工作内容和工作环境尽可能多地展现给应聘者，管理人员多给新员工提出希望和给予新人提供具体有挑战性的初始工作，同时进行一些心理疏导等。

3. 及时评估绩效 人人都希望自己的工作状况能有一个反馈，以便从中看到自己的优势和不足。对于组织来说，通过评估可以发现员工个人工作绩效好在哪，绩效差的原因是什么，是态度问题还是能力问题，以便有针对性地进行反馈和调整。

4. 轮岗和升迁 轮岗和升迁是职业生涯管理的重要内容，也是促进员工职业发展的一个主要手段。所以组织要建立完善员工的轮岗和升迁制度，研究开辟多种升迁渠道，如行政管理系列、技术职务系列、实职领导岗位、非领导岗位等，促进员工职业生涯目标得到实现，调动员工的工作积极性。

5. 提供培训机会 随着知识经济时代的到来，终生教育已成为促进每个人职业发展的一个金钥匙。任何员工从一个层次上升到另一个更高的层次，由于知识和能力要求的不同，都需要进行相应的培训。因此，从职业发展的角度来说，制定一个与职业生涯计划相配套的培训计划是一个不错的选择。

（二）职业生涯延伸管理

1. 关注员工健康 人的健康包括身体健康和心理健康。关注员工健康，首先要给员工提供有利于健康的工作环境，关心员工因心理紧张或压力所造成的各种疾病，帮助员工进行健康教育和心理调适。只有当员工处于一种健康的状况下，其工作效率的提高才会有一个好的基础。

2. 协助处理员工工作与生活的矛盾 尽管生活本身并不是工作，但生活是工作非常重要的后勤保障。一个长期对家庭生活不满意的员工，能长久地保持对工作的专业及较高的工作效率吗？因此，对员工进行职业生涯管理时，也要经常了解员工的家庭生活状况，分析员工工作与家庭的矛盾，并进行相应的协调管理。同时也要制定相关政策，帮助员工及时处理家庭生活中的有关问题，并有计划地安排员工家属在某些特殊日子，到单位来深入了解员工工作方面的一些情况，从而使其更加理解员工的工作，进而支持员工的工作。

江西“开心人”体检卡送给店员父母

春节前夕，江西开心人大药房连锁有限公司给每一个店员的父母送上了两张体检卡。店员父母凭此卡可以享受一次免费的全身检查。开心人大药房总经理郑英华说，店员在药店工作非常辛苦，经常要加班加点，平时很难有时间孝敬父母。春节快到了，又是家人团圆的日子，药店特意购买了体检套餐，送给店员的父母，帮店员表达一片孝心。店员杨燕妮领到体检卡后兴奋地和父母通了电话：“妈妈，爸爸，今天公司特意发了体检卡送给你们二老呢，你们一直没有正规体检过，现在有了体检券，就可以去体检了。”

3. 帮助下岗员工实现再就业 在企业发展的过程中，总会因为各种各样的原因而进行一些裁员工作，特别是在当前经济结构大调整和世界经济发展并不十分景气的大背景下，裁员数量会更多。裁员并不是简单地把员工踢向社会，任何一个以职业生涯管理为导向的组织，都会重视这项工作。在员工离开单位之际，帮助其设计再就业方案，或者向其提供再就业培训，或和其他有关部门建立合作就业机制等，这对于有效激励在职员工往往都会起到较好的效果。

二、自我职业生涯管理

（一）个人职业生涯管理的步骤

个人职业生涯管理具有五个步骤，如图 5－4 所示。

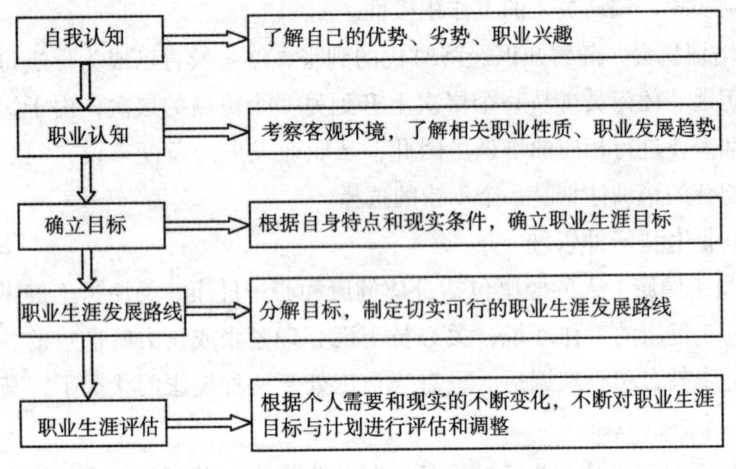

图 5－4 个人职业生涯管理的步骤

（二）分析方法

自我认知与职业认知的分析方法：SWOT 分析法。

SWOT 分析法是西方战略管理学派进行企业战略竞争分析时使用的一种方法，用来考察公司内部的优势与劣势、公司外部的环境与威胁，以此决定企业从事市场竞争的战略方法。SWOT 是 4 个英语单词的缩写。

S——strength，表示优势；

W——weakness，表示劣势；

O——opportunity，表示机会；

T——threat，表示威胁。

当自我认知与职业认知的分析时，SWOT 分析也可以派上用场。其中，优势和劣势用来分析个人，而机会和威胁用来分析职业环境。

优势：自己擅长的方面，尤其是与竞争对手相比具有优势的方面，比如动手能力强、专业知识丰富等。

劣势：与竞争对手相比于落后地位的方面，如工作经验不足，人际关系不擅长等。

机会：有利于职业选择和职业发展的一些机会，如企业老干部退居二线留下职位空缺、企业开辟海外市场需要一名外派经理等。

威胁：存在潜在危险的方面，如出现新的竞争对手、整个行业面临大幅度裁员等。

（三）确立目标

每个人都渴望成功，但是并不是每个人最终都能成功。俗话说：好的开始是成功的一半。好的目标就是成功的开始。根据哈佛大学一名教授对毕业生长达25年的调查研究显示：在对500名毕业生进行跟踪调查发现，在刚毕业时，3%的人有自己清晰的长远目标；10%的人有清晰但比较短期的目标；60%的人只有一些模糊的目标；27%的人没有目标。25年后，那3%的人几乎都成为社会各界精英、领袖；那10%是各专业领域的成功人士，事业有成；那60%，成为社会大众群体，平凡地生活着；那27%的人生活不如意，工作不稳定，抱怨社会不公平。

（四）职业生涯发展路线的制定

1. 制定的依据 制定职业生涯发展路线是人生发展的重要环节之一，职业生涯规划的意义就在于在目标和现状之间建立一座可达的桥梁。在进行生涯路线选择时可从三个方面考虑。

（1）个人希望向哪一条路线发展。主要考虑自己的价值、理想、成就动机，确定自己的目标取向。

（2）个人适合向哪一条路线发展。主要考虑自己的性格、特长、经历、学历等主观条件，确定自己的能力取向。

（3）个人能够向哪一条路线发展。主要考虑自身所处的社会环境、政治与经济环境、组织环境等，确定自己的机会取向。

医药企业员工职业生涯发展路线如图5－5所示。

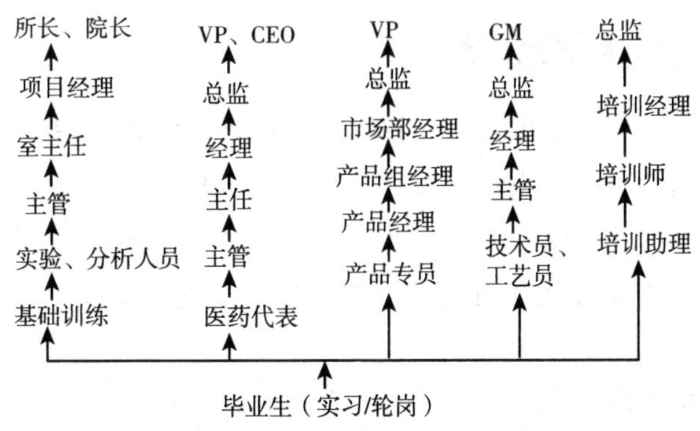

图5－5 医药企业员工职业生涯发展路线

2. 制定标准 在考虑上述三个方面因素的基础上，个人职业的发展可以通过与组织、职业变动对应的三个基本维度进行测量。

（1）沿职能维度横向移动：能力与技术的成长。

当职业生涯开始后，人们伴随自己从事的工作及工作的成绩而发生职位变化，但不是向上攀爬，而是在同一级别的不同职位水平移动，在机构内部不同功能部门之间的轮换。许多管理项目都使用这种形式让雇员接触机构的方方面面。比如说，未来的销售代表需要先在生产部门工作几个星期，然后依次去其他部门工作，直到获取公司各个环境的工作经验。对于有些人来说，这种短期的水平切换为将来的长期发展打下了基础。曾在不同部门担任相同级别工作的人并非少见，他们在这种情况下形成了一套适应性很强的技能来完成相关的事物。另外，这种水平移动还创造了不少新的学习机会，让人得以保持职业知识常新。广泛的经验，伴以管理技能的完善，是寻找升职或新的工作机会的人不可多得的财富。

这种变化可能来自于自己的努力，也可能与公司提供的培训和发展机会有一定的关系。这种变化也对应于公司的岗位轮换、正常的培训和发展机会，其实这也反映了一种趋势：人们通过变化工作来换取多种不同的技能。

（2）沿等级维度垂直移动：沿阶梯向上。

每种职业都有自己的等级制度，个人可以通过这种等级的区分来判断自己或别人的职业进步。对于大多数人来说，能够在公司的职务阶梯上向上提升是判断成功与否的普遍标准。

（3）进入内圈的运动：获得影响力和权力。

一些人判断成功的重要标准是：个人是否深入了职业或组织的核心层。这种影响力或权力的变化是悄悄发生的，因为它并不一定要伴以职位或头衔上可见的变化。另外和其他不一样的是，他并不要求获得新的技能，在这个意义上的进步是在人际关系中形成的。例如，多年建立起来的非正式关系，通常也会给秘书带来远远超过他们正式职位的影响力和权力。

三、职业生涯发展的阶段

很多人认为，职业生涯发展开始于正式工作以后，实际上职业生涯的发展始于尚未正式参加工作之前，当一个人成年以后，往往对于自己今后从事什么职业、达到什么目标有了一些想法，并在学习中、生活中做一些必要的准备，比如参加一些针对性较强的专业培训、参加相关执业资格证的考试等。从整个职业生涯发展的历程来看，可分为五个阶段。

（一）工作准备阶段

基本特征：尚未正式参加工作，正在接受教育，为今后从事实际工作做准备。

主要任务：确定最初的职业取向；接受一套系统的教育；贯彻职业取向；形成适合自己的发展职业观念。

如果在进入职业前期，能够很好地把握自我，充分地认识自己，知道自己的喜好、价值观，知道自己的能力、知识经验、并选择好自己工作的单位，职业生涯之路就会相对比较平坦，否则就可能走许多弯路，影响职业前程。

大多数人在职业生涯早期都要解决好以下问题。

1. 选择自己喜欢的职业 职业的选择要受到自身多种因素的制约。具体地说，有职业价值观、职业人格、职业能力等，这些方面都从不同的角度影响人的行为。职业价值观主要决定行为的方向，职业人格、职业能力则是维持对专业或职业持续兴趣的保证。如果一个人不喜欢从事与物质打交道的工作，却被安排做搬运、安装、整理工作，他就很难长久地坚持下去，或在工作领域取得成就；如果一个人不喜欢交际，而被安置在销售部门，他就很难积极主动地与人打交道。能力就更重要，如果一个人不能胜任工作，得不到认可，无人赏识，整天都处于失败的阴影中，他就不可能将工作干好，也无法从工作中获得乐趣。因此，个人在确定职业方向时，应该尽可能地考虑到自己的价值观、能力和其他个人特点。

2. 确定职业生涯目标 如何在职业道路上实现自己的最大价值，做出最高的成就，需要有一个科学合理的职业生涯目标。职业生涯目标的确立应该考虑两个方面的因素，即自我内部因素和外部环境因素。

不同的职业岗位需要不同的能力、兴趣、性格的人来担任，所提供的回报也是多种多样的。职业生涯目标可以相应地划分为多项交叉但并不排斥的目标。

经济价值目标：单纯地以经济条件来判断，如 30 岁时挣到 100 万。

职务目标：一个人职务做评判依据，如 30 岁当上处长。

能力目标：以自我能力的提高为标准，如 30 岁时能组织领导 100 人左右的队伍。

人生价值目标：以自我价值实现为目的，如 30 岁时创立自己的公司。

一次性的长期规划显然不太现实，因而我们可以根据自身实际及当前社会需求，把大目标分解成若干可操作的小目标，灵活确定规划的时限，如 20 ~ 30 岁的职业生涯规划，或 25 ~ 30 岁的职业生涯规划等。

（二）进入组织阶段

基本特征：开始非正式接触社会；选择工作和组织。

主要任务：学会适应和融入一个组织。

新进入一个组织，适应组织文化十分重要。如果组织强调团队协作，而你喜欢自扫门前雪，就会与组织要求格格不入。如果你看中工作成绩，而组织奉行“关系网”文化，你就很难在组织中有所发展。个人在进入组织以前通常有几个情况：一是对组织的文化已有相当的了解；二是对组织文化有一些推理性的认识；三是基本不了解组织文化。通常，由于不同的组织有不同的经营管理理念，因此组织在挑选员工时，与组织相似的员工就会被吸引过来，组织在这些员工中进行筛选，将合适的员工招聘进来。如果挑选者和被挑选者双方没有发生误解，所挑选的员工就会与组织的文化一致，这些员工就会很快地融入组织，建立良好的同事关系，持续地在组织发展；如果员工发现自己的价值观与组织所宣传的价值观或自己所感觉到的价值观发生冲突，产生摩擦，就需要个人或组织的一方做出调整或让步。

（三）职业早期阶段

基本特征：胜任当前工作。

基本任务：在组织和职业中塑造自我；力求在选定的具体领域获得成功。

在职业早期阶段，个人已经基本熟悉和适应了工作环境，能够胜任具体的工作，也积累了一定的工作经验和人脉关系。但是仍然面临一些问题：比如如何摆脱刚参加工作时候给同事留下的青涩、学生印象，重塑专业、成熟的外在形象与内在形象；如何在具体的工作中获得持续的进步，甚至取得成功，在相关领域获得良好的口碑。

（四）职业中期阶段

基本特征："中年过渡期－老年早期"向"老年中期"过渡的开始。

主要任务：对支配职业早期的生活方式进行重新确认，提炼出新的生活结构。

职业中期阶段往往是人生的分水岭，有的人跃上了社会的金字塔顶端，有的人却还是在底部默默无闻；有的人已经在本专业领域或本行业有了良好的个人品牌，或成为专家；有的人却还是普通的基层员工。职业中期阶段是对早期阶段的总结和回馈。人生往往在这个阶段达到顶峰。

（五）职业晚期阶段

基本特征：脑力、体力逐步衰退。

主要任务：对抗衰老，保持工作中的创造性；从工作中解脱出来的准备。

在职业生涯晚期阶段，个人的经历开始衰退，做事情往往感到力不从心，身体健康也开始反映出一些信号，提示不要过度劳累、紧张。因此，处于这个阶段的员工，往往首先是保证能够有一个健康的身体，其次才是保持工作的热情和创造性。这需要员工调整好自己的心态，做好退居二线或离职的准备。

第八节　人事档案管理

一、人事档案管理的基本要求

（1）公司人力资源部负责人事档案工作的归口管理，指导监督各分公司、直属部门的人事档案管理工作。

（2）人事档案管理实行公司领导下的分级管理负责制。

（3）人事档案管理必须严格确保材料保密。公司人力资源部负责公司各级干部和各分支机构经理室成员、人力资源部负责人、稽核审计部负责人的人事档案管理工作。

（4）各分支机构人力资源部负责本机构经理以下人员的人事档案管理。

(5) 同级组织部门有权查阅本级人事档案。

(6) 各单位专职档案管理人员的本人档案由同级组织部门与人力资源部交叉管理，其他人员不得代管。

二、确立两级档案管理制度

一级档案是指人事档案，是员工入司随转的人事档案材料；二级档案为员工入司以后的任职情况、培训情况、工资调整、学历、职称变化、历年考核等情况及员工基本情况复印件备查材料。

三、人事档案分类

第一类：履历材料。

第二类：自传材料。

第三类：鉴定、考核、考察材料。

第四类：学历和评聘材料。

第五类：政治历史情况的审查材料。

第六类：政治面貌材料。

第七类：奖励材料。

第八类：处分材料。

第九类：录用、任免、聘用、转业、工资、待遇、出国、退休、退职材料及各种代表会代表登记表等材料。

第十类：其他可供组织上参考的材料。

四、一般文档管理

1. 人力资源部文件 人力资源本部正式形成发出的文件、传真、通知等，除保密薪资文件外，均应保存一份原件或复印件归档，年终按内容类型、依成文时间编号装订成册。

人力资源工作中形成的台账、报告，以及搜集到的业务资料等，由各处归口管理，各经办人保存。年终根据内容价值酌情归档。

薪资福利类保密文件由薪酬福利处自行建档保存。

2. 公司文件 包括集团公司发文、所属企业的请示和报告（除保密的薪资内容），平时收文即入活页册保存，年终编排目录，装订成册归档。

3. 外部文件 包括国家和市政府有关部门（劳动人事部门）的发文，社会公开资讯等，应作为公开业务资料共享。

五、员工人事档案管理

(1) 人力资源部负责管理（建立、接转、保存、整理）本机构内员工的人事档案。

（2）人力资源部一般情况在员工试用期满，向其人事档案关系所在单位开出“调函”，交员工或其委托人，在规定时间内将档案转入公司。档案管理人员应在接到调入档案时当场拆封核查，如有缺漏或疑点，应将档案密封交员工本人退回原单位补齐或作出书面解释。

（3）员工合法终止/解除劳动合同时，由各相关部门负责人在“终止/解除劳动关系手续清单”上签字，确认无遗留问题；员工出具调入单位的调函后，人力资源部核对档案材料，密封人事档案，连同开具的“档案材料转移单”、“干部介绍信”、“调出人员工资转移单”及其他有关材料，转至调入单位。

（4）人事档案管理，应严格执行国家和公司有关规定。查阅员工人事档案应经人力资源部总监（或经理）批准，并办理登记手续。档案管理人员和查阅者不得私自增删、涂改、泄露档案材料内容。

六、员工管理档案管理

（1）“员工管理档案”是公司为每个员工建立的内部管理档案。包括该员工的有关招聘、录用、合同、考核、薪资、福利、奖惩、培训等材料。建立此档案旨在方便内部管理。

（2）员工管理档案自员工到岗之日建立，每人一份，按部门归类。员工终止/解除劳动关系时，应归进员工人事档案的材料归入人事档案，员工管理档案封存。

（3）员工管理档案中保存应聘录用、劳动合同、薪酬福利（休假、医疗、工伤、教育培训等）、奖惩、考核、体检等所有材料的原件，人力资源部指派专人负责管理。

（4）员工管理档案中不应包含秘密内容，人力资源部员工、各部门负责人可根据工作需要查阅有关员工的管理档案。任何人员不得私自更改管理档案内容。

（5）员工管理档案仅供公司内部使用。

复习测试题

一、名称解释

1. 人力资源
2. 工作分析
3. 人力资源招聘
4. 绩效评价
5. 薪酬管理

二、选择题

1. 人力资源的特征（　）

A. 主动性
B. 时效性
C. 可再生性
D. 社会性
E. 可变性

2. 组织设计的内容主要包括（　）
A. 组织结构设计
B. 部门设计
C. 层级设计
D. 工作分析与设计
E. 个人设计

3. 外部招聘的途径有（　）
A. 广告招聘
B. 人才交流会
C. 猎头公司
D. 校园招聘
E. 他人推荐

4. 常用的在职培训的类型有（　）
A. 转岗培训
B. 晋升培训
C. 岗位资格培训
D. 更新知识、掌握新技能培训
E. 以改善绩效考核为依据的培训

5. 绩效评价的目的是（　）
A. 个人评价
B. 个人激励
C. 组织计划和决策
D. 个人奖赏
E. 个人发展

6. 在制定每个岗位的绩效评价标准时，应遵守以下原则，通常称之为“SMART”原则（　）
A. 明确具体的
B. 可衡量的
C. 行为导向的
D. 切实可行的
E. 受时间限制的

三、简答题

1. 简述人力资源的特征。
2. 简述内部招聘与外部招聘的利与弊。
3. 简述培训目标。
4. 简述培训的意义。
5. 工作分析主要解决哪些问题？试以医药代表为例，设计职务说明书。
6. 企业常用的在职培训的类型有哪些？
7. 在制定每个岗位的绩效评价标准时，“SMART”原则的具体内容是什么？
8. 试用 SWOT 分析法对你自己毕业后的第一份工作进行定位。

第六章

企业文化管理

掌握：企业文化的定义；企业文化的意义；企业文化的特征；企业文化的功能；企业文化的组成。

熟悉：企业文化建设的原则；典型企业的企业文化。

了解：如何建设企业文化。

第一节　企业文化概述

企业文化具有文字、文化和基因三重境界。文字是指写在纸上、挂在墙上但员工未必真正记在心里，行为和行动中未必真正体现的一系列规章制度，它是企业文化的初级境界。文化讲究“以文化人”、“攻心为上”、“制度束身”、“文化塑心”，就是通过企业的规章制度去约束别人，企业文化的最高境界是上层领导的观念、观点及做法已自然而然地为下级部门和员工认同和接受，并自觉贯彻执行，达到了企业文化的最高境界和成功企业具有的企业文化的典型特征。对于民营企业来说，企业文化既是企业合力之纽带，也是企业核心竞争力的源泉。

有知识不等于有文化，有技术不等于有文化。

懂管理不等于有文化，有学历不等于有文化。

一、企业文化的概念

企业文化，或称组织文化（corporate culture 或 organizational culture），是一个组织由其价值观、信念、仪式、符号、处事方式等组成的其特有的文化形象，是企业在经济的实践中，逐步形成的为全体员工所认同、遵守、带有本企业特色的价值观念，经营准则、经营作风、企业精神、道德规范、发展目标的总和，其核心是企业理念、企业价值观、企业愿景等。

企业文化是企业中形成的文化观念、历史传统、共同价值观念、道德规范、行为准则等企业的意识形态，企业领导者把文化的变化人的功能应用于企业，以解决现代企业管理中的问题，就有了企业文化。企业管理理论和企业文化管理理论都追求效益。但前者为追求效益而把人当作客体，后者为追求效益把文化概念自觉应用于企业，把具有丰富创造性的人作为管理理论的中心。这种指导思想反映到企业管理中去，就有了人们称之为企业文化的种种观念。

二、企业文化的意义

（1）企业文化能激发员工的使命感。不管是什么企业都有它的责任和使命，企业使命感是全体员工工作的目标和方向，是企业不断发展或前进的动力之源。

（2）企业文化能凝聚员工的归属感。企业文化的作用就是通过企业价值观的提炼和传播，让一群来自不同地方的人共同追求同一个梦想。

（3）企业文化能加强员工的责任感。企业要通过大量的资料和文件宣传员工责任感的重要性，管理人员要给全体员工灌输责任意识，危机意识和团队意识，要让大家清楚地认识企业是全体员工共同的企业。

（4）企业文化能赋予员工的荣誉感。每个人都要在自己的工作岗位，工作领域，多做贡献，多出成绩，多追求荣誉感。

（5）企业文化能实现员工的成就感。一个企业的繁荣昌盛关系到每一个公司员工的生存，企业繁荣了，员工们就会引以为豪，会更积极努力的进取，荣耀越高，成就感就越大，越明显。

（6）企业文化是企业管理的高级阶段。

一年企业靠运气；十年企业靠经营；百年企业靠文化。

三流企业卖体力；二流企业卖技术；一流企业卖文化。

三、企业文化的特征

1. 独特性 企业文化具有鲜明的个性和特色，具有相对独立性，每个企业都有其独特的文化积淀，这是由企业的生产经营管理特色、企业传统、企业目标、企业员工素质以及内外环境不同所决定的。

2. 继承性 企业在一定的时空条件下产生、生存和发展，企业文化是历史的产物。企业文化的继承性体现在三个方面：一是继承优秀的民族文化精华。二是继承企业的文化传统。三是继承外来的企业文化实践和研究成果。

3. 相融性 企业文化的相融性体现在它与企业环境的协调和适应性方面。企业文化反映了时代精神，它必然要与企业的经济环境、政治环境、文化环境以及社区环境相融合。

4. 人本性 企业文化是一种以人为本的文化，最本质的内容，就是强调人的理想、道德、价值观、行为规范在企业管理中的核心作用，强调在企业管理中要理解人，尊重人，关心人。注重的全面发展，用愿景鼓舞人，用精神凝聚人，用机制激励人，用环境培育人。

5. 整体性　企业文化是一个有机的统一整体，人的发展和企业的发展密不可分，引导企业职工把个人奋斗目标融于企业整体目标之中，追求企业的整体优势和整体意志的实现。

6. 创新性　创新既是时代的呼唤，又是企业文化自身的内在要求。优秀的企业文化往往在继承中创新，随着企业环境和国内外市场的变化而改革发展，引导大家追求卓越，追求成效，追求创新。

四、企业文化的功能

（一）导向功能

企业文化的导向功能是指它对企业行为方向所起的显示、诱导和坚定作用。

（1）企业文化能显示企业的发展方向。企业文化以概括、精粹、富有哲理性的语言明示着企业发展的目标和方向，这些语言经过长期的教育、潜移默化，已经铭刻在广大员工心中，成为其精神世界的一部分。

（2）企业文化能诱导企业行为方向。企业文化建立的价值目标是企业员工的共同目标，它对员工有巨大的吸引力，是员工共同行为的巨大诱因，使员工自觉地把行为统一到企业所期望的方向上去。

（3）企业文化能坚定企业行为方向。企业在遇到困难和危机时，强大的企业文化可以促使员工把困难当作动力，把挑战当作机会，更加坚定而执着地为既定的目标而奋斗。

（二）激励功能

企业文化对强化员工工作动机和激发员工的工作主动性、积极性和创造性能产生巨大作用。

（1）企业文化使员工获得充分发挥自己的聪明才智、不断实现自我的优越条件。鼓励创新、支持变革，是一切优秀企业文化的鲜明特点。员工自我发挥、实现自我和自我完善的需要，只有强大的企业文化环境中才能获得满足。

（2）企业文化的重要特点是重视人的价值，正确认识员工在企业中的地位和作用，激发员工的主体意思，从根本上调动员工的积极性和创造性。

（3）积极向上的思想观念及行为准则，可以形成强烈的使命感和持久的驱动力。心理学研究表明，人们越能认识行为的意义，行为的社会意义越明显，越能产生行为的推动力。倡导企业理念的过程，正是帮助员工认识工作意义，建立工作动机，从而调动积极性的过程。

（三）凝聚功能

企业组织的高凝聚力，主要表现在三个方面：一是组织与团体、团体与团体之间的关系是亲密的、和谐合作的；二是组织对团体、团体对个人具有很强的吸引力；三是个人对团体和组织有很强的认同感、依恋感和向心力。企业文化具有很强的凝聚功能。

（1）企业文化赋予人们以共同的目标、理想、志向和期望，使人们心往一处想，劲往一处使，成为具有共识、同感的人群结合体。

（2）企业文化给人们提供了一套价值评价和判断的标准，使人们知道怎样做是正确的，怎样做是错误的，不仅能避免大量矛盾的发生，而且即使出现某些矛盾和冲突，也会积极、主动地设法解决。

（3）企业文化提供给员工多方面的心理满足条件。企业对员工有很强的吸引力，员工对企业有很大的向心力。

（四）约束功能

企业文化的内容不仅包括企业规章制度，而且包括企业的思想作风，企业的伦理道德、企业的价值观念、企业的行为方式等诸多方面。这就使企业文化具有两个方面的约束功能：一种是硬性的约束，即企业成文的规章制度对员工的约束力；另一种是软性的约束，即一种无形的约束。

企业文化的约束功能主要是从价值观念、道德规范上对员工进行软性的约束，它通过将企业共同价值观、道德观向员工个人价值观、道德观的内化，使员工在观念上确立一种内在的自我约束的行为标准。一旦员工的某项行为违背了企业的信念，其本人心理上会感到内疚，并受到共同意识的压力和公共舆论的谴责，促使其自动纠正错误行为。

（五）调适功能

企业文化的一个重要组成部分，就是活跃企业员工的文化生活，进行与其相适应的福利设施和文化生活环境的建设。企业员工良好的生活环境和丰富多彩的业余文化生活，不仅能极大地调动员工的生产积极性，而且也是扩大在生产的重要保证。

（六）教化功能

员工的素质是企业素质的核心，员工素质能否提高，在很大程度上取决于他所处的环境和条件。优秀的企业文化体现卓越、成效和创新。具有优秀文化的集体是一所“学校”，为人们积极进取创造良好的学习、实践环境和条件，具有提高人员素质的教化功能。它可以使人树立崇高理想，培养人的全面发展。

（七）维系功能

企业发展需要两种纽带。一是物质、利益、产权的纽带，另一种是文化、精神、道德的纽带。如果只有前一种纽带，是不会得到健康、持续的发展的。企业文化建设的重要功能之一就在于形成企业发展所不可缺少的精神纽带、道德纽带。

（八）辐射功能

企业文化不仅对本企业产生作用，还会不断地向周围传播和辐射。这种辐射的途径，是企业的对外横向联系及人员交往，它的作用机制则是依靠企业文化交往实现的。

第二节　企业文化建设管理

一、建设原则

（一）以人为本的原则

以人为本就是把人视为管理的主要对象和企业最重要资源。企业文化模式必须以人为中心，充分反映人的思想文化意识，通过企业全体人员的积极参与，发挥首创精神，企业才能有生命力，企业文化才能健康发展。

一方面，企业文化作为一种管理文化，它需要强调对人的管理，并把强调“人”的重要性有机地融合到追求公司的目标中去。

另一方面，企业员工不仅是企业的主体，而且还是企业的主人，企业要通过尊重人、理解人来凝聚人心，企业文化要通过激发人的热情，开发人的潜能，来极大地调动人的积极性和创造性，使企业的管理更加科学，更有凝聚力。

在企业文化建塑过程中，要正确处理好企业领导倡导与员工积极参与的关系。必须做到每一个环节都有员工参与，每一项政策出台必须得到广大员工认可，自始至终形成一个全员参与、相互交融的建设局面，从而实现员工价值升华与企业蓬勃发展的有机统一，实现国有资产保值增值和员工全面发展的有机统一。

（二）讲求实效的原则

进行企业文化建设，要切合企业实际，符合企业定位，一切从实际出发，不搞形式主义，必须制定切实可行的企业文化建设方案，借助必要的载体和抓手，建立规范的内部管控体系和相应的激励约束机制，逐步建立起完善的企业文化体系。要以科学的态度，实事求是地进行企业文化的塑造，在实施中起点要高，要力求同国际接轨、同市场接轨，要求精求好，搞精品工程，做到重点突出，稳步推进。要使物质、行为、制度 、精神四大要素协调发展、务求实效，真正使企业文化建设能够为企业的科学管理和企业发展目标的实现服务。

（三）重在领导的原则

要树立“管理者首位”思想，领导干部要率先垂范。企业文化在很大程度上表现为企业家（群体）文化，从一定意义上说，企业文化是企业家理念的升华，企业家是企业文化的倡导者、缔造者、推行者，不仅个人的理念要领先于他人，更重要的是能把领先的理念转化为企业的理念、企业的体制、企业的规则。

各级领导干部在企业文化建设中，要先学一步，学深一些，带头思考，带头实践，时时事事给员工做出榜样，要在企业文化建设中有创新、有建树。

各级管理领导者，都应明确自己的角色定位，承担起应负的责任，并善于集中群众的智慧，调动起全体员工的积极性、创造性，依靠全员的力量投身企业文化建设。

（四）系统建设的原则

企业文化建设作为一项战略性、长期性的工作，它是一项庞大的、复杂的系统工程，决不能凭空想象一蹴而就，要树立“打持久战”的理念。

企业文化是企业的“铸基”和“铸魂”工程，需要坚持不懈的努力。它的建设是一个渐进过程，必须运用系统论的方法，搞好整体设计，分步推进，分层次落实。必须明确总体目标和阶段性目标，管理层应该做什么、怎么做，实践层应该做什么、怎么做，只有上下戮力同心，协调运作，才能把企业文化建设的任务落实到实际工作中去。

（五）突出特色的原则

企业文化是一门应用性、实践性很强的科学，是在一定社会文化背景下的管理文化。工作中必须运用创新的方法去思考，去实践。搞好企业文化建设关键在于突出企业的鲜明个性，追求与众不同的特色、优势和差别性，培育出适应知识经济时代要求的，能够促进企业整体素质提高、健康发展，具有自身鲜明特色的企业文化。

因此，在企业文化建设过程中，必须牢牢把握企业历史、现状、未来的实际情况，重视挖掘提炼和整理出具有企业鲜明特色的文化内涵来，走出一条具有本企业特色的企业文化建设之路。

（六）追求卓越的原则

建塑企业文化，要表现出21世纪一流的水平，使企业员工都欣赏这一模式，并在这种体现卓越的企业文化模式中与企业产生共鸣。在卓越的企业文化模式里，人人都追求卓越，个个都表现出卓越的绩效。

但是，企业文化发展到一定程度，企业往往容易满足现状，失去新的追求，变得保守起来，使企业文化的“文化力”减弱，也使企业丧失对卓越的追求。因此，塑造企业文化，必须坚持卓越的原则，使企业和员工始终感到总有一股追求卓越的激情在激励着他们，激动人心的目标一个接一个地出现，即使是在其他企业都感到满足的时候，企业仍能保持创新上的不满足，崇尚革新，与时俱进，不懈地追求完美和第一，从而促进企业文化的健康发展。

二、目标要求

（一）规划目标

1. 远期目标　制定企业文化建设战略规划。按照有计划、有步骤、由浅入深、由表及里的建设程序，建立起一套基础化、程序化、科学化的企业文化建设系统。在“继承”、“学习”、“创新”思想的指导下，从物质文化、行为文化、制度文化、精神文化四个方面整体推进、系统运作，构建一个切合实际的、科学合理的、便于操作的企业文化建设规划体系，并把规划纳入企业发展战略，成为企业整体规划的一部分。

2. 中期目标　5年发展纲要。

（1）公司企业文化建设5年发展目标

①具有公司特色的企业理念（企业哲学、企业精神、企业价值观、道德规范等）

深入人心，公司员工对企业理念达到熟知、熟记等程度，并在具体行动中自觉实践。

②系统地整合和完善核心理念指导下企业文化支撑体系，坚持以公司的核心理念为企业一切行动的出发点、着眼点和落脚点，形成以核心理念为主线的系统管理体系。

③学习型组织的构建成体系，阶段性成果明显。公司形成规范的学习制度并自觉实践，结合自身实际借鉴和应用先进的管理思想、管理理论和管理模式，引进、消化和吸收国际国内先进科学技术，提高公司全体员工尤其是各级领导干部的综合素质。

④公司的知名度、信誉度和美誉度进一步提升，企业标识和品牌形象在集团公司内部和行业内部认知程度达到100%；公司用户的认知程度达到100%。

⑤员工对公司的企业形象标准、管理者形象标准、员工形象标准等，能够做到熟知，自觉行动，而且遵守行为规范自觉程度达到100%。

⑥企业视觉识别系统、理念识别系统、行为识别系统达到规范化、程序化和个性化。

⑦打造文化管理运行机制，形成强势企业文化，建成全国企业文化建设示范基地。

（2）公司企业文化建设5年重点工作

①第一年重点工作　形成完整的《公司企业文化手册》、《公司企业文化视觉识别手册》，归纳提炼形成企业精神文化内涵。

②第二年重点工作　完成企业视觉识别系统的规范工作，企业员工行为的规范工作初见成效。

③第三年重点工作　企业核心理念在企业内部的认知和认同程度达到90%以上，学习型组织成熟运作。

④第四年重点工作　整合并完善企业文化支撑体系，形成比较成熟的文化管理体系。

⑤第五年重点工作　进一步提升企业知名度和美誉度，塑造企业良好形象，建成全国企业文化建设示范基地。

3. 近期目标　3个主题活动年。

（1）第一年，开展“企业文化推进年”活动，是公司加强企业文化建设的起步和推进之年。全面实施“13311”工程，即突出“一个核心”，做到“三个统一”，抓住“三个重点”，形成“一个体系”，实现“一个目标”。

①“一个核心”就是突出企业核心价值观的塑造。

②“三个统一”就是要统一和规范以企业精神为核心的企业理念识别系统、以企业标识为核心的视觉识别系统、以员工形象为核心的行为识别系统，全面导入CIS。

③“三个重点”就是重点在精神文化、行为文化、物质文化三个方面实现新突破。

④“一个体系”就是年内构建时代特色浓、个性特色强、符合企业实际、适应现代企业制度要求的特色文化体系。

⑤“一个目标”就是形成强势企业文化，锻造企业竞争优势，塑造良好企业形象，促进企业持续发展。

（2）第二年，开展“企业文化发展年”活动，是公司企业文化建设的提高年。全面实施“1234”工程，即围绕“一个目标”，抓好“两个推进”，做到“三个延伸“，实现“四个提升”。

①“一个目标”就是打造文化管理企业运行机制。

②“两个推进”就是继续推进“三个统一”，推进“三个重点”。

③“三个延伸”就是从感性文化向理性文化延伸、从无形文化向有形资源延伸、从管理文化向文化管理延伸。

④实现“四个提升”就是不断提升企业的执行力、竞争力、凝聚力和形象力。

（3）第三年，开展“企业文化创新年”活动，是公司企业文化建设的发展和创新年。全面实施“3221”工程，即完成“三个规范”，抓住“两个重点”，做到“两个争创”，实现“一个目标”。

①“三个规范”就是完成企业视觉识别系统、行为识别系统、理念识别系统的进一步规范工作，全面优化企业形象、产品形象和员工队伍形象。

②“两个重点”就是突出管理文化、安全文化。

③“两个争创”就是争创学习型企业，争创“热爱企业、献身企业”标兵。

④“一个目标”就是做大做强企业，全力打造企业竞争新优势，实现企业管理效能的不断增强和经济效益的不断提高。

（二）实现目标

按照培训、普及、形象、规范、深化五个步骤，最大程度地调动集体智慧的能量，产生“聚能效应”，形成特色鲜明的企业文化，使公司企业文化氛围日益浓郁，企业形象不断提升，走上一条成功的跨越式发展之路。企业文化的目标如图6－1所示。

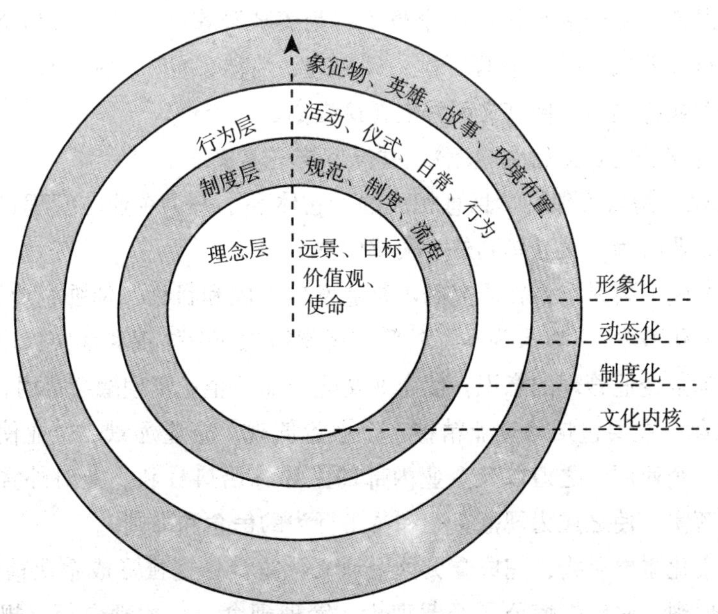

图6－1 企业文化目标

1. 物质文化 是企业文化的显像文化，它是企业生产、经营和文化娱乐等方面的环境、条件、设施等物质要素的总和，较为直观地表现出一个企业的文化氛围、精神风貌和管理水平。

物质文化的提升主要是指：制定公司《物质文化建设标准分册》（CI 手册），完成 CI 视觉形象系统的导入，并按照 CI 整体设计的基本系统和应用系统标准，统一企业标志、旗帜、歌曲、徽章、色彩等多种企业标识。

规范企业建筑风格、建筑色调，规范公司及各部门简称，规范公司车体外表，规范办公设备、办公器具，设计并规范员工着装款式及色调，统一企业宣传标牌、广告牌的装置规格和设置区位。

崇尚工作环境、生产环境和生活环境的美化、净化和现代化，建立和推行《生产现场管理办法》和《公司环境建设标准》。

在工业广场、生产车间、煤矿井下巷道、办公楼、会议室等处制作大量企业理念的牌匾、图板、灯箱，使企业理念深入人心，增强企业文化的感染力。

作好企业和产品的广告宣传，打造企业品牌，扩大企业的知名度和美誉度。

进一步抓好广场、公园、俱乐部、报纸、电视、图书活动室等文化载体和阵地建设，形成浓厚的企业文化建设氛围。

2. 行为文化 是企业文化的主体，是企业员工在生产经营和人际关系中产生的活动文化。

它主要包括两大类，一类是关于企业生产经营方面的活动，另一类是关于企业内部人与人之间的行为活动。

推进行为文化主要是指：规范礼仪、仪式、会议、公司活动规格和标准；抓好员工的行为养成规范，综合参照发达国家员工行为养成要素，结合行业和企业特点，确定并推广职工行为养成“6S”管理标准，即清理、清洁、准时、标准化、素养、安全。强化对员工的职业化训练，使其文明程度普遍提高。

建立并完善《公司员工行为规范》，并抓好推进落实。

3. 制度文化 是与管理科学息息相关的，它体现了一个企业在管理过程中的规范化，并影响着企业行为，又处延到外显文化中去。

规范制度文化主要是指：在研究制定企业发展方向和目标，加强企业管理过程中，主动导入企业文化概念，“以人为本”的管理思想得到充分体现和落实；牢固树立企业文化建设就是加强企业管理的意识，使企业文化与加强企业管理融会贯通，密不可分。

4. 精神文化 主要包括对企业精神、企业价值观、企业远景、企业使命、企业哲学、管理信念、企业用人之道以及企业内部的主导标语口号和企业对外宣传用语的确定和宣传贯彻落实，使之成为规范企业和员工行为的信念和准则。

主攻精神文化主要是指：完成全员性企业文化审计，挖掘形成企业精神内涵 ，总结提炼企业价值观，总结提炼公司经营理念、管理理念、人才理念等，规范精神文化用语，完成《公司企业文化手册》的编辑出版；在一个较长时间内通过宣传教育，倡导企业精神和企业价值观，并为全体员工所认同，企业向心力、凝聚力进一步增强，建设一支高素质的适应时代要求的“四有”职工队伍，为企业发展注入显著文化动力。

三、文化建设的推进方法

（1）始终坚持总体上抓体系，推进中按步骤，实施中做到精炼、实用、有效，配合企业发展战略的实施，整体向前推进。

（2）抓好企业文化知识的培训。鉴于企业文化作为管理科学的新潮流，刚开始还不能为全公司员工所认识和接受，有的甚至存在模糊认识的现状，要组织编写有关“宣传提纲”、“知识讲座”类宣传材料，利用报纸、电视、黑板报以及举办培训班等方式进行宣传和培训。采取培训骨干和自学相结合的原则，使全公司干部员工普遍掌握企业文化的基本知识和基本理论；70%以上的管理干部能结合实际，写出有一定理论深度的探讨企业文化建设方面的文章；全体干部员工的基础知识考核合格率100%。

（3）建立健全企业文化建设领导体制。成立相应的企业文化建设领导机构，明确负责人、主管部门及工作人员。企业文化的领导体制要与现代企业制度和法人治理结构相结合，发挥好董事会在企业文化建设中的决策作用，党委要加强对企业文化建设的领导，形成企业文化主管部门负责实施、各职能部门分工落实的工作体系。设置和增强推进企业文化建设的工作机构。

第一，成立以公司董事长为主任，党委书记和总经理为常务副主任的公司企业文化建设推进委员会，成员包括公司各方面的主要领导，使文化和企业各方面的管理紧紧地融合在一起。

第二，成立企业文化部，加强对企业文化建设的组织协调工作。该部设在宣传部，一套班子，两块牌子，负责全公司企业文化建设工作的管理。

第三，设立企业文化办公室。强有力的组织机构可为企业文化建设的系统性运作提供组织保障，也为企业文化建设扎实有效地稳步推进奠定基础。

（4）企业主要领导者同为企业文化建设第一责任人。共同负责企业文化建设的规划、设计和组织。要使党政工作在企业文化建设上形成合力，在加强企业管理上达成共识；党政工团各部门要按照两个文明建设中所担负的责任，遵循以人为本，实现管人、管物、管事一体文化建设的格局；加强对企业文化建设重要意义的宣传教育，形成全公司共识，变成全体员工的自觉行动。

（5）健全制度，完善机制，形成闭环管理。企业文化部（宣传部）、办公室、企业管理部、工会等部门要把企业文化建设内容与企业规划、年度计划合并编制，要重点列出制度文化建设的管理标准、工作标准、考核标准，并列入年度经营承包责任制，明确企业文化建设各项内容的责任部门和责任人，制定年度工作计划，使企业文化建设与企业管理工作一样也纳入日常管理工作之中，要建立企业文化建设的考核评价和激励机制，把企业文化建设纳入企业经营者业绩考核体系，定期对企业文化建设的成效进行考评和奖惩，考核结果与公司经济责任制挂钩。

（6）实施方案出台后，提交公司职代会讨论通过，用公司制度的形式予以确认。

四、实施步骤

1. 进行全员性企业文化审计活动　对公司的文化历史与现实进行全面回顾和提炼，进行企业无形资产的全面总结，广泛宣传，全面发动，从不同角度，对文化进行定格分析，得出结论，以此进行企业文化的民主建设。注意做好两个方面的工作：一是充分发挥全体员工的智慧，启发企业文化建设的灵感，特别是在设计企业文化“三大识别系统”时，要采取自上而下与自下而上相结合的方法，通过发放问卷调查、开座谈会、报告会、研讨会和开辟网上论坛、征文等形式，引导员工集思广益，献计献策，为形成企业“三大识别系统”奠定坚实基础。二是通过总结，进行企业文化的进一步宣传、灌输、教育活动。

在具体方法上，首先要让全体员工（含离退休员工）了解文化审计、无形资产定格的重大意义；其次利用征文、回忆文章、演讲比赛等形式收集“企业文化发展之我见”。

（1）征文活动，如“从我身边的人与事看文化特征”。

（2）以老员工回忆录像进行宣传教育，老员工通过实例回忆谈企业作风、传统以及文化特征等，并选择若干位老员工的回忆录像在公司电视台进行宣传播放。

（3）进行中青年员工演讲比赛，通过剖析、挖掘和生动描述身边的典型事件，形成“企业文化发展之我见”。

（4）进行公司历史文化论证答辩活动，这项活动要发动全公司各单位广泛参与，每个单位和部门推荐2～3人参加，全公司组成若干个代表队进行答辩论证并评选优胜者。

2. 归纳提炼形成企业精神文化内涵　根据有关企业文化建设的指示精神及公司实际，由企业文化部（宣传部）牵头，各有关部门配合，认真组织好《公司企业文化审计活动方案》的实施，对形成的精神文化的相关内容进行全面讨论，重点讨论企业哲学、核心价值观、企业精神、经营管理理念等。在讨论的基础上再推出修正方案，征求意见，继续归纳提炼，完善充实精神文化内涵，从框架结构到具体内容向全公司公布。

3. 企业文化的宣贯　各单位要广泛进行动员，利用各种形式，针对不同层次对象进行宣传，由公司企业文化部（宣传部）牵头和各单位积极配合，通过举办培训班、召开企业文化研讨会、经验交流会等形式对公司广大员工特别是各级领导干部进行公司理念、行为规范及视觉识别的培训。通过策划大型活动、广告宣传、公关策略等方式，大力展示公司形象及公司文化。

4. 企业文化的维护　企业文化建设是公司一项重要的、长期的战略任务，企业要坚持不懈、持之以恒地切实抓出成效来。企业制定活动计划要切实可行，既不能好高骛远，也不能敷衍了事。制定的工作计划要严格落实，主责领导要及时监督检查，公司有关部门要对开展活动情况及时进行评估和指导，分阶段抓好总结评比工作。此外，企业文化的具体内容，需要随着公司内外部环境的变化及时进行必要的调整，不断发展完善，做到与时俱进，开拓创新。

第三节 企业文化建设方案

文化建设是理性改良和感性突破的结合，是一种平衡。文化建设本质上是价值观的革命，但实践中却需要理性的改良，一步步耐心地牵引。文化建设本质上拒绝浮躁，但实践中也需要感性的突破，用绚丽的表象点燃所有人的激情。所谓理性改良，意味着要通过各种制度安排和组织建设，搭建员工事业平台。所谓感性突破，意味着应该通过或激动或温暖人心的各种活动，高速进入一种文化的氛围。感性呼唤，理性给予，建立起对文化的信心，从而完成自我的革新，两者缺一不可。

文化建设是一场长期的运动，也是组织最深邃的变革。文化建设的核心是价值观的统一。整个文化实施过程，是组织成员自我反省、自我超越的过程，是对自身思想深处价值观的检讨过程，是对自身习惯性思维方式、行为方式的反思、改进过程。人是倾向于维持均衡状态的，文化的变革与演进需要外界压力提供强大的动力，使组织及其成员的变革的动力大于自身惯性的阻力。有智慧和毅力的组织终将意识到，文化建设投一报万，是最辛劳但也是最伟大的自我投资。

知行合一，行胜于言！思想的跳跃是为了行动的飞跃。文化只有和行动统一起来才有意义，文化理念的落地生根远远重于其表述形式。一个组织的文化之所以伟大，不在于这个组织提出了多少漂亮的口号，而在于这个组织是否长期坚持了一些基本的价值观，把他们渗透到整个组织当中，形成组织成员共同的心理契约，从而自然而然地规范成员的言行。只有行动，企业文化才能落到实处；只有行动，企业文化才会焕发勃勃生机；只有行动，企业文化才有永恒的生命力！

一、理念篇

21 世纪企业之间的竞争，实际上也是企业文化的竞争。企业文化是企业综合实力的体现，是一个企业文明程度的反映，也是知识形态生产力转化为物质形态生产力的源泉。很多公司创立以来，虽积淀了一定的文化底蕴，但面临新的形势、新的任务、新的机遇、新的挑战，要想在激烈的市场竞争中取胜，把企业做大做强，实现企业的跨越式发展，就必须树立“用文化管企业”、“以文化兴企业”的理念，要对原有文化进行整合和创新，营造培育先进的企业文化，积极推进文化强企战略，努力用先进的企业文化推动企业的改革发展，提高企业的创新力、形象力和核心竞争力，营造“企业有生气、产品有名气、领导有正气、职工有士气”的发展环境和精神面貌。

（一）基本建设思路

企业文化是企业全体员工的文化，需要大家的共同参与，大家建设大家的文化。

发动员工参与的过程，也是企业文化建设的过程。要坚持“大家的文化大家建”的基本建设思路，企业领导带头、管理人员带头，动员全体员工共同参与，上下左右齐心协力，进一步营造全员抓文化建设的浓厚氛围。

在文化建设过程中，应站在全局的高度，保持企业文化的包容性和开放性，坚持自上而下、自下而上双向进行，既对亚文化的建设提供指导，又要吸收亚文化中的优秀元素。

（二）指导思想

把“科学发展观”和“公司发展战略”作为两大指导思想。

以科学发展观的重要思想为指针，以公司的发展战略为先导，以形成共同的理想，信念、价值观和行为规范为核心，以培育开拓创新精神、团队协作精神为灵魂，以提高素质、塑造形象为关键，以建立规范的运行机制和实行强有力的领导为基础，总体规划，抓好起步，全面推进，使企业文化注入、渗透到公司的各项工作中去，推动公司全面系统发展。通过贯彻和落实以人为本的科学发展观，倡导和推行先进的企业核心价值观，打造高素质的管理队伍，员工队伍，努力创新经营思想、管理模式、激励机制和服务体系，构建内强素质、外塑形象、适应市场变化、促进企业发展的企业文化体系，全面实现公司向科学管理、文化管理的转变，实现企业文化发展战略目标，更快更好地推进公司持续稳定健康发展和企业全面进步。

（三）建设实施方针

1. 循序渐进 企业文化是一个从载体到本质、从表层到本质的体系，操之过急，员工接受程度有限，效果差；行动过于缓慢，影响企业发展的需要。

企业文化建设是个长期的过程，不可能一蹴而就，必须遵循发展规律进行科学的建设。文化的变革涉及价值观的转变和统一，是个痛苦困难的进程，会遇到很多阻碍，因此需要持久推行下去，不能半途而废。要加强研究和规划，抓住决定文化建设根本效果的措施，做到重点突出，步步为营，循序渐进，通过长期不懈的努力，分阶段分步骤地达到文化建设的目标。

2. 引导适应 文化建设根据企业的历史特点、人员素质、管理水平的实际，提出相关要求，尽量避免命令性的“决策－执行”的方式，而应采取宣传、引导员工自觉参与、自我约束、自愿接受、平行推进且高度透明的方式，必要时可以采取一定激励方式来引导和控制组织员工的活动，最终形成员工的自觉意识与共识的文化。

3. 开放融合 在文化建设中遵循开放融合的方针，加强与外界及公司内部的交流互动，让更多的人认识和了解企业。通过开放，吸收融合内外部先进思想，进一步提升文化建设和内部管理水平，形成独具特色的企业文化，把企业文化建设体系的本质体系和载体体系有机融合为一体。

二、规划篇

（一）企业文化的四个方面

企业文化一般包括如四个方面：①企业员工所共有的观念、价值取向以及行为等外在的表现形式；②由管理作风和管理观念（管理者说的话、做的事、奖励的行为）构成管理的氛围；③由现存的管理制度和管理程度的管理氛围；④书面和非书面的标准和程序。

（二）企业文化建设的主要目标

1. 确定MI（理念识别）

（1）确定全体职工的价值观　企业价值观是企业文化的核心，决定企业的命脉，关系企业的兴衰。现代企业不仅要实现物质价值，还要是文化价值，要充分认识企业竞争不仅是经济竞争，更是人的竞争、文化的竞争、伦理智慧的竞争。企业的最终目标是服务社会，实现社会价值最大化。

企业的核心价值观：诚信做人，规范做事，商业人格，结果导向，客户价值，开放分享。

（2）确立企业精神和理念　培育有个性的企业精神和理念是加强企业文化建设的核心，培育具有鲜明个性和丰富内涵的企业精神和理念，最大限度地激发职工内在潜力，是企业文化的首要任务和主要内容。

企业精神和理念是指：企业广大职工在长期的生产经营活动中逐步形成的，由企业的传统、经历、文化和企业领导人的管理哲学共同孕育的，并经过有意识的概括、总结、提炼而得到确立的思想成果和精神力量，必须是集中体现一个企业独特的、具有鲜明的经营思想和个性风格，反映企业的信念和追求，并由企业倡导的一种精神。培养企业精神和理念，要遵循时代性、先进性、激励性、效益性等原则，不仅要反映企业本质特征，而且要反映出行业的特点和本单位特色，体现出企业的经营理念。如某公司的企业精神：激情创新，协作共赢；企业理念：始终以客户和员工为关注焦点。

（3）确立符合公司实际的企业愿景和使命　是企业生存发展的主要目的和根本追求，它是以企业发展的目标、目的和发展方向来反映企业价值观。

企业愿景是指企业的长期愿望及未来状况，组织发展的蓝图，体现组织永恒的追求。体现了企业家的立场和信仰，是企业最高管理者头脑中的一种概念，是这些最高管理者对企业未来的设想。是对“我们代表什么”、“我们希望成为怎样的企业?”的持久性回答和承诺。企业愿景也不断地激励着企业奋勇向前，拼搏向上。

企业使命是企业生产经营的哲学定位，也就是经营观念。企业确定的使命为企业确立了一个经营的基本指导思想、原则、方向、经营哲学等，它不是企业具体的战略目标，或者是抽象地存在，不一定表述为文字，但影响经营者的决策和思维。这中间包含了企业经营的哲学定位、价值观凸现以及企业的形象定位：经营的指导思想是什么？如何认识的事业？如何看待和评价市场、顾客、员工、伙伴和对手。

2. 确立VI（视觉识别）　统一标识、服装、产品品牌、包装等，实施配套管理。在企业发展中还要以务实的态度不断完善企业视觉识别各要素，做到改进－否定－再改进－再确定。包含企业标识、旗帜、广告语、服装、信笺、工号牌、印刷品统一模式等。以此规范员工行为礼仪和精神风貌，在社会上建立起企业的高度信任感和良好信誉。

3. 确立BI（行为识别） 主要体现在两个方面，一方面是企业内部对职工的宣传、教育、培训；另一方面是对外经营、社会责任等内容。要通过组织开展一系列活动，将企业确立的精神、理念融入到企业的实践中，指导企业和员工行为。

4. 以人为本，树立精干高效的队伍形象，打造精神文化 企业文化实质是“人的文化”，人是生产力中最活跃的因素，人是企业的立足之本，企业员工是企业的主体，建设企业文化就必须以提高人的素质为根本，把着眼点放在人上，分别达到凝聚人心，树立共同理想，规范行动形成良好行为习惯，塑造形象扩大社会知名度的目的。为此要做好建立学习型组织；抓好科学文化知识和专业技能培训；培育卓越的经营管理者，带动企业文化建设。

5. 内外并举，塑造品质超群的产品形象，打造物质文化 企业文化建设应与塑造企业形象相统一，实现技术创新，做到群众性合理化建议活动持之以恒，使之具备独特的技术特色和产品特色。创品牌，教育员工要像爱护自己的眼睛一样爱护企业的品牌声誉，使企业的产品、质量在社会上叫得响、打得硬、占先机，展企业精华。要做到在经营过程中的经营理念和经营战略的统一；做到在实际经营过程中所有员工行为及企业活动的规范化、协调化；做到视觉信息传递的各种形式相统一，为促进企业可持续发展奠定坚实基础。

6. 目标激励，塑造严明和谐的管理形象，打造制度文化 企业管理和文化之间的联系是企业发展的生命线，战略、结构、制度是硬性管理；技能、人员、作风、目标是软性管理。强化管理，要坚持把人放在企业中心地位，在管理中尊重人、理解人、关心人、爱护人，确立员工主人翁地位，使之积极参与企业管理，尽其责任和义务。强化管理要搞好与现代企业制度、管理创新、市场开拓、实现优质服务等的有机结合。还要修订并完善职业道德准则，强化纪律约束机制，使企业各项规章制度成为员工的自觉行为。提倡团队精神，成员之间保持良好的人际关系，增强团队凝聚力，有效发挥团队作用。

7. 寓教于文，塑造优美整洁的环境形象，打造行为文化 人改造环境，环境也改造人，因此，要认真分析企业文化发育的环境因素，使有形的和无形的各种有利因素成为企业文化建设的动力源泉。采取强化措施，做到绿化、净化、美化并举，划分区域，责任明确，做到治理整顿并长期保持卫生环境。要开展各种游艺文体活动，做到大型活动制度化，即：体育活动（趣味运动）会等；小型活动经常化，即：利用司庆、文体活动等形式丰富员工文化生活，赋予各种活动以生命力，强化视觉效应。

（三）企业文化实施需知的四个理解

1. 理解文化建设的规律和趋势 文化建设实施前后的管理异同见表6-1。

表6-1 企业文化建设实施前后的比较

文化方面	实施前	实施后
价值观	奉献型	价值型
用　人	封闭	开放
上下级及同级关系	缺乏信任	信任
目标及实施水平	较弱	较强
权力分配	集权	逐渐走向分权
员工对企业的忠诚程度	忠诚但作为生存的手段	较忠诚但随收入的增加更具奉献精神

2. 理解员工接受企业文化的心理循环过程　如图6-2所示。

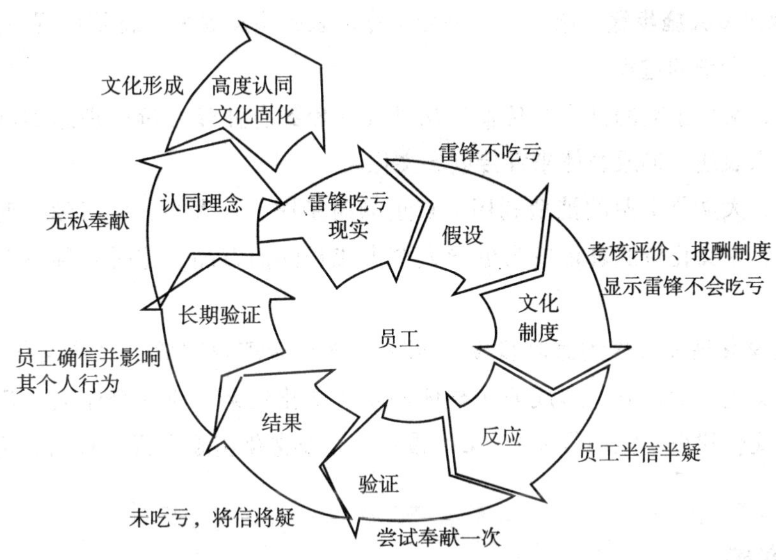

图6-2　员工接受企业文化的心理循环过程

3. 理解企业文化建设同CIS的异同点　如图6-3所示。

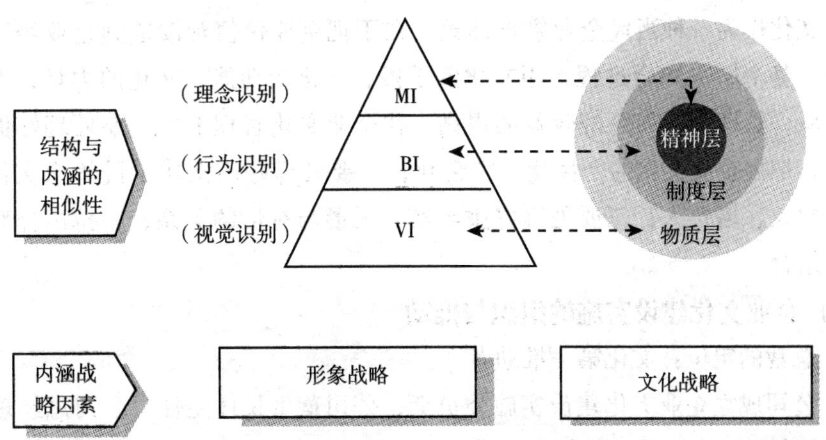

图6-3　企业文化建设同CIS的异同点

表6-2 企业识别系统与企业文化的异同

异同点	企业识别系统（CIS）	企业文化
关注重点不同	主要关注企业形象识别问题，企业形象是否独特、鲜明、统一	主要关注企业的价值观问题，员工的价值观和行为方式是否同企业目标一致
工作目的不尽相同	刻意塑造区别于竞争者的企业形象，以扩大社会影响，增强市场竞争力	为了提高企业整体经营管理水平，提高企业综合素质
工作重点稍有区别	虽有理念识别的内容，但本意是突出视觉识别内容	主要是做人的工作，确定价值观
工作方法不同	创造自己独特的形象，并借助宣传媒体进行工作	通过培育的方式来建立企业价值观，进而影响企业各方面工作

（四）企业文化建设实施的步骤

1. 宏观建设实施步骤 第一步，创导文化体系的构建提炼，就是挖掘基因、筛选、梳理、提炼、升华的过程。

第二步，文化影响的推广与传播，从外在形象到企业核心价值理念到制度文化建设等各方面来表述、形成载体来宣传创导文化。

第三步，大文化资源的消费利用，真正的树榜样、入人心、成习惯、变物质、社会化的过程，使文化资源真正成为创导人个人成长的消费品，这时才称得上创导文化落地生根。

2. 企业文化建设实施的微观步骤 制定未来每年需要完成的具体文化建议项目，如公司企业文化大纲形成、形成公司整体的企业文化框架、成立企业文化建设实施委员会、召开文化建设实施动员大会、CIS设计、企业文化实施推行、整改、组织全面实施等。

三、实施

以组织建设推进企业文化，以制度建设深化文化，以组织形象统一文化，不断修订完善文化，考核监督执行文化，培训体系固化文化。

企业文化作为一种当代企业管理理论，在于把企业价值观渗透到企业经营管理的各个方面、各个层次和全过程，用文化的手段、文化的功能、文化的力量，去促进企业整体素质、管理水平和经济效益的提高。在企业文化管理上，一要处理好借鉴与创新的关系，把握企业文化的个性化、特色化；二要处理好用文化手段管理文化，坚持以文化引导人、培育人；三要处理好虚与实、无形与有形的关系，坚持内外双修、软硬管理相结合。

（一）企业文化建设实施的组织与推动

（1）总裁的定位：文化第一推动者。

（2）公司成立企业文化建设实施委员会，公司董事长任主任，公司总经理委副主任，各部门负责人为委员，各部门另推选一名人员作为公司和部门的企业文化建设实施的文化联络推广员，协助公司和部门负责人建设实施公司企业文化。人力资源部是企业文化建设实施的第一管理推行部门，牵头建设实施公司的企业文化工作。

（3）公司企业文化组织与推动的要求：①确立载体，把企业文化建设与生产、经营、管理、项目相结合，与企业经济发展相结合，与企业人才建设相结合；②树立典型，发现典型，培养典型，宣传典型，对行之有效的经验要形成制度化进行推广，经过系统整理的经验要提炼成理念化，使企业文化建设走上发展平台；③公司应适时组织各部门汇报，研讨交流活动情况，力争短期内使文化建设实施突显出效果。

（二）企业文化建设实施的载体与形式

企业文化建设实施的载体与形式如表6－3所示。

表6－3　企业企业文化建设实施的载体与形式

载　体	形　式
《文化手册》	纪念、会议、表彰大会（文化考核总结）
《员工手册》	研讨、学习、培训
企业局域网	福利活动
企业橱窗宣传栏、广告牌	内部的文娱体育比赛活动
企业宣传手册、书籍和彩页	对外各种各类交流活动
企业大事记画册、纪念庆典汇编	周年纪念日、节日庆典、爱心基金
企业管理制度汇编	文化宣传月活动
录像带、VCD、录音带、照片等	临时不确定的活动安排
VI系统的所有载体	书面调查或访谈
各种通讯载体：电话、飞信、电子邮件等	新员工入职，轮岗、晋升培训

（三）企业文化建设实施落地的三步曲

1. 文化牵引　通过观念转变改善员工的思维方式及行为习惯。

（1）“势”的建立　高层重视、舍得投入（立“势”高，所以“势能”大，推动力强）。

（2）“场”的培育　持续地宣传造势与及时兑现的激励承诺，在公司内部不断培育和强化文化主题的“磁场”（要持续、耐心地呵护“场”的培育）。

2. 机制配套，通过行为统一促进观念转变　“体”的完善，明确管理要求，建立一套透明、规范的操作流程及配套的考评体系（“体”的拟订和推出，才能让人真实感受到制度的压力和推动力）。

3. 实施推进，通过“体”的执行使文化落地

（1）建立责任承诺机制，建立一对一的责任体系、责任落实到点。

（2）建立结果检查、跟踪体系，定期质询确保目标实现，结果质询迫使行为变成习惯。

（3）建立奖罚分明的考评办法，将个人利益与结果价值完全挂钩。

（四）企业文化建设实施要点

1. 全员参与，高层推动　企业生产经营活动的主体是员工，所有员工的理念和价值取向的相互作用及融合，形成了公司的企业文化。因此企业文化建设必须是全员参与。

2. 各部门协调配合　企业文化建设是一个系统工程，它要求各部门的互相配合、共同参与，要有机地将企业文化与经营生产活动紧密结合起来。

企业文化建设要求公司内各部门协助共同参与，人力资源部应完善公司的人力资源培训、考核、评估、选拔与激励机制，并检查制度的执行情况，考察制度的有效性，提高员工的竞争意识和进取心；营销部门和生产部门要在具体的经营活动中按企业文化大纲提出的理念行事，正确地对待客户、合作伙伴和员工。

3. 领导带头，正人先正己　领导者是企业文化的推动者、倡导者，在企业文化建设实施过程中居于核心地位。

与企业文化相悖的思想和行为，领导者应当首先坚决带头反对，否则文化虚脱，难以树立文化变革的真正权威。

领导要带头执行企业的规章制度，维护制度的严肃性。领导要尝试“走动”管理，办公地点不仅仅局限在宽敞、舒适的办公室里，要深入基层、接触员工，实行面对面领导。用人选材“任人唯贤”，跳出“圈子”现象。对待下属杜绝双重标准，“一碗水端平”。领导要学会激励下属、培养下属。

4. 言而有信，奖惩兑现　企业对员工的承诺是给予员工的激励，如果只有承诺，没有兑现，即承诺成为‘空头支票”，员工对企业则失去信任。

优秀员工：立一服百；树立模范人物，加以宣传、示范推广。

劣迹员工：杀一儆百；用制度规范人，而不是用人去管人。

5. 提供沟通的平台

（1）由上向下　关心帮助、培养激励、充分授权、带动提高。

（2）自下向上　尊重服从、合理建议、坦率沟通、积极配合。

（3）平行式　沟通信任、和谐共处、团结协作、齐心奋进。

6. 多种方法有机结合　病毒查杀法、社会标准法、数据事实法、细节制胜法、企业顾问法、轮岗体验法、品牌积分法、及时广播法等。

（五）企业文化建设实施中需要注意的问题

1. 领导重视是关键　如果各级领导没有根据新的理念作出相应的调整，新的文化推广就会毫无起色。

2. 不换思想就换人　有时改变文化的有效方式就是撤换关键人物。

3. 需要大量的宣传推广　如果没有大量的宣传和培训，人们常常不愿意承认新的理念是切实可行的。

4. 文化的形成需要时间　行为规范和共同价值观的转变过程大多很漫长。

5. 不断改进提高　借助PDCA循环，动态改进文化工作，文化观念及行为习惯的转变和形成都是渐进的，都需要有一个过程，因此企业文化建设也是一个循序渐进、不断提升的过程。

四、典型企业的企业文化

（一）先声药业企业文化

1. 企业核心理念　尊重生命，尊重人。

2. 企业核心价值观　正直、激情、协作、高效、客户导向、持续创新。

3. 企业使命　凝聚更多力量，为患者寻求和提供更有效药物，让员工为此而自豪，从而赢得客户和社会的尊重。

4. 企业目标　成为中国创新药物开发的领先者。

5. 发展愿景　在重大挑战领域创造革命性药物。

6. 企业原则

我们是同事，我们拥有共同的事业，我们遵循共同的原则。

我们永远保持对成功的渴望，成功就是不断超越自我。

我们相信每一位员工都愿意并一定能够发挥其最大潜能。

我们认为薪酬是工作价值的体现，坚持薪酬的市场化原则。

我们推崇诚信原则，对不诚信的员工不给予机会和资源。

我们坚持实事求是地反映业绩和360°评价员工的工作表现。

我们确立不断自我完善并帮助同事是每位员工的责任。

我们奉行精益求精、精工精品、永不满足的工作态度。

我们对照公司内外的最高标准来衡量个人和团队的工作。

我们善于从以往成功和失败的经历中吸取经验和教训。

我们倡导公正、公平对待同事，不任人唯亲，不迁就有功人员。

我们知道自我的局限，管理人员应重视基层同事、外部顾客、独立董事的意见和观点。

我们推行按层级授权，但我们要求透明、制约、规范。

我们珍重团队协作，不断追求团队工作价值的最大化。

我们的业务运作基于明确并已取得共识的目标和策略。

我们推广完整的业务循环概念，执行、反馈比计划、策略更重要。

我们如发现目标和策略不切实际，我们将承认失误并及时修正。

我们的全部工作就是为顾客服务，同事也是顾客。

我们在日常工作中要用心倾听，谨慎承诺，快速行动。

我们的知识、精力、资源十分有限，所以必须专注和聚焦。

我们关注外部环境的变化，以开放的态度不断适应变化。

7. 先声人自我激励　许多患者的生命仅剩几个月、几天，先声的使命是为患者寻求更有效的药物，为了患者的期待，我们不能懈怠。

8. 先声口号　领先来自于执着；我们不愿呼吸领先者扬起的尘土；面对竞争，我们无比兴奋；我们惟有创新，才能生存；为了患者的期待，我们不能懈怠；先声，就是追求领先；不能满足于过去；精益求精，精工出精品；不断向不可能挑战；永不懈待，永不等待；领先的对手惟有自己。

9. 先声标志的内涵　如图6－4所示。

（1）绿色的旗帜，象征天然、安全、健康的行业属性及独树一帜的企业性格。

图6－4　先声药业标志

（2）奔跑的人形成“先”字，既形象又准确地表达了先声的竞争观及企业以人为中心，永不满足、永不等待、永不懈怠的核心理念。

（3）英文名源自Simcere，强调了企业倡导真诚待人的为人处事之道。

（二）步长医药集团企业文化

1. 企业愿景　客户的健康使者，员工的温馨家园，民族的医药先锋，中国的国际品牌。

2. 企业使命　为人类创造健康，为社会创造价值，为员工创造平台，为企业创造财富。

3. 企业目标　百年企业。

4. 步长之道　政治建企，文化崛企，科教学企，人才强企，诚信立企，营销雄企。

5. 企业理念

政法观：听党的话，走社会主义道路，尊重各级政府领导，遵纪守法经营。

品牌观：企业家品牌、企业品牌、产品品牌三品合一，打造诚信体系，对客户负责，对社会负责，对企业负责，兑现承诺。

诚信观：德是商之本，信为利之源。

市场观：一切以市场为中心，急市场所急，想市场所想。不为市场服务的机构一个不设，不为市场服务的人一个不要。

科技观：科技是永恒的动力，科技领跑未来。人无我有，人有我优，敢创人先，着力打造科技制高点。忠实于科学，奉献于健康。

6. 企业口号

企业口号：关爱生命，创造健康。

企业形象用语：专业品质，健康使者。

企业精神用语：探索中求发展，创新中要效益，竞争中树品牌，挑战中争第一。

（三）东阿阿胶集团

1. 核心理念

（1）企业使命　滋养生命，滋润生活。

提高生命生活质量，让生命更加健康长寿，让生活更加滋润幸福。

（2）企业愿景　滋补养生产业引领者。

滋补养生理念的引领者，滋补养生产品的引领者，产业健康发展的引领者。

（3）核心价值观　厚道、地道、传承、创新。

厚道做人，地道做事，坚守传承，持续创新。

2. 基本管理原则

经营原则：客户价值导向，全产业链经营。

组织氛围：简单、阳光、坦诚。

人力资源原则：先人后事，让价值创造者分享价值。

（四）复星药业企业文化

1. 企业的愿景　全球主流医药健康市场的一流企业。

2. 企业的使命　不断提高创新能力、服务能力、整合能力以及国际化能力，高效运营、管理和投资行业优秀企业，以成为提供健康产品和服务的领导性公司。

3. 品牌理念　复星医药的品牌标识语为“持续创新　共享健康”，体现了复星医药的品牌理念，即坚持创新，从原创发明到应用技术改进、从管理优化到服务创新，为民众健康做出贡献。

4. 品牌价值观

（1）关爱生命　我们尊重与关爱生命，这是我们不断发展的动力之源。

我们珍视所生存的环境，坚持制造过程安全、环保。

我们积极参加有利于民众健康和社区进步的企业公民活动。

（2）不断创新　我们坚持自主研发投人，力争在重要治疗领域取得原创性突破。

我们致力于仿制药的应用改进，为患者提供安全可靠、疗效显著的药品。

我们持续开展管理优化和服务创新，不断提高健康服务与管理水平。

（3）精益求精　我们坚持质量第一，建立符合国际最高标准的生产管理体系，不断改善制造工艺，保障药品质量和安全。

我们尊重行业发展规律，不断积累并提升研发和经营能力，成为行业领先企业。

（4）合作共赢　我们遵循共同的价值理念，推崇团队合作的企业文化，重视团队的整体成就，创造协同价值。

我们努力寻求社会、客户、员工、股东的共赢，推进行业可持续发展。

5. 企业精神　“修身、齐家、立业、助天下”是复星医药的企业精神。复星医药始终把个人的进步（修身）、处理好周围的社会关系和环境（齐家）、企业成功（立业）与回报社会、贡献祖国（助天下）紧密联系。自始至终把个人成就与贡献社会、为民族强盛而奋斗牢牢挂钩，这并不是一种宣传口径，而是要求员工人人遵循和认同的价值体系。

复星医药重视多元文化的融合，重视团队的整体成就，尊重各个企业多元化的背景，强调通过内部坦诚相见，以开放的方式，建立彼此信任和相互支持，团结协作，发挥团队的组合作用。

复星医药集团成立企业文化工作委员会。作为指导和帮助复星医药集团成员企业建设核心价值观一致的企业文化的跨部门协调机构，通过开展丰富多彩的员工活动、推进环保、质量等管理月活动，建立企业文化宣讲队伍，深入协助内部沟通。实现员工对企业文化的认同和融合，是企业和谐发展，增强企业竞争力。

（五）恒瑞药业企业文化

1. 宗旨　科技为本，创造健康生活。

经过多年的企业文化建设和发展，公司外部企业形象与内部凝聚力都有了显著的提升。实践证明，企业文化建设对推进企业管理创新、促进公司未来发展、增强企业社会责任、推动企业快速、健康发展具有重要意义。

2. 丰富多彩的文化活动　参与省市各项科技竞赛、省市文化艺术节；每年定期举办员工培训、旅游考察活动；定期举办“爱在咫尺”大型单身青年联谊活动；每逢节庆公司组织员工与其他单位联谊，进行横向交流；积极开展党建工作，关心员工，组织相关知识的学习；组织足球赛、乒乓球赛、羽毛球赛、趣味运动会等活动丰富员工业余生活；

3. 企业愿景　科技为本，为人类创造健康生活。

4. 企业使命　以做中国人的专利制药企业为使命，为打造中国跨国制药集团而努力。

复习测试题

一、名词解释

1. 企业文化
2. 物质文化
3. 精神文化
4. 企业精神和理念
5. 企业愿景
6. 企业使命

二、选择题

1. 企业文化的核心是（　）

A. 企业理念　　B. 企业价值观

C. 企业愿景　　D. 企业原则

E. 企业之歌

2. 企业文化是企业中形成的（　）等企业的意识形态。

A. 文化观念　　B. 历史传统

C. 共同价值观念　　D. 道德规范

E. 行为准则

3. 企业文化建设原则是（　）

A. 以人为本的原则　　B. 讲求实效的原则

C. 重在领导的原则　　D. 系统建设的原则

E. 突出特色的原则

4. 培养企业精神和理念，要遵循（　）等原则，不仅要反映企业本质特征，而且要反映出行业的特点和本单位特色，体现出企业的经营理念。

A. 时代性　　B. 先进性

C. 激励性　　D. 效益性

E. 特色性

5. 企业文化一般包括（　）

A. 企业员工所共有的观念、价值取向　　B. 管理作风

C. 管理制度和管理程度　　D. 书面和非书面的标准和程序

E. 管理观念

三、简答题

1. 简述企业文化的意义。
2. 简述企业文化的特征。
3. 企业文化的功能是什么？
4. 企业文化建设的原则是什么？
5. 文化建设的推进方法有哪些？
6. 简述 1 个典型企业的企业文化。

第七章

药品市场准入管理

掌握：市场准入的概念、意义。

熟悉：医保、物价、招标、医院入药的程序和相关的法律法规。

了解：了解我国市场准入的现状和发展趋势。

只要是在医药行业，无论是从事新药研发、药品生产、药品营销、医院治病的，都离不开“药品”，而药品要能进入市场销售，就需要解决准入问题。

市场准入，以前又叫政府事务，政府事务作为一种企业管理理念在欧美已有百余年的历史。欧美企业家利用这种理念和手段同所在国政府沟通对话，以求政府在理解其需求的基础上，在制定政策、法规和标准的过程中充分考虑其需求，从而为企业的发展创造有利的政策法规环境。

20 世纪 80 年代初我国开始实行对外开放政策，大批外资企业进入中国。虽然我国在外资政策上给予外资企业很大的优惠，但是外资企业感到最为头痛的事，就是我国每一个行业的主管部门都较多。由于我国政府职能部门较多又政出多门，企业申报、审批需要跑的部门也较多，外资企业要想在中国成功运作，必须借鉴其在欧美的成功经验，成立专门的部门与中国政府的职能部门打交道，建立起良好的工作关系，市场准入工作由此应运而生。

市场准入这种全新的管理理念一进入中国，就同蓬勃发展的市场经济结合起来。其主要的功能在于：①深入学习国家有关法律、法规、条例、政策走向、社会动态、专项工作并及时告知企业决策层；②与政府部门建立良好的战略伙伴关系，请他们给予企业政策上的指导与帮助，协调解决出现的问题；③将企业在发展中遇到的与政府要求不相适应的问题及时与政府部门沟通，反映企业的诉求；④与政府职能部门、行业协会搭建起沟通对话的平台，变被动为主动，随时了解掌握有关信息，并能领会其精髓，运用到实际工作中去，使企业在发展中少走弯路或不走弯路，保持与政府要求和政策导向的一致性；⑤有利于政策的制定，有利于法制的建立、有利于社会的进步、有利于和谐社会的建立、有利于建立一个开明、民主的政府，对我国的社会的进步和经济的建设是有利。所以，市场准入在当今竞争环境中的地位和作用十分重要。

第一节 概 述

一、市场准入定义

药品市场准入是指药品能够获得在医院或零售终端进行销售的资格。包括营业执照的领取，生产许可证核发，GMP 认证，新药注册，GSP 认证，药品价格制定或备案、医保目录的进入，药品集中招标采购，药品入院等各个环节。

二、市场准入范围

（一）营业执照的领取

1. 营业执照内容 营业执照是企业或组织合法经营权的凭证。《营业执照》的登记事项为：名称、地址、负责人、资金数额、经济成分、经营范围、经营方式、从业人数、经营期限等。营业执照分正本和副本，二者具有相同的法律效力。正本应当置于公司住所或营业场所的醒目位置，营业执照不得伪造、涂改、出租、出借、转让。

2. 营业执照办理

（1）名称预先核准登记 申请名称预先核准，应当提交下列文件：①有限责任公司的全体股东签署的公司名称预先核准申请书；②股东或者发起人的法人资格证明或者自然人的身份证明；③公司登记机关要求提交的其他文件。

（2）设立登记

①股份有限公司设立登记应具备的条件 股东符合法定人数即由 2 个以上 50 个以下股东共同出资设立；股东出资达到法定资本最低限额；以生产经营为主的公司需 50 万元人民币以上；以商品批发为主的公司需 50 万元人民币以上；以商品零售为主的公司需 30 万元人民币以上；科技开发咨询服务公司需 10 万元人民币以上；股东共同制定公司章程；有公司名称，建立符合有限责任公司要求的组织机构；有固定的生产经营场所和必要的生产经营条件。

②股份有限公司设立登记应提交的文件 公司董事长签署的设立登记申请书；全体股东指定代表或者共同委托代理人的证明；公司章程；具有法定资格的验资机构出具的验资证明；股东的法人资格证明或者自然人身份证明；载明公司董事、监事、经理的姓名、住所的文件及有关委派、选举或聘用的证明；公司法定代表人任职文件和身份证明；企业名称预先核准通知书；公司住所证明。法律、行政法规规定设立有限责任公司必须报经审批的，还应提交有关的批准文件。

③有限责任公司应具备的条件 有符合规定的名称；有固定的经营场所和设施；有相应的管理机构和负责人；有符合规定的经营范围；实行非独立核算。

④有限责任公司应提交的文件 公司法定代表人签署的设立公司的登记申请书；公司章程以及由公司登记机关加盖印章的《企业法人营业执照》复印件；营业场所使

用证明；公司登记机关要求提交的其他文件。

（3）营业执照办理程序　①名称预先核准通知；②银行验资；③会计师事务所出具《验资报告》；④提交工商设立材料；⑤领取营业执照；⑥刻章；⑦办理组织机构代码证；⑧办理国税税务登记证；⑨办理地税税务登记证；⑩开设银行基本账户。

3. 营业执照变更程序

（1）变更营业期限、股东名称所需要材料　填写公司法定代表人签署的《公司变更登记申请书》；填写公司签署的《指定代表或者共同委托代理人的证明》；股东会决议或决定。

（2）营业执照注销程序　先要成立清算小组，对公司进行清算，然后向税务机关提出注销税务登记申请，税务会对公司进行清查后，出具允许注销意见书，这时就可以到工商局去申请公司注销，工商局会要求公司在公开媒体出具清算公告，在规定时限内，无其他单位对注销提出意见，工商局就会办理注销手续。

4. 开业事项　领取营业执照后，并不能马上开业，还必须办理以下事项：①刻制印章；②法人代码登记；③开立银行帐户；④申请纳税登记；⑤到工商所办理手续；⑥领取购买发票。

（二）药品生产许可证

开办药品生产企业，须经企业所在地省、自治区、直辖市人民政府药品监督管理部门批准并发给《药品生产许可证》，凭《药品生产许可证》到工商行政管理部门办理登记注册。无《药品生产许可证》的，不得生产药品。

1. 开办药品生产企业的条件　开办药品生产企业，必须具备以下条件。

（1）具有依法经过资格认定的药学技术人员、工程技术人员及相应的技术工人。

（2）具有与其药品生产相适应的厂房、设施和卫生环境。

（3）具有能对所生产药品进行质量管理和质量检验的机构、人员以及必要的仪器设备。

（4）具有保证药品质量的规章制度。

2. 药品生产企业需要按 GMP 组织生产　药品生产企业必须按照国务院药品监督管理部门依据本法制定的《药品生产质量管理规范》组织生产。药品监督管理部门按照规定对药品生产企业是否符合《药品生产质量管理规范》的要求进行认证；对认证合格的，发给认证证书。

3. 生产的工艺必须获得批准　除中药饮片的炮制外，药品必须按照国家药品标准和国务院药品监督管理部门批准的生产工艺进行生产，生产记录必须完整准确。药品生产企业改变影响药品质量的生产工艺的，必须报原批准部门审核批准。

中药饮片必须按照国家药品标准炮制；国家药品标准没有规定的，必须按照省、自治区、直辖市人民政府药品监督管理部门制定的炮制规范炮制。省、自治区、直辖市人民政府药品监督管理部门制定的炮制规范应当报国务院药品监督管理部门备案。

4. 生产药品所需的原料、辅料　必须符合药用要求。

5. 必须经检验合格才能出厂　药品生产企业必须对其生产的药品进行质量检验；

不符合国家药品标准或者不按照省、自治区、直辖市人民政府药品监督管理部门制定的中药饮片炮制规范炮制的，不得出厂。

6. 接受委托生产药品的要求 经国务院药品监督管理部门或者国务院药品监督管理部门授权的省、自治区、直辖市人民政府药品监督管理部门批准，药品生产企业可以接受委托生产药品。

7. 受理单位 当地食品药品监督管理局。

8. 生产许可证办理流程 有营业执照；有与所生产产品相适应的专业技术人员；有与所生产产品相适应的生产条件和检验手段；有与所生产产品相适应的技术文件和工艺文件；有健全有效的质量管理制度和责任制度；产品符合有关国家标准、行业标准以及保障人体健康和人身、财产安全的要求；符合国家产业政策的规定，不存在国家明令淘汰和禁止投资建设的落后工艺、高耗能、污染环境、浪费资源的情况；法律、行政法规有其他规定的，还应当符合其规定。

（三）GMP 认证

药品 GMP 认证是药品监督管理部门依法对药品生产企业药品生产质量管理进行监督检查的一种手段，是对药品生产企业实施药品 GMP 情况的检查、评价并决定是否发给认证证书的监督管理过程。

1. GMP 认证的管理部门

（1）国家食品药品监督管理部门主管全国药品 GMP 认证管理工作。负责注射剂、放射性药品、生物制品等药品 GMP 认证和跟踪检查工作；负责进口药品 GMP 境外检查和国家或地区间药品 GMP 检查的协调工作。

（2）省级药品监督管理部门负责本辖区内除注射剂、放射性药品、生物制品以外其他药品 GMP 认证和跟踪检查工作以及国家食品药品监督管理部门委托开展的药品 GMP 检查工作。

（3）省级以上药品监督管理部门设立的药品认证检查机构承担药品 GMP 认证申请的技术审查、现场检查、结果评定等工作。

负责药品 GMP 认证工作的药品认证检查机构应建立和完善质量管理体系，确保药品 GMP 认证工作质量。

国家食品药品监督管理部门负责对药品认证检查机构质量管理体系进行评估。

2. GMP 认证的意义 自 2011 年 3 月 1 日起，凡新建药品生产企业、药品生产企业新建（改、扩建）车间均应符合《药品生产质量管理规范（2010 年修订）》的要求。现有药品生产企业血液制品、疫苗、注射剂等无菌药品的生产，应在 2013 年 12 月 31 日前达到《药品生产质量管理规范（2010 年修订）》要求。其他类别药品的生产均应在 2015 年 12 月 31 日前达到《药品生产质量管理规范（2010 年修订）》要求。未达到《药品生产质量管理规范（2010 年修订）》要求的企业（车间），在上述规定期限后不得继续生产药品。

3. 申请、受理与审查

（1）认证的范围 新开办药品生产企业或药品生产企业新增生产范围、新建车间的，应当按照《药品管理法实施条例》的规定申请药品 GMP 认证。

已取得《药品 GMP 证书》的药品生产企业应在证书有效期届满前 6 个月，重新申请药品 GMP 认证。药品生产企业改建、扩建车间或生产线的，应重新申请药品 GMP 认证。

（2）认证的申请　申请药品 GMP 认证的生产企业，应按规定填写《药品 GMP 认证申请书》，并报送相关资料。如果是属于国家认证的，企业经省、自治区、直辖市药品监督管理部门出具日常监督管理情况的审核意见后，将申请资料报国家食品药品监督管理部门。如果属于省里认证的，企业将申请资料报省、自治区、直辖市药品监督管理部门。

（3）认证的受理　省级以上药品监督管理部门对药品 GMP 申请书及相关资料进行形式审查，申请材料齐全、符合法定形式的予以受理；未按规定提交申请资料的，以及申请资料不齐全或者不符合法定形式的，当场或者在 5 日内一次性书面告知申请人需要补正的内容。

（4）认证的审查　药品认证检查机构对申请资料进行技术审查，需要补充资料的，应当书面通知申请企业。申请企业应按通知要求，在规定时限内完成补充资料，逾期未报的，其认证申请予以终止。技术审查工作时限为自受理之日起 20 个工作日。需补充资料的，工作时限按实际顺延。

4. 现场检查

（1）检查工作时限　药品认证检查机构完成申报资料技术审查后，应当制定现场检查工作方案，并组织实施现场检查。制定工作方案及实施现场检查工作时限为 40 个工作日。

（2）检查小组组成　现场检查实行组长负责制，检查组一般由不少于 3 名药品 GMP 检查员组成，从药品 GMP 检查员库中随机选取，并应遵循回避原则。检查员应熟悉和了解相应专业知识，必要时可聘请有关专家参加现场检查。

（3）检查准备　药品认证检查机构应在现场检查前通知申请企业。现场检查时间一般为 3 ~5 天，可根据具体情况适当调整。

申请企业所在地省级药品监督管理部门应选派一名药品监督管理工作人员作为观察员参与现场检查，并负责协调和联络与药品 GMP 现场检查有关的工作。

现场检查开始时，检查组应向申请企业出示药品 GMP 检查员证或其他证明文件，确认检查范围，告知检查纪律、注意事项以及企业权利，确定企业陪同人员。申请企业在检查过程中应及时提供检查所需的相关资料。

（4）检查缺陷　检查缺陷的风险评定应综合考虑产品类别、缺陷的性质和出现的次数。缺陷分为严重缺陷、主要缺陷和一般缺陷，其风险等级依次降低。具体如下：①严重缺陷指与药品 GMP 要求有严重偏离，产品可能对使用者造成危害的；②主要缺陷指与药品 GMP 要求有较大偏离的；③一般缺陷指偏离药品 GMP 要求，但尚未达到严重缺陷和主要缺陷程度的。

检查组向申请企业通报现场检查情况，对检查中发现的缺陷内容，经检查组成员和申请企业负责人签字，双方各执一份。

请企业对检查中发现的缺陷无异议的，应对缺陷进行整改，并将整改情况及时报告派出检查的药品认证检查机构。如有异议，可做适当说明。如不能形成共识，检查组应做好记录并经检查组成员和申请企业负责人签字后，双方各执一份。

（5）检查后报告 现场检查工作完成后，检查组应根据现场检查情况，结合风险评估原则提出评定建议。现场检查报告应附检查员记录及相关资料，并由检查组成员签字。

检查组应在检查工作结束后10个工作日内，将现场检查报告、检查员记录及相关资料报送药品认证检查机构。

现场检查如发现申请企业涉嫌违反《药品管理法》等相关规定，检查组应及时将证据通过观察员移交企业所在地药品监督管理部门，并将有关情况上报派出检查组的药品认证检查机构，派出机构根据情况决定是否中止现场检查活动。检查组应将情况在检查报告中详细记录。中止现场检查的，药品认证检查机构应根据企业所在地药品监督管理部门调查处理结果，决定是否恢复认证检查。

5. 审批与发证

（1）药品认证检查机构可结合企业整改情况对现场检查报告进行综合评定。综合评定应在收到整改报告后40个工作日内完成，如进行现场核查，评定时限顺延。

综合评定应采用风险评估的原则，综合考虑缺陷的性质、严重程度以及所评估产品的类别对检查结果进行评定。

现场检查综合评定时，低一级缺陷累计可以上升一级或二级缺陷，已经整改完成的缺陷可以降级，严重缺陷整改的完成情况应进行现场核查。

①只有一般缺陷，或者所有主要和一般缺陷的整改情况证明企业能够采取有效措施进行改正的，评定结果为“符合”。

②有严重缺陷或有多项主要缺陷，表明企业未能对产品生产全过程进行有效控制的，或者主要和一般缺陷的整改情况或计划不能证明企业能够采取有效措施进行改正的，评定结果为“不符合”。

药品认证检查机构完成综合评定后，应将评定结果予以公示，公示期为10个工作日。对公示内容有异议的，药品认证检查机构或报同级药品监督管理部门及时组织调查核实。调查期间，认证工作暂停。

（2）发证。对公示内容无异议或对异议已有调查结果的，药品认证检查机构应将检查结果报同级药品监督管理部门，由药品监督管理部门进行审批。

经药品监督管理部门审批，符合药品GMP要求的，向申请企业发放《药品GMP证书》；不符合药品GMP要求的，认证检查不予通过，药品监督管理部门以《药品GMP认证审批意见》方式通知申请企业。行政审批工作时限为20个工作日。

（3）《药品GMP证书》编号格式。核发新编号的《药品GMP证书》，具体格式为：国家药品监督管理部门核发的证书：CN＋四位年号＋四位顺序号。如：CN20110000；省级药品监督管理部门核发的证书：省份二位字母码（附后）＋四位年

号+四位顺序号。如：BJ20110000

（四）药品的注册

1. 药品注册的定义　药品注册是指国家食品药品监督管理部门根据药品注册申请人的申请，依照法定程序，对拟上市销售的药品的安全性、有效性、质量可控性等进行系统评价，并决定是否同意其申请的审批过程。

2. 药品注册的分类　药品注册申请包括新药申请、已有国家标准的药品申请、进口药品申请和补充申请。

新药申请是指未曾在中国境内上市销售的药品的注册申请。已上市药品改变剂型、改变给药途径、增加新适应症的，按照新药申请管理。

已有国家标准的药品申请是指生产国家食品药品监督管理局已经颁布正式标准的药品的注册申请。

进口药品申请是指境外生产的药品在中国境内上市销售的注册申请，如果境外生产企业在中国没有合法办事机构，必须委托中国的专业机构代理注册。

补充申请是指新药申请、已有国家标准的药品申请或者进口药品申请经批准后，改变、增加或取消原批准事项或者内容的注册申请。

3. 药品注册的管理部门　国家药品监督管理部门主管全国药品注册管理工作，负责对药物临床研究、药品生产和进口的审批。省、自治区、直辖市药品监督管理部门受国家药品监督管理部门的委托，对药品注册申报资料的完整性、规范性和真实性进行审核。

申请药品注册，申请人应当向所在地省、自治区、直辖市药品监督管理局提出，并报送有关资料和药物实样；申请新药注册所报送的资料应当完整、规范，数据必须真实、可靠；引用文献资料应当注明著作名称、刊物名称及卷、期、页等；未公开发表的文献资料应当提供资料所有者许可使用的证明文件。外文资料应当按照要求提供中文译本。

4. 快速审批　国家药品监督管理部门对下列新药申请可以实行快速审批：①未在国内上市销售的来源于植物、动物、矿物等药用物质制成的制剂和从中药、天然药物中提取的有效成分及其制剂；②未在国内外获准上市的化学原料药及其制剂、生物制品；③抗艾滋病病毒及用于诊断、预防艾滋病的新药，治疗恶性肿瘤、罕见病等的新药；④治疗尚无有效治疗手段的疾病的新药。

5. 注册申请人责任权利　申请人在提出药品注册申请时，应当承诺所有试验数据均为自行取得并保证其真实性。申请人委托其他机构进行药物研究或者进行单项试验、检测、样品的试制、生产等，应当与被委托方签订合同。申请人应当对申报资料中的药物研究数据的真实性负责。

6. 注册申请的技术要求　为申请药品注册而进行的药物临床前研究，包括药物的合成工艺、提取方法、理化性质及纯度、剂型选择、处方筛选、制备工艺、检验方法、质量指标、稳定性，药理、毒理、动物药代动力学等。中药制剂还包括原药材的来源、加工及炮制等；生物制品还包括菌毒种、细胞株、生物组织等起始材料的质量标准、保存条件、遗传稳定性及免疫学的研究等。

7. 注册的知识产权要求　申请人应当对所申请注册的药物或者使用的处方、工艺等，提供在中国的专利及其权属状态说明，并提交对他人的专利不构成侵权的保证书，承诺对可能的侵权后果负责。药品注册申请批准后发生专利权纠纷的，当事人应当自行协商解决，或者依照有关法律、法规的规定，通过司法机关或者专利行政机关解决。

8. 药品注册　包括药品的临床申报和生产申报，临床申报是指完成药品的临床前研究后，通过省食品药品监督管理部门向国家食品药品监督管理部门申请获得临床批文的过程。生产申报是指完成临床研究后，通过省食品药品监督管理部门向国家食品药品监督管理部门申请新药证书和注册批件的过程。

（五）药品经营许可证

1. 药品经营许可证的作用　开办药品批发企业，须经企业所在地省、自治区、直辖市人民政府药品监督管理部门批准并发给《药品经营许可证》；开办药品零售企业，须经企业所在地县级以上地方药品监督管理部门批准并发给《药品经营许可证》，凭《药品经营许可证》到工商行政管理部门办理登记注册。无《药品经营许可证》的，不得经营药品。

《药品经营许可证》应当标明有效期和经营范围，到期重新审查发证。

2. 开办药品经营企业的条件　开办药品经营企业必须具备以下条件：①具有依法经过资格认定的药学技术人员；②具有与所经营药品相适应的营业场所、设备、仓储设施、卫生环境；③具有与所经营药品相适应的质量管理机构或者人员；④具有保证所经营药品质量的规章制度。

3. GSP 认证要求　药品经营企业必须按照国务院药品监督管理部门依据本法制定的《药品经营质量管理规范》经营药品。药品监督管理部门按照规定对药品经营企业是否符合《药品经营质量管理规范》的要求进行认证；对认证合格的，发给认证证书。

4. 药品经营企业购进药品的要求　企业必须建立并执行进货检查验收制度，验明药品合格证明和其他标识；不符合规定要求的，不得购进。

5. 药品经营企业购销药品的要求　企业必须有真实完整的购销记录。购销记录必须注明药品的通用名称、剂型、规格、批号、有效期、生产厂商、购（销）货单位、购（销）货数量、购销价格、购（销）货日期及国务院药品监督管理部门规定的其他内容。

6. 药品经营企业销售药品的要求　企业销售药品必须准确无误，并正确说明用法、用量和注意事项；调配处方必须经过核对，对处方所列药品不得擅自更改或者代用。对有配伍禁忌或者超剂量的处方，应当拒绝调配；必要时，经处方医师更正或者重新签字，方可调配。药品经营企业销售中药材，必须标明产地。

7. 药品经营企业保管药品的要求　企业必须制定和执行药品保管制度，采取必要的冷藏、防冻、防潮、防虫、防鼠等措施，保证药品质量。药品入库和出库必须执行检查制度。

第二节 物价管理

一、药品政府定价的概念

药品价格是药品生产、流通、消费各方面情况的综合反映。制药行业是国民经济的主要产业之一，药品价格政策既是国家宏观经济调控政策的组成部分之一，又受市场的影响和制约；药价政策与产业政策是相互联系的，对合理引导药品的生产和流通，促进制药行业的健康发展起着重要的作用；药品是医疗卫生行业治病救人所必需的物质基础，药品的使用过程是整个医疗过程的重要组成部分，价格政策对引导药品合理的使用和消费也会产生一定的影响。因此，合理制定药品政府定价，应综合考虑国家宏观调控政策、产业政策和医药卫生政策。

二、药品政府定价的基本原则

1. 获得合理利润 使生产经营者能够弥补合理生产成本并获得合理利润是药品政府定价应遵循的基本原则之一。这是因为，成本是生产经营过程中发生的物质和人工费用的总和，是价格的基本和最低限度。合理的药品价格，首先要能够弥补合理的生产成本。所谓“合理的生产成本”，对市场竞争比较充分的药品，通常是指生产同种药品的社会平均成本；对垄断性的药品，虽然只能考虑单个企业的成本，但必须扣除非正常原因造成的不合理成本。其次还要使企业能够得到合理的利润回报，具有自我发展的能力。药品行业合理的利润率至少要考虑两个因素：①使药品行业的资本回报率高于金融市场的定期存款利率，因为前者比后者风险大；②使药品行业的资本回报率略高于所有产业的平均资本回报率，因为与其他大多数产业相比，药品行业具有技术含量高、风险大的特点。

2. 体现药品质量和疗效的差异 体现药品质量和疗效的差异是药品政府定价的基本原则之一。药品的质量和疗效，实际上就是药品使用价值的两个主要方面。一般而言，药品质量侧重药品的内在属性，疗效侧重药品的外在属性。药品是非均质（差别化的）的消费品，这是因为不同企业生产的同一种药品，其质量和疗效可能会存在一定的差别，或者是消费者认为有明显的差异。此外，同类药品之间或适应症相同的不同种（类）药品（可以互相替代的药品）之间也会存在一定的质量和疗效差别，这需要运用药物经济学理论进行具体的分析比较。因此，药品政府定价要体现质量疗效之间的差异，以鼓励企业生产经营高质量的药品，更好地满足社会的消费需要。

3. 鼓励企业研制新药 鼓励新药的研制开发也是药品政府定价的基本原则之一。这项政策主要体现在，对政府定价的药品，根据药品创新程度的不同（包括是否处在我国新药、专利或行政保护范围之内等）情况，实行有差别的销售费用率和销售利润率控制比率。药品的最高销售费用率从 10% ~30%，共分为 6 档，其中，普通药品最低，为10%；一类新药最高，为30%。药品的最高销售利润率从10%～45%，也相应地分为6档，其中，普通药品最低，为10%；一类新药最高，为45%。药品创新程度越高，适用的销售费用率和销售利润率就越高。这主要是考虑到，药品的创新程度越高，社会各方面尤其是医疗界对该药品的了解越少，生产经营企业向社会介绍推广并使之了解该药品的适应症、药理和临床使用方法等有关情况所花费的销售费用也越高，因此，实行有差别的销售费用率，有利于促进新药品的推广上市。另一方面，药品的创新程度越高，技术难度越大，企业在新药上市前的研制开发费用也越高，因此，实行有差别的销售利润率，有利于促进企业收回前期的研制开发费用，并得到合理的投资回报，增强其继续研制开发新药的积极性。

4. 区分产品优劣 区分产品定价是药品优质优价政策的具体措施之一。如前所述，由于药品之间的质量疗效存在一定的差别，对同一种药品在质量疗效方面的差别适当拉开差价，一般是以下面三种基本情况来区分。①是否是通过cGMP或EUGMP的产品，生产该产品的企业是否是工信部排名的百强企业。②是原研制药品还是仿制药品（主要针对化学药品和生物制品），原研制药品是指在发明国拥有产品专利保护的药品，当其专利保护期到期后出现的其他同种药品均是仿制药品。③是名优药品还是普通药品（主要是针对中成药）。其中，剂型规格相同的同种药品之间、注射剂的同种药品之间差价率不超过40%，其他剂型的同种药品之间差价率不超过30%；已过发明国专利保护期的原研制药品（是指在全球范围内最早生产上市并获得专利的药品）比GMP企业生产的仿制药品、注射剂的同种药品之间的差价率不超过35%，其他剂型同种药品之间的差价率不超过30%。

三、医药企业药品价格形式

药品价格一般有两种定价形式，一种是政府定价，另外一种是企业自主定价。政府定价的药品包括国家发改委定价药品和省级政府定价药品。列入国家发改委顶级目录和省级物价部门定价目录的药品，须向国家价格主管部门申请定价。

1. 政府定价区分为两种情况

（1）对列入国家发改委定价目录中的首次上市销售的药品（主要指新药），由生产经营企业向当地省级价格主管部门提出定价申请，再由当地价格主管部门转报国家发改委审批；对列入省级政府定价目录首次上市销售的药品，由生产经营企业向当地省级价格主管部门提出定价申请。

（2）对于已在市场销售的政府定价（包括国家发改委和省级政府定价）药品，企业一般不需提出定价申请。由价格主管部门通过市场调查（如中标价格、市场实际销售价等），制定零售价格，经营者应严格执行规定价格，不得擅自调整。

2. 企业自主定价的药品 由经营者根据市场供需情况，自主制定价格，并进行相关的备案。

3. 政府制定价格的基本程序 包括开展成本和市场价格调查、专家评审或论证、听取生产经营企业及相关利益方意见、价格公示等。

四、企业申报药品价格（备案）的过程

药品上市销售之前，企业可以根据药品市场供求或生产经营成本变化等情况，按照价格管理权限，向价格主管部门提出调价申请。属省级定价品种可直接向省级价格主管部门提出申请；属国家发改委定价品种，需通过产地省级价格主管部门向国家发改委提出定价申请。国产药品和进口分装药品由生产企业向当地省级价格主管部门提出定价、调价或备案申请；进口药品由代理商、经销商或进口商向企业所在地或进口口岸地省级价格主管部门提出定价、调价或备案申请。

（一）国产药品定调价的申报材料要求

国产药品定调价资料主要包括企业申报报告、申报表、附属资料等三个部分。

1. 申请报告　国产药品生产经营企业首先要准备药品定调价的申报报告应说明：①申请定调价药品的通用名称及商品名称；②药品剂型、规格；③药品适应症及基本药品结构；④生产企业基本情况介绍；⑤定调价的理由，应说明该药品市场实际出厂和零售价格水平，拥有他国产品专利药品的国际市场价格，以及其他需要说明的问题；⑥要求核定的价格水平建议。

2. 申请表　药品生产企业应填写国产药品价格申报（备案）表。该表格中每一项均需要认真填写。其中，“单位金额”中应填写每一包装单位（如一盒、一瓶）所应对应的数值。对其中偏高的费用项目（如销售费用或销售利润高于国家规定水平），应另附材料进行说明。

3. 附属资料　国产药品价格申报附属资料一般包括：①药品生产许可证、合格证及营业执照和药品批准生产批件、药品说明书及企业上年度利润报表的复印件；②取得GMP资格的证明，即GMP证书复印件；③属原研或享有国家专利、行政及新药保护的，提供相关专利证书或新药保护证书等相关证明材料复印件；④申请定价的，要提供申请定价药品与国内市场同种（类）药品的质量、临床疗效、安全性和价格水平等方面的比较材料，如果比价偏高，应说明理由。

（二）进口（进口分包装）药品定调价申报材料要求

进口药品定调价资料主要也包括企业申报报告、申报表、附属资料等三个部分。

1. 申报报告　进口（进口分包装）药品定调价的申报报告应说明：①进口药品的通用名称及商品名称；②药品剂型、规格；③药品适应症及基本药品结构；④国外生产厂家、国内经销商、代理或分销商的基本情况；⑤进口数量；⑥定调价的主要理由；⑦要求核定的价格水平建议。其中，调价申请报告还应包括该药品在中国国内市场的实际零售价格水平。

2. 申请表　填写进口（进口分包装）药品价格申报（备案）表。填写要求与国产药品申报表一致。其中口岸价和零售价计算见《药品政府定价办法》。

3. 附属资料　进口（进口分包装）药品价格申报附属资料一般包括：①申请定调价药品的进口注册证和进口分包装批准文件；②与外商签订的合同及代理或经销协议书；③报关单、海关进口关税、代征增值税缴款书；④药检报告书和药品使用说明书；⑤购货发票和信用证；⑥港口发生的各种杂费（包括报关费、药检费、卫生检疫费、储运费等）发票；⑦在中国专利保护或行政保护情况及国外专利保护证明材料；⑧申请定调价的进口、进口分装药品在原产地的出厂价、零售价情况及其销往其他国家的到岸价（离岸价）、零售价情况，一般要选择4～5个国家；⑨定调价品种与国内市场同种（类）药品的质量、临床疗效、安全性和价格等方面的比较。若比价偏高，应说明理由。

（三）药品价格审批的时限及公告形式

国家发改委或省级价格主管部门在接收到企业申请定调价的材料以后，应组织进行审评。对属于省级政府定价的药品，一般在25个工作日内审批价格；属国家发改委定价的药品，先由省级价格主管部门在收到企业定价申请的15个工作日内正式行文上报国家发改委，国家发改委一般在收到定调价报告后25个工作日内下达价格。但因企业提供的申报资料不符合要求而补报资料的时间不计算在内。

国家发改委对政府制定价格的药品价格实行社会供稿制，除有正常的单位行文外，也通过指定的媒体向社会公告。主要通过国家发改委网站、中国价格信息中心网站（www. cpic. gov. cn）、中国经济信息网（www. cei. gov. cn）以及《中国医药报》、《医药经济报》、《健康报》、《中国经济导报》向社会公开发布，按公告所规定的日期执行。省级政府定价的药品由各省自行确定公告媒体。

五、药品价格的监督与管理

1. 药品价格监测部门　全国药品价格监测工作由国家发改委统一领导和部署，省级价格主管部门负责本地区药品价格监测的组织工作，各级价格信息机构为药品价格监测的具体承办单位。全国药品价格监测网络委托中国价格信息中心承建，各省药品价格监测网络是全国药品价格监测系统的组成部分。

2. 价格监测定点单位的范围和数量　《药品价格监测办法》规定，药品价格监测实行定点报送制度，由国家制定定点监测单位（包括药品批发企业、零售药店和医疗机构），定期报送价格监测资料。《药品价格监测办法》规定各省要选取不少于2家批发企业，6家零售药店，6家医疗机构作为定点单位，这是最基本的要求，这些单位属于全国药品价格监测系统的定点单位，须报国家发改委备案。各省建立本省药品价格监测网络，不受上述规定约束，可自主确定药品价格监测定点单位的范围和数量。

3. 药品价格监测的主要内容　《药品价格监测办法》规定，药品价格监测的内容为药品经营单位实际购进、销售价格及招标采购药品的实际中标价格，包括经营单位经营的所有药品各剂型规格的药品实际购、销价格，送报时间为每月 25 日前。药品实际购、销价格等资料由定点监测单位报送；招标采购药品的实际中标价格由招标采购经办机构负责向当地价格主管部门备案，当地价格主管部门负责向省级价格主管部门报送。

4. 全国药品价格监测数据发布途径 全国药品价格监测体系监测数据，主要是为政府制定药品价格和政策提供参考。中国价格信息中心网站对各地上报的药品价格监测数据进行汇总整理后，通过网络免费对各省级价格主管部门和信息机构开放。列入全国药品价格监测系统的定价监测单位，可免费获得不涉及企业商业秘密的药品价格监测数据。

六、区别定价

（一）药品区别定价的概念及特点

为保障消费者用药的有效性和安全性，国家通过规定质量标准等办法对药品进行严格的管理和监督。国家规定的药品质量标准是企业必须达到的最低标准，不同企业生产的同一种药品的质量虽然都能达到国家标准，但由于原料、生产工艺、质量管理等方面的原因，在质量方面仍然会存在一定的差别，有些情况下差别会很明显，而这些差异可能会进一步造成不同企业生产的同种药品之间存在疗效和副作用方面的差异。因此，国家发改委在 2000 年 11 月“关于印发《国家发改委定价药品目录》的通知”中规定：对按相同条件生产经营的同一种政府定价药品（不分进口和国产），政府按通用名称制定各剂型各规格品的统一价格。但考虑到不同企业生产的同一种药品存在着质量和疗效方面的差异，按照优质优价这一价格管理的基本原则，应该对不同质量的药品制定不同的价格。因此，为鼓励制药企业生产优质优价药品，更好地满足社会需求，有必要对少数企业生产的质量明显较高的药品实行区别定价，与国家对大多数企业生产的同种一般性药品规定的统一价格适当拉开差距。即在执行统一定价原则的基础上，对特定药品根据药品质量高低制定不同的价格，这是符合《药品管理法》中关于“质价相符”的法律精神。

（1）规范称谓。在国家《药品政府定价办法》中，这一政策对化学药品种叫“区别定价”，对中药品种叫“优质优价”，从规范角度考虑，将针对特定企业制定的价格统称为“区别定价，以前又叫“单独定价”。

（2）提高了药品区别定价的门槛，设定了申报的资格条件和受理条件，并对企业的资格条件进行网上公示，让经营者相互监督。

（3）量化评审指标，加大专家评审的客观性。专家论证包括定性论证和量化评审，定性论证主要评审区别定价药品的资格；量化评审指标主要对药品的综合评价、质量体系、药品特点、疗程费用、价格情况等方面进行评分。

（4）实行动态管理。建立区别定价药品的评估监测制度，不定期组织专家现场抽查区别定价药品情况，根据跟踪调查和监测结果两年调整一次价格。

（二）实施药品区别定价的意义

药品区别定价政策的出台，对鼓励药物的研发创新、提升药品质量、促进医药产业的良性发展具有重要意义。

1. 有利于促进药品研发创新　实施药品区别定价政策，使质量差异体现为价格差异，充分发挥对质量的引导作用，让追求质量的企业得到合理的回报，有利于促进药品质量的整体提升。同时，通过合理的价格水平，激发企业的创新动力，促进新型药品的研发和生产。

2. 有利于老百姓享受到质优价廉的药品实惠　运用药品区别定价手段，对疗效显著、安全性好、群众普遍接受的药品，适当补偿企业生产经营的合理成本、保持合理收益水平，以此保障药品效用，以优价引导优质。同时，对廉价药品应适当提高收入水平，鼓励企业生产，可以解决药品价格虚高和医药费用上涨过快的问题，使老百姓享受到药品质优价廉的实惠。

3. 有利于促进医药产业发展　实施区别定价政策，可以使技术设备先进、质量管理严格、产品优越的企业能够获得相应的市场回报。在价格机制的作用下，使质量优势转化为效率优势，效率优势又将进一步形成发展优势，促进企业加快技术改造和形成规模，尽快步入良性循环的发展轨道。同时，通过价格手段扶强汰弱，可加速推进医药企业的整合，实现医药产业做大做强的发展目标。

（三）区别定价的条件

现行列入政府定价范围的药品（包括列入国家发改委定价范围的药品和列入基本医疗保险药品目录中的乙类药品），不论是进口的，还是进口分装的，或者是国产的，如果国内市场上同种药品是由多家企业生产供应的，只要其中一家企业（不论该生产经营企业是何种经济形式和经营性质）认为其产品的质量和有效性、安全性明显优于或治疗周期、治疗费用明显低于其他企业同种药品，不适宜《政府定价办法》（计价格［2000］2142号）第六条规定的一般性比价关系定价，并且能够提供相关说明材料的，就可以向国家发改委提出区别定价的申请。

区别定价满足的条件主要有以下几种情况。

（1）获得国务院有关部门批准的与知识产权，质量标准，技术创新及保密等相关资质的药品，具体包括：①中国专利药品，处于中国行政保护期内的药品，以及1986年至1993年1月1日中国《专利法》实施之前获得符合本办法要求的国外专利但未获得中国专利保护的药品；②国家依法实施保密的品种；③获得国家奖项的品种（仅限于申请单独定价前五年内获得的奖项）；④国家食品药品监管部门批准且认定企业执行的单独质量标准高于且有效期不短于其他企业同种药品。

（2）专利药品保护期结束后国内第1～3个仿制上市的药品及已过专利保护期且没有仿制药上市的产品。

（3）经价格主管部门组织专家论证，企业内控质量标准在保证产品有效性、安全性、质量可控性方面明显高于其他企业同种产品的。

这类药品的主要特点是首创或首仿、质优、量少、临床需要、受国家政策保护等。

（四）企业申请区别定价申请报告及有关材料要求

企业申请药品区别定价的报告和有关材料必须真实、可靠，能充分说明本企业药品与其他企业同种药品之间在质量、疗效和安全性等方面有明显差异，提出的定价意见也应当是公平合理的，否则企业的要求就不会被批准。

药品区别定价申报评审指标体系包括以下几项内容。

1. 综合情况

（1）企业概况　申请区别定价药品生产企业的历史和规模。

（2）开发能力　申请区别定价药品生产企业的药品研制开发和市场开发能力。

（3）市场销售　申请区别定价药品的生产销售历史和市场份额。

（4）生产质量　申请区别定价药品生产企业通过国家GMP认证的有关情况。

2. 生产过程

（1）生产前质量保证措施　申请区别定价药品生产企业厂房设计和建设、水质、动力和环境等方面采取措施保证产品质量的情况。

（2）原料采购　申请区别定价药品生产企业对自产或采购原辅料的质量单位。

（3）生产技术和工艺　申请区别定价药品生产技术和工艺的先进性。

（4）生产设备　申请区别定价药品的主要或关键性生产设备的先进性。

（5）验证制度　申请区别定价药品生产企业在使用设备和药品生产过程中的验证和中间体质量检验制度。

3. 药品质量

（1）企业内控质量标准　申请区别定价药品的出厂内控质量标准、药品效期内控质量标准和药品内控的有效期与国家标准（药典）的比较情况。

（2）质量抽检　近5年来在国家规定有效期内省级以上药品监管部门抽检申请区别定价药品的批数及质量不合格的记录。

4. 疗效及安全性

（1）疗效及安全性的差别比较　申请区别定价药品与对照药品疗效及安全性临床应用比较情况。

（2）药品不良反应监测　申请区别定价药品的不良反应监测体系实施情况。

5. 费用

（1）每日剂量和疗程剂量的差别　申请区别定价药品与对照药品的每日剂量和疗

程剂量比较情况。

（2）每日费用和疗程费用的差别 申请区别定价药品与对照药品的每日费用和疗程费用比较情况。

6. 成本及价格

（1）成本 申请区别定价药品的生产或进口的实际成本情况。

（2）价格 申请区别定价药品的实际出厂（口岸）价格情况。

（3）中标价 申请区别定价药品在全国的平均中标价情况。

（4）价格折扣 申请区别定价药品实际价格折扣情况。

（5）国际市场价格比较 申请区别定价药品国内销售价格与国际市场价格比较情况。

7. 加分项目

（1）申请区别定价药品上市后临床药理再评价情况。

（2）申请区别定价药品是否获得国家药品监督管理部门批准新增加适应症。

（3）申请区别定价药品是否获得国家药品监督管理部门或相关机构认定其药品有效性、安全性、质量可控性明显优于其他企业同品种剂型药品的相关情况。

（五）药品区别定价的申报及审评程序

申请药品区别定价的企业，根据相关政策要求，向各省级价格主管部门提出申请报告并附有关材料。这里的企业，对国产药品是指国内的生产企业；对进口分装药品是指国内进口分装的生产企业；对进口药品是指外商或其委托的中国市场经销商（代理商）。

价格主管部门在收到企业递交的申请报告及有关材料以后，将会在规定时间内决定是否受理区别定价，对符合要求的药品，组织召开专家论证会进行论证。参加论证会的人员主要有：申请区别定价的企业代表，具体人员由企业自行确定；审议代表，由药品、医疗和价格等方面的专家组成，具体人员主要由国家发改委（或省物价局）在国家（或省）有关技术权威部门等方面推荐的分类专家库中随机抽取确定，在会议召开前是保密的。

召开论证会的具体程序为：国家发改委（或省物价局）有关人员介绍会议召开的目的和药品定价有关政策；企业代表介绍申报区别定价的具体情况和意见；评议代表对企业介绍的情况和提供的材料进行质询讨论；企业代表退席后，评议代表进行审议并争取达成基本一致的意见。

评审的主要内容一般有以下三点：①质量差异是否具有真实性、可靠性和可信性；②是否具有说服力（质量差异是否会产生疗效、副作用方面的差异）；③提出的区别定价水平对消费者而言是否是经济合理的。国家发改委（或省物价局）主要是参考专家论证的意见确定是否同意区别定价的要求，并给出合理的价格水平。

区别定价的评审表见表7－1。在申请区别定价时，可以参考此表，看是否符合条件。

表7－1　药品区别定价药品价格评审表

项目名称		情况说明	专家评审意见			备注
			设定分值	专家给分	理由说明	
综合评价（11分）	1. 企业规模：上年度药品总产值、销售总额、纳税额、技术力量等		8			
	2. 品牌价值：获奖情况、知名度、诚信度等					
	3. 整体研发能力		3			
质量体系（32分）	1. 药品执行的质量标准情况		5			
	2. 药品不良反应监测、药物警戒系统及安全保障体系情况		6			
	3. 原料来源情况		8			
	4. 主要或关键性生产设备、工艺技术情况及必要性；中成药指纹图谱应用情况		10			
	5. 申请药品质量的诚信评价及其他情况		3			
药品特点（27分）	1. 产品专利、方法专利情况		7			
	2. 给药途径的区别以及是否适用特定人群等情况		4			
	3. 申报品种（同剂型的所有规格）上年度市场销售量；市场销售份额（%）		3			
	4. 储存、运输条件要求		4			
	5. 申报品种保质期差异		4			
	6. 环保措施		3			
	7. 其他		2			
剂量费用（9分）	1. 每日剂量		4			
	2. 疗程剂量					
	3. 每日费用		5			
	4. 疗程费用					
价格情况（21分）	1. 平均出厂价或口岸价（含税）		3			
	2. 平均批发或销售价（含税）		3			
	3. 上年度各地平均中标价、国际上的平均价		3			
	4. 价格平均折扣情况		4			
	5. 现行实际平均零售价格		4			
	6. 与相关国家（或地区）市场价格比较		4			
以上合计			100			

续表

<table>
<tr><th colspan="2" rowspan="2">项目名称</th><th rowspan="2">情况说明</th><th colspan="3">专家评审意见</th><th rowspan="2">备注</th></tr>
<tr><th>设定分值</th><th>专家给分</th><th>理由说明</th></tr>
<tr><td rowspan="3">加分项目（10 分）</td><td>1. 药品上市后临床药理再评价情况</td><td>3</td><td></td><td></td><td></td><td></td></tr>
<tr><td>2. 是否获得国家药品监督管理部门批准新增加适应症</td><td>3</td><td></td><td></td><td></td><td></td></tr>
<tr><td>3. 是否获得国家药品监督管理部门或相关机构认定其药品有效性、安全性、质量可控性明显优于其他企业同品种剂型药品的相关情况</td><td>4</td><td></td><td></td><td></td><td></td></tr>
<tr><td>评审结果</td><td>建议的价格水平</td><td>总分</td><td></td><td>专家签名</td><td colspan="2"></td></tr>
</table>

七、关于药品定价的相关文件

国家计划委员会关于发布《药品价格管理暂行办法》的通知（计价管［1996］1590 号）；

国家计划委员会关于印发《药品价格管理暂行办法的补充规定》的通知（1997 年 2 月 12 日）；

国家发展计划委员会关于完善药品价格政策改进药品价格管理的通知（1998 年 11 月 3 日）；

国家发展计划委员会关于列入政府定价的药品不再公布出厂价和批发价的通知（计价格［1999］1642 号）；

国家发展计划委员会关于印发药品政府定价办法的通知（计价格［2000］2142 号）；

国家发展计划委员会关于单独定价药品价格制定有关问题的通知（计价格［2001］13 号）；

国家发展计划委员会关于印发《药品单独定价论证会试行办法》和《化学药品单独定价申报评审指标体系（试行）》的通知（计办价格［2001］809 号）；

国家发展和改革委员会关于进一步改进药品单独定价政策的通知（发改价格［2004］578 号）；

国家发展和改革委员会关于印发《药品差比价规则（试行）》的通知（发改价格［2005］9 号）；

国家发展和改革委员会关于印发《国家发展改革委定价药品目录》的通知（发改办价格［2005］1205 号）；

国家发展和改革委员会印发关于进一步整顿药品和医疗服务市场价格秩序的意见的通知（发改价格［2006］912 号）；

国家发展和改革委员会关于开展药品成本价格调查的通知（发改办价格［2009］400 号）。

第三节 医保管理

医疗保险是关系到国计民生的大事，其制度的设计关系到千家万户的利益。由于长期以来，我国的城乡呈现二元经济结构模式，医疗保险在城市和农村着有不同的演变历史，形成了城市实行的公费医疗制度和劳保医疗制度以及农村实行的合作医疗制度。

一、我国医疗保险制度的形式

（一）我国医疗保险的起源

1. 公费医疗制度 公费医疗制度是对国家机关、事业单位工作人员实行的免费治疗和疾病预防的一种保险制度。直接脱胎于战争年代革命根据地“战时共产主义”体制下的“供给制”分配制度，由于受战争机制的支配，只能按照需求决定分配的原则，统一、平均地分配和供应极有限的卫生资源，每一个成员都能无偿地和平等地获得当时条件所能提供的基本的医疗待遇。

2. 劳保医疗制度 劳保医疗制度（也称企业职工医疗保险制度）是我国对实行劳动保险的企业职工及其家属规定的伤病免费医疗及预防疾病医疗的保险制度。1951 年，我国通过了《中华人民共和国劳动保险条例》，标志着我国正式建立了劳保医疗制度。《劳动保险条例》是中国第一部社会保险的基本法规，不仅对企业职工的养老、工伤、生育等项保险做了详尽规定，而且对职工因疾病和负伤之后的医疗待遇和生活保障问题都有明确的规定。《劳动保险条例》的颁发实施，对于保护职工的健康、减轻其生活中的困难提供了基本保障，对促进中国的经济发展和社会安定起到了积极的作用。企业职工医疗保险制度从诞生到今天，50 多年来，伴随着中国的政治、经济形势的变化，企业职工医疗保险制度逐步建立健全起来，走过了一条艰难曲折的道路。

公费医疗和劳保医疗使我国绝大多数城市人口直接或者间接享受到了医疗保险。表 7－2 列出两者的异同。

表 7－2 公费医疗和劳保医疗异同

分类	资金来源	管理单位	实施范围	免费科目	缴费科目
公费医疗	预算拨款	政府卫生部门	国家机关和事业单位工作者；高校学生；复员军人；二级乙等以上革命伤残军人；离休退休人员	治疗，医药，检查，住院，手术，接生，计划生育手术，因公负伤住院膳费，外地就业路费，特殊贡献者住院膳费，假肢费	挂号及其他
劳保医疗	企业职工福利基金	企业行政部门	企业职工及其直系亲属；离退休人员	同公费医疗	挂号费，家属半费医疗，家属住院费；赴外地就医路费

3. 农村合作医疗制度 我国农村的合作医疗制度最早可以追溯到抗日战争时期，1938 年在陕甘宁边区创办了“保健药社”和“卫生合作社”。1944 年因伤寒、回归热等传染病流行，边区政府应群众要求委托当时的商业机构——大众合作社，办理合作医疗。资金由大众合作社和保健药社投资，并吸收团体和私人股金，政府也赠送一批药材，是一种民办公助的医疗机构。上述这些机构都是以“合作制”的形式举办医药卫生事业，是一种农村医疗保险制度的萌芽。

在建国初期，由于我国经济发展水平较低，工业基础薄弱，国家只能通过工农业产品交换剪刀差方式从农村汲取经济剩余来推动工业化，工业化的取向使保护工业部门的劳动力成为了整个公共政策的首选目标。在有限资源分配的情况下，国家选取了城乡有别的福利提供原则，使农村绝大多数农民基本处于国家的社会福利体系之外，缺少医疗保健的农民采取自发的互助形式来解决农村缺医少药的公共问题。例如 1950 年前后，东北各省为解决广大农村无医无药问题，积极提倡采用合作制和群众集资的办法举办卫生机构。1952 年东北地区 1290 个农村卫生所中，合作社办的有 85 个，群众集资办的有 225 个，二者占东北农村卫生所总数的 17.41%。

中国农村正式出现具有保险性质的合作医疗保健制度，是在农业合作化高潮的 1955 年，主要是山西、河南、河北等省农村出现了一批由农业生产合作社举办的保健站。当时的基本做法是：第一，在乡政府领导下，由农业生产合作社、农民群众和医生共同筹资建保健站；第二，在自愿的原则下，每个农民缴纳几角钱的保健费，免费享受预防保健服务及免收挂号、出诊费；第三，保健站挂签治病、巡回医疗，医生分片负责所属村民的卫生预防和医疗工作；第四，保健站经费来源主要是农民缴纳的保健费、农业社公益金提取的业务收入和药品利润，并且采取记工分与发现金结合的办法支付保健站医生报酬。上述做法实际就是现在所谓的“合医合防不合药”的合作医疗。

1966 年以后，健康保健制度在全国得以迅速地推广，这与当时的历史背景是分不开的。一方面，由于广大农民有此需要；另一方面，毛泽东对湖北省长阳县乐园公社的经验的肯定起到了更为重要的作用。作为中国农村健康保健制度主要形式的合作医疗制度曾一度载入中国《宪法》。卫生部、农业部和财政部等部委根据《宪法》的精神和当时的情况，对合作医疗进行了初步的总结，于 1979 年联合下发了《农村合作医疗章程（试行草案）》，到 1980 年，全国农村约有 90% 的行政村实行了合作医疗。

公费医疗制度、劳保医疗制度和农村合作医疗制度共同构成了我国最初的医疗保险体系，也是我国现行医疗保险制度的起源，这种制度带有浓厚的福利特征，还不具有完全意义上的保险特征。

（二）我国现行医疗保险制度

1. 医疗保险制度的改革 在建国初期所建立的医疗保险制度，为新中国建国初期人民群众的健康事业起到了积极的作用，但随着我国经济的发展、人民生活水平的提高和社会的变革，那些制度越来越不适应我国人民群众的健康需求。针对以前城市医疗保险改革的弊端，在总结改革以来的经验的基础上。1994 年 12 月，江苏省镇江市和江西省九江市提出的医疗保险制度改革方案经国务院批准后开始实施，从此掀开了医疗保险制度创新的序幕。1996 年 4 月，在总结“两江”经验的基础上，为了给全国职工医疗保障制度改革创造条件，国务院又选择了 58 个城市作为医疗改革试点，从而使改革试点遍及全国的 29 个省、自治区、直辖市。1998 年 11 月 26 ~27 日，国务院在北京召开了全国职工医疗保险工作会议；12 月 14 日，颁发了《国务院关于建立城镇职工基本医疗保险制度的决定》（以下简称《决定》），《决定》的颁发标志着我国职工医疗保险制度改革进入了一个新阶段。

基本医疗保险制度改革的目的是为了实现制度创新、机制转换，把过去福利型的公费、劳保医疗制度，改为社会化管理的基本医疗保障制度，建立新型的医疗保险费用筹措机制、支出制约机制和医疗保障基金监管机制。

2. 基本医疗保险制度改革的主要内容

（1）医疗保险费由用人单位和职工共同负担　按照权利与义务相统一、待遇与责任相对应的原则，改变过去医疗保险费由财政或企业包揽，资金来源单一的做法，医疗保险费由用人单位和职工个人双方共同缴纳。全国医疗费用控制标准为：用人单位缴费率控制在工资总额的6%左右，职工个人缴费比例从本人工资的2%起步，如图7－1 所示。各统筹地区的具体筹资标准由当地政府确定。

（2）建立统筹基金与个人账户　用人单位缴纳的基本医疗保险费分为两部分，一部分用于建立统筹基金，另一部分按单位缴费的 30%左右的比例划入职工个人账户，具体比例由统筹地区根据个人账户的支付范围和职工年龄等因素确定。职工缴纳的基本医疗保险费，全部计入个人账户。个人账户的本金和利息归个人所有，但只能用于支付本人的医疗费。

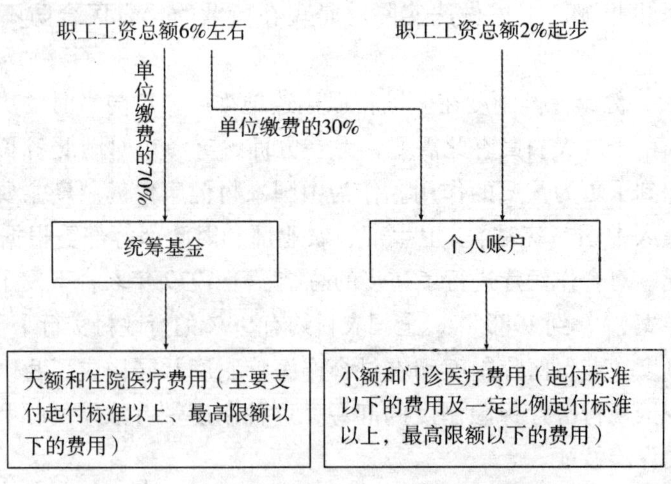

图 7－1　基本医疗保险制度的收缴与支付关系图

（3）明确统筹和各自的支付范围和办法　统筹基金主要用于支付大额和住院医疗费用，个人账户主要支付小额和门诊医疗费用。统筹基金支付时，要按照“以收定支、收支平衡”的原则，根据各地的实际情况和基金的承受能力，确定起付标准和最高支付限额。起付标准原则上控制在当地职工年平均工资的10%左右，最高支付限额原则上控制在当地职工年平均工资的4倍左右。统筹基金起付标准以下的医疗费用由个人账户支付，不足部分由个人自付；起付标准以上、最高支付限额以下的医疗费用，主要从统筹基金中支付，但个人也要负担一定的比例。超过最高支付限额以上的医疗费不再由统筹基金支付，而是通过企业补充医疗保险、公务员医疗补助、商业医疗保险等途径解决。

（4）基本医疗保险管理和服务实现社会化　体现社会化的标志，一是各统筹地区将建立独立于企事业单位的政府主办的医疗保险经办机构，负责基本医疗保险基金的收缴、管理和支付。二是在一个较大的地域范围进行统筹，在这一范围内，所有单位及其职工都要按照属地管理的原则，参加所在统筹地区的基本医疗保险，执行统一政策，基金统一筹集、使用和管理。基本医疗保险统筹范围，原则上以地级以上行政区为统筹单位，也可以以县（市）为统筹单位（简称为统筹地区），直辖市原则上在全市范围内实行统筹。

（5）健全基金管理和监督机制　为保证基本医疗保险基金的安全，基本医疗保险基金要纳入财政专户管理，专款专用，任何单位和个人都不得挤占和挪用。社会保险经办机构的事业经费由各级财政预算解决，不得从基本医疗保险基金中提取。统筹基金不能出现赤字，要以收定支，量入为出，收支平衡。建立健全基金的预算决算制度、财务会计制度及社会保险经办机构内部审计制度。

（6）强化医疗服务机构管理　强化医疗服务管理，控制医疗费用过快增长，主要政策包括：基本医疗保险实行定点医疗机构和定点药店管理，并制定科学合理的医疗费用结算办法，职工在定点医疗机构就医、购药，也可持处方到定点药店购药；制定基本医疗保险的药品目录、诊疗项目和医疗服务设施标准及相应的管理办法，不符合药品目录、诊疗项目和医疗服务设施标准范围的医疗费用，不在基本医疗保险的支付之列；实行医、药分开核算，分别管理。同时，要按照区域卫生规划的要求，推进医疗卫生服务体系结构调整，加快医疗机构改革，规范医疗行为，减员增效，提高卫生资源的利用效率。要加快发展社区卫生服务，建立社区卫生服务机构与医院的双向转诊制度，逐步形成布局合理、方便职工的医疗卫生服务网络。社区卫生服务中的基本医疗服务项目，可以纳入基本医疗保险支付范围。

（7）解决特殊人员的医疗待遇　基本医疗保险制度改革规定：离休人员、老红军、二等乙级以上革命伤残军人的医疗保障待遇不变，医疗费用按原资金渠道解决。支付确有困难的，同级人民政府帮助解决。退休人员参加基本医疗保险，个人不缴纳基本医疗保险费；对退休人员个人账户的计入金额和个人负担医疗费的比例给予适当照顾。国家公务员参加基本医疗保险，执行统一的基本医疗保险政策和待遇标准，在此基础上享受医疗补助。此外，国有企业下岗职工的基本医疗保险费，由再就业服务中心按当地职工平均工资的60%为基数代职工缴纳，并享受相应的医疗保险待遇。

3. 建立农村新型合作医疗保险　从20世纪80年代开始，随着社会主义市场经济的建立，也推动了农村经济的快速发展及经济结构的变革，农村逐步向市场化的生产方式转化，农村工业化和城市化发展迅猛，乡镇企业成为国民经济的重要组成部分，农民收入结构和消费结构出现新的特点，与此同时，农村的社会结构、人们的素质和思想意识也发生了深刻的变化。原有的合作医疗制度已不能满足农民的医疗需求，于是开始了对新的合作医疗制度的探索。新型农村合作医疗制度是由政府组织、引导、支持，农民自愿参加，个人、集体和政府多方筹资，以大病统筹为主要特征的一种医疗共济制度，从20世纪90年代开始至今的合作医疗的恢复和重建被称为“二次合作医疗时期”。

此后中国农村健康保障制度呈现出形式多样的新格局，主要是以合作医疗保险制度为主体，统筹医疗、健康保险以及单项的计划免疫保偿制和妇幼保健保偿制等形式并存。当然改革也暴露出诸多问题，基本所有的新型农村合作医疗保险都有以下两个方面问题。

（1）资金筹集困难　农村实行联产承包责任制以后，原来“三级所有，队为基础”的集体经济制度不复存在，集体经济在老少边穷地区几乎荡然无存，要从农民手中筹资或从集体企业中提留都是不可能的，国家现阶段缺乏大规模向农村医疗保险制度投入的财力，医疗基金的筹集特别困难。

（2）发展不平衡存在着“供需倒挂”现象　中国农村存在的医疗保障制度中，一方面覆盖率低，不及农村人口的30%，70%的人没有或者得不到医疗保障；另一方面有医疗保障的那部分农村人口，大多分布在东部和中南部经济比较发达的地区。众所周知，经济发达程度同医疗的需求量呈负相关的关系，经济比较落后的、急需医疗保障的中西部地区缺乏必要的医疗保障。目前，新型农村合作医疗主要是由卫生部门行使行政管理职能，按照具体经办合作医疗基金支付业务的部门来分，主要有三种类型：一是由卫生部门所属合作医疗管理中心经办，在目前试点中，这种模式占94%；二是由社保部门所属社保结算中心经办，这一模式占2%，主要分布在东部农业人口比较少的地区；三是由商业保险公司代理结算业务，这一模式占4%，主要分布在东部一些地区。目前，合作医疗补偿的主要类型有单纯大病统筹（住院和门诊大额费用）和大病、小病兼顾（既补住院又补门诊费用）两种类型。在全国试点地区中前者占28%，后者占72%，其中门诊费用补偿模式又分为设立家庭账户和设立门诊统筹基金两种，除沿海几个经济发达的省份外，其他地区多是以住院和门诊统筹兼顾的补偿模式为主。

4. 我国现阶段医疗保险体系　我国的医疗保险体制在不断探索中完善，如图7－2所示。目前我国主要的医疗保险有：城镇职工医疗保险、城镇居民医疗保险、新型农村合作医疗三大支柱，同时有城乡医疗救助制度、商业医疗保险、公务员补助、企业补助保险、大病保险等作为补充，各类医疗保险所针对的人群如表7－3所示。我国现行医疗保险制度体系，如图7－3所示。

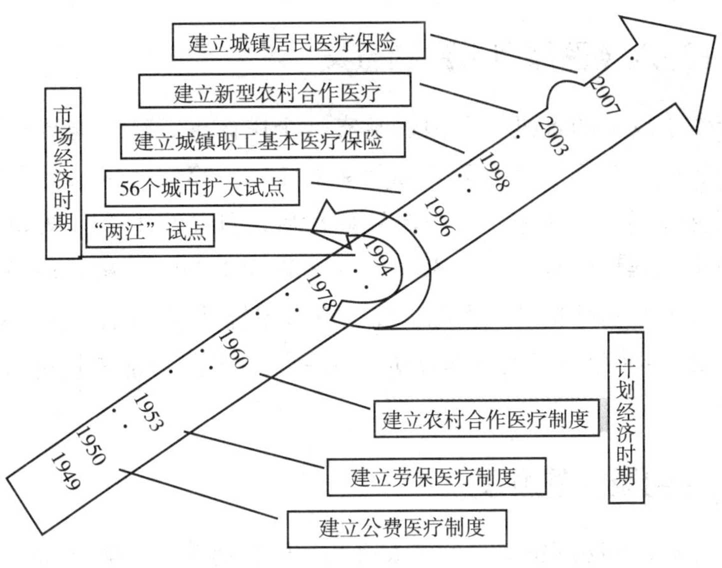

图 7－2 基本医疗保险制度的转换

表 7－3 各类医疗保险所针对的人群

保险类别	针对人群	保险药品目录
城镇职工医疗保险	国企、外企、合资企业的在职职工	城镇职工医疗保险目录
城镇居民医疗保险	其他城镇居民，包括无业人员、老人、儿童、在校学生等	城镇居民医疗保险目录
新型农村合作医疗	农民	新农村合作医疗目录
城乡医疗救助	特殊困难人群	

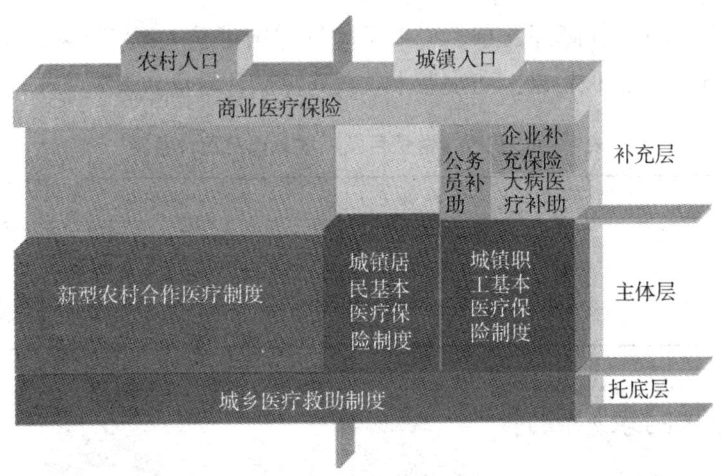

图 7－3 我国现行医疗保险制度体系

制度规定的覆盖人群范围涵盖了所有公民，不同从业状态、不同年龄状态的公民，不分性别、不分健康状况都有一个可以参加的基本保险制度。

二、药品进入《医保目录》的意义

随着医疗体制改革的推进，我国逐渐实行全民医保，药品能否进入《国家基本医疗保险、工伤保险和生育保险药品目录》（以下简称《医保目录》），对于生产企业而言意义深远。药品进入《医保目录》后，首先是患者“买单”的负担在一定程度上将由基本医疗保险基金分担，很大程度上解除了患者用药的经济负担和后顾之忧；其次是药品销量将大幅提高，有数据统计很多药品进入《医保目录》后年销量能提高2~4倍；再次是药品进入《医保目录》后能直接进入各省的省级药品招标目录。

三、《医保目录》的发展

1951年，国家政务院颁布了《中华人民共和国劳动保险条例》，逐步建立了机关事业单位实行公费医疗制度、企业实行劳保医疗制度的职工医疗保险制度，公费、劳保制度从建立初期就对用药范围有明确的限定。从1993年开始，国家有关部门制定了《公费医疗用药报销范围》，以控制公费医疗费用支出，防止浪费，保障职工基本医疗。

1999年，劳动和社会保障部等七部委下发的《城镇职工基本医疗保险用药范围管理暂行办法》规定，纳入《医保目录》的药品应是临床必需、安全有效、价格合理、使用方便、市场能够保证供应的药品。

2000年，劳动和社会保障部正式颁布了《国家基本医疗保险药品目录》，2004年又颁布了新版目录，在2000年版的基础上作了大幅扩容，2009年11月27日中华人民共和国人力资源和社会保障部发布了“关于印发《国家基本医疗保险、工伤保险和生育保险药品目录》。《医保目录》历次版本收载药品品种数量如表7-4所示。

表7-4　我国《医保目录》收载药品品种数量

	西药甲类	西药乙类	中成药甲类	中成药乙类
2000年版	327	586	135	440
2004年版	315	712	135	688
2009年版	349	791	154	833

四、《医保目录》简介

（一）药品目录的基本结构

1. 组成部分　包括：基本医疗保险药品目录西药部分，准予支付；基本医疗保险药品目录中成药部分，准予支付；基本医疗保险药品目录中药饮片部分，2009年版以前不予支付，2009年版开始支付。

2. 分类　西药和中成药目录分为甲乙两类，但两类存在如表7-5所示的异同点。

表7－5　甲、乙两类目录的比较

比较	甲　类	乙　类
相同点	临床必需 疗效好	临床必需 疗效好
不同点	广泛使用 同类价格低 全额报销 国家制定，省级不得调整	区域使用，个体选择 同等价格较高 自付一定比例 省级可以有15%左右的调整

（二）基本医疗保险用药的支付原则

甲类：按基本医疗保险的规定支付，一般按100%报销。

乙类：先自付一定比例，再按基本医疗保险的规定支付；除不予支付的外，按基本医疗保险的规定支付；急救、抢救期间所需药品适当放宽；纳入范围的医院制剂，由各地制定支付标准和办法。

（三）用药管理权限

国家：制定甲乙类目录。

省（市）：对国家乙类目录调整15%。

统筹地区：①不制定目录，对本省乙类目录制定个人自付比例；②制定医院制剂目录及支付标准。

五、国家《医保目录》调整的原则与程序

国家《医保目录》，原则上是两年调整一次，但由于国家政策的变化，也有可能四五年才调整一次，调整对保障参保人员目前的用药需求、规范医疗服务行为、控制药品费用不合理增长均具有重要的意义。

（一）调整的总体思路

以科学发展观为统领，坚持以人为本，全面贯彻落实党中央国务院深化医药卫生体制改革的决策部署，与加快医疗保障体系建设、建立国家基本药物制度、加强医疗服务管理、探索建立医疗保险谈判机制相衔接，调整用药范围，适当提高用药水平，强化监控措施，切实保障人民群众合理的基本用药需求。

（二）调整的基本原则

1. 坚持与医药卫生体制改革相适应　药品目录要与多层次医疗保障体系、国家基本药物制度、加强医疗服务管理和探索建立医疗保险谈判机制相衔接。

2. 坚持基本保障　统筹考虑基金及各方面承受能力，保障参保人员临床基本用药需求，适当兼顾地区经济发展与用药习惯差异。

3. 坚持在政策稳定的基础上适度发展　保持参保人员用药相对连续与稳定，根据各项保险保障能力、参保人员需求变化和临床医药科技发展适当提高用药水平。

4. 坚持专家评审工作机制　调整专家构成，完善评审机制，规范评审程序，保证

药品目录调整工作的科学性与权威性。药品目录完全由专家评审确定；有关行政主管机关仅负责目录调整的组织工作，不参与备选药品咨询和投票遴选，也不接受药品申报和推荐。

5. 坚持公开、公平、公正　充分听取社会各方面对调整工作的意见，规范并公开评审程序，加强监督工作，严肃工作纪律。

6. 坚持统筹各项社会保障用药范围管理　同步调整、统一发布医疗、工伤、生育保险药品目录，并兼顾统筹城乡多层次医疗保障体系用药需求。

（三）调整内容

1. 关于药品调入　调入药品基础资料由国家食品药品监督管理部门提供。坚持不接受企业申报，不重复进行药品检验，不向药品生产经销企业收取评审费和其他各种费用。重点对新药、地方调整增加的药品和评审专家建议增补的药品进行评审。

对所有药品，均按照临床药理学进行分类，剔除基本医疗保险用药范围管理办法明确规定不予考虑的药品，标明市场零售价格和疗程价格后，再组织专家进行评审。对每一最小分类下的药品，按照药物经济学原则进行疗效价格比较，优先选择临床必需、安全有效、价格合理的品种。对纳入目录的药品，将根据社会保险不同险种、诊疗规范与临床用药指南、循证医学与药品分类管理等，进一步提出使用与支付管理办法。

2. 关于药品调出　评审时，对基本医疗保险用药范围管理办法规定应删除的药品；循证医学证明无效或有严重不良反应的药品；不符合药物经济学评价的药品和基本医疗保险基金难以支付的药品，予以调出。

3. 关于调整中的机制创新

（1）目录调整要与国家基本药物目录相衔接。国家基本药物目录的品种全部纳入《国家基本医疗保险、工伤保险和生育保险药品目录》，报销比例明显高于其他非基本药物。

（2）药品目录要与加强医疗服务管理相衔接。根据循证医学的要求，在临床诊疗规范和用药指南的基础上，探索分类管理办法。

（3）探索药品谈判机制。对一些价格昂贵的治疗药品，研究制定相关政策，进行谈判准入的探索。

（四）调整的组织机构

1. 领导小组　成立由人力资源和社会保障部牵头，由国家发展和改革委员会、工业和信息化部、监察部、民政部、财政部、卫生与计划生育委员会、国家食品药品监督管理总局、国家中医药管理局和解放军总后勤部卫生部有关司局，以及人力资源和社会保障部有关负责人组成药品目录调整工作领导小组，负责协调调整工作中有关重大事宜。组长由人力资源和社会保障部主管部领导担任。领导小组下设办公室、监督组和专家组。

2. 办公室　办公室设在人力资源和社会保障部医疗保险司，负责目录调整的日常工作。主任由医疗保险司负责人担任。

3. 监督组　由监察部驻人力资源社会保障部监察局和人力资源和社会保障部机关纪委组成，负责对调整工作全程监督。

4. 专家组

（1）咨询专家　约30人左右。根据相关学术团体和行业协会建议，推选人品好、作风正、业务强、熟悉并关心社会保险事业的学术带头人。分中药、西药两大组，并分别下设综合组与若干专业组。主要任务是对药品分类与数据分析提供咨询；论证药品调入调出的筛选原则；论证提出备选药品范围意见。

（2）遴选专家　约20000人左右。根据各省（自治区、直辖市）人力资源和社会保障部门组织推荐，选择人品好、作风正、理论水平和业务能力较强、愿意承担评审工作且目前在一线工作的，包括不同地区、不同医疗机构级别、不同科室与专业的专家。主要任务是负责对备选药品名单进行投票遴选。

咨询专家与遴选专家互不交叉。目录评审由办公室组织，专家独立发表意见。

（五）工作程序

《国家基本医疗保险、工伤保险和生育保险药品目录》调整工作，具体分为准备、评审和发布三个阶段。

1. 准备工作阶段　包括组建领导工作机构、补充更新专家信息、收集整理药品信息、制订调整工作方案等工作。调整工作方案经领导小组审议后向社会公示，并根据各方面意见修改完善，再报领导小组审定后执行。

2. 评审工作阶段

（1）确定备选药品名单　由咨询专家论证确定药品初步筛选的原则，然后再按照专业组分组进行讨论，确定调入和调出的备选药品范围及名单。

（2）组织遴选专家投票　设计目录药品遴选表，制定遴选组织工作方案，经领导小组同意后执行。在遴选专家库中，选择有代表性的至少覆盖1/3以上省份的地区，按照专家所在地区、医疗机构级别、专业科室与所报药品评审分类组别的不同，分层分级随机抽取。所抽取的遴选专家，来自基层的不少于30%，每个药品组别专家人数不少于30人。遴选专家通过投票方式对药品进行遴选，也可以提出新的意见。

（3）确定调入调出名单　对于遴选专家投票结果，分两组进行计算机双盲录入，两组的最后统计结果须完全一致。原则上按大多数专家的意见提出药品目录（初稿），必要时，由办公室组织咨询专家进行单独论证。

3. 发布工作阶段

（1）拟订《关于发布××年国家基本医疗保险、工伤保险和生育保险药品目录的通知》（稿），并对发布后各地贯彻执行提出要求。

（2）将××版药品目录（稿）和评审工作报告提交领导小组审议。

(3) 以人力资源社会保障部名义下发《关于发布××年国家基本医疗保险、工伤保险和生育保险药品目录的通知》，并附《××年国家基本医疗保险、工伤保险和生育保险药品目录》

六、各省市级《医保目录》调整要求

一般在国家的新《医保目录》公布后，会发布通知要求各省市对药品目录中的乙类药品进行调整工作，要各省市精心组织，搞好部门协调，制定科学的评审方案，严格评审程序，广泛听取意见，完善专家评审机制，充分尊重专家意见。不得要求企业申报，不得以任何名目向企业收取费用，对调整工作的完成时间有严格的要求。

各省市对国家《医保目录》甲类药品不得调整，乙类药品调入与调出的数量总和应控制在国家《医保目录》乙类药品总数的15%以内。民族药的调整不受比例限制，增加的品种应有国家食品药品监督管理部门正式颁布的民族药标准。调入《医保目录》的乙类药品，除工伤保险用药可以特殊考虑血浆蛋白类制品以及中成药的酒类制剂外，其余均要符合基本医疗保险用药范围管理规定。药品名称和剂型严格执行国家《医保目录》的规范，不得使用或标注商品名。对《医保目录》中部分药品所规定的支付限定范围可以进行调整，但不得取消。调整的乙类药品品种要上报人力资源和劳动保障部审核。

七、进入《医保目录》后品种的管理

国家对《医保目录》调整管理的原则是“宽进严管”，意思是进入《医保目录》相对比较宽松，只要安全、有效、价格合理，一般均可以进入，但对于进入《医保目录》后，将会严格加强管理。对于在临床上存在超剂量使用、超适应症使用的现象，一经查出，即对医院进行相应的处罚，或者是拒付药品费用。医院当然不会承担这样的损失，一般又会将这些处罚转嫁给医药企业，给医药企业造成不必要的损失。因此医药企业要对进入《医保目录》中的品种进行管理。

1. 对产品进行适当的宣传 在向医生进行宣传时，要严格按说明书上规定的适应症进行宣传，不能夸大适应症，不能将药品宣传成包治百病，避免医生和患者超适应症使用。

2. 规范医生行为 对于一些超适应症、超剂量使用的医生，要及时给予纠正，不能只顾企业局部的利益，而损害社保基金这一国家的大利益，不能因为眼前的小利益，而使企业蒙受损失。

3. 有专人负责管理 公司要加强与各省市医保中心的沟通交流，并指派专人负责与各省市医保中心进行维护，处理一些在临床中因不规范用药而造成的突发事件。

第四节　药品招标管理

一、药品集中招标采购概述

（一）药品招标的社会背景

在我国的经济体制由计划经济转向市场经济的改革过程中，许多相应的配套法律、法规不健全，药品流通体制和医疗机构的补偿机制均存在缺陷，主要体现在如下方面。

（1）药品市场供大于求，产销秩序混乱。

（2）药品的虚高定价。

（3）药品购销中的不正之风盛行。

（4）老百姓对“看病贵”的问题反映强烈。

（二）药品集中招标的产生过程

1. 医疗机构药品集中招标采购试点工作

（1）2000 年 2 月 26 日，国务院办公厅转发了国务院体改办等部门《关于城镇医药卫生体制改革的指导意见》（国办发［2000］16 号），要求“由卫生部牵头，国家经贸委、药品监管局参加，根据《中华人民共和国招标投标法》进行药品集中招标采购试点工作，对招标、投标和开标、评标、中标以及相关的法律责任进行探索，提出规范药品集中招标采购的具体办法”。

（2）2000 年 7 月 7 日，卫生部等部门印发《医疗机构药品集中招标采购试点工作若干规定》（卫规财发［2000］232 号），明确河南省、海南省、厦门市和辽宁省省直单位作为国家药品集中招标采购试点地区。同时，要求各省、自治区、直辖市要尽快抓好 2 ~3 个药品集中招标采购工作试点。

2. 药品集中招标采购的全面推行　2001 年 11 月 14 日，全国推行药品集中招标采购会议在海口举行。会议由国务院纠风办和卫生部、国家发改委、国家经贸委、国家工商管理总局、国家药品监督管理局等六部门联合召开。

六部委在会上发布了《医疗机构药品集中招标采购工作规范（试行）》（卫规财发［2001］308 号）、《医疗机构药品集中招标采购监督管理暂行办法》（国纠办发［2001］17 号）和《医疗机构药品集中招标采购和集中议价采购文件范本（试行）》（卫规财发［2001］309 号），标志着药品集中招标采购的全面推行。

3. 药品招标采购中的问题与改进措施　在招标采购全面推行的过程中，又产生各种各样的问题，如行政干预、背离市场经济的基本准则、医疗机构的垄断地位强化了不公平不公正的购销关系、以低价作为评标的标准，以上问题加剧了医药企业的恶性竞争，出现了手续繁琐、滥收费等。卫生部、国家发改委等六部委经过调研，于 2004 年 9 月联合发出《关于进一步规范医疗机构药品集中招标采购的若干规定》（卫规财发

[2004] 320号，以下简称320号文件），对纠正药品集中招标采购中存在的若干问题做出了明确规定，包括药品集中招标采购的主体、组织形式、采购的范围、评标标准、购销合同、价格管理、收费管理、监督等内容。

为规范全国各级医疗机构药品采购行为，确保药品质量安全和价格合理，遏制医药购销领域的不正之风，国家颁布了《国务院办公厅转发监察部和国务院纠正行业不正之风办公室关于2008年纠风工作实施意见的通知》（国办发 [2008] 13号）、《2008年纠正医药购销和医疗服务中不正之风专项治理工作实施意见》（国纠办发 [2008] 3号）和卫生部等六部委《关于印发〈进一步规范医疗机构药品集中采购工作的意见〉的通知》（卫规财发 [2009] 7号）等文件，开始了以省为单位的省级挂网采购。

二、药品招标的要求

（一）总体目标

（1）保证药品质量，确保医疗机构用药安全。

（2）降低药品虚高价格，节约采购成本，减轻患者负担。

（3）全程监管，规范医疗机构采购行为，建立科学合理的医疗机构药品集中采购长效机制。

（二）指导原则

按照政府主导、省为单位、省市县联动、规范运作、质量优先、科学评价、阳光操作的总体思路，积极稳妥地实施药品集中采购工作。一是坚持公开、公平、公正和诚信原则；二是坚持质量优先、价格合理、科学评审的原则；三是坚持突出重点、统筹兼顾、满足临床需求的原则。

（三）采购模式

以省为单位，全省统一网上集中采购，实行“全省统一、竞价限价、网上采购、全程监管”模式。

（四）组织形式

实行以政府为主导、以省为单位的药品网上竞价限价集中采购。将全省县及县以上医疗机构药品集中采购、县以下新农合定点医疗机构药品集中采购、城市社区卫生服务机构药品定点采购项目进行整合，区分县及县以上医疗机构药品集中采购目录和新农合基本用药采购目录。全省使用统一网上竞价限价平台，实行产品统一审核，统一报价，分步骤通过网上竞价限价产生入围品种，统一零售价格。医疗机构通过统一交易平台采购药品，对不同级别医疗机构实行不同配送办法。

各省会建立一个省级的药品和医疗器械集中采购网，包括药品采购信息发布系统、药品网上竞价限价系统、药品网上交易系统、政府监督管理系统等。

（五）组织机构及职责

全省药品集中采购工作在省药品集中采购工作领导小组（以下简称“领导小组”）

的领导下开展，“领导小组”办公室负责组织协调。省药品集中采购工作机构（以下简称“工作机构”）负责具体实施，药品集中采购评审委员会负责评审，药品集中采购监督委员会依法进行监督。

1. “领导小组”办公室职责

（1）制定全省药品集中采购实施方案，审核采购文件，审定评审办法。

（2）建立和管理药品集中采购评审专家库。专家库由省内医学、药学、物价、药监、医保和采购管理等方面的专家组成。

（3）组建集中采购评审委员会，委员由“领导小组”办公室在专家库中选定。

（4）成立集中采购监督委员会，由省监察纠风部门与“领导小组”各成员单位相关人员组成。

（5）确认保障性药品、竞价、议价中标（入围）候选品种。

（6）协调药品供应商、配送商和医疗机构之间的关系。

（7）对药品集中采购和网上采购情况进行监管。

2. “工作机构”职责

（1）负责药品集中采购的具体实施，包括草拟药品集中采购实施方案、编制集中采购药品目录和采购文件、草拟评审办法、发布相关信息，及时受理有关申诉、接受有关质疑。

（2）协同相关部门对药品生产、经营企业提供的资质证明材料、价格证明文件的完整性、表面真实性、合法性进行审核。

（3）在监督委员会的现场监督下，抽取评审专家。

（4）发布集中采购公告和中标（入围）候选品种公告。

（5）建立省药品集中采购平台，为医疗机构、供应商和配送商的日常网上药品采购活动提供服务，并负责采购平台的维护和管理。

（6）对药品网上采购情况实行用量动态监测、超常预警分析等。

（7）履行“领导小组”办公室赋予的其他职责。

3. 药品集中采购评审委员会职责

（1）负责药品集中采购评审的全过程工作。

（2）执行药品集中采购监督管理相关规定，接受相关部门监督。

（3）根据药品集中采购评审办法，制定评审具体规则。

（4）依据评审具体规则组织评审，包括保障性药品遴选、质量评审、开展网上竞价和议价；确定拟入围保障性药品、竞价、议价中标（入围）候选品种。

（5）其他需要评审的事项。

4. 药品集中采购监督委员会职责

（1）对集中采购的全过程依据法律、法规和相关规定进行监督。

（2）受理当事人的举报和投诉。

（3）纠正和查处各种违规违纪行为。

三、药品招标采购主体、采购目录、采购周期

（一）采购主体

全省所有非营利性医疗机构，包括乡镇卫生院、城市社区卫生服务机构、国有企业（含国有控股企业）所属的非营利性医疗机构。

（二）采购目录

1. 目录范围　列入国家基本药物目录的药品，按照国家基本药物制度规定执行。国家实行特殊管理的第一类、第二类精神药品、麻醉药品、医疗用毒性药品、放射性药品等少数品种以及中药材和中药饮片等不纳入药品集中采购目录；未获得国药准字号批件的药品不纳入集中采购目录。除上述药品外，医疗机构使用的其他药品原则上纳入集中采购目录。

2. 目录形成　药品采购目录是药品集中采购活动中所公布的拟采购药品品种信息，包括通用名、剂型、规格。目录来源于上年度全省二级及以上医疗机构采购的药品品种、《×省基本医疗保险和工伤保险药品目录》以及经过向全省二级及以上医疗机构征求意见进行增补的药品品种。

3. 目录分类　目录分类兼顾基本药物和非基本药物使用；兼顾省、市、县不同层次医疗机构的需求；兼顾二、三级医疗机构及综合性与专科医疗机构的实际情况；兼顾不同地区的用药需求。引导医疗机构调整用药结构，鼓励医疗机构使用常用药、廉价药，控制贵重药使用，减轻患者负担。目录分为以下二类。

（1）保障性药品目录　该类药品目录中品种为临床急需、市场供应不足或采购有困难的药品。主要包括急救药品、罕见病种用药及临床用量小、生产企业少或缺乏生产积极性的药品（如解毒药、磺胺类药、抗结核药等）。

（2）竞价议价药品目录　即公布的集中采购目录（不含保障性药品目录）药品。

4. 药品分类

（1）剂型分类　包括：片剂、胶囊剂、颗粒剂、气雾剂与吸入剂、口服溶液剂、外用溶液剂、丸剂、注射剂、软膏剂、贴剂、膜剂、栓剂、阴道用药、滴耳剂、滴鼻剂、滴眼剂、眼膏剂、海绵剂、煎膏剂、锭剂、湿巾、宫内节育系统、蜡棒、洗眼剂、油针剂、灸剂、注射溶媒、植入剂、胶剂、冻干粉（口服或外用）。

（2）相同剂型按制剂规格不同分类　①所有制剂（中成药只包括注射剂）按不同容量、含量细分；②造影剂按含药量相同浓度不同细分；③脂肪乳按含药量相同浓度不同细分；④氨基酸注射液按组分细分。

（3）其他药品分类说明　①注射剂带专用注射溶媒的细分；②注射剂预充式和非预充式细分（仅配注射器的除外）；③单支（瓶）剂量相同、容量不同的小容量注射液合并；④50ml 以下注射液包装按照玻璃、塑料材质细分；⑤50ml（含）以上注射液

（调节水、电解质及酸碱平衡药），按玻璃瓶、塑料瓶、软袋、直立式软袋包装细分，其中双阀、单阀、双层无菌包装再细分；⑥除调节水、电解质及酸碱平衡药外的大容量注射液“50ml（含）以上”，不再细分葡萄糖、氯化钠等不同溶媒；包装材质按玻璃瓶、塑瓶、软袋细分；⑦部分剂型（如颗粒剂等）中按含糖和无糖型细分；⑧注射剂盐根酸根原则上不做细分（临床特殊需求除外）；⑨抗生素与酶抑制剂比例不同的原则上不做细分（临床特殊需求除外）；⑩中成药制剂按药监部门批准的通用名为标准进行细分；⑪单方与复方制剂细分，同成分的复方制剂合并。

（三）采购周期

采购周期原则上为1年。

四、药品招标采购的一般程序

根据《医疗机构药品集中招标采购工作规范（试行）》的规定，药品集中招标采购存在多种形式，包括：公开招标（议价）、邀请招标、竞争性谈判和询价采购等方式，但在实际实施中主要以公开招标（议价）、竞价的方式为主，其具体操作程序如下。

（一）采购文件的编制和审批

采购管理中心编制《××××年度×省医疗机构药品集中采购文件》，报省级领导小组办公室审批后发布。

（二）采购公告发布和采购文件发售

（1）在报刊、×省医疗机构药品集中采购网或者其他医药网站上同时发布采购公告。

（2）从公告发布之日起，按照公告指定的地点、时间公开发售采购文件。

（三）采购文件的澄清

由采购管理中心统一负责采购文件的澄清，必要时以书面形式答复生产商提出的澄清要求；集中采购文件修改、信息发布均以采购管理中心及其指定网站为准，采购文件修改和澄清的内容及指定网站上发布的信息均是采购文件的组成部分。

（四）生产商报名和产品申报

（1）集中采购只接受国内生产企业直接报名。国外生产企业的国内总代理（国内不设总代理，只接受一家一级代理商的报名）视同生产企业。

（2）同一生产企业的同一品种只允许一家企业参与申报，有两个以上企业（含两个）申报的，拒绝报价。

（五）资质证明文件审查

1. 资质证明文件事实性与合法性审查　在省级食品药品监督管理局的监督指导下，由采购管理中心对生产、经营企业及产品资质证明文件的表面真实性进行审核。在采购周期内，发现所提供的资质证明文件不真实或不合法者，取消其入围或配送资格，直至追究法律责任。

2. 不需重复提交资质证明文件的情况　生产商在上年度全区药品集中采购审核通过的产品，其资格证明材料在有效期内的，不需重复提交；政府有关部门的药品基础数据库和药品价格信息库等发布的企业资质、产品认证数据和价格信息，可以直接采用的，生产商不需重复提交。

3. GMP 和 GSP 的政策要求

（1）在产品申报截止前未取得 GMP 认证证书的药品生产企业，其生产的药品不得参与本次药品集中采购活动。

（2）在报名截止前未取得 GSP 认证证书的或被处以责令停业的药品经营企业不得参与本次药品集中采购活动。

（3）GMP 证书过期、正在申报或正处于审查公告期的可以报名，但在报价前仍然没有通过认证的不能报价。

（4）GSP 证书过期、正在申报或正处于审查公告期的不接受报名。

4. 生产企业作为供应商需提供的文件材料

（1）企业资料　包括：①营业执照；②药品生产许可证（生产企业设立的仅销售本公司产品商业公司需同时递交药品经营许可证、GSP 认证证书）；③上一年增值税纳税申报表（指产品实际生产企业，需体现销售额）；④法定代表人授权书；⑤供应商竞价/议价申请函；⑥质量、货源及服务保证书；⑦其他相关文件材料。

（2）产品资料　包括：①药品生产企业设立的仅销售本公司产品的商业公司需出具生产企业的委托授权书或销售协议；②GMP 认证证书；③药品生产批件；④国家药品编码本位码；⑤产品质量标准；⑥地市级以上药品检验部门出具的药检报告；⑦产品说明书（贴于 A4 纸）；⑧政府定价药品需出具省物价部门价格证明文件、市场调节价药品需提供企业出具的价格证明文件；⑨其他相关证明材料，包括各类专利证书；原研药品、优质优价中成药以及政府单独定价药品的省物价部门盖章的证明文件；产品获国家级奖励或荣誉证书；新药证书或新药生产批件；FDA - cGMP、CE - cGMP 或 JGMP 证书；GAP 证书（如系原料外购，需另行提供购销合同和发票）；标准首仿药品证明文件（包括国家药品监督管理部门出具的证明文件，或生产批件、质量标准起草证明和国家新药证书或批件）；新增适应症产品证明文件（包括增补批件、新药证书和质量标准）；中药保护品种证书；⑩“采购中心”认为需要提供的其他材料以及需要增补的资料。

（六）信息确认

生产商申报的产品信息经过录入审核后，由生产商在规定时间内进行信息确认。

（七）层次划分

药品按通用名、剂型、规格分类后分为四个层次，如同一品种同时符合多个层次，按最高层次予以评价。

1. 第一层次 原研药品；专利药品；中成药所用中药材通过GAP认证药品。

（1）原研药品 指已过专利保护期的原研制药品。由省物价局以正式文件核定价格并在备注栏中标注生产企业名称；省物价局（加盖省物价局办公室印章）以公示表核定价格且在备注栏中标注原研制的药品。市场调节价药品中的原研药品应提供过专利保护期化合物专利证明。

（2）专利药品 指由中华人民共和国国家知识产权局与原研制国家知识产权保护部门授予的专利药品。

①化合物专利 指新化合物的发明专利，在其专利文件中应当有化合物的名称、结构或分子式等关键表征，保护的对象是化合物本身。

②药物组合物专利 指对两种或两种以上的药物成分组成的保护专利，在其专利文件中应当有组分或者含量等组成特点的关键表征，并在专利名称、摘要、权利要求等内容中明确表述其为组合物专利。

③天然物提取物专利 指从自然界分离或提取出来的物质的保护专利，该物质结构、形态或者其他物理化学参数等应在其专利文件中被确切地表征。

④微生物及其代谢物专利 指对细菌、放线菌、真菌、病毒、原生动物、藻类等微生物种经过筛选、突变、重组等方法得到并分离的纯培养物和其代谢物质的保护专利。

2. 第二层次 国家发改委公布的优质优价中成药、单独定价药品；国家保密处方中成药。

（1）单独定价药品 指省物价局以正式文件核定价格并在备注栏中标注生产企业名称的药品。

（2）优质优价中成药 指省物价局以正式文件核定价格并在备注栏中标注生产企业名称的药品；省物价局（加盖某省物价局办公室印章）以公示表核定加盖且在备注栏中标注“优质优价”的药品。

3. 第三层次 进口药品（包括进口分包装药品）；获得美国FDA认证或欧盟CE-cGMP认证的药品；质量标准起草单位的药品（含首仿国外药品）；工艺专利药品；省级价格主管部门认定的优质优价或单独定价中成药。

（1）标准首仿 指生产企业为国家相关主管部门认定的，或首家取得国家药品生产批件，同时为该药品的质量标准起草单位，并持有新药证书（或新药批件）的国产药品。

（2）工艺专利 指产品在生产过程中对生产的流程、工艺技术、制造方法进行研究、创新，受法律规范保护、享有专有权的发明创造，能有效地提高产品质量，以国家知识产权局（国家专利局）的专利证书为准。

4. 第四层次 其他通过GMP认证的药品。

本层次一般按生产企业规模（捆绑的调节水、电解质及酸碱平衡药除外）分为两个竞价组。第一组为大型药品生产企业，大型药品生产企业指《××年中国医药统计年报》（一般每年统计公布一次）化学制药分册中的《化学药品独立核算企业按主营业务收入排序》取前100家，中药/生物制药分册中的《中成药独立核算企业按主营业务收入排序》取前100家合并为大型企业，共计200家；第二组为一般药品生产企业。

（八）制定基准价及限价入围价格

基准价及限价入围价格根据上一年度省级医疗机构药品网上竞价限价集中采购、上次招标后国内部分省区以省为单位药品集中采购等项目成交价为数据参考进行制定。

（九）报价和远程解密

（1）经资质审核及信息确认后，生产商在规定的时间内通过互联网进行报价。报价必须符合差比价规则，不得高于基准价。报价为“0”的视为无效报价。

（2）在规定时间内，生产商采用远程解密的方式对其报价进行解密，未解密成功的，视为放弃报价，解密后将解密结果进行公示。

（十）评审体系

根据省药品集中采购工作领导小组办公室审定的评审办法，由评审委员会负责制定具体评审规则并组织评审。具体评审办法另行公布。

1. 评审原则

（1）坚持公开、公平、公正和诚信原则。

（2）遵循质量优先、价格合理、科学评审的原则。

（3）兼顾突出重点、统筹兼顾、满足临床需求的原则。

2. 评审要素

（1）生产企业生产规模、管理和创新能力、品牌知名度。

（2）临床疗效和安全性。

（3）质量可靠性。

（4）价格合理性。

（5）产品临床应用情况。

（6）供应商在两年内的经营活动中，有无不良记录。

（7）其他评审要素。

3. 评价标准　在评审体系中规定，对产品质量和价格进行定性、定量综合评价。

评价的指标体系为：基础质量（30分）+产品自身质量（30分）+价格（20分）+服务信誉（20分）。

（1）基础质量（30分）

①生产企业规模　以申报产品的直接生产企业上年度增值税纳税报表为依据，按上缴增值税对应的销售额排序进行评价。

销售额1亿元以下：2分；

1亿元（含本数）~3亿元：4分；

3 亿元（含本数）~5 亿元：6 分；

5 亿元（含本数）~10 亿元：8 分；

10 亿元及以上：10 分。

而根据销售额进行打分的差值有呈扩大的趋势，如 2010 年某省招标中销售额低于 1 亿元的得 2 分，10 亿元以上的得 20 分，销售额在 1 亿元和 10 亿元之间再分不同的等级给予不同的分，这样的措施有利于大企业的优质产品中标，逐步淘汰小企业。

②生产企业专业性及知名度　评审专家依据产品生产厂家的专业性及产品品牌知名度赋分。生产专业性及知名度高 10 分；一般 6 分；差 2 分。

③生产企业质量信誉　2 年或 3 年内无生产劣药（含本生产企业生产的所有产品，不仅仅是针对申报品种）记录的，得 10 分；2 年内有生产劣药的记录，得 0 分。

（2）产品自身质量（30 分）

①临床疗效评价　以临床用药经验和药品临床疗效、安全性评价的文献资料为依据进行评价。优 12 分；良 9 分；一般 6 分。

②产品质量可靠性（劣药记录、不良反应、供货情况）　以 2 年内省级以上（含省级）药监部门公布的药品质量抽样检验结果为依据进行评价。对生产假药的申报人取消其申报资格。申报产品没有劣药记录的，得 8 分；有生产劣药的记录得 0 分；省级以上（含省级）药品不良反应监测中心报告的严重不良反应药品，得 0 分；对不能供货的产品，得 0 分。

③地区中选情况　根据中选情况计分。2 年中选的，得 5 分；1 年中选的，得 3 分；未中选的品种，得 1 分。

④市场占有状况　依据该产品在本省近年的市场覆盖及医院使用情况进行评价。优 5 分，良 3 分，一般 1 分。

（3）价格（20 分）　申报人对同一药品同一剂型下的所有规格分别报价。原则上要求同一厂家同一剂型下的同规格、不同包装产品的报价有合理比率。

报价最低的得最高分 20 分，最高的得最低分 5 分。

（4）服务信誉（20 分）

①配送服务质量与信誉　以配送企业的物流设施情况及近两年来对采购人提供破损药品退换、近效期药品退换、短缺药品供应和其他伴随服务项目的情况为依据进行评价。优 7 分，良 4 分，一般 1 分。

②经营质量可靠性　以 2 年内药监部门公布的药品质量抽样检验结果为依据。无不良记录的企业 2 分；曾经经营劣药的企业 0 分（无过错的不扣分）。

③经营企业规模　以批发企业经营销售额为依据进行评价。销售额以上一年度增值税纳税报表为依据，按上缴增值税对应的销售额排序进行评价。

（十一）竞价、限价

1. 淘汰　解密后高于基准价的品种作淘汰处理。

2. 竞价 报价解密后划分竞价组，同一竞价组报价产品在3个以上（含3个）的，全部进行竞价入围程序。

（1）竞价进行两轮，每轮竞价结束后，将公开所有价格信息。竞价报价不得高于解密价和国内平均价（所参考的各省药品集中采购项目成交价平均值）。生产商每一轮竞价结束前可调整价格，但后一轮竞价报价不得高于前一轮竞价报价。

（2）第一轮竞价报价结束后，同竞价组报价产品少于6个的，淘汰最高报价后按最终入围品种理论数进行入围，入围产品不再进入第二轮竞价；报价产品大于等于6个的，公示并淘汰每个竞价组报价最高的产品。因产品报价相同无法确定最终入围品种数的，全部进入下一轮竞价。

（3）第二轮竞价报价为最终报价，每个竞价组按照评标体系中打分情况由高到低排序，得分高的为入围品种。3家选2家，4家选3家，5~6家选4家，7~10家选5家，10家以上选6家。

（4）最后一轮竞价报价，在最终入围品种理论数范围内，如出现因不同生产厂家报价相同造成入围品种数超过最终入围品种理论数的，最高报价相同的品种均不入围，也不采取同竞价组中其他价格产品入围替补。

3. 限价 报价解密后，同一竞价组报价产品少于3个的，进入限价入围程序。第一阶段限价最终报价不高于限价入围价格的自动入围，高于限价入围价格的被淘汰。

（十二）公示挂网品种目录

取得入围资格的品种在省级药品集中采购网公示，公示期7天。公示期内接受各方澄清及申诉。

（十三）入围药品零售价

入围药品零售价由采购管理中心按省级价格主管部门顺加作价办法计算，并报经省级物价局审核认定后，由省级物价局设计统一的《省级集中采购药品价格公示表》，通过省级物价局指定的网站公告发布。未经省级物价局制定网站公告发布，医疗机构不得擅自执行。

评标（议价）阶段是整个招标采购的核心部分。原则上中标的品种必须遵循安全有效、治疗周期和治疗费用最低的原则，同时要符合医疗机构的用药习惯。科学的药品评价体系是药品集中招标的基础，质量优先、科学公正是药品集中招标采购必须遵循的原则，然后根据质量、价格、服务和信誉4个要素进行评价。

五、药品集中招标采购主要法规、政策

药品集中招标采购主要法规、政策如下。

（1）《中华人民共和国招标投标法》。

（2）《关于印发医疗机构药品集中招标采购试点工作若干规定的通知》（卫规财发[2000]232号）。

（3）《关于进一步做好医疗机构药品集中招标采购工作的通知》（卫规财发［2001］208号文件）。

（4）《医疗机构药品集中招标采购工作规范（试行）》（卫规财发［2001］308号）。

（5）《医疗机构药品集中招标采购监督管理暂行办法》（国纠办发［2001］17号）。

（6）《医疗机构药品集中招标采购和集中议价采购文件范本（试行）》（卫规财发［2001］309号）。

（7）《关于进一步规范医疗机构药品集中招标采购的若干规定》（卫规财发［2004］320号）。

（8）《国务院办公厅转发监察部和国务院纠正行业不正之风办公室关于2008年纠风工作实施意见的通知》（国办发［2008］13号）。

（9）《2008年纠正医药购销和医疗服务中不正之风专项治理工作实施意见》（国纠办发［2008］3号）。

（10）《关于印发〈进一步规范医疗机构药品集中采购工作的意见〉的通知》（卫规财发［2009］7号）。

（11）《医疗机构药品集中采购工作规范 》（卫规财发［2010］64号）。

（12）《药品差比价规则》（发改价格［2011］2452号）。

第五节　医院入药管理

药品作为一种特殊的商品，不同于一般的消费品，特别是处方药，它具有在医生指导下完成消费过程的特点，其销量的产生，受着医院医生的直接影响。在整个药品消费中，70%以上的销量产生在医院。

一、产品进入医院的形式

1. 医药经销单位代理的产品进入医院　医药生产企业委托某家医药经销单位，由其作为产品的代理，而使产品进入相对应的医院。其中又可分为全面代理形式和半代理形式。

（1）全面代理形式　是指由医药代理单位完成产品到医院的进入、促销以及收款的全部过程。这种方式往往是药品生产企业与代理单位签订合同，以足够的利润空间刺激其经销的积极性。

（2）半代理形式　是指由医药代理单位仅完成产品到医院的进入和收款工作，产品在医院的促销工作由企业人员完成。这种方式，有利于企业直接掌握产品在医院的销售动态，把握各种市场信息，对销量的全面提升有较大的帮助，但与全面代理相比工作量要大些。

2. 生产企业的产品直接进入医院 医药生产企业不依靠相关的医药经销单位，直接派出医药业务代表去医院做开发工作，从而完成产品进入、促销、收款的全过程。其可分成两种方式：①企业注册有销售公司并以销售公司的名义将产品直接送进医院而进行临床使用。②通过医药经销单位的形式进入医院，即企业完成医院开发的全过程，包括产品的进入、促销，通过经销单位销售给医院，企业须为经销单位留一定的利润。

二、药品进入医院的程序

（一）关键人员

（1）主管药品的科室——药剂科，一般有四方面人组成，药剂科主任、采购、库管、会计。

（2）使用药品的临床科室主任，或相关科室主任。

（3）主管药品的院长，也就通常所说的业务院长。

（二）医院入药

一般药品进入医院的正常流程是：相关临床科室的用药申请，药剂科主任的首肯，药事委员会讨论通过，药剂科主任与主管院长的签字，采购的采购单。

1. 开发医院前期准备

（1）依据销售目的，首先要思考这几个问题：①开发哪些医院？②开发什么品种？③如何开发这些医院和这些品种？

（2）对医院内部环境进行调查：①医院概况：范围、性质、业务特长、规模。②进药渠道：医院决策者、药剂科、外界医药部分（商业公司）、竞争对手调查、门诊、住院处药房组长。

（3）准备好药品的相关资料：①新药证书；②注册批件；③质量标准；④检验报告书；④产品的简介，包括安全性、有效性、作用机制、临床研究结果，与其他同类药物的比较；⑤物价证明；⑥中标文件；⑦进入医保目录的文件。

2. 药剂科 熟悉了医院的整体架构和人员组成之后，下一步就是要了解进药流程。每一家医院都有自己进药的流程。

（1）药剂科职能 药剂科在主要医院职能有三个：①为临床用药质量把关；②负责临床药理的工作；③临床各科室用药的配送。药剂科是医院的一个物流中心，从临床用药的监控到最后物流的配送都是药剂科的职能。

（2）药剂科人员构成及职责 药剂科的组成职员主要有药剂科主任、采购、库房主管、门诊药房主管。药剂科主任的主要职能是：①负责药品的筛选，对于能否进药、进哪种药起着举足轻重的作用；②药品质量的控制，药品质量是否符合 GMP，这些都需要药剂科主任严格把关。采购职员主要负责与医药贸易公司联络，选择其中一家或两家医药贸易公司作为供货商。库房主管负责西药库或中药库的药品管理，记载所有药品入库、出库和流向。门诊药房主管主要负责门诊药房的药品管理，办理药库领药、入货架、发药等各种事务。

3. 药事委员会

（1）定义　是指为了协调和指导整个医院计划用药、合理用药，鼓励原创，对医疗机构药事各项重要问题做出专门决定，并使药品在各个环节上加强科学管理的组织。

（2）组成　设主任委员、副主任委员、秘书、委员，由业务院长、药剂科主任和有关业务科室主任或专家组成。任期一般为2年，可连选连任。

（3）任务　监督指导全院药品的科学管理和合理使用。①认真贯彻执行《药品管理法》。按照《药品管理法》等有关法规机构有关药事管理工作的规章制度并监督实施。②确定本机构用药目录和处方手册。③审核本机构拟购入药品的品种、规格、剂型等，审核申报配制新制剂及新药上市后临床观察的申请。④建立新药引进评审制度，制定本机构新药引进规则，建立评审专家库组成评委，负责对新药引进的评审工作。⑤定期分析本机构药物使用情况，组织专家评价本机构所用药物的临床疗效与安全性，提出淘汰药品品种意见。⑥组织检查毒、麻、精神及放射性等药品的使用和管理情况，发现问题及时纠正。⑦组织药学教育、培训和监督、指导本机构临床各科室合理用药。对医院合理用药情况进行考核，并提出改进意见。⑧会同医院相关部门，组织药学学术活动，如药学进展、新药介绍、药物不良反应监测、药事法规讲座等。⑨对医院合理用药情况进行考核，并提出改进意见。

（4）委员会的日常工作由药剂科负责，应保存完整的记录和档案。

4. 医院进药、选药的原则　每家医院都有自己的进药和选药原则：①一些有重大意义的创新药物，医院会优先选用，由于创新的产品意味着与新的治疗方式接轨；②同类的药品一定要坚持科学的数目，同类的品种中，新的品种必定要比老品种有一定的优势，每一个剂型至少要保存一个品种；仿制药在质量可靠、价格合理条件下，原开发厂和仿造品各选一种，即一品双规，一个品种，两种规格；OTC药保证满足需要即可，品种不宜过多。

5. 进药程序　以下是医院进药广泛采用的一个程序：①临床药剂科主任根据临床需要提单；②医院药剂科对临床科室的用药申请进行复核同意；③主管业务院长（一般是副院长）对申请进行审核；④通过药事委员会讨论，药事委员会的成员主要有院长、药剂科主任，还有相关的各科室主任；⑤通过药事委员会的讨论之后，药剂科主任会下达购置通知，采购人员会依据药剂科主任的安排与相关的医药公司接洽采购药品；⑥企业产品进入医院药库；⑦企业产品由医院药库发药人员将产品送到门诊部或住院部的药房；⑧医院临床科室开始临床用药。

6. 特别进药程序　对于一些不在标期内的创新药，新批出来的特殊剂型，可以通过特别进药程序进入医院。如通过临床采购，放在自费药房的形式进入医院。

7. 药品电脑信息体系登记　采购人员将药品入库之后需要做的工作是：①进行电

脑信息体系登记；②请各科室药房、门诊药房、急诊药房等进行提货，使药品分配进入小药房，进入正规的医院销售渠道。

复习测试题

一、名词解释

1. 药品市场准入
2. 政府定价
3. 医保目录
4. 药品招标采购
5. 药事管理委员会

二、选择题

1. 市场准入包括（ ）

A. 营业执照的领取　　B. 生产许可证核发

C. 新药注册　　D. 药品价格制定或备案

E. 药品集中招标采购

2. 药品经营企业购销药品，必须有真实完整的购销记录。购销记录必须注明药品的（ ）

A. 通用名称、剂型、规格　　B. 批号、有效期

C. 生产厂商、购（销）货单位　　D. 购（销）货数量、购销价格

E. 购（销）货日期

3. 药品经营企业必须制定和执行药品保管制度，采取必要的（ ）等措施，保证药品质量。

A. 冷藏　　B. 防冻

C. 防潮　　D. 防虫

E. 防鼠

4. 合理制定药品政府定价，应综合考虑（ ）

A. 国家宏观调控政策　　B. 产业政策

C. 医药卫生政策　　D. 企业赢利

E. 企业发展

5. 政府制定价格的基本程序包括（ ）

A. 开展成本和市场价格调查　　B. 专家评审或论证

C. 听取生产经营企业意见　　D. 相关利益方意见

E. 价格公示

6. 药品集中招标采购，以省为单位，全省统一网上集中采购，实行（　）模式。

A. 全省统一　　　　B. 竞价限价

C. 网上采购　　　　D. 全程监管

E. 二次议价

三、简答题

1. 市场准入的功能是什么?
2. 开办药品生产企业的条件有哪些?
3. 开办药品经营企业的条件有哪些?
4. 药品政府定价的基本原则是什么?
5. 简述药品进入《医保目录》的意义?

第八章

医药广告

熟悉：广告的分类；广告的定义；广告定位理论的各发展阶段；广告主题的定义与构成；广告业的概念、原则、过程与表现方式；我国医药广告管理制度。

掌握：广告的发展；广告4C理论；广告5W理论；广告主题的表现方式；广告传播效果评价指标；广告经济效果评价指标。

了解：广告各参与主体的活动内容与规律；平面影视广告的创作方法；美国、日本医药广告管理制度。

第一节 广告理论的起源与发展

一、广告的定义以及构成要素

（一）广告的定义

1. 广告的定义 广告（advertise）是为了某种特定的需要，通过一定形式的媒体，并消耗一定的费用，公开而广泛地向公众传递信息的宣传手段。广告的本质是传播，广告的灵魂是创意。广告的英文原义为"注意"、"诱导"，即"广泛告知"的意思。

广告有广义和狭义之分，广义广告包括非经济广告和经济广告。非经济广告指不以盈利为目的的广告，又称效应广告，如政府行政部门、社会事业单位乃至个人的各种公告、启事、声明等，主要目的是推广；狭义广告仅指经济广告，又称商业广告，是指以盈利为目的的广告，通常是商品生产者、经营者和消费者之间沟通信息的重要手段，或企业占领市场、推销产品、提供劳务的重要形式，主要目的是扩大经济效益。

2. 广告与宣传的区别 广告不同于一般大众传播和宣传活动，主要表现在：①广告是一种传播工具，是将某一项商品的信息，由这项商品的生产或经营机构（广告主）传送给一群用户和消费者；②做广告需要付费；③广告进行的传播活动是带有说服性的；④广告是有目的、有计划，是连续的；⑤广告不仅对广告主有利，而且对目标对象也有好处，它可使用户和消费者得到有用的信息。

（二）广告的构成要素

通常从传播学的角度来说，广告的构成要素有：广告主，广告内容，广告媒介，广告受众。

1. 广告主 个人、组织、政府，是广告活动的发起者，广告信息的来源，广告经费的提供者。

2. 广告内容 是需要表达的信息，广告信息是广告活动的核心。

3. 广告的受众 是信息的目的地，是广告最终影响的对象，广告潜在的顾客群。

4. 广告媒介 是信息的载体，广告内容的载体，用于连接广告主、广告内容、广告受众。

二、广告的发展

广告随着经济的发展，其内容与形式也都发生着巨大的变化。广告产生的初期，人们主要通过口头、实物、旗幌等手段传播商品信息。这是广告的原始形式，其特点是传播范围小、效果弱等特点。随着商品经济的发展，产品竞争越发激烈，以现代传播技术为手段的现代广告应运而生。依据各个时期的广告技术水平，可以把广告业的发展大致分为四个阶段。

（一）古代广告

中国不是现代广告的发源地，但有广告性质的宣传方式很早就出现了。《诗经》的《周颂·有瞽》一章里已有"萧管备举"的诗句，据汉代郑玄注说："萧，编小竹管，如今卖饧者吹也"。唐代孔颖达也疏解说："其时卖饧之人，吹萧以自表也"。可见西周时，卖糖食的小贩就已经懂得以吹萧管之声招徕生意。而春秋末期孔子的周游列国也可以说就是一种个人广告的形式。除了口头广告，中国古代最常出现的是悬挂式广告。北宋时期的名画《清明上河图》中，描写了北宋东京繁华的街市景象，里面的悬挂式广告随处可见。

明清时代的知识分子已逐步脱开自命儒雅脱俗的传统思想，开始涉足广告领域，以自己的文字专长直接为商业广告服务（明代中后期开始）。他们题写招牌文字，撰写广告对联（清代以后对联广告更为流行，各个行业都有自己的专用对联，成为商业广告的一种宣传形式），推销新书新作（利用书籍图大做广告），垂青木刻年画（清代的木版年画颇为流行），使明清时代的广告形式具有浓郁的知识性、趣味性，并形成了我国独特的民族风格和民族气派。最能代表中国古代商业广告的民族风格和气派的是文字广告中的招牌广告和商业对联广告。

（二）近代广告

近代广告的发展是以英美为中心的。我国的印刷术传入西方后，德国人古登堡于1445 年创造了铅活字印刷，大大提高了印刷的质量和速度，成为近代广告变革中最重要的因素。

十三四世纪左右的欧洲出现了最早的报纸雏形“新闻信”，其内容是报道市场动态和商品信息。这种新闻信息实际上属于商业广告。除了报纸广告之外，杂志广告也开始出现。1731 年，英国书商凯夫在伦敦创办了世界上最早的杂志《绅士杂志》，1645 年 1 月 15 日，《The Weekly Account》杂志第一次开辟了广告专栏，并首次使用了“Advertisement”来表述“广告”。到了 19 世纪，由于美国经济的崛起，为现代广告业的发展奠定了基础，逐渐成为世界广告业的中心。

（三）近现代广告

近现代广告的重要标志之一就是出现了专门从事广告代理业务的组织。从此广告作为一个行业，发展其独特的业务范围与企业功能。1841 年，伏而尼·帕尔默在美国费城开办了第一家广告代理公司，并自称是“报纸广告代理人”，从而宣告了广告代理业的诞生。开始只是为客户购买报纸广告版面，广告文字、设计工作仍由报刊承担，并从中抽取 25% 的酬金。标志着现代广告业的出现。

1869 年，美国的 Ayer & son 广告公司在费城成立，它具有现代广告公司的基本特征。其经营重点从单纯为报纸推销版面转到为客户服务。他们站在客户的立场上，向报社讨价还价，帮助客户制定广告策略与计划，撰写广告文字，设计广告版面，测定广告效果，受到客户的欢迎，推动了广告公司的发展。

（四）现代广告

1960～1980 这 20 年中，微电子、计算机、航天技术、生物工程等尖端技术的大突破，并且在经济领域中非常迅速地得到广泛应用，极大地解放了生产力，几乎全世界都获得一个较为持久的发展机会。在新技术的带动下，新产品层出不穷，市场的性质也随之发生了根本的变化，此时供不应求的卖方市场，转向为竞争激烈的买方市场。广告已不再单纯是孤立的推销手段，更进而成为所有现代企业保持生存的重要手段。现代广告的发展形成了世界十大广告市场，依次是美国、日本、德国、英国、法国、意大利、巴西、西班牙、加拿大和韩国。

现代广告的设计水平，是一个国家综合国力和文明程度的直接反映，广告设计已成为人们生活与日常生活中不可缺少的一部分，并且明显地引导着人们的生活方式和消费方式，逐渐发展为现代社会的一种文化现象。

目前，国际设计交流上十分重视广告语言的直观性和传播力，人们的思想、情感和观念几乎都可以通过视觉图形进行交流。这种视觉表现方式得到了广泛的应用，渗透到政治、经济、文化和生活的各个领域。广告设计的范围也从昔日的海报、报纸杂志和商品包装等扩展到摄影广告、影视广告、计算机广告、环境广告等方面的设计。

现代广告包括了几个方面的内涵，反映出现代广告的主要特征。

（1）强调了广告的本质特征是一种以公开的、非面对面的方式传达特定信息到目标受众的信息传播活动，而且这种特定信息是付出了某种代价的特定信息。

（2）明确了广告是一种通过科学策划和艺术创造将信息符号高度形象化的、带有科学性和艺术性特征的信息传播活动。

（3）指出了传播媒介的重要作用。现代广告是非个人的传播行为，一定要借助于某种传播媒介才能向非特定的目标受众广泛传达信息。这决定了它是一种公开而非秘密的信息传播活动，也就决定了传播者必须置身于公众和社会的公开监督之下。

（4）说明了广告是为了实现传播者的目标而带有较强自我展现特征的说服性信息传播活动，通过改变或强化人们的观念和行为，来达到其特定的传播效果。观念指的是思想、政治、文化等意识形态方面的信息，行为则包括了商品、服务、生活等消费形态方面的信息。从而概括了广义的广告内容。

三、广告的分类

1. 按目标受众划分

（1）消费者广告　针对那些购买产品自用或供他人使用的人。

（2）企业广告　针对那些购买或指定产品和服务用于再生产的人。

（3）贸易广告　针对经销产品与服务的中间商（批发商和零售商），他们购买产品再转卖给顾客。

（4）专业广告　针对那些遵守某一伦理规章或行业标准的专业人员。

2. 按地理区域划分

（1）地方性广告　又叫零售广告，由商业企业所做，其顾客只来自某一城市或当地销售半径内。

（2）区域性广告　只在某一区域而非全国范围内销售产品的广告。

（3）全国性广告　针对全国几个地区的顾客。

（4）国际广告　针对国际市场。

3. 按目的划分

（1）产品广告　促进产品与服务的销售。

（2）非产品广告（企业或公益）　提升某一机构的责任感或理念，而非具体的产品。

（3）商业广告　具有营利目的，促销产品、服务或观念。

（4）非商业广告　由慈善机构或非营利机构、市政机构、宗教团体或政治组织出资或为这团体制作的广告。

（5）行为广告　旨在引起受众的直接行为。

（6）认知广告　旨在树立某一产品的形象，使受众熟悉产品的名称和包装。

4. 按媒介划分

（1）印刷广告　报纸、杂志广告。

（2）电子广告　广播、电视广告。

（3）户外广告 户外、交通广告。

（4）直邮广告 通过邮政系统的广告。

（5）网络广告 互联网广告、邮件广告。

四、我国广告法律体系

（一）相关法规

我国的广告法律体系由《广告法》和相关法律、广告单行法规、广告行政规章几部分组成。

1. 法律 1982年，国务院颁布《广告管理暂行条例》，为第一部全国性、综合性的广告管理法规；1987年，《广告管理条例》；1988年，《广告管理条例施行细则》；1994年10月27日，八届全国人大审议通过了《中华人民共和国广告法》，该法自1995年2月1日起正式实施，该法实施后，以上3个条例即告失效。

2. 广告管理的单行法规 如《化妆品广告管理办法》、《烟草广告管理暂行办法》、《医疗广告管理办法》、《酒类广告管理办法》。

3. 与广告密切相关的法律、规章 如《中华人民共和国药品管理法》（2001年），《中华人民共和国产品质量法》（2000年），《中华人民共和国反不正当竞争法》（1993年），《中华人民共和国消费者权益保护法》（1993年），《化妆品卫生监督条例》（1990年），《中华人民共和国商标法》（1993年），《中华人民共和国中医药条例》（2003年），《药品广告审查管理内部工作提示制度》（2003年），《药品广告审查发布标准》（2007年），《医疗器械广告审查发布标准》（2009年），《食品安全法》（2009年），《人身保险新型产品信息披露管理办法》（2009年）。

4. 广告行政管理规章 如《国家工商行政管理局关于严格控制评比类广告的通知》，《关于禁止利用医生和患者名义刊播广告的通知》，《国家工商行政管理局关于在查处广告违法案件中如何确认广告费金额的通知》，《广告语言文字管理暂行规定》。

5. 国家广播电影电视总局颁布的 如《广播电视广告播放管理暂行办法》，《保健食品广告审查暂行规定》，《关于进一步加强广播电视医疗和药品广告监管工作的通知》（2009年）。

（二）广告法规的主要法律规定

1. 广告不得有下列情形 ①使用中华人民共和国国旗、国徽、国歌；②使用国家机关和国家机关工作人员的名义；③使用国家级、最高级、最佳等用语；④妨碍社会安定和危害人身、财产安全，损害社会公共利益；⑤妨碍社会公共秩序和违背社会良好风尚；⑥含有淫秽、迷信、恐怖、暴力、丑恶的内容；⑦含有民族、种族、宗教、性别歧视的内容；⑧妨碍环境和自然资源保护；⑨法律、行政法规规定禁止的其他情形。

2. 在保护消费者的合法权益方面 广告中对商品的性能、产地、用途、质量、价格、生产者、有效期限、允诺或者对服务的内容、形式、质量、价格、允诺有表示的，应当清楚、明白。广告中表明推销商品、提供服务附带赠送礼品的，应当标明赠送的品种和数量。

广告使用数据、统计资料、调查结果、文摘、引用语，应当真实、准确，并表明出处。

涉及专利产品或者专利方法的，应当标明专利号和专利种类。禁止使用未授予专利权的专利申请和已经终止、撤销、无效的专利做广告。

3. 在维护公平竞争秩序方面 广告不得贬低其他生产经营者的商品或者服务。

4. 在广告的表现方面 广告应当具有可识别性，能够使消费者辨明其为广告。大众传播媒介不得以新闻报道形式发布广告。通过大众传播媒介发布的广告应当有广告标记，与其他非广告信息相区别，不得使消费者产生误解。

5. 对与人的身心健康、财产安全密切相关的特定商品广告的法律规定

（1）医药广告的规定 药品、医疗器械广告不得有下列内容："含有不科学的表示功效的断言或者保证的；说明治愈率或者有效率的；与其他药品、医疗器械的功效和安全性比较的；利用医药科研单位、学术机构、医疗机构或者专家、医生、患者的名义和形象作证明的……"。

国家规定的应当在医生指导下使用的治疗性药品广告中，必须注明"按医生处方购买和使用"。麻醉药品、精神药品、毒性药品、放射性药品等特殊药品，不得做广告。

（2）食品、酒类、化妆品广告的规定 内容必须符合卫生许可的事项，并不得使用医疗用语或者易与药品混淆的用语。

（三）广告违法行为的法律责任

1. 广告违法行为的行政法律责任 广告行政处罚类型主要包括：停止发布广告、责令公开更正、通报批评、没收非法所得、罚款、停业整顿、吊销营业执照或广告经营许可证。

2. 广告违法行为的民事法律责任 《广告法》规定：广告主、广告经营者、广告发布者出现下列侵权行为之一的，依法承担民事责任：①在广告中损害未成年人或残疾人的身心健康的；②假冒他人专利的；③贬低其他生产经营者的商品或服务的；④广告中未经同意使用他人名义、形象的；⑤其他侵犯他人合法民事权益的。

3. 广告违法行为的刑事法律责任 广告违法行为的刑事责任是指广告活动主体从事的违法行为性质恶劣、后果严重、非法所得款项数额较大，已经构成了犯罪所应承担的责任。对于构成犯罪的，广告管理机关应及时移交司法部门追究其刑事责任。被追究刑事法律责任的主体只能是自然人。

第二节 医药广告基本原理与运作规律

医药广告是指凡利用各种媒介或者形式发布药品广告，包括药品生产、经营企业的产品宣传材料。医药广告虽然存在着一定的特殊性，但其依然遵循广告的基本原理。主要包括广告定位理论、广告传播理论与广告营销理论三部分。其中最重要的部分当属广告定位理论。准确、独特的广告定位是广告创造其价值的根本前提与保障。

一、广告基本原理

（一）广告定位理论

广告定位属于心理接受范畴的概念。所谓的广告定位就是指广告主通过广告活动，使企业或品牌在消费者心目中确定位置的一种方法。定位理论的创始人艾·里斯和杰·特劳特曾指出："定位是一种观念，它改变了广告的本质"。可见，广告定位是现代广告理论和实践中极为重要的观念，是广告主与广告公司根据社会既定群体对某种产品属性的重视程度；把自己的广告产品确定于某一市场位置，使其在特定的时间、地点，对某一阶层的目标消费者出售，以利于与其他厂家产品竞争。定位的目的，就是要在广告宣传中，为企业和产品创造、培养一定的特色，树立独特的市场形象，从而满足目标消费者的某种需要和偏爱，为促进企业产品销售服务。

广告定位理论的发展共经历了四大阶段。

1. USP 阶段 USP 即"独特的销售主张"（unique selling proposition），或"独特的卖点"。"USP"是罗塞·里夫斯（Rosser Reeves）在20世纪50年代首创的，他当时是美国 Ted Bates 广告公司董事长。里夫斯比较早地意识到广告必须引发消费者的认同。他认为，USP 是消费者从广告中得到的东西，而不是广告人员硬性赋与广告的东西。为了实现广告传播中的 USP，罗瑟·瑞夫斯提出了三条基本原则：①让影像贴近声音，让消费者的眼睛看到他耳朵所听到的；②让播音员的声音作为背景音；③为了 USP 找到一个具体的影像说明。采用 USP 策略，要以商品分析为基础，并以广告商品在功能上有明显差异为前提。主要适用于：当产品差异是区分市场的重要依据时；当消费者对产品特点非常关心时；某些产品特点或优点处于中心位置（指某一类产品大部分消费者最关心的特点）时。然而，在商品市场极度繁荣的时代，产品大量仿制，使得产品的独特性消失，要告诉消费者购买你的产品与购买别他人的产品有什么不同，即提出独特的销售主张，已经越来越难了，所以，USP 策略并非适用于所有商品。

2. 形象广告阶段 形象广告（image advertising）是企业向公众展示企业实力、社会责任感和使命感的广告，通过与消费者和广告受众进行深层的交流，增强企业的知名度和美誉度，产生对企业及其产品的信赖感。专为树立企业形象而进行的广告，目的在于增进社会各界对企业的了解和支持，日本称"印象广告"。企业形象广告所传播的信息必须具有客观性、真实性，即实事求是地传播企业的信息，不故弄玄虚，任意拔高。

企业形象广告是一项长期复杂的系统工程，不能搞突击式、集中式的宣传，不能刻意追求时效性，应有计划、分阶段地实施宣传。国外众多知名企业，都是将企业形象广告作为一项长期的无形资产投资经营，每年作出相当比例的投入计划，常年在权威性媒体作形象广告。国内的哈药集团、王老吉等，都是靠恒久性广告建立起企业知名度和美誉度的。

3. 广告定位阶段 1969年艾·里斯和杰·特劳特在美国《产业行销杂志》写了一篇名为《定位是人们在今日模仿主义市场所玩的竞赛》使用“定位”（positioning）一词。这一阶段广告定位的核心内容是如何在消费者心目中创造产品价值的排序。这种价值包括产品功能、质量、市场口碑、企业形象等。并希望在消费心目中形成固定心智模式。使其竞争者很难模仿，无法超越。最终形成市场壁垒。

4. 系统形象广告定位 进入20世纪90年代后，世界经济日益突破地区界限，经济发展全球性日益凸显。企业之间的竞争从局部的产品竞争、价格竞争、信息竞争、意识竞争等发展到企业的整体形象竞争，原来的广告定位思想，进而发展为系统形象的广告定位。系统形象广告定位，最初产生于美国20世纪50年代中期，发展于60至70年代，成熟于80至90年代。这种广告形态的出现，加速了一大批世界知名企业的发展，并创造了可观的经济与社会效益。

（二）广告4C理论

1990年，罗伯特·劳特朋（Robert F. Lauterborn）在4P理论的基础上提出了4C理论，从根本上改变了营销观念，从单纯的吸引消费者注意转变为对消费者利益的关注。以顾客为中心进行营销推广，重点在于关注并满足顾客在产品需要（consumer's need）、成本（cost）、便利（convenience）、沟通（communication）等方面的核心利益。该理论主要包括以下内容。

1. 消费者需求（consumer's need） 企业应根据消费者的需求，进一步设计开发其核心产品，并不断进行改进。

2. 消费者所愿意支付的成本（cost） 企业根据消费者愿意支付的价格上限来制定产品价格。

3. 消费者的便利性（convenience） 销售渠道及其策略选择应以为顾客提供方便为首要目标。

4. 与消费者沟通（communication） 企业应通过同顾客进行积极有效的双向沟通，建立基于共同利益的新型企业/顾客关系。不再是企业单向的促销和劝导顾客，而是在双方的沟通中找到能同时实现各自目标的途径。

4C与4P、IMC理论内容比较如表8-1所示。

表 8-1 4C 与 4P、IMC 理论内容比较

类别	4P		IMC	4C	
说明	产品 product	产品体系；产品张；产品定位	整合营销传播 integrate marketing communisations	客户 customer	研究需求欲望，制造相应的产品
	价格 price	价格体系；价格策略	全美广告协会定义：IMC 是一个营销计划概念，它注重以下综合计划的增加值，即通过评价广告、直接邮寄、人员推销、公共关系等传播手段的策略运用，以提供明确、一致和最有效的传播影响力	成本 cost	客户愿意支付的价格
	渠道	渠道的销售策略		便利 convenience	考虑客户如何便利的获得产品
	促销 promotion	总体促销策略		沟通 communication	企业应积极与客户建立新型的利益关系

4C 理论使企业的营销活动更好的有机整合起来，使广告、公关、人员推广等相互独立的活动形式，有了统一的组织原则。形成一个整体，创造最佳的营销效果。

1993 年太太药业运用 4C 理论，在广告中打出“做女人真好”、“女人更年要静心”等广告语，成功推出了其保健产品——太太口服液。强调关怀、理解的产品形象宣传准确的契合了消费者的心理需求，被女性消费者广泛接受。成为 4C 理论在营销实践中的成功案例。

（三）广告 5W 理论

美国学者 H·拉斯维尔于 1948 年在《传播在社会中的结构与功能》一篇论文中，首次提出了构成传播过程的五种基本要素，并按照一定结构顺序将它们排列，形成了后来人们称之“5W 模式”或“拉斯维尔程式”的过程模式。这 5 个 W 分别是英语中 5 个疑问代词的第一个字母，即：who（谁），says what（说了什么），in which channel（通过什么渠道），to whom（向谁说），with what effect（有什么效果）。

这 5 项内容为我们提供了研究广告内容与效果评估的基本框架，5W 理论不仅涵盖了一般商业广告活动所包括的主要内容，而且指出了衡量广告成功与否的基本要素。5W 模式说明，广告是一个动态过程，为使受众接受正确的广告信息，达到影响、改变受众消费行为的目的。广告活动必须能够将这五方面要素进行合理安排。

但 5W 理论也同时存在着以下一些不足之处。

（1）5W 理论将传播看作一个说服并影响受众观念、行为的过程。并将是否达到这一目地视为传播活动成功与否的标志。这就限制了传播内容与受众之间的内在联系。不利于吸引受众的注意力，受众也难于真正接受传播内容。

（2）该理论没有形成一个闭环，而是忽略了对受众反馈信息的收集与分析。

（3）5W 理论将传播活动划分成 5 个独立的部分，大大简化了传播活动的复杂性，不利于实现传播活动各部分的综合效应。

二、广告运作规律

医药广告作为一般性商业广告的一部分，符合大众媒介传播的信息传递模式。即信息从信息制造者单方向流向信息接受者的过程。商业广告的主要参与者一般来说包括：广告主、广告公司、媒介、其他参与广告内容的社会机构以及受众。在这个信息传播过程中由于信息接收者以往的经历、个性以及教育背景有所不同，使得受众个体对广告内容的理解也有所不同，最终形成不同的观念，产生不同的行为。这是大众媒介传播的特点，同时也是信息传播活动产生不同效果的根本原因。为此，我们将进一步了解，广告作为一种特殊的信息传播活动，其中的主要参与主体的活动内容与规律。

1. 广告主　广告主是广告活动的发布者，是指为推销商品或者提供服务，自行或者委托他人设计、制作、发布广告的法人、其他经济组织或者个人。

2. 广告公司　是社会中专门从事广告经营的企业。广告公司是广告活动中最重要的主体之一。现代广告公司按着其服务范围的不同可分为全面服务型广告公司与优先服务型广告公司。全面服务型公司一般是在总经理或总裁以下至少设有创作部、业务部、营销部、财务部，分别由数位副总经理负责，同时在各部设立总监，可以是另择定人员担任，也可以由副总经理担任。

创作部是从事广告文案的撰写、广告图案的设计和广告构思与创意的职能部门。创作部下设撰稿员、文案人员、主创人员和美工所组成的创作组。大型广告公司的创作组，在人员职别上划分为：创意文稿、美工、摄影和制作合成等。在其中，创意人员搞创作构思，文案人员负责广告内容的撰写，美工负责广告绘画和版式设计，摄影人员负责广告摄影，制作合成人员则专门负责广告的终体表现。

业务部又常被称为客户服务部或客户部。该部的任务主要是外拓客户并与之保持联络，与公司的其他部门保持密切的联系。业务部在总监下面设数个业务经理和业务员。

营销部具有媒介计划与购买、调研和促销三方面的服务职能，由相应三类人员构成。营销部中的营销指广告公司的广告计划和方案的实施。在营销部中，媒介、调研和促销都是相对具有较大专业性、独立性的工作领域，因此，可以把三者归于营销部，也可以把三者独立分解为媒介部、市场调研部、促销部。

广告公司的功能主要包括，广告的策划、广告制作、广告发布、客户信息反馈、广告效果评估，以及为客户提供咨询服务。广告公司是以广告代理为工作核心，代广告客户策划广告是广告公司最本质的功能。

3. 媒介　分为广义和狭义两种类别，狭义的媒介是指能够借以实现广告主与广告对象之间信息传播的物质工具。按功能可分为：视觉媒介、听觉媒介和视听两用媒介。视觉媒体包括报纸、杂志、邮递、海报、传单、招贴、日历、户外广告、橱窗布置、实物和交通等媒体形式。听觉媒体包括无线电广播、有线广播、宣传车、录音和电话等媒体形式，视听两用媒介包括，电影、戏剧、小品等。随着技术的日新月异，广告主有了更多选择，除了上述各种媒体之外，例如 iPod、智能手机、互动电视、银行 ATM 自动取款机屏幕（主要用于银行自身企业和产品宣传）、数字信息亭、黄页、电话提示音等都可以作为广告传播媒介。

广义的媒介不仅包括信息传播的物质工具本身，还包括从事媒介经营活动的组织或企事业单位，以及从事媒体活动的专业人员，即通常所说的广告媒体。广告主根据广告目标与受众类型的不同，通常报社、电视台、网站运营商会成为广告主的首选媒体。

三、广告创意过程

广告创意过程可分下列五个阶段。

1. 准备期 研究所搜集资料，根据旧经验，启发新创意，资料分为一般资料和特殊资料，所谓特殊资料系指专为某一广告活动而搜集的有关资料。

2. 孵化期 把所搜集的资料加以咀嚼消化，使意识自由发展，并使其结合。因为一切创意的产生，都在偶然的机会突然发现的。

3. 启示期 大多数心理学家认为：印象是产生启示的源泉，所以本阶段是在意识发展与结合中，产生各种创意。

4. 验证期 把所产生的创意予以检讨修正，使更臻完美。

5. 形成期 以文字或图形将创意具体化。

四、广告的主要形式

通过报刊、广播、电视、电影、路牌、橱窗、印刷品、霓虹灯等媒介或者形式，在中华人民共和国境内刊播、设置、张贴广告。具体包括以下形式。

（1）利用报纸、期刊、图书、名录等刊登广告。

（2）利用广播、电视、电影、录像、幻灯等播映广告。

（3）利用街道、广场、机场、车站、码头等的建筑物或空间设置路牌、霓虹灯、电子显示牌、橱窗、灯箱、墙壁等广告。

（4）利用影剧院、体育场（馆）、文化馆、展览馆、宾馆、饭店、游乐场、商场等场所内外设置、张贴广告。

（5）利用车、船、飞机等交通工具设置、绘制、张贴广告。

（6）通过邮局邮寄各类广告宣传品。

（7）利用馈赠实物进行广告宣传。

（8）利用网络 Email、BANNER 等进行广告宣传，是数据库营销的一种。

（9）呼叫中心，是数据库营销的一种。

（10）利用短信（sms）、彩信进行广告宣传，是数据库营销的一种。

（11）利用其他媒介和形式刊播、设置、张贴广告。

五、选择广告媒体的要素

（一）市场方面的因素

1. 消费者的属性　人总依其个人品味来选择适合的媒体，不同教育或职业的消费者，对媒体的接触习惯都不相同。一般地说，教育程度较高者，偏重于印刷媒体；教育程度较低者，偏重于电波媒体，因此要配合消费者的性别、年龄、教育程度、职业及地域性等来决定应用何种媒体。

2. 商品的特性　各种商品的特性不一样，应该按商品特性来考虑媒体。例如消费者（生活）用品广告和工业用品广告的媒体策略完全不同，前者是全体的消费大众，后者是特定的工厂、老板或董事，很显然，千万元的别墅广告和普通中下公寓广告的媒体使用应当有所不同。

3. 商品的销售范围　商品市场究竟是全国性的销售，或是限于地方区域性市场的销售，这关系到广告接触者的范围大小，由此才可决定选择何种较经济有效的媒体，以免使用不适当的广告媒体而毫无传播效果。

（二）媒体方面因素

1. 媒体量的价值　如报纸的发行量、杂志的发行量、电视的收视率、电台的收听率，才能了解效果。

2. 媒体的价值　即考虑媒体的接触层次，应仔细分析其类型，以期与产品消费者的类型符合。同时需考虑媒体的特性、优缺点，节目或编辑内容，是否与广告效果有关。

3. 媒体的经济价值　要慎重考虑各媒体的成本费用，不仅要考虑“绝对成本”，即媒体的实际支付费用，同时亦应考虑“相对成本”如用印刷媒体的每天读者数，或电波媒体的每分钟每千人的视听成本。

（三）广告主方面的因素

1. 广告主销售方法的特征　销售方式究竟以推销员为主还是以零售商为主，这要看用什么样的销售策略？销售策略不同选择媒体的标准也不同。

2. 广告主的促销战略　如计划一个赠送样品的广告活动，就要用能配合赠送活动的媒体。

3. 其他　要考虑广告主活动的基本目的及广告预算的分配额和广告主的经济能力。此外对于同行竞争者使用广告媒体的情况与战略也应列入媒体考虑范围，以达“知己知彼”之效。

（四）促销效果方面的因素

促进流通的方式有很多，如人员的、店头陈列方式的，但从效率上讲，广告是最好的方式之一，如表 8－2 所示。

表 8-2 促销组合中四个主要成分的比较

	广 告	人员推销	销售推广	公共关系
优势	用相对较低的每则广告费用可接触一大群潜在消费；使最后讯息可以得到严格控制；可用大众受众和特殊受众细分；能够成功地用于创造即刻产品感知	可以测定效果；引起更快的反应；可以剪裁讯息使之适合消费者	引起更快的消费者反应；引起注意、创造产品感知	有效地建立消费者对产品或公司的积极态度；可以强化产品或公司的信誉
劣势	不能完全准确地测定结果；一般不能完成销售；本质是非人际的	几乎只依赖于推销人员个人的能力；每次联系的成本太高	本质是非人际的；难以与竞争势力区分	可能无法准确测定公关对销售的作用；与市场营销目的无关的努力投入太多

第三节 医药广告管理

药品是关系人体健康和人身安全的特殊商品，与人民群众的生命健康息息相关。随着社会经济的不断发展，人们对健康的要求越来越高，随之而来的医药产品也越来越丰富。真实合法的药品广告对药品的普及上市和推广应用起到了积极的作用，但是，虚假违法的药品广告造成了对消费者的误导，轻者服药无效，蒙受经济损失，重者延误病情，损害健康乃至生命。

一、我国医药广告管理概述

1. 药品广告概念 药品广告是指含有药品名称、药品适应症（主治功能）或者与药品有关的其他内容，利用各种媒介或者形式发布的广告。

2. 管理部门 在我国，药品广告的广告主（药品广告批准文号的申请人）必须是具有合法资格的药品生产企业或者药品经营企业。各省、自治区、直辖市药品监督管理部门拥有药品广告批准文号的审批权，并对其批准的药品广告进行检查，对违法医药广告进行处罚。

二、发布药品广告应当遵循的准则

1. 遵守法规 发布药品广告，应当遵守《中华人民共和国广告法》、《中华人民共和国药品管理法》、《药品管理法实施条例》及有关药品监督管理的规定，符合国家广告监督管理机关制定的《药品广告审查办法》，国家有关广告管理的其他规定。

2. 下列药品不得发布广告 ①麻醉药品、精神药品、毒性药品、放射性药品；②治疗肿瘤、艾滋病、改善和治疗性功能障碍的药品、计划生育用药、防疫制品；③《中华人民共和国药品管理法》规定的假药、劣药；④戒毒药品以及国务院卫生行政部门认定的特殊药品；⑤未经卫生行政部门批准生产的药品和试生产的药品；⑥卫生行政部门明令禁止销售、使用的药品和医疗单位配制的制剂；⑦除中药饮片外，未取得注册商标的药品；⑧批准试生产的药品。⑨医疗机构配制的制剂；⑩军队特需药品。

3. 处方药广告　处方药可以在规定的医学、药学专业刊物上发布广告，但不得在大众传播媒介发布广告或者以其他方式进行以公众为对象的广告宣传。不得以赠送医学、药学专业刊物等形式向公众发布处方药广告。

处方药名称与该药品的商标、生产企业字号相同的，不得使用该商标、企业字号在医学、药学专业刊物以外的媒介变相发布广告。

不得以处方药名称或者以处方药名称注册的商标以及企业字号为各种活动冠名。

处方药广告的忠告语是："本广告仅供医学药学专业人士阅读"。

4. 药品广告内容的规定

（1）药品广告内容涉及药品适应症或者功能主治、药理作用等内容的宣传，应当以国务院食品药品监督管理部门批准的说明书为准，不得进行扩大或者恶意隐瞒的宣传，不得含有说明书以外的理论、观点等内容。

（2）药品广告中必须标明药品的通用名称、忠告语、药品广告批准文号、药品生产批准文号；以非处方药商品名称为各种活动冠名的，可以只发布药品商品名称。

（3）药品广告必须标明药品生产企业或者药品经营企业名称，不得单独出现"咨询热线"、"咨询电话"等内容。

（4）非处方药广告必须同时标明非处方药专用标识（OTC）。

（5）药品广告中不得以产品注册商标代替药品名称进行宣传，但经批准作为药品商品名称使用的文字型注册商标除外。

（6）已经审查批准的药品广告在广播电台发布时，可不播出药品广告批准文号。

（7）处方药广告的忠告语是："本广告仅供医学药学专业人士阅读"。

非处方药广告的忠告语是："请按药品说明书或在药师指导下购买和使用"。

（8）药品广告中涉及改善和增强性功能内容的，必须与经批准的药品说明书中的适应症或者功能主治完全一致。

（9）电视台、广播电台不得在7：00～22：00发布含有上款内容的广告。

5. 药品广告禁止的内容

（1）药品广告内容应当以国务院卫生行政部门或者省、自治区、直辖市卫生行政部门批准的说明书为准，不得任意扩大范围。

（2）药品广告中不得含有不科学地表示功效的断言或者保证。如"疗效最佳"、"药到病除"、"根治"、"安全预防"、"完全无副作用"等。药品广告不得贬低同类产品，不得与其他药品进行功效和安全性对比，不得进行药品使用前后的比较。

（3）药品广告中不得含有"最新技术"、"最高科学"、"最先进制法"、"药之王"、"国家级新药"等绝对化的语言和表示；不得含有违反科学规律，明示或者暗示包治百病，适合所有症状等内容。

（4）药品广告中不得含有治愈率、有效率及获奖的内容。

（5）药品广告中不得含有利用医药科研单位、学术机构、医疗机构或者专家、医生、患者的名义、形象作证明的内容。

（6）药品广告不得使用儿童的名义和形象，不得以儿童为广告诉求对象。

（7）药品广告不得含有直接显示疾病症状、病理和医疗诊断的画面，不得令人感到已患某种疾病，不得使人误解不使用该药品会患某种疾病或者加重病情，不得直接或者间接怂恿任意、过量使用药品。

（8）药品广告中不得含有“无效退款”、“保险公司保险”等承诺。

（9）药品广告中不得声称或者暗示服用该药能应付现代紧张生活需要，标明或者暗示能增强性功能。

（10）药品商品名称不得单独进行广告宣传。广告宣传需使用商品名称的，必须同时使用药品的通用名称。

三、违法广告的主要表现形式

违法药品广告就是违反《中华人民共和国广告法》、《中华人民共和国药品管理法》及其他有关药品广告监督管理的规定的广告，其具体表现形式如下。

1. 未经审批擅自发布药品广告　未取得药品广告审查批准文号发布广告，异地发布广告未经发布地食品药品监管部门备案。在日常监督检查中不难发现，有的药品经营企业或生产厂家销售员擅自印制药品广告小报，且在药品经营企业营业店堂内对购买药品的患者和向街道上过往的广大群众进行发放；有的广告药品还附有一些宣传刊物；有的在营业店堂内擅自张贴或摆放药品广告等。这些违法广告内容的真实性毫无保证，广告药品的质量自然也得不到保障。

2. 任意篡改广告审批内容，夸大疗效宣传　主要包括篡改广告审批内容进行虚假宣传，夸大药品作用；增加适应症，进行虚假宣传；使用绝对化用语；删改已经审批的适应症内容等。在监管中发现，有的药品生产企业在发布药品广告时未按照批准的内容进行宣传，夸大药品的功能主治和适应症，渲染药品的功能和作用，欺骗广大患者。

3. 处方药在大众媒介上发布广告　在监督检查中发现，有的生产企业的销售员以集会的方式宣传处方药；有的药品经营企业擅自在营业店堂内张贴和悬挂处方药的广告；有的企业还印有宣传单。如治疗乙肝、糖尿病药品广告屡屡在广告媒体出现。

4. 利用专家和患者的名义发布药品广告　在监管中经常遇到，药品广告主与经营者利用名人和患者作广告，有的截取“新闻节目”中医药科研单位、专家、学者的部分语言形象画面，有的以所谓“患者”现身说教渲染药品的神奇功效，以此来诱导更多的患者购买他们的药品。

5. 非药品冒充药品宣传　将非药品宣传成有药品的功能主治或适应症而误导消费者，这些非药品在包装上没有标明有治疗作用，但往往宣传成可以治疗肿瘤、提高智力、提高免疫力、增高、长得快、提高和改善性功能，如性保健品、增高产品等。

四、发布广告需提交的材料

1. 本地发布广告所需材料　申请药品广告批准文号，应当提交《药品广告审查表》，并附与发布内容相一致的样稿（样片、样带）和药品广告申请的电子文件，同时提交以下真实、合法、有效的证明文件：①申请人的《营业执照》复印件；②申请人的《药品生产许可证》或者《药品经营许可证》复印件；③申请人是药品经营企业的，应当提交药品生产企业同意其作为申请人的证明文件原件；④代办人代为申办药品广告批准文号的，应当提交申请人的委托书原件和代办人的营业执照复印件等主体资格证明文件；⑤药品批准证明文件（含《进口药品注册证》、《医药产品注册证》）复印件、批准的说明书复印件和实际使用的标签及说明书；⑥非处方药品广告需提交非处方药品审核登记证书复印件或相关证明文件的复印件；⑦申请进口药品广告批准文号的，应当提供进口药品代理机构的相关资格证明文件的复印件；⑧广告中涉及药品商品名称、注册商标、专利等内容的，应当提交相关有效证明文件的复印件以及其他确认广告内容真实性的证明文件。

提供本条规定的证明文件的复印件，需加盖证件持有单位的印章。

2. 异地发布广告需提交材料　异地发布药品广告备案应当提交如下材料：①《药品广告审查表》复印件；②批准的药品说明书复印件；③电视广告和广播广告需提交与通过审查的内容相一致的录音带、光盘或者其他介质载体。

提供本条规定的材料的复印件，需加盖证件持有单位印章。

五、广告的复审

1. 复审广告　已经批准的药品广告有下列情形之一的，原审批的药品广告审查机关应当向申请人发出《药品广告复审通知书》，进行复审。复审期间，该药品广告可以继续发布。

（1）国家食品药品监督管理部门认为药品广告审查机关批准的药品广告内容不符合规定的。

（2）省级以上广告监督管理机关提出复审建议的。

（3）药品广告审查机关认为应当复审的其他情形。

经复审，认为与法定条件不符的，收回《药品广告审查表》，原药品广告批准文号作废。

2. 注销药品广告的情形　有下列情形之一的，药品广告审查机关应当注销药品广告批准文号。

（1）《药品生产许可证》、《药品经营许可证》被吊销的。

（2）药品批准证明文件被撤销、注销的。

（3）国家食品药品监督管理部门或者省、自治区、直辖市药品监督管理部门责令停止生产、销售和使用的药品。

（4）篡改经批准的药品广告内容进行虚假宣传的，由药品监督管理部门责令立即停止该药品广告的发布，撤销该品种药品广告批准文号，1年内不受理该品种的广告审批申请。

（5）对任意扩大产品适应症（功能主治）范围、绝对化夸大药品疗效、严重欺骗和误导消费者的违法广告，省以上药品监督管理部门一经发现，应当采取行政强制措施，暂停该药品在辖区内的销售，同时责令违法发布药品广告的企业在当地相应的媒体发布更正启事。违法发布药品广告的企业按要求发布更正启事后，省以上药品监督管理部门应当在15个工作日内做出解除行政强制措施的决定；需要进行药品检验的，药品监督管理部门应当自检验报告书发出之日起15日内，做出是否解除行政强制措施的决定。

3. 对虚假广告的处理　对提供虚假材料申请药品广告审批，被药品广告审查机关在受理审查中发现的，1年内不受理该企业该品种的广告审批申请。

对提供虚假材料申请药品广告审批，取得药品广告批准文号的，药品广告审查机关在发现后应当撤销该药品广告批准文号，并3年内不受理该企业该品种的广告审批申请。

按规定被收回、注销或者撤销药品广告批准文号的药品广告，必须立即停止发布；异地药品广告审查机关停止受理该企业该药品广告批准文号的广告备案。

药品广告审查机关依法收回、注销或者撤销药品广告批准文号的，应当自做出行政处理决定之日起5个工作日内通知同级广告监督管理机关，由广告监督管理机关依法予以处理。

异地发布药品广告未向发布地药品广告审查机关备案的，发布地药品广告审查机关发现后，应当责令限期办理备案手续，逾期不改正的，停止该药品品种在发布地的广告发布活动。

对发布违法药品广告，情节严重的，省、自治区、直辖市药品监督管理部门予以公告，并及时上报国家食品药品监督管理部门，国家食品药品监督管理部门定期汇总发布。

对发布虚假违法药品广告情节严重的，必要时，由国家工商行政管理部门会同国家食品药品监督管理部门联合予以公告。

对未经审查批准发布的药品广告，或者发布的药品广告与审查批准的内容不一致的，广告监督管理机关应当依据《广告法》第四十三条规定予以处罚；构成虚假广告或者引人误解的虚假宣传的，广告监督管理机关依据《广告法》第三十七条、《反不正当竞争法》第二十四条规定予以处罚。

广告监督管理机关在查处违法药品广告案件中，涉及药品专业技术内容需要认定的，应当将需要认定的内容通知省级以上药品监督管理部门，省级以上药品监督管理部门应在收到通知书后的10个工作日内将认定结果反馈广告监督管理机关。

药品广告审查工作人员和药品广告监督工作人员应当接受《广告法》、《药品管理法》等有关法律法规的培训。药品广告审查机关和药品广告监督管理机关的工作人员玩忽职守、滥用职权、徇私舞弊的，给予行政处分。构成犯罪的，依法追究刑事责任。

4. 药品广告文号 药品广告批准文号为“X药广审（视）第0000000000号”、“X药广审（声）第0000000000号”、“X药广审（文）第0000000000号”。其中“X”为各省、自治区、直辖市的简称。序号由10位数字组成，前6位代表审查年月，后4位代表广告批准序号。“视”、“声”、“文”代表用于广告媒介形式的分类代号。

六、审查办法

1. 无须审查的 非处方药仅宣传药品名称（含药品通用名称和药品商品名称）的。

处方药在指定的医学药学专业刊物上仅宣传药品名称（含药品通用名称和药品商品名称）的。

2. 需要审查的 凡利用各种媒介或者形式发布的广告含有药品名称、药品适应症（功能主治）或者与药品有关的其他内容的。

七、广告的管理

1. 审查机关

（1）广告审查机关 省、自治区、直辖市药品监督管理部门。

（2）监督管理机关 县级以上工商行政管理部门。

2. 处罚 篡改经批准的药品广告内容进行虚假宣传的，由药品监督管理部门责令立即停止该药品广告的发布，撤销该品种药品广告批准文号，1年内不受理该品种的广告审批申请。

对任意扩大产品适应症（功能主治）范围、绝对化夸大药品疗效、严重欺骗和误导消费者的违法广告，省以上药品监督管理部门一经发现，应当采取行政强制措施，暂停该药品在辖区内的销售，同时责令违法发布药品广告的企业在当地相应的媒体发布更正启事。违法发布药品广告的企业按要求发布更正启事后，省以上药品监督管理部门应当在15个工作日内做出解除行政强制措施的决定；需要进行药品检验的，药品监督管理部门应当自检验报告书发出之日起15日内，做出是否解除行政强制措施的决定。

对提供虚假材料申请药品广告审批，被药品广告审查机关在受理审查中发现的，1年内不受理该企业该品种的广告审批申请。

对提供虚假材料申请药品广告审批，取得药品广告批准文号的，药品广告审查机关在发现后应当撤销该药品广告批准文号，并3年内不受理该企业该品种的广告审批申请。

违反本标准其他规定发布广告，《广告法》有规定的，依照《广告法》处罚；《广告法》没有具体规定的，对负有责任的广告主、广告经营者、广告发布者，处以1万元以下罚款；有违法所得的，处以违法所得3倍以下但不超过3万元的罚款。

复习测试题

一、名称解释

1. 广告

2. 药品广告

二、选择题

1. 通常从传播学的角度来说，广告的构成要素有（　）

A. 广告主　　B. 广告内容

C. 广告媒介　　D. 广告受众

E. 宣传品

2. 广告设计的范围也从昔日的海报、报纸杂志扩展到（　）等方面的设计。

A. 摄影广告　　B. 影视广告

C. 计算机广告　　D. 环境广告

E. 商品包装

3. 广告按媒介划可分为（　）

A. 印刷广告　　B. 电子广告

C. 户外广告　　D. 直邮广告

E. 网络广告

4. 广告定位理论的发展共经历了（　）四大阶段。

A. USP 阶段　　B. 形象广告阶段

C. 广告定位阶段　　D. 系统形象广告定位

5. 广告4C理论包括（　）

A. 消费者需求

B. 消费者所愿意支付的成本

C. 消费者的便利性

D. 与消费者沟通

E. 消费者的调查

6. 广告创意过程可分下列（　）个阶段

A. 准备期　　B. 孵化期
C. 启示期　　D. 验证期
E. 形成期

三、简答题

1. 简述广告与宣传的区别。
2. 简述处方药做广告的要求。
3. 简述药品广告禁止的内容。
4. 简述违法广告的表现形式。
5. 简述不得发布药品广告的情形。

第九章 医药物流

掌握：医药物流的定义，特点，目标；物流管理。

熟悉：渠道管理。

了解：医药物流存在的问题，医药物流发展的趋势。

我国的医药物流还刚刚起步，尚未发展成熟，医药物流作为行业物流之一，以其独特的技术要求、严格的法规体系和产品的固有特性，在物流产业与医药产业的双重游戏规则中逐步发展成为一个具有巨大发展潜力的、相对独立的产业。医药物流在我国起步较晚，但发展迅速，并很快成为行业物流的热点。

第一节 医药物流的概述

随着国内经济快速发展，人们生活水平提高，基本医疗保险制度的实行，人们对医药需求的不断增加。2012 年我国的医药市场达到 20000 亿元，每年以 20% 左右的增速增长，医药工业的发展迅速使医药物流业也得到快速的发展。

一、医药物流的概念

（一）概念

医药物流是指通过原料采购、加工、存储、运输、分配流通及物流信息等一系列的管理活动，有效地沟通原料供应商、制造商、代理商、零售商及最终用户，促使药品从供应地向接收地的实体流动过程。进而提升药品的空间和时间价值。

物流一般依托一定的物流设备、技术和物流管理信息系统，有效整合营销渠道上下游资源，通过优化药品供销配运环节中的验收、存储、分拣、配送等作业过程，提高订单处理能力，降低货物分拣差错，缩短库存及配送时间，减少物流成本，提高服务水平和资金使用效益，实现的自动化、信息化和效益化。

（二）相关概念

1. 精细物流（lean logistics） 精细物流来源于精细制造，精细制造作为生产领域管理技术研究的成果，已经取得了巨大的成功。精细物流所强调的是同步操作环境，循环时间压缩，全过程的可视性，精确时点绩效，过程的一致性和无缺陷。

2. 6 西格玛物流　6 西格玛（6 Sigma logistics）物流是 6 西格玛理论在物流管理中的应用。6 西格玛理论是过程设计和提高的方法，它的目标是在满足客户主要的质量要求方面达到近乎完美的境地。它注重应用、结果和成功实施的要素等方面。

3. 闭环物流与逆向物流　闭环物流与逆向物流（closed loop logistics and reverse logistics）是正向物流和供应链、逆向物流和储存能力的集成。它主要应用在以下几个方面：售后服务、零部件更换（高科技产业）；未出售、未使用、废弃物的回收；回召或有缺陷的产品；绿色产品的“保鲜”。

4. 精细供应链　精细供应链（lean supply chain）是精细原理与供应链结合，是对精细物流的进一步发展。精细管理为减少浪费、降低成本、缩短操作周期、提供强化的客户价值从而增强企业的竞争优势，提供了一种伟大的方法，在生产过程已经取得巨大的成功。精细供应链的基本计划方法是设定企业目标、部门目标、操作目标，明确现有绩效与目标值的差别认定，制定达到预期目标的时间框架和要求。

精细供应链建立的五个步骤是：选择工具、确定原则，制定战略，明确价值，领先方法的适应性实施策略。它要求在精细供应链环境中创造产出文化，建立环境要素，最大限度避免非产出行为。精细供应链与 6 西格玛理论的结合，又在创造新的概念。

二、医药物流的特点

（1）品种繁多，技术复杂性程度高。

（2）物流作业过程中对药品的质量品质要求特别高。

（3）相对于其他行业物流而言，医药物流进入门槛较高，包括技术与管理门槛、信誉、规模与资质门槛等。这些特点对于进入该领域的物流企业提出了较高的要求。

（4）尚处在供应链单一环节优化的阶段。我国的医药物流起步较晚，目前大多数已经上马或即将上马的医药物流项目还停留在企业内部进、销、存业务整合、流程优化的阶段，很少涉及对上游药品生产厂、供应商和下游药品批发零售企业、医院的整合，从而无法根本性地解决重复运输、牛鞭效应、库存积压等现象，导致供应链效率低下，药品配送成本增加，药价抬高等一系列不合理综合征。

三、医药物流的目标

医药企业物流的目标主要包括以下三个方面：快速反应，及时供货；最低库存；集中运输，降低物流成本等。

1. 快速反应，及时供货　快速反应、及时供货是企业物流目标中最基本的要求，是指医药企业应将医药产品及时快速地传递到消费者手中。

2. 最低存货 渠道层次的增加及中间商的增多，相应也增加了医药产品在整个物流环节的存货，而存货的增加导致企业营销成本加大，因此降低存货水平是医药物流管理的重要目标。

3. 集中运输，降低物流成本 对于医药产品的运输应尽量减少运输次数，而加大每次运输量，从而降低物流成本。一般而言，高速度、小批量运输通常成本较高，运输量越大、距离越长，单位运输成本就越低。不过，集中运输往往降低了企业物流的响应时间。因此，企业物流作业必须在集中运输与响应时间方面综合权衡。

四、医药物流的起源与发展

1. 医药物流的起源 我国是世界上第一人口大国，随着人口的持续增长，人口老龄化加剧和人均可支配收入的提高，人们对医药的需求不断增加，以及我国对医药流通体制进行了较大改革，药品的价格也从1997年开始进行了30余次的降价，政府积极扶持医药物流业的发展。在这种情况下，医药市场竞争力大幅度上升，促使医药企业的物流成本高低对其药品的竞争力产生较大影响，也必然促使越来越多医药企业通过外包物流业务降低药品成本，从而增加对第三方物流的需求。

实发性疫情如非典与禽流感的大范围爆发增加了我国应急医药物流的需求，也增加了建立我国应急医药物流体质的迫切性。

2. 发展历程 从量变到质变——物流进入供应链时代。

从物流发展历程分析，物流思想经历了一个持续变革的过程。权威物流学者鲍尔索克斯教授对物流思想的演变过程做了总结。

在20世纪，50年代以前：强调运输效率；

50年代：强调物流成本、客户服务；

60年代：强调综合外包；

70年代：强调运作整合、质量；

80年代：强调财务表现和运作优化；

90年代：强调客户关系和企业延伸；

21世纪：强调供应链整合管理。

美国物流协会的两次更名，则体现了两次质的飞越。1963年成立时，协会的名字是“实物配送协会”，1985年更名为物流管理协会，是由于运输和配送增加了越来越多的内容，这个职业从狭义的运输和仓储，发展到更广的物流领域。21世纪，物流职业的专业人员所包括的范围越来越大，在企业中扮演的角色越来越关键了。物流的专业人员在组织内部和组织外部与越来越多的人们打交道。物流专业人员的角色已经发生演变，不仅包括物流的内容，而且包括采购、生产运作、市场/营销的功能。表明物流这个产业比原来的运输和仓储又扩大了、加深了，更注重管理技术对传统产业的改造和升级。2005 年更名为供应链管理专业协会，表明了从物流到供应链的合乎逻辑的演进。

3. 医药物流的发展环境

（1）医药物流的市场环境　医药需求持续增长带动医药物流业的需求增长，药品价格持续下降增加了企业通过第三方医药物流降低成本的需求。

近些年来，我国对医药流通业体制进行了较大改革，使药品价格总体上仍会保持下降趋势。此时，医药物流的成本对其药品的竞争力产生较大影响，价格的竞争促使医药企业对第三方医药物流的需求。

（2）医药物流的政策环境　按照 WTO 协议，我国将逐步开放医药物流市场。加入 WTO 后，我国的医药物流企业将面临国外企业的强有力竞争，同时也为我国的医药物流企业提供了与国外医药企业进行合作与整合的机遇。

（3）国家积极扶持医药物流业的发展　面对国外医药物流企业，我国医药物流企业在我国加入 WTO 后面临巨大挑战，国家扶持医药物流的政策非常明确。

（4）地方政府发展医药物流的热情很高　在国家政策的形式下，全国各地纷纷投资建设规模较大的医药物流中心，许多地方政府对推动本地区的医药物流发展有高的积极性，目前很多建设项目正在进行或已经投入使用。

（5）政府鼓励民间资本进入医药物流的领域　2003 年，我国医药流通领域对外开放，政府大力支持多元化资本投资到医药物流领域，特别是民营资本进入医药物流领域，以加速我国医药物流的发展，并培育民族医药物流企业。

第二节　我国医药物流发展现状

一、发展概况

医药产业的快速发展，对医药物流市场带来了一些新的变化，下面分别从医药物流的市场容量、需求主体、市场结构等三个方面对中国医药物流发展的现状进行分析。

（一）医药物流的市场容量

医药物流是医药生产和流通过程中派生出的经济活动，因此医药生产与消费的规模、结构在很大程度上决定了医药物流市场的发展规模和市场的容量。

（二）医药物流需求主体

1. 医药制造业物流　医药制造业的产品按照性质划分，可以分为化学药品、医药原料、医疗器械、化学试剂、玻璃仪器及保健用品。

从医药物流的流通程序看，医药制造业的物流服务需求体现在采购物流和加工物流两个方面，医药产业物流供应链构成如图 9－1 所示。

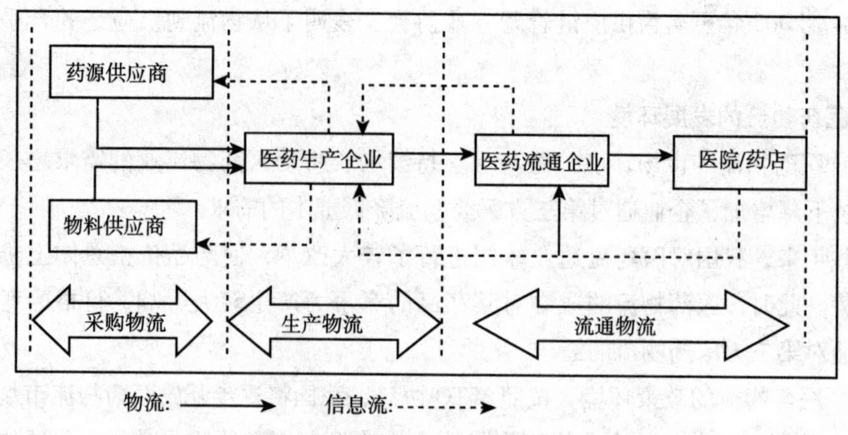

图 9-1　医药产业物流供应链构成

2. 医药流通业物流　如图 9-2 所示。

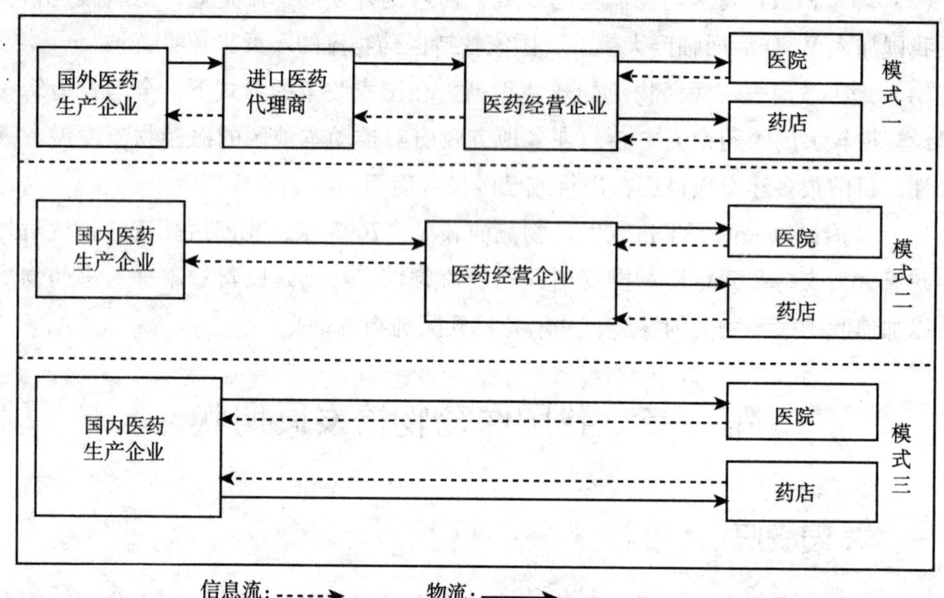

图 9-2　医药流通业物流

医药流通业处于医药产业供应链的后端，也称为后期物流，医药流通产业物流的一般模式分为：①由医药经营企业作为中间商来经销药品，药品通过它们销售到医院或药店。②由医药生产企业直销进入医院和药店。

（三）医药物流市场结构

中国改革开放以前，医药商业管理体制基本上是集中统一管理模式，商品实行分类分级计划管理，分层次按系统进行调拨供应，购销方式单一，价格上统一领导，分级管理。即药品分销模式是“三级批发，一级零售”。

自从 20 世纪 90 年代，国家加大了医药生产和流通体制改革，推进医药生产企业结构调整，推动大企业间的强强联合，兼并小企业，加快淘汰一批落后的生产企业和批发企业，加强对重点产品生产的调控，促进国内生产企业与国外大企业的合作，进一步推动医药流通体制改革，采用先进技术建设现代医药物流体系。

二、认识误区

1. 中小规模企业没有必要也无法整合物流 据行业统计，目前全国药品批发企业1.65万家，零售企业近14万家，全国零售药店总数12万家、药品生产企业4700多家。这些企业中95%以上都是中小型医药企业，与此同时认为中小规模医药企业没有必要也无法开展物流整合是我国目前医药物流发展过程中的一大认识误区。虽然中小型医药企业在投入上无法与大型企业相比，无法成为供应链整合的领导者，但是作为现行医药供应体系中的一部分，任何一个供应链的优化项目都离不开这一环节。在中国医药供应链整合逐步受到重视的将来，任何一个供应链中的成员都希望有这样的战略合作伙伴参与到项目中来，以共同探索成功之道。

事实上，中小型医药企业可以在两个层面上开展物流整合，以提高物流服务水平、降低物流成本。一是在作业层面上，积极优化内部作业流程以提高效率和客户服务水平，并探索与第三方医药物流企业的合作模式以取得成本降低；二是在战略层面积极参与到大型企业领导的供应链整合中去，从上下游环节取得成本降低和服务提高。

2. 设备和技术决定竞争能力 认为物流设备、技术越先进就越有利于强化企业竞争力，越能吸引客户和战略合作伙伴，在物流项目的建设上重技术先进性带来的宣传效应，而轻视了系统应用中的协调一致性，是当前国内医药物流投资的另一误区。这一认识误区的直接后果就是物流系统化、信息化、自动化不是为自己“量体裁衣”，与现有的业务规模和管理水平不匹配。事实上，作为一项系统工程，物流效率和服务水平的高低不是取决于整个系统最强的部分，而是取决于最薄弱的环节。单一技术环节的高要求、高投入并不能显著改善整个物流系统的表现。从战略投资者、商业合作伙伴或者是下游的客户的角度来说，更注重的是整个物流系统的可靠性、完整性和物流整体服务水平的高低，而不是物流设备、技术的先进程度。

中国的医药物流要由传统的粗放型向现代化的信息型转变，就要解决政策法规、业态流程、经营模式、观念、软件开发和人员这几个方面的问题。

3. 自动化带来成本降低 自动化对降低物流成本的作用主要体现在两个方面：一是工作效率提高后带来的直接人工成本降低，二是差错率降低后带来的间接作业成本降低。目前，各地企业投资自动化物流中心的热情很高，申报的项目少则投资数千万元，多则高达数亿元。然而国内的现状是：一方面企业在国营体制下很难裁减人员，进而降低人工成本；另一方面自动化设备上马后每天要产生数万元的能耗成本。更有甚者，由于国内电力供应紧张的关系，很多自动化设备只能处于半投产状态，无法通过规模化经营来降低成本。因此，很多企业面临的困境是：自动化物流中心上马后，物流成本不降反升。

三、存在的主要问题

由于现代的医药物流理念引入中国的时间不长，加之医药生产与流通体制还没能完全理顺，中国的医药物流业仍存在很多问题。

1. 物流观念模糊　我国是在20世纪80年代随着市场营销理论的引入才接触“物流”这一概念。20世纪90年代，随着我国改革开放的深入发展，发达国家的跨国公司开始全面进入中国市场，传播了物流的概念，带动了物流需求并促进了我国物流市场的产生和物流业的发展。但至今，还有相当一部分药品从业人员不知道现代物流的准确含义，也不清楚它所创造的价值，其观念仍停留在传统物流阶段，把现代物流简单理解为运输货物，把配送中心理解为仓库。其实现代物流系统是由现代运输、仓储、流通加工、配送、现代信息处理等基本功能要素组成的统一体，运输只是其中一个环节，任何单一环节都不能称为物流。由于观念模糊，一些人认为现代物流可有可无、无关紧要，没有意识到它与现代竞争力的联系，既富有挑战性，同时它又是一项具有回报的专业工作。

2. 药品物流网点布局不合理　已构成的物流中心和零售药店大多分布于城市，在农村地区则极为稀少。这种只注重城市的趋势，不符合现代物流网点均衡协调发展的要求。一方面放弃了整体潜力巨大的农村市场，因中国城市人口与农村人口的比例是3:7，而城市药品的消费与农村药品的消费比例却是9:1，从销售的比例来看，农村销售仅约占全国医药销售总额的10%，农村的用药潜力远没有开发出来。另一方面，在城市中药品物流企业间却过度竞争，导致企业实力削弱，不利于企业自身的发展。

3. 药品物流信息化技术水平落后　物流信息发展很快，包括因特网技术、电子数据交换系统、订单管理系统、运输控制系统、条形码和无线电设备的自动化运作设施等。这些技术能够使企业在降低总成本和加强服务的同时，提供管理整个供应链必需的信息，有效的信息管理可以帮助企业满足客户的物流需求。由于信息技术落后，不能发挥对物流的指导作用，导致现代物流的高效性也无法发挥。

4. 医药流通企业运行机制不灵活　药品流通领域虽然通过了药品经营管理规范（GSP）认证，淘汰了一批不符合GSP规范的企业。但对于结构调整、兼并、重组，产权改革明显滞后，很多都是个人合伙型或个人独资型企业，还有不少未经产权重组的传统型国有企业。因此，无法适应医药市场的激烈竞争形式，如药品批发企业大多为中小型企业，行业的集中度不够，由于企业规模小，缺乏核心竞争力的物流中心，使得中间费用高，利润水平低，企业效益差。

在发达国家，药品市场的集中度非常高。例如，欧盟排在前3位的药品分销企业市场占有率为65%，日本排在前5位的为80%，美国排在前3位的高达95%。美国药品销售额占世界药品市场的份额大于40%，但药品批发商总共只有70家。日本药品销售额占世界药品市场的份额为12%，也不过只有147家药品分销企业。法国8家药品批发企业中，其中的3家市场份额高达95%。德国过去药品批发企业很多，现在只剩10家比较大的药品批发商，其中3家最大的占市场份额达70%。国外大型医药公司年销售额一般都大于20亿美元。由于药品市场的集中度相当高，这些国家对药品市场监管非常有序有效，而且监管的行政成本也比较低。

5. 药品物流服务意识不强 北美第一大综合物流与服务提供商（Mckesson公司）通过遍布全美的分销网络和配送中心、运输渠道和相应的物流技术为顾客服务，以保证在正确的时间得到正确的药品，公司通过31个配送中心向遍布全美的客户日夜配送药品。快递的时间标准以小时来计算，我国则停留在以天为单位的水平，而且节假日往往无配送服务。仅这一点与国外存在的巨大差距，就难以同国外企业竞争。同时，这种状况也不利于政府对医药资源的调控，一旦发生大规模公共卫生突发事件，由于不能迅速配送医药资源，将会对社会稳定造成很大的负面影响。

6. 药品分销企业市场集中度低 我国医药物流行业呈现多、小、散、乱的格局。中国医药集团总公司、上海医药（集团）有限公司、九州通医药集团股份有限公司这三家医药物流企业目前行业排名前三，但在整个行业的份额不到20%。

7. 流通秩序仍然较为混乱

（1）药品市场普遍存在高定价，高折扣的状况，而事实上，对于医药工商企业来说，医院是最大的买方，它已经成为了药品垄断“零售商”。医院不仅完全垄断了药品品种的进货权，也完全垄断了消费者的用药选择权。这些原因导致了医药购销活动中不正之风的盛行。还有中国医药信用体系不完善的条件下，药品非法市场屡禁不止。

（2）集中招标购药在不完善的政策环境下加剧了商业竞争和市场的混乱。药品集中招标采购是我国在推进医药分销体制改革进程中的创举，但里面存在着政策问题、医药改革体制问题没有解决，新的问题出现，使市场秩序难以进入良性循环。

8. 地方保护严重 地方保护主义制约了跨省市、跨区域的医药物流企业的发展。

我国在医药管理体系中明确规定，不容许第三方物流企业介入医药流通领域，必须有医药流通企业自身运作，但我国的医药企业大部分都有自己的区域市场，且是地方政府财政收入来源，受地方保护主义严重。但从物流角度看，只有充分利用资源，形成规模优势，节约物流资源，才能提高物流企业的经济效益和社会效益。

9. 医药物流企业的技术标准有待统一 从整体看，我国的医药装备还处于初级阶段，比如装载设备的自动化和标准化水平，信息系统控制水平，医药产品中条码应用率，表现为：①标准化与物流周转单元的统一问题；②条码的残缺不全与自动分拣系统的统一问题；③药品分类与物流周转速度的统一问题。

10. 专业管理人才缺乏 造成医药物流专业人才的缺乏主要原因有三个方面：第一，由于很多的医药企业对物流的认识还只停留在浅层次的模糊概念上，以致于很多企业都认为医药物流不过是医药运输与仓储的简单相加。第二，由于在整个物流人才管理过程中还存在着种种疏漏，从而导致物流人才存在直接或间接的流失，比如传统的医药物流薪酬激励作用不大，员工的培养计划根本没有或者有但是不成熟等。第三，部门整合不彻底，物流部门作为一个协调生产与销售的服务部门，往往其成员所做出的战略决策是针对企业若干职能部门的，所以物流人员的积极性就很大程度上取决于整个组织间的协调合作。

第三节　我国医药物流模式

一、物流模式

我国医药物流可以分为自营模式、外包物流模式和混合模式。混合模式又包括自营与外包相结合的模式和自营与对外承接物流业务相结合的模式。

1. 自营模式　自营是指医药企业自己建立起网络化的现代物流配送体系，自主完成物流相关流程。自营模式的优点是保证医药企业对供应链各个环节有较强的控制能力，对物流活动的具体内容进行直接控制并通过合理规划提高物流作业效率，减少流通费用，并树立企业良好的经营形象，对客户的需求作出快速反应，能建立有效的客户关系管理，自主掌握住产品的分销渠道，有利于同行业的竞争。缺点是重整企业物流势必对公司的组织结构做较大变动，它要求企业具有很强管理能力，高昂的建设费用需要占用大量的固定资金。

2. 外包物流模式　外包物流模式是指医药企业将物流体系设计、维护、调货、库存管理、装卸和配送等全部物流业务委托于专业的物流公司运作。优点是不占用大量固定资金，可以更自由地协调生产运作，加强了企业的柔性管理，使企业可以集中力量提高核心竞争力，大幅度降低本企业的流通费用。缺点是企业不能直接控制掌握物流职能，不能保证到货的及时和顾客服务的优良品质。第三方物流商对医药产品的仓储、养护、运输等了解甚少，不了解国家对行业的政策规定，在运作中服务难以满足企业要求。

3. 混合模式

（1）自营与外包相结合的混合模式　自营与外包相结合的混合模式是指将物流环节中的某一部分或几部分外包出去，其余的物流环节依然自己来做。这是我国目前大多数医药企业采取的物流模式。例如，他们有的利用自己的车队来做运输而把销售物流外包出去，有的只是单纯地将废弃物回收这个物流环节外包。哪个环节需要外包主要取决于企业自身的软硬件能力和社会的物流服务能力。

（2）自营与对外承接物流业务相结合的混合模式　自营与对外承接物流业务相结合的混合模式是指除了满足本公司的物流业务外，同时利用自身的优势对外承接物流业务的模式。它的优点是不仅能有效减低物流成本，促进整个医药供应链的形成和协作，确保药品的质量，而且将物流转化为公司新的利润增长点。

二、物流托管

随着我国医药市场客户需求越来越个性化，为客户快速、准确地提供药品配送服务成为医药流通企业赢得市场竞争的重要方式。现阶段，我国大多数的医药流通企业仍然通过采取自营仓库、车队的方式为客户提供药品物流服务，而这种经营方式最大的难点就在于物流成本居高不下、客户服务始终处于较低的水平，很难满足企业在未来市场中的竞争。选择一家有实力的第三方物流企业参与企业的物流运做是国内大多数医药流通企业的战略选择。

（一）医药物流托管兴起的背景

由于国内医药流通企业长期对物流不重视，导致物流部门普遍在企业中的地位不高、人员素质低下，阻碍了物流的发展。这种情况下物流成本居高不下、客户服务水平长期得不到提高。同时，面对越来越多的大力发展物流配送服务的优秀医药企业，医药市场在产品与服务两方面同质化竞争激烈，市场份额不断被盘食。另一方面，医药流通企业已认识到物流服务的重要性，但在一个思想老化、人员结构老化的企业里进行物流的改革非常艰难，没有新的思想和血液注入，人员对原有的流程比较适应，不愿意接受新事物。

而医药物流托管可以解决上述矛盾。第一，托管后可以节约物流成本，托管的首要目的就是节约成本，托管协议的签订是在保证节约物流成本的基础之上达成的。第二，托管后有利于物流改革。托管后的物流改革多涉及 ERP 系统、流程改革、配送改革三大方面。通过专业的物流专家主持企业的三大改革，可以降低差错率，提高配送及时率，通过流程优化，在人员、设备不大幅增加的前提下支撑更大的销售量。第三，双方可在物流成本上实现共赢。对于托管双方在协议中商定的物流成本，作为受托方的盈利线。实际物流成本低于协议成本的，差额作为第三方物流企业的利润。

（二）医药物流托管的主要内容

1. 人员的托管模式 人员是托管过程中最为棘手也是最为重要的因素。人员的归属有两种主要方式，一种完全剥离原有公司，全部进入托管方的公司。一种是不完全剥离原有公司，在人事关系上仍然归属原有公司，但是人员的管理、考核由物流托管方统一管理。

（1）完全剥离的模式 物流人员的托管对象包括企业的验收、养护、装卸搬运、仓储保管、拣货发货、复核装箱、驾驶、押运、收款等物流相关岗位的人员。

所有物流人员注入托管方企业，与受托方签订劳动协议，建立劳动关系，与原有委托方脱离关系。受托方对以上的物流人员有最终人事管理权。

（2）部分剥离的模式 物流人员的托管对象包括企业的验收、养护、装卸搬运、仓储保管、拣货发货、复核装箱、驾驶、押运、收款等物流相关岗位的人员。委托方对以上的物流人员有最终人事管理权。

委托方有义务与物流人员签订劳动合同，并按受托方提出的要求处理物流人员的聘用、调动、辞退等事宜。未经受托方确认，委托方不得擅自进行物流人员的聘用、调动和辞退；当委托方提出物流人员的聘用、调动、辞退等的要求时，受托方也应予以积极配合。

受托方有权制定单独的物流托管人员工资、绩效考核标准，并对托管人员的工资和绩效进行考核；委托方要定期与受托方共同确定托管物流人员的名单，并根据名单在规定时间内按受托方提供的托管人员工资、绩效考核表按时发放托管人员的工资和绩效奖金，代扣、代缴各项福利和税费。

2. 设备的托管模式 设备主要包括原有企业的：仓库、轻重型货架、空调、冷库、地架、老虎车、液压车、叉车、周转箱、箱式货车、电脑等。对于这些资产主要的托管模式如下。

委托方仍然享有自有的物流相关设备、设施的所有权和处置权；委托方有义务提供受托方现有运营所需的仓储库房、场地、车辆和其他物流设备、设施，与受托方签字确认委托管理的设备、设施清单，对于未来新的物流设施双方可以具体协商确定其归属问题。一般情况下对于大件物流设备如车辆、货架等可以考虑由委托方购买，受托方担负设备折旧。对于小件的低值易耗品受托方统一采购，摊入受托方财务账。

受托方要根据 GSP 要求承担仓储库房、场地、车辆和其他物流设备、设施进行清洁和维护工作，一旦发现是因为管理问题导致设备损坏、丢失的情况，受托方要承担全部经济责任。

物流设备要定期进行双方盘点、确认数量是否与初期托管时数量相符，如不相符受托方要查明原因，定期汇报双方财务部门。

3. 物流成本、账户和资金的结算模式 服务费率的结算有两种方式。一是销售额提成法，托管方实际含税销售额的一个百分比作为受托方的物流服务收入计入物流账户；二是节余额分成法，托管期间实际物流费用占销售额比比上年下降数为节余额，双方协商分成节余金额。

托管双方约定的物流成本由仓储成本、运输成本、人工成本、管理成本四个部分组成。双方共同设立一个物流账户，并以此账户中的物流收入、成本和盈余作为双方的结算依据；双方每月在规定日期进行对账。托管方有权利监督、检查受托方物流成本和资金的使用状况，并要求受托方提供物流成本明细。

对于大件的物流设备，托管方应该按双方约定承担物流设备、设施的购置；受托方承担相应的折旧成本。托管方要设立物流成本管理的专项财务对接人员，并按受托方指派人员签字确认的借款凭证、物流成本报销凭证为受托方办理借款、物流费用报销和记账。

受托方有权利监督、检查物流账户的记账情况，并要求委托方进行对账；受托方有权指派人员签署物流费用报销凭证，未经受托方指派人员签字确认的借款和费用不得计入受托方的物流成本；受托方要保证物流账户中的资金是用于托管委托方的物流业务，受托方要记录物流成本明细账，并随时按委托方要求提供物流成本明细账的查询和核对。

4. 物流服务的管理 一旦托管后，原则上原公司的物流工作全部由受托方全部承担。受托方要注意在以下几个方面做好物流服务工作。

托管方一旦实行物流托管，要将原有物流服务业务全部交受托方管理，一般情况下保证不发生未经委托方确认擅自处理的物流作业的情况；受托方根据实际业务管理需要，要在托管业务范围内制定并实施相应的业务管理流程和制度。具体管理流程和制度由受托方提交，经双方签字确认后共同实施。

受托方要处理好 GSP 认证和复查工作，并按国家 GSP 有关规定对验收、养护、保管、收发和配送管理进行监督、检查；要保证委托方交付货物的按时配送；委托方随时对受托方的物流服务进行考核，考核结果直接在服务费率中体现。

三、冷链物流管理

随着我国经济的持续发展，人民群众的医疗保障水平大大提高，对医药产品的物流过程的要求也逐步提高。近年来，尤其是需要低温保藏的医药冷藏品发展很快，带动了医药冷链物流的快速发展。

医药冷链物流主要是指在医药生产、制造、流通行业中，随着科学技术的进步、制冷技术的发展而建立起来的，是以冷冻工艺学为基础，以制冷技术为手段，以符合药品 CMP 与 GSP 管理为前提的低温条件卜的药品物流现象，是需要特别装置、注意运送过程、时间掌控和运输形态的特殊物流形式。一般而言，凡是要求在低温条件下（2～8℃）储存的药品的流通，都属于医药冷链物流的范畴。

有数据显示，医药冷藏品的销售金额一般占我国医药流通企业的总销售额中的3%～8%之间，虽然比重不是太大，但是近年来却有逐步上升的趋势，而且随着国家的药品药事法规的进一步管理到位，医药冷链物流将成为我国医药物流行业中需要重点发展的领域。

四、物联网

（一）物联网的概念及组成

物联网是以美国麻省理工学院 Auto－ID 中心研究的产品电子代码（Electronic－Product－Code，EPC）为核心，利用射频识别（radio－frequency－identification，RFID)、无线数据通信等技术，基于计算机互联网构造的一个覆盖世界上万事万物的实物互联网。

物联网是一个非常先进的、综合性和复杂的网络系统，最终目标是为每一单品建立全球的、开放的标识标准，从而达到其在全球范围内的身份标识与追踪。作为物联网核心的 EPC 代码是由标头、管理者代码、对象分类代码、序列号等数据字段组成的一组数字，它可以用来惟一标识单个产品。而射频识别、互联网等技术的应用则实现了对产品非接触的自动识别、信息的高效读取以及全球范围内的信息传递与共享。

根据物联网的管理与推广机构——全球产品电子代码管理中心（EPC global）的定义，物联网由全球产品电子代码编码体系、射频识别系统及信息网络系统三部分构成.

（二）物联网在我国医药流通中的应用

1. 物联网在医药流通中的应用框架分析　在物联网中，药品相关信息都存储为由 PML 描述而成的文件，这些文件存放在被称为 EPCIS（EPC Information Service）的服务器中，医药流通企业如生产商、运输商、销售商等都可以建立自己的 EPCIS 服务器，而在实际应用中药品流通的相关信息既可以全部存储在生产商的 EPCIS 服务器中，也可以根据流通环节分别存储在流经企业各自的 EPCIS 服务器中。ONS 提供将 EPC 代码匹配到其对应药品信息存储的 EPCIS 服务器地址的查询服务，其机制与架构类似于互联网中的域名服务（domain name service，DNS），我们将其分为 Root 和 Local 两类，其中 Local 表示所有企业在本地建立的 ONS 服务器，Root 则代表上层的分布在其他各地的 ONS 服务器，各个层次的 ONS 服务器通过分级管理的方式相互间查找、映射完成对对象名称解析的服务。作为物联网的神经系统，EPC 中间件加工和处理来自读写器采集的信息，通过访问 ONS 服务器定位 EPCIS 服务器进行药品信息的查询与更新，同时其还可以与企业原有的系统（如 ERP、SCM 等）集成以达到资源最大效率的利用，因此 EPC 中间件要安装在所有医药流通企业内部。

2. 物联网在医药流通中的应用流程分析　为了问题叙述的清晰，我们仅以药品流经生产商、运输商、销售商这样一个简单的、但有代表性的流通过程为例。实际应用中虽然会涉及更多的环节、企业，但其基本流程都与此类似。

假设生产商甲生产某种药液，在药液封入药瓶同时甲会在每个瓶上贴一个标识此瓶药品信息的 EPC 标签，这个标签含有一个已被授权的惟一的 EPC 代码，同时标签记录了该瓶药液的生产时间、批号、保质期、存储条件、所治疗的疾病等相关信息，当药品继续装盒或装箱的时候，相应的包装上也会添加类似的标识此盒或此箱药品信息的 EPC 标签。在出口处，安装着多台读写器，这些读写器发出的射频信号可以激活标签，向其写入或读取其中的信息。由于射频识别技术的超大数据量采集以及非接触的特性，当药品在射频识别的有效范围内通过读写器时，读写器能够在很短的时间内读取里外各层包装上全部的 EPC 标签信息，并通过系统连接将其传递给企业的 EPC 中间件。EPC 中间件加工和处理来自读写器的信息和事件流，并将药品的信息以 PML 文件的形式存储到企业的 EPCIS 服务器中，同时将 EPC 代码及与其对应药品信息存储的 EPCIS 服务器地址提交到企业的 LocalONS 服务器上进行注册。这样，就相当于在物联网中为每一个药品赋予了“身份证”，其相关的信息可以通过 EPC 代码这个“身份证号”进行查询与记录。

当药品流经运输商乙的环节时，乙会通过读写器、EPC 中间件将所运药品的 EPC 代码向 Root ONS 服务器提出查询请求，Root ONS 服务器对这些 EPC 代码经过逐层查找、映射定位到甲的 Local ONS 服务器并由其解析出对应药品信息存放的 EPCIS 服务器地址，乙通过查询 EPCIS 服务器上相关药品信息检查其是否与运输单上内容一致，同时乙也需要将药品运输的相关信息如运输商、运输时间、目的地等存入到自己或甲的 EPCIS服务器中，并向本企业的 Local ONS 服务器进行注册，当然更新的信息同时也可以通过读写器写入 EPC 标签。对于乙来说，除此之外还要特别关注运输过程中对药品所处环境信息的监测，如一些对存储环境要求较高的药品需要定时的检测其运输过程中的温度、湿度、光照等条件，并将这些信息及时存储到其相应的 EPCIS 服务器中，从而实现对药品运输过程的安全监控。

对于经销商丙，验货过程中对药品信息查询与更新的流程与乙类似，也需要加入经销商的一些相关信息。但对丙来说，更重要的是仔细查看药品在整个流通中流经企业及生产、存储环境的信息，以辨别药品的真伪及在生产、运输过程中是否符合要求，流通环境对药品有无影响等，从而对经销的药品严格把关。

（三）前景与展望

物联网作为一项新兴的、前沿的技术，目前在国内外还没有大规模应用的先例，同时其在发展中也出现了频率标准不统一、标签识别准确率不够以及应用成本较高等一些问题，因此当前在我国医药流通中实际应用也必然会面临许多困难。但是迫切的需求以及广阔的应用前景是这项技术发展的最大动力，随着研究的逐步加深、技术的不断成熟，物联网在实际应用中面临的问题也会得到有效的解决。新版《药品经营质量管理规范》对于药品流通中的信息监控已经提出了更高的要求。在提高工作效率、努力开拓市场的同时，如何使流通中的管理更科学、监控更完善、信息更及时是医药流通企业在未来竞争中取得优势的一个重要保证。而物联网这项物流信息管理新技术的应用，必将会给我国医药流通带来一场新的革命。

五、影响物流模式选择的因素

许多医药企业非常重视生产渠道、商流渠道的畅通，却对物流渠道不重视。医药企业在选择物流模式的时候，关键是要结合自己，适用优势，适用时势。

1. 物流在企业中的地位　如果物流在企业中不是处于战略核心地位。就没有必要自给物流，搁置大量的资金在物流方面，应该将自己的主要资源和精力专注于核心竞争力的打造。

2. 考虑第三方物流公司的实力　现代医药物流有着严格的技术规范要求，物流对于企业有非凡的战略意义。如果没有合适的第三方物流公司，就只能自营物流。

3. 考虑物流成本　当企业的物流成本居高不下时，就需要企业重新定位物流并且考虑流程再造，选择一家高品质，能提供物流一体化服务的第三方物流公司，为企业打造物流服务并且进行专业的流程再造。

4. 考虑企业的规模 大企业实力雄厚，可建立自己的物流系统，制定合适的物流需求计划。保证物流服务质量，小企业受人员资金限制，适宜把物流管理交给第三方物流公司管理。

第四节 医药物流管理

一、物流管理

医药物流管理是为了实现既定的物流目标，提高医药产品分销的效率与速度，而对物流系统进行的计划、组织、监督与调节的过程，一般包括库存管理、运输管理及配送中心管理等三部分内容。

（一）库存管理

库存管理是指通过对仓储的医药产品的规划，降低其库存成本的过程。基本方法有以下几种。

1. ABC 分类法 一般来说，每种产品的价格不同，库存量也不同，因此可以根据医药产品的重要程度不同进行分类管理。将品种较少（一般仅占5% ~20%）但价值较大（一般仅占60% ~70%）的医药产品作为 A 类库存；将品种数量较多（一般仅占60% ~70%）但价值不大（一般仅占15%以下）的医药产品作为 C 类库存；B 类库存则介于二者之间。通过分类管理，可重点管理 A 类库存的医药产品，如经常检查其库存情况、产品维护情况及资金占有情况，尽量降低安全库存量。而对于 B 类库存可进行正常的例行管理和控制，对于 C 类库存则只需简单的管理与控制即可，尽量减少库存管理成本，但管理必须以符合 GSP 的要求为前提。

2. EOQ 法 正确的订货数量是使同发出订单的次数有关的成本与同所发订单的订货量有关的成本达到最好的平衡。当这两种成本恰当地平衡时，总成本最小。这时所得的订货量就叫做经济批量或经济订货量（economic order quantify，EOQ）。

（二）运输管理

要根据资源和目标作出合理的运输决策，即走最小的里程、经最少的环节、用最小的运力、花最小的运费、以最快的时间，把货物运送到目的地，取得最佳经济效益。

（三）配送中心的管理

1. 订货、发货管理 通过建立物流管理信息系统，将生产企业、配送中心、中间商等终端联系起来，做到网上订货、及时发货，同时自动生成相关票据。

2. 医药产品的自动登录及存放管理 是指运用条形码技术自动登录医药产品，并运用现代化运输设备进行仓库产品的排放与规划，做到能够及时补充所缺存货，并按要求发出所需药品。

3. 分拣作业 对于不同客户的产品需求，将所有医药产品按照规定进行备货、分拣及配送到指定位置的过程。配送中心的最重要任务在于能够更方便、更快捷及更经济地配送各种医药产品，满足客户物流的需求。

二、渠道管理

（一）医药渠道成员绩效的评估

医药企业要对所设计的分销渠道进行必要的评估，根据评估结果进行优化渠道模式。评估的标准有三种：经济标准、控制标准及适应性标准。

1. 经济标准 每一种分销渠道模式都会产生不同水平的分销量、分销成本及分销效率，因此企业的决策标准应是用较小的成本产生理想的经济效益。

2. 控制标准 要将可控性作为一项重要的评估标准。中间商不同、分销渠道长短不同，其控制的难易程度也有所不同。一般来说，对大型中间商控制能力较弱，而对中小中间商的控制能力较强；分销渠道越短，越可控，分销渠道越长，对其的控制力度越弱。

3. 适应性标准 由于医药企业所处的市场营销环境是不断变化的，某种分销渠道或许在某段时期内比较适合，但随着环境的变化，可能会出现效率低下的问题，因此还要不断进行调整和改进，以适应市场环境的变化。

（二）医药渠道成员的激励

1. 定义及原因

（1）定义 分销渠道成员的激励是指医药企业为促进分销渠道成员努力完成分销渠道目标而采取的各种激励或促进措施的总和。

（2）原因 大多数情况下，构成分销渠道系统的渠道成员与医药企业属于不同的经济实体，具有不同的价值导向及盈利目标。另外，渠道成员之间的关系及与企业的关系不是行政管理关系，而是一种合作关系。所以，若要维系好这种渠道成员之间、渠道成员与企业之间关系，并使得整个分销渠道系统能够有效协调、运作，必须对渠道成员进行有效激励。

2. 激励类型

（1）依据激励对象分类

1）针对总代理、总经销的激励

①年终奖励 企业事先设定一个销售目标，如果总代理商或总经销商在规定的时间内达到了这个目标，则按照事先的约定给予奖励。若为区域总代理制或总经销制，则为兼顾不同地区差异，可以分别设立不同等级的销售目标，其奖励额度也随不同的销售目标而不同。

针对年终销售目标奖励，常见的奖励方式有销售额的折扣率、出国旅游、出国考察等，或者提供有助于总代理商或总经销商进一步发展的物质奖励或服务，比如奖励汽车、配置电脑、管理软件或组织人员培训等。

②阶段性奖励 企业根据不同的特定阶段，为总代理商或总经销商制定一个销售目标，如果在这个特定阶段内，总代理商或总经销商完成这个销售目标，则给予阶段性奖励。

更多企业的将年终奖励分解为四个季度的阶段性奖励来执行。因为年终奖励作为一种结果性奖励，对企业来说不仅不容易控制，而且存在很大的风险；而分解为四个季度的阶段性奖励之后，不仅易于控制，而且能够更大地发挥激励的作用。相应地，有些企业将阶段性奖励的周期分得更细，比如以月度为周期，甚至不少企业以周为单位进行奖励。

2）对二级代理商或经销商的激励 在对二级代理商或经销商激励时，奖励的考核依据是实际的销售量，否则可能造成短期的“销售繁荣”，或者形成“窜货”，这将直接导致价格体系混乱，影响到市场的正常发展。

3）对零售终端的激励 对零售终端的激励的常用方法有提供货架、POP 张贴等。

4）对消费者的激励 如果企业不针对消费者进行有效激励，则产品或服务就停留在渠道系统中。对消费者的常见激励方法有：免费试用、累计消费优惠、折扣或降价、免费送货、上门服务等。

（2）依据激励手段分类

1）直接激励 是指通过给予渠道成员物质或金钱的奖励来激发其积极性，从而实现企业的销售目标。在营销实践中，企业多采用价格折扣的形式对好的渠道成员业绩给予奖励。

①过程奖励 这是一种直接管理销售过程的激励方式，其目的是通过考察市场运作的规范性来确保市场的健康发展。通常情况下，过程奖励依据包括铺货率、售点气氛（即商品陈列生动化）、安全库存、指定区域销售、规范价格、专销（即不销售竞品）、守约付款等。

②销量奖励 是为直接刺激渠道成员的进货力度而设立的一种奖励，其目的在于提高销售量和利润。在营销实践中，有三种形式的销量奖励。

销售竞赛：就是对在规定的区域和时段内销量业绩好的渠道成员给予奖励；

等级进货奖励：就是对进货达到不同等级数量的渠道成员给予一定的奖励；

定额奖励：就是对渠道成员达到一定数量的进货金额给予一定的奖励。

销量奖励的优点是可以挤占渠道成员的资金，为竞品厂商的市场开发设置障碍。

2）间接激励 是指通过帮助渠道成员进行销售管理，以提高销售的效率和效果来激发渠道成员的积极性和销售热情的一种激励手段。间接激励的方法很多，比如帮助渠道成员建立进销存报表，帮助渠道成员进行客户管理，帮助渠道成员确定合理的安全库存数，帮助渠道成员进行客户开发等。

（三）医药渠道冲突的化解

1. 医药渠道冲突的概念　医药渠道冲突是指分销渠道成员因销售政策决策权分歧、销售目标差异、信息沟通困难、责任划分不明确等原因，而产生争执、敌对和报复等行为。

2. 医药渠道冲突产生的原因　医药渠道冲突产生的原因很多，一般包括以下几种。

（1）角色及期望不一致　分销渠道成员对分销医药产品时的角色定位和对另一方成员的责任及期望的理解不一致。如零售药店认为医药厂商对其广告支持、促销等活动是一种义务或者是责任，而医药厂商有时因资金原因不可能给予零售药店太多的广告支持或促销费用。

（2）决策分歧　指分销渠道成员某项决策会影响到其他分销成员的利益。如药品批发商没有执行相关的药品批零差价，会引起部分零售药店的不满意。

（3）目标错位　医药批发商或代理商的目标是零售商拥有更多的存货、更多的促销支出、更低的毛利；而零售商的目标是更高的毛利、更快的周转、更低的促销支出。当这些目标值超出彼此所能够承受的范围时，冲突就会发生。

（4）沟通障碍　当一方存在不满情绪时，如果信息沟通不当，会发生冲突；当冲突产生时，如果信息沟通出现问题，往往会导致冲突升级。

（5）资源稀缺　当制药企业某种药品畅销时，在平衡分销渠道成员利益时可能会出现不公平的现象，会导致其他分销成员的不满或者是抱怨。如批发商会因生产企业供应不及时，产生抱怨等。

（6）价格、折扣原因　各级批发价的价差往往是渠道冲突的原因。大多数医药产品生产企业不仅关心其产品的销售情况，更关心其价格的保持与维护。对于经销商来说，会根据自身利益的不同及时调整产品价格，而价格变动无常往往会影响产品的形象与定位。因此，价格的不同往往导致冲突发生。

（7）中间商经营竞争对手产品　对于药品中间商来说，以利益为导向，会经营盈利性较大的产品，而对于某些生产商来说，不希望中间商经营其他竞争对手的产品，因此会发生冲突。

（8）渠道调整与控制矛盾　对于生产商来说，会根据市场环境的变化，调整中间商的数量，或者改变其权利或义务等；而对于中间商来说，不希望增加同级中间商的数量或者是增加其义务和责任，因此会出现调整与控制方面的矛盾。

3. 医药渠道冲突的解决对策

（1）冲突的防范　解决医药渠道冲突的关键不是冲突之后采取何种补救措施，而是建立一种防患于未然的避免冲突发生的机制，从根本上避免发生冲突或者是降低冲突发生的频率，具体措施有以下几个方面。

①前向一体化　要想从根本上解决渠道冲突，最有效的方法是前向一体化，也就是说制药企业通过组建、兼并、收购或重组等方式控制医药分销渠道，由间接渠道变

为直接渠道，由长渠道变为短渠道，将渠道的控制权由中间商手中转移到生产商手中。

②渠道扁平化 随着渠道环节的增加，渠道成员之间的沟通更为复杂。通过渠道扁平化，减少渠道层次及中间商的数量有利于加强渠道的控制，减少冲突发生的概率。

③建立关系型分销渠道 在传统的分销渠道中，渠道成员之间的关系是一种交易关系，成员会追求自身利益最大化，而不关心其他成员的利益，导致发生渠道冲突。而关系型的分销渠道就是指通过与中间商建立一种长期稳定、合作、信任、共赢关系保持分销渠道的长期稳定和有效性，其关键在于生产商与中间商之间不是一种单纯的交易关系，而是一种利益共同体或者是联盟。

(2) 冲突的处理 当渠道成员发生冲突时，应当及时分析渠道冲突的类型、内容及原因，以适宜的方法来处理，最大限度地消除不良影响，基本方法有以下几种。

①及时交换意见 当某些渠道成员之间发生冲突时，应该及时与之沟通、交换意见。以长期共同的利益或目标为主，通过保护双方共同的利益，尽量将冲突大事化小、小事化了。

②及时激励或调整策略渠道 冲突最根本的原因是成员的利益受到威胁或损失，因此应该调查分析，通过调整激励措施或调整渠道策略，改善渠道成员关系，从而解决渠道冲突。

③调整、清理渠道成员 对于难以平息渠道冲突或者如果采取某种措施会影响到企业最终的渠道目标的分销渠道，企业可以采取清理或调整分销渠道成员的方式来解决冲突，从而最终解决渠道冲突。

第五节 解决医药物流问题的对策

一、科学规划医药物流基础建设

现代物流体系建设是当务之急，要转变传统管理方式和经营理念，把已被证明的先进技术引进到生产流通企业中来，再通过实践来完善并发展自己特色的物流体系，但要坚持积极而妥当的方针，不能一哄而上，不能重蹈分散投资，重复建设的老路。

医药物流重点将供应商、物流中心、终端销售网络，进行合理分工，供应商重点抓产品研发、生产和终端消费者的服务，物流中心重点抓上游供应商、下游客户的服务，通过物流进行规模化配送，把效率提高而降低流通成本，终端销售网络重点抓好药品的销售，提高专业的健康咨询服务。

二、建设物流配送中心

建设医药物流配送中心，提供低成本，高效率的物流服务。①建设物流配送中心，首先以自身配送为主，面对医院、零售药店等商业；②吸引主要供应商并与他们建立网络伙伴关系，使物流中心成为其药品配送中心或中转仓库，扩大物流中心功能；③从配送药品扩大到医院、药店需要的相关产品的储存，配送。

共同组建物流中心对药品进行整体的物流作业管理，不仅可以加快药品的流通速度，提高医药流通效率，通过整合物流管理，可以降低医药物流的成本。

三、加快物流资源整合步伐

通过医药企业的重组联合，一体化发展，优化内部物流作业流程：①将销售渠道的各个参与者（厂商、批发商、零售商、消费者）结合起来，实行一体化管理，保证医药物流行为的合理化，是一种整体的销售活动；②通过市场来形成一批跨地区、跨行业、跨所有制和跨国经营的大型医药商业集团公司。企业要结合自己实际情况，对原有的配送体系实施流程再造，有效地利用和管理现有的物流资源。

四、实现医药流通业的信息化

信息化是医药流通企业能否成功扩大，同时又能降低管理成本的因素。医药物流作为医药产业上下游的纽带，必须依靠其强大的信息系统与医院、零售网点、供应商建立信息共享。

现代医药物流的发展必须以信息化建设为支撑，引导企业发展先进的信息技术，加强条形码、GSP 的管理和电子数据交换，管理信息系统以及射频技术，全球定位系统和供应链管理。支撑物流信息系统也非常广泛，如 GPS（全球定位系统）、EDI（电子数据交换）、CRP（自动连续补货系统）、EOS（电子订货系统）、POS（销售时点控制系统 ）、ITS（高速道路交通系统）及 KIT（寻车寻货系统）。

五、建设规范物流市场

建设与培育规范化、法制化的医药物流市场。政府应组织制定医药物流企业统一的规范标准，积极推进物流标准化工作。如药品编码的标准化，物流作业中使用的设备、包装、运输、装卸工具、使用的托盘等的标准化等。引导医药物流业逐步走上规范化、科学化的发展轨道。

六、完善物流法制建设

加强政策引导，建立缩短医药商品供应链等鼓励医药物流发展的政策，鼓励医药产品从批发多级分销向实行总代理、总经销制形式发展，药品生产企业直接将药品销售给医疗机构和零售药店，以缩短供应链。鼓励少数医药批发企业实力不断强大，逐步成为区域内的行业龙头，提高市场覆盖率，产品服务形成区域化优势，促使药品生产企业的市场策略逐渐从将自身产品分销给若干批发企业的做法中逐步转向寻找区域内有实力的物流企业作为产品的区域物流代理的方式来实现，并使这种方式逐步成为重点产品的主要流通渠道。

七、做好医药物流规划和审批

我国医药物流的现状为地域分割，客户独立，信息不畅，品种不全，地域价格差大。据我国现有的体制条件和面临的环境，实现医药物流市场结构由分散竞争到寡头垄断的转换，一方面，要充分发挥市场机制的重要作用；另一方面，要充分发挥政府在市场结构转换中的重要作用。根据我国医药行业的实际情况，由一级物流中心和二级配送中心（包括下设的配送服务站）所构成的两级物流网络是比较理想的选择。根据区域规划的要求做好重点医药物流建设项目的审批。

八、发展第三方物流

鼓励企业进行药品代理配送，大力发展第三方物流。应将具有现代物流体系作为新开办药品批发企业的准入条件，而且从政策上向具有现代物流条件的药品批发企业倾斜，允许其接受已持有药品经营许可证的企业委托进行药品的储存、配送服务业务。鼓励药品批发企业向专业化的物流企业发展，鼓励药品经营企业进行药品代理配送。

九、医药批发企业应积极转型并加强信息化建设

我国医药流通领域的发展趋势就是提高市场集中度、充分利用现代信息技术提高流通效率、缩短药品供应链以降低药品价格。医药批发企业应充分认识到医药流通领域的发展格局和现代信息技术对医药流通领域的影响，积极向医药物流企业转型，逐渐从单独的药品批发业务、药品经营与医药物流兼营向专业化的第三方医药物流业务过渡。同时大力推进网络技术、电子数据交换系统、订单管理系统、运输控制系统、条形码和无线电设备的自动化运作设施等信息技术的应用，大大提高库存管理、装卸运输、采购、订货、配送、订单处理等的自动化水平。

第六节　医药物流的发展趋势

2005 年物流业的全面开放，标志着中国物流业开始调整竞争姿态，也标志着中国物流市场成为真正的竞争性市场。加入 WHO 后，特别是近几年，我国的医药物流发展迅速，在学习借鉴国外物流发展经验的同时，逐渐表现出自身的发展趋势。

一、物流外包发展更快

医药物流外包将逐渐得到更多的医药制造和流通企业的认同。

由于第三方物流在成本降低和效率提高方面具有明显的优势，随着我国医药流通体制改革和市场化的推进，国内的医药制造企业和流通企业逐渐认识提高医药物流效

率对于提高企业竞争力，加强主营业务的重要意义。一些医药制药企业开始建立专业医药物流分公司或将自己的物流业务外包出去。如哈药总厂、华北制药、先声药业、中国医药公司、国药集团股份有限公司。在流通领域，也有公司开始将企业内的物流业务外包给第三方物流公司，而集中精力推广药品，开拓市场。随着对第三方物流认识的深入，会有更多的物流环节服务外包给专业的第三方医药物流企业。

二、集中度更高

医药物流企业的合资、并购将使我国医药物流的市场集中度逐步提高。

随着竞争的加剧，一批技术上达不到要求，规模较小的医药物流企业将面临被兼并或被淘汰的命运。物资资源将在医药物流企业间进一步整合，资源优势互补将成为另一种竞争方式，进一步加强社会物流资源的整合，降低物流成本，并使我国医药物流市场集中度逐步提高。

三、信息化投入更大

医药物流企业信息化投入力度将逐步加大。

我国医药行业毛利继续呈现总体下降趋势，而物流费用却连续几年居高不下。缺乏高新技术特别是信息技术的支撑已成为医药物流企业急需解决的突出问题。而现在物流强调的是对资源进行重新配置，对系统进行重新规划，对服务层次进行大幅度的提升。而物流信息化并不是对原有物流系统的全盘否定，而是对其升华，使之趋向高效和合理，使物流的时间和空间得到拓展。物流信息网络可以加强用户与供货方，供货方与供货方之间的信息联系，为生产企业提供产品及客户服务需求的同时，为医药商业企业及时反馈市场信息和动态，达到改进产品质量，提高服务水平，适应市场需求的目的。

四、业务范围更大

与药品有相似特征的商品联合配送将广泛应用到我国医药物流服务中。

医药物流服务与航空快递在运输上相结合，医药商品与日用百货销售相结合是国外医药物流企业降低成本的有效途径，这种医药物流模式在我国医药物流业中也逐步得到发展。

五、物流整合上升到企业战略管理高度

现代医药物流运作方式将从传统的批发模式向供应链管理模式发展，以物流中心为平台，与制造商及其他供应商（上游企业）和药品零售商及其他分销商（下游企业）建立一种面向市场的供应系统，提高药品分销效率，并形成相对稳定的产销联盟网络。在这一转变过程中，物流管理在很多企业中已经从作业管理的层面上升到了企

业战略管理高度，被当作发展战略的重要内容予以重视。

形成这一趋势的原因有两个：第一是医药行业重组、整合的过程中，企业规模不断扩大，而物流网络是保障企业业务资源能够有效整合，形成规模优势的根本；第二是医药行业进入“微利时代”后，通过强化物流管理实现减本增效，以期在激烈的竞争中实现自身的成本优势。

六、专业化趋势

物流服务与主营业务分开，实行专业化管理。

目前国内医药物流利润率仅为0.6%～0.7%；费用率仍高达10%左右，其原因就是传统的物流模式运营成本太高，所以国内许多大型医药企业，例如上海国药、上海医药、南京医药等，都把原有的物流业务、资产人员剥离或托管给第三方物流公司，并与第三方物流公司实行独立结算、相互考核。

这对于初期投资巨大的医药物流项目而言，可以大大提高项目的投资回报率，实现集约化经营。可以预见，在医药物流越来越受到重视的将来，我们将会看到越来越多这样主辅分离、专业化运营的管理模式。

七、供应链一体化

医药属于一种特殊的商品，从生产到客户使用的每一个环节都有严格的控制和规定。因此，医药其研发、临床、生产、质量、物流、仓储、运输和使用，每个环节都有国家专属职能部门严格控制把关。

当然药品也是商品，药品的商品化必然促使在物流中分化出了药品的物流配送，它是药品商品化的必然分支，是推动药品商品化的有利支柱，对深化中国当前医药流通体制改革，促进医药产业整体发展具有重要意义。

药品不同于其他快速消费品，市场把控难度大，客户对于药品的生产日期、有效期特别敏感，而且药品不可以任意调价或采用买、送的销售方式。药品的销售方式在国内比较单一，而且受其特殊性的局限，对整个医药物流的供应链操作提出了更高的要求。

复习测试题

一、名词解释

1. 医药物流
2. 精细物流
3. 闭环物流与逆向物流
4. 精细供应链

5. 物流管理

二、选择题

1. 物流一般依托一定的物流设备、技术和物流管理信息系统，有效整合营销渠道上下游资源，通过优化药品供销配运环节中的验收、存储、分拣、配送等作业过程，提高（　）实现的自动化、信息化和效益化。

   A. 订单处理能力　B. 降低货物分拣差错　C. 缩短库存及配送时间

   D. 减少物流成本　E. 提高服务水平和资金使用效益

2. 精细供应链建立的步骤是（　）

   A. 选择工具　B. 确定原则　C. 制定战略

   D. 明确价值　E. 领先方法的适应性实施策略

3. 我国医药物流可以分为（　）

   A. 自营模式

   B. 外包物流模式

   C. 自营与外包相结合的混合模式

   D. 自营与对外承接物流业务相结合的模式

   E. 合作模式。

三、简答题

1. 简述医药物流的特点。
2. 简述医药物流的日标。
3. 简述渠道管理。
4. 我国医药物流存在的主要问题有哪些？
5. 简述医药物流的发展趋势。

第十章 企业信息管理

掌握：信息概念，信息化概念，信息化管理概念，信息化的特点，信息化建设的意义。

熟悉：信息化建设的原则，信息化的指导思想。

了解：信息化实施的方案。

随着信息技术的集成化和信息网络化的不断发展，信息不仅已经成为企业发展的决定性因素，而且还是最活跃的驱动因素。

企业信息化是实施国民经济信息化战略的重要内容，是国民经济信息化的重要基础，不仅可以提高企业经济效益、增强企业的市场竞争力，而且必将对国民经济信息化整体水平的提高和信息产业的发展产生重大而深远的影响。企业信息化作为促进企业各项工作全面提高的一个重要突破口，在我国医药企业中的推行程度还不够深入，很多企业对医药企业信息化的建设还很茫然，如何建设医药企业信息化，已经成了当前中国医药企业的一个重要的战略性课题。

第一节　信息化管理概述

在人类社会的早期，人们对信息的认识比较广义而且模糊，对信息的含义没有明确的定义。到了20世纪特别是中期以后，科学技术的发展，特别是信息科学技术的发展，对人类社会产生了深刻的影响，迫使人们开始探讨信息的准确含义。

一、信息的概念

1. 信息的定义　是指以适合于通信、存储或处理的形式来表示的知识或消息，泛指人类社会传播的一切内容。人通过获得、识别自然界和社会的不同信息来区别不同事物，得以认识和改造世界。在一切通讯和控制系统中，信息是一种普遍联系的形式。

2. 企业信息化的含义　企业信息化是信息化在企业管理方面的应用。信息化就是指在国民经济各部门和社会活动各领域普遍采用现代信息技术，充分、有效地开发和利用各种信息资源，使社会各单位和全体公众随时随地都能通过图像、数据、声音或者影像等享用和互相传递所需要的任何信息。

信息化的内容包括信息处理计算机化，信息传输网络化，信息应用大众化以及信息贡献的社会化等。

二、信息化的意义

（一）信息化的要素

信息化是一个过程，与工业化、现代化一样，是一个动态变化的过程。在这个过程中包含三个层面，六大要素。

1. 三个层面 一是信息技术的开发和应用过程，是信息化建设的基础；二是信息资源的开发和利用过程，是信息化建设的核心与关键；三是信息产品制造业不断发展的过程，是信息化建设的重要支撑。

这三个层面是相互促进，共同发展的过程，也就是工业社会向信息社会、工业经济的信息经济演化的动态过程，在这个过程中，三个层面是一种互动关系。

2. 六大要素 是指信息网络、信息资源、信息技术、信息产业、信息法规环境与信息人才。

这三个层面、六大要素的相互作用过程就构成了信息化的全部内容。就是说信息化就是在经济和社会活动中，通过普遍采用信息技术和电子信息装备，更有效地开发和利用信息资源，推动经济发展和社会进步，使由于利用了信息资源而创造的劳动价值在生产总值中的比重逐步上升直至占主导地位的过程。

（二）信息化是社会革命

信息化不仅是一次技术革命，更是一次深刻的认识革命和社会革命。我们从三次革命谈起，人类经历了农业革命与工业革命，知识经济和信息化是第三次革命。

信息革命产生发展于近20年，也就是知识经济时代，它可以控制人与自然的高度和谐。电脑、因特网、信息高速公路、航空航天技术、海洋生物工程、新能源、新材料、纳米技术等在生产生活中广泛应用，使人类社会向着个性化、休闲化方向发展。这一时期是人脑的延伸，是在用一种无形的力量来推动人类社会的进步与发展。

农业社会的基础是农民，工业社会的基础是市民，信息社会的基础是网民。在以网民为基础的信息社会里，人们的行为方式、思想方式甚至社会形态都发生了显著的变化。

从行为方式上说，网络环境的时间和空间有无限的扩充性和多样性。网络时间处于一种无始无终的状态，或者说网络时间的特点是“实时、时时、无时”。用户实时交互、网民时时在线、信息无时不在。网络空间是真正的“咫尺天涯”——鼠标一点，漫游全国。人们所期望的全球化、多极化、个性化的特征，在网络空间里得到了充分的体现。

从思想方式上说，存在决定意识。现在社会中有着严格的层级界限，而在网络环境中所有的网民都是一个符号、一个代码、一个信息点。在点对点的交往中，不管你是总统还是商店售货员，都可以处在一种自由、平等和直接的交流之中。网络环境的信息传播无阻碍状态激励人们在现实生活中打破层级界限，追求有效和直接的点对点的交往。

从社会形态上说，网络基本属于虚拟社会。网民既无身份证又无社会安全号，不但匿名而且一人多名，甚至可以随时更改，其活动规则是在技术条件制约的基础上通过协商产生的，且一直在修订和完善中。网民在一定程度上是世界公民。网民在网上的活动是跨国界的，是不受海关约束的。而在现实中，任何国家的公民都有自己的姓名和某种特定的识别方式，政府、法制和秩序构成的现实社会与域名、无序和跨国界的网络虚拟社会的结合构成了我们今天新的社会形态。

（三）信息时代的特点

（1）信息、技术、知识等无形资产是信息时代的核心生产要素，生产者成为知识性劳动者。

（2）生产向着智能化与网络化发展，脑力与体力相结合，生产与用户相结合，实现实时敏捷生产与智能生产。如现在的无人工厂，实现了全部的网络化操作。

（3）企业组织结构呈现网络化与灵活化的特点，创新、柔性、信息和知识生产型企业将是成功的企业。

（4）企业管理实现信息化、网络化、个性化、知识与柔性管理。

（5）技术向着数字化、智能化、知识化、可视化、柔性化发展。

（6）产品呈现智能化、特色化、个性化、艺术化和市场周期短的特点。

（7）社会分配按照贡献大小及知识结构分配。

（8）市场呈现全球化、网络化、无国界化与变化快的特点。

（9）产业结构以知识和信息产业为主，物质生产和服务业为辅。

（10）在就业方面，从事信息、知识生产的劳动者就业率高，体力劳动者的失业率提高。

（11）企业文化是创新、合作与学习。

（12）经济增长的源泉是知识和信息，是专业化的人力资本。

综上所述，随着信息化的更深入发展，必然会给我们带来经济和社会生活各个领域的深刻变化，这种变化是前所未有的，是一种必然趋势。随着信息化的发展会引发许多新的变化，面对市场的全球化、国际化，面对企业之现状，可能在新的国际分工面前作出新的选择，由此也必然引发企业的重新洗牌。

（四）信息化的内涵

由于信息化的发展与网络经济的产生，使构成生产力的要素也在不断增加，并不断占据了生产力要素的主导地位。主要表现在以下六个方面。

（1）使生产力的首要因素——劳动力，对其信息化能力，即获取、传递、处理和运用信息的依赖空前增强，并促进新型信息劳动者的出现与快速增加。

（2）使生产力中的活动因素——劳动工具，网络化、智能化，信息网络本身也成了重要的劳动工具。1994 年美国生产的波音 777 飞机，零部件由英、法、美、日、加拿大的大公司承包生产，从设计、图纸绘制、修改及鉴定都是通过互联网进行，各种零部件达到高度精确的程度，最后一次组装成功，大大提高了工效。

（3）使不可缺少的生产要素——劳动对象，能够得到更好的利用，并扩大了涵盖的范围，数据、信息、知识成为新的劳动对象。

（4）使生产力中起带动作用的科学技术大显神威。信息技术成了高科技的主要代表，它对经济和社会的渗透作用和带动作用不断强化。信息技术对国民经济的发展有较大的倍增效应。信息技术在改造我国传统产业中的投入产出比通常为 1∶22，有的可达到 1∶100 以上。采用信息技术可以缩短产品从设计到投产时间的 30% ~60%，降低废次品率 80% ~90%，提高设备利用率 2 ~3 倍，降低土木工程设计成本 15% ~30%，促进经济效益的平均倍增比率为 1∶3。

（5）管理对生产力发展的决定性作用更加强化，管理科技也成了高科技。管理信息化已发展到内联网、外联网、国际互联网阶段，并与各种业务流程的信息化相融合。信息既是管理的基础，又是管理的对象。信息管理、知识管理日益成为管理的重要部分和新型的模式。

（6）作为生产力特殊要素的信息与知识，通过对生产力其他要素（劳动者、劳动工具）的重大影响和通过这些要素的有序化组织和总体性协调，发挥其物质变精神，精神变物质两个过程相互结合的特殊作用。

（7）信息化的参与和渗透改变了生产力要素的构成，使之更加信息化和高级化。因此，必须从传统的认识和传统的观念束缚中解放出来，认识信息化对生产力的极端重要性。可以这样说，没有信息化的参与，我们的企业、产品、技术都难以生存和发展。

（五）对信息化的认识

信息化是当今世界发展的大趋势，也是各国特别是发展中国家产业结构优化升级，实现工业化和现代化、增强国际竞争力与综合国力的关键环节。为此，我们一定要提高对信息化的认识，认真把握好三个度。

1. 认识要有高度　信息化是现代化的标志和关键，而不是现代化的内容；无论对国家、企业和个人，信息化已成为现代全球竞争的制高点：信息化是企业迅速崛起的极好机遇，必须防止信息化与企业内部发生“鸿沟”，否则在今后发展中处于不利的地位，甚至因“鸿沟”而企业失去企业信息化建设的信心。

2. 认识要有广度　重点把握好以下几个环节：一是信息技术在各部门、各领域的推广应用过程；二是信息资源的开发利用过程；三是信息产业发展壮大的过程；四是信息活动规模扩大和作用强化的过程；五是信息化人才培养和劳动者信息素质提高的过程。信息化是这几个方面的相互作用、有机结合和有序发展的过程，因此企业信息化是一个系统工程。

企业信息化不仅要经营和建设信息基础设施，而且要以管理和业务两个方面促使企业各部门通过应用信息技术和信息资源来提高生产和工作效率，降低成本和开支，同时更使企业职员普遍享受有益的信息服务。

3. 认识要有深度 信息化不仅是一个技术问题，而且是一个经济和社会问题。技术问题的解决必然与经济社会问题相联系、相结合。因此，在一定意义上讲，信息化就是信息资源与信息技术，是同社会经济发展需求相互联系、相互结合的过程，这种联系和结合越紧密，信息化水平就越高，也就是说企业应借鉴其他企事业单位的经验，结合自己的特点组建符合自己的信息化系统。

归根到底，信息化是一个长期、艰巨、复杂、系统的工程，需要企业各层共同努力与参与。

三、信息的功能

1. 信息是一切生物进化的导向资源 生物生存于自然环境之中，而外部自然环境经常发生变化，如果生物不能得到这些变化的信息，生物就不能及时采取必要的措施来适应环境的变化，就可能被变化了环境所淘汰。

2. 信息是知识的来源 知识是人类长期实践的结晶，知识一方面是人们认识世界的结果，另一方面又是人们改造世界的方法，信息具有知识的秉性，可以通过一定的归纳算法被加工成知识。

3. 信息是决策的依据 决策就是选择，而选择意味着消除不确定性，意味着需要大量、准确、全面及时的信息。

4. 信息是控制的灵魂 这是因为，控制是依据策略信息来干预和调节被控对象的运动状态和状态变化的方式；没有策略信息，控制系统便会不知所措。

5. 信息是思维的材料 思维的材料只能是“事物的运动状态和状态变化的方式”，而不可能是事物的本身。人的思维和智慧是信息过程的产物。

四、企业信息化建设的意义

1. 促进组织结构优化，提高快速反应能力 在信息技术的支持下，企业可以简化企业组织生产经营的方式，减少中间环节和中间管理人员，从而建立起精良、敏捷、具有创新精神的“扁平”型组织结构。这种组织形式信息沟通畅通、及时，使市场和周围的信息同决策中心间的反馈更加迅速，提高了企业对市场的快速反应能力，从而更好地适应竞争日益激烈的市场环境。

2. 有效降低企业成本 信息技术应用范围涉及整个企业的经济活动，可以有效地、大幅度地降低企业的费用。企业利用信息技术获取外部信息，如市场信息、产品销售渠道信息等方面的成本降低；计算机辅助设计和制造技术可以使企业降低新产品的设计、生产成本和对现有产品进行修改或增加新性能的成本；库存管理信息化使企业减少了库存量，降低了管理成本；信息技术的应用尤其是迅速发展的电子商务大大降低了企业的交易成本。

3. 提高企业的市场把握能力　在把握市场和消费者方面，由于信息技术的应用，特别是电子商务在企业经营管理中的广泛应用，缩短了企业与消费者的距离，企业与供应商及客户建立起高效、快速的联系，从而提高了企业把握市场和消费者的能力，使企业能迅速根据消费者的需求变化有针对性地进行研究与开发活动，及时改变和调整经营战略，不断向市场提供质量更好、品种更多、更适合消费者需求的产品和服务。

4. 加快产品和技术的创新　信息技术能极大提高企业获取新技术、新工艺、新产品和新思想的能力。同时，现代信息技术与制造的结合所形成辅助工艺编制、柔性制造系统、敏捷制造、计算机集成制造系统等，实现了企业开发、设计、制造、营销及管理的高度集成化，极大地增强了企业生产的柔性、敏捷性和适应性。

5. 促进企业提高管理水平　企业信息化不只是计算机硬件本身，更为重要的是与管理的有机结合。即在信息化过程中引进的不仅是信息技术，而更多的是通过转变传统的管理观念，把先进的管理理念、管理制度和方法引入到管理流程中，进行管理创新。以此建立良好的管理规范和管理流程，构建扎实的企业管理基础，从而提高了企业的整体管理水平。

6. 提高企业决策的科学性、正确性　完备的信息是经营决策的基础。信息技术改变了企业获取信息、收集信息和传递信息的方式，使管理者对企业内部和外部信息的掌握更加完备、及时和准确。

7. 提升企业人力资源素质　企业信息化可以加速知识在企业中的传播，使企业领导至全体员工知识水平、信息意识与信息利用能力提高，提升了企业人力资源的素质及企业文化的环境。

第二节　企业信息化建设

一、企业信息化存在的问题

许多企业目前都有国内跨区域业务或是有国际业务，一些基本的信息化应用，比如公司的网站、信息门户、邮箱等可以有效地支持跨区域业务，也是企业在业务拓展方面的重要利器。就当前信息化在我国企业管理方面的应用情况来看，存在着一些问题，主要表现为以下方面。

1. 缺乏总体规划，盲目随潮流　人云亦云，盲目跟风，是信息化在我国企业管理领域应用的一个突出问题。由于 ERP/MRPⅡ思想理念的形成时间不长，传入国内的时间较短，原来并未引起人们的广泛关注。近几年随着市场经济的建立，其在工业发达国家成功应用实施，因而被当作提高企业管理水平的工具甚至是治疗企业管理问题的“灵丹妙药”，成为炒作的热点。有些企业领导和管理人员没有深入学习研究 ERP/MRPⅡ的思想哲理，未能全面、准确地了解和掌握 ERP/MRPⅡ的实质。ERP/MRPⅡ并非是任何时候对任何企业都是灵丹妙药，能够药到病除。企业应该根据自身的实际情况，适宜地应用。根据我国有关方面调查，在两次企业管理信息化热潮中，我国企业在应用 MRPⅡ已经投资 80 亿元人民币，但是应用成功率只达到 10%，达到预期目标的更是寥寥无几。

2. 企业内部采用分权管理促成小利益集团　我国多数企业内部采用的分权管理方式，其最大缺陷就是容易促成企业内部产生许多小利益集团。在信息加工和传递过程中，各部门为维护本集团的局部利益，对信息不免加以选择和控制，发生干扰信息的利己性行为，从而导致信息失真。比如企业内有些单位虚报产量和库存，有些单位隐瞒与协作单位发生的经济往来信息。我国企业内部的另外一种承包管理方式是纵向逐级承包，它使各级承包者都成为了相对独立的利益实体。这种管理制度虽然在一定程度上调动了各级各部门的工作积极性，但出于维护自身利益，各级承包者都存在有对与自己利益相关的生产和经营信息进行隐瞒或造假的可能性和机会。这些出于利己动机的信息干预与篡改行为，使得原始信息的真实性大大降低。

3. 信息化均衡问题　企业在信息化方面的发展极不均衡，效益好的企业，比如合资和外资企业，由于市场压力大，加上国外母公司的影响，一般来说信息化开发得还算可以，但也往往只是在销售和财务方面。而大量的企业由于效益一般，领导也没有意识到信息化的作用，缺乏统筹规划，在信息化方面甚至都还没有起步。

4. 资金问题　有的中小企业想走信息化的道路。但是他们没有大型国有企业那样的雄厚实力，资金投入捉襟见肘。同时由于目前市场上的中小企业信息化解决方案太昂贵，中小企业承担不起；还有是软件企业对中小企业的后续服务跟不上，大多数企业在前期购置基本硬件设备时资金可以及时到位，但随着对信息化程度要求的提高，需要的资金越来越多，资金投入就越来越困难。

5. 环境问题　虽然网络系统的发展带动了企业信息化的发展，但是基础设施还不够完善、支付手段和配送体系的滞后等瓶颈问题的存在，使企业认为还不是投入信息化的最佳时机。由于大环境的影响，有些企业加速信息化进程的意愿在很多时候既不强烈也不普遍，而且很多时候还是错误的认识。

二、企业信息建设采取的措施

1. 消除认识误区，转变观念　在企业信息化过程中，要让领导层对信息化给予正确理解和足够重视。信息化不是赶潮流，更不是一个门面，而是企业管理的一个有效的工具，应该加大应用与信息建设上的投入。当然，企业信息化是一个过程，不是简单地上几个项目，购置几台机器就能实现的，它需要一个很长的过程。必须要克服长期以来那种重硬件轻软件、忽略资源与应用的现象，扎实地从基本数据、基本流程、基本程序做起。

2. 重视首期准备工作 企业在进行信息化建设之前必须要做好充分的调研工作，要明确企业目标和理清企业内部商务关系，弄清部门间哪些信息需要共享，哪些部门需要获取外部的知识或信息，哪些信息需要向外部发布和宣传，哪些信息需要保密等这些企业真正的需求。寻找到制约企业发展的瓶颈因素，吸取其他企业在信息化过程中的经验教训，做到有的放矢。

3. 选择适合企业的通用管理软件 面对激烈的市场竞争，企业更强调快速反应及时调整，没有一套先进的管理软件实现管理的信息化是很难做到的。但是，目前市场上专门针对中小企业的管理类管理软件较为缺乏，不是系统模块的复杂度较高，就是价格太高。对于业务流程相对简单、应用需求相对单一、专业技术人才缺乏、资金不足的中小企业来说，不可能选择使用那些系统复杂度高、使用难度大、价格高的产品。

从目前中小企业发展信息化中普遍存在的问题来看，适合中小企业的管理软件，应该具备如下特点：一是要具有先进的管理思想；二是由于中小企业没有太多甚至根本没有专业的计算机技术人才，因此针对中小企业的管理类产品必须是便于使用的产品；三是中小企业的资金相对有限，因此他们在IT产品升级换代的速度上相对大中型企业较慢。所以一方面要求针对他们的产品要在价格上更具合理性，同时在技术上更要着重考虑选择标准化的方向；四是对于中小企业而言，变化和速度显得更加突出，因此如何更好地满足中小企业不断变化的应用需求，是所有针对中小企业的产品供应商需要考虑的，这就要求产品在系统设计上必须具备很高的灵活性，同时具有快速实施的特点。

4. 要培养一个真正的CIO CIO是企业首席信息官或信息主管，他的角色和定位必须是走出计算机中心、信息中心的，他应是一把手的助手，必须透彻了解本企业的情况，充分了解社会资源，同时善于把握高层意图，并参与和影响决策，实在地、具体地、细致地带领好团队推进工作。

5. 有自己的技术和管理人才 “以人为本”，是现代管理思想的核心，在推进企业信息化过程中也必须坚持以人为本，立足于调动人的积极性。因此，除了要有企业领导者的高度重视外，企业必须培养和造就一支高水平、高素质的队伍，成为企业信息化的骨干，他们既具有运用现代信息技术的本领，又具有为管理服务、为经营服务的理念；既善于学习，又勇于实际。这样可以使每个员工既是信息化的应用者，又是信息化的推动者，从而使企业信息化获得真正的、持久的成功。

三、企业信息化建设的策略

1. 总体规划，分步实施 企业信息化建设遵循的策略就是目标定位上的策略，即信息化一定要总体规划，分步实施，否则做出来的东西既不能为业务带来好处，又不能为新的增长创造条件，可能最后造成很大的浪费。

2. 要有层次地逐步实施企业信息化 首先，在生产过程上实现信息化，为管理、决策的信息化奠定基础。其次，数据处理的信息化，从使用的角度出发自行开发或购买相应的管理软件，对生产、销售、财务等重要部门的数据进行处理，建立内部网，进入因特网，利用网络进行辅助决策，从信息化建设一开始就要真正以企业的效益为根本，分析、规划、有层次地逐步实现企业的信息化，既不能消极等待，也不能盲目乱上。

3. 要建立企业决策的信息支持系统 对于我国企业来说，如何全面理解企业的信息管理，建立适应本企业需求的信息管理系统，是实施企业信息化过程中至关重要的一环。所谓企业的决策支持系统就是为主管者提供信息，如帮助他们做决策的系统。该系统能向决策者提供大量历史的和外部经济环境的数据，企业的内源信息是其主要处理内容；另外，它还能按照决策问题的性质和决策者的需要随时以灵活的方式组织起来，以便协助决策者作好决策工作。企业的决策支持系统并不单纯指一套计算机系统，而是包括应用了此系统的专门的管理部门和人员，他们都是借助于应用先进的信息管理手段（计算机和网络等），以加强对本企业的内外源信息的综合管理，最终为企业的经验与决策管理服务。

4. 要制订有关的标准和规范 国家有关部门应制订有关的标准和规范，规定哪些工作应由主管部门下发软件，哪些只需统一数据的内容和格式就可以，同时要统一运行平台和网络的通道。

5. 要考虑的是企业的应用基础 要考虑一个企业员工业务素质怎么样，经理的管理素质怎么样，变革能力好不好，整个外部应用环境又怎样，等等。另外，在考虑应用基础的同时，还要考虑未来发展。因为信息化的投入不是一次性的，需要考虑维护成本，持续投入，主流平台，这是基础性的策略。

四、企业信息化建设的实施方案

（一）硬件建设

1. 企业信息基础设施的建设 企业信息基础设施是指根据企业当前业务以及可预见的发展趋势，按信息采集、处理、存储和流通的要求，构筑由信息设备、通信网络、数据库和支持软件等组成的环境。这是实施企业信息化的最根本条件。企业信息网络是企业信息基础设施在原有企业局域网的基础上，用 Internet 技术改造成外联网（Internet）和内联网（Extranet），这是企业信息化的基础。

2. 建立信息资源管理标准，做好信息组织工作 说到信息，就不能不提到数据，数据涉及企业的内外资源以及企业进行管理监督工作的各项标准，它不仅包括了计算机必不可少的基础数据，客户、供应商、存货、库存等重要信息，还包括了进行管理监督所必需的能源、工时、材料等耗用的定额和费用开支的标准以及预算数据，企业应该对数据高度重视，实现对数据的规范化。信息资源是企业最重要的资源之一，开发信息资源既是企业信息化的出发点，又是企业信息化的归宿。而建立信息资源管理的基础标准，从而保证标准化、规范化地组织好信息，就是开发信息资源的基本工作。

3. 按信息资源管理标准开发企业集成信息系统 生产型企业重点要做好生产过程的信息化，建立从设计到制造和经营管理的集成化的信息系统，即计算机集成生产系统（CIMS）。服务型企业重点要做好业务处理过程的信息化，既要开发企业各部门信息共享的内部集成化的信息系统，还要实现企业与业务伙伴或与客户间的信息自动交换，外部互联的有效方法就是通常讲的 EDI 电子数据交换的应用。实际上，是要建立更大范围的集成化的信息系统，积极利用外部资源，进行供应链合作，最大化地提高业务效率。

4. 开展企业信息化教育 开展信息化教育，提高全员信息化认识水平和开发使用集成化的信息系统的积极性、主动性。并通过对系统开发人员的培训与系统使用人员的培训，提高项目人员的义务和管理水平，并使员工增加对企业的认识程度和责任感，提高其归属意识和其对自身在工作中对自我价值的承认。

（二）销售系统信息化建设

根据医药企业当时的情况、战略要求、经营方针及目标，进行信息化建设。

医药企业的销售管理，主要涉及销售部、市场部、商务部这三个部门。通过进销存系统的使用，销售相关部门规范了销售业务流程，对销售业务中的各个环节，都进行了相对严格的管理，为今后的业务发展奠定了坚实的基础。同时，销售部门还和财务部门进行积极的配合，将销售业务部门中相应的数据，通过相应的工具，自动转换到财务系统中，形成财务的记账凭证。以某公司销售系统信息化建设为例说明。

1. 需求调研 随着系统使用的不断深入，以及市场情况的不断变化，医药企业的销售管理对计算机系统产生了更大和更加广泛的需求。

（1）销售的业务流程目前还不是最优化的，难以真正满足业务运作和规范管理的双重要求。

（2）对于客户资信情况，加强管理，制定科学合理的客户资信管理方法，既要不断降低企业的应收总额，缩短应收账龄，还要有效地促进销售业务，保证对重点客户的服务。

（3）对于销售价格，客户服务承诺，货物发运情况等进行有效的管理，并对销售订单，销售回款结算等业务进行有效的控制。

（4）加强对业务代表的管理，分别对销售代表维护医院客户和经销商客户的工作进行详细的管理，确保销售代表工作的有效性。

（5）通过销售代表的工作，了解和掌握渠道的销售流向和库存分布情况以及终端市场的销售和库存情况。

（6）将销售订单的管理与物流仓库的管理联系起来，确保物流体系可以顺畅地执行销售业务下达的指令。

2. 分析问题 以上这些现象，从不同程度和角度，反映了如下诸多方面的问题。

（1）在一段时间以来，特别是公司全面整合以来，对于销售流程，再没有进行大规模的、认真、仔细的业务流程的讨论和优化。

（2）尽管公司始终强调对于客户的信誉额度的管理，但是，由于没有集中力量，对所有客户的资信情况作出统一的分析，因此，客户信誉额度管理，还没有真正应用起来。

（3）对于不同品种、不同客户的销售价格的确定，主要还是通过人工进行的，对于客户服务承诺，并没有分门别类的进行有效的管理，对于货物发运情况，只是部分的输入了计算机系统。

（4）对于销售代表的管理，是比较松散和粗放的，公司缺乏有效的手段，加强对销售代表的管理。

（5）由于销售代表的工作本身就非常复杂，再加上没有比较高效的实现手段，因此，销售代表在了解客户的销售情况和库存情况之后，很难比较方便的将数据反馈回公司总部，对其进行分析和利用。

（6）由于医药企业以前的物流管理，采用了比较传统的方式，对于现代化的物流系统，也是刚刚准备开始尝试，因此，销售与仓库及运输物流方面的协调管理，还需要进一步完善。

3. 解决办法 解决以上问题，满足销售业务管理的需求，需要从以下几个方面入手。

（1）对现有销售业务流程，进行重新优化，广泛吸收其他企业的先进管理经验，同时，结合医药企业自身的特点，确保流程既符合 GMP、GSP 和 ISO9000 的要求，又能促进销售业务的稳定增长，同时，又能使操作非常方便。

（2）与财务部门密切配合，强化对客户信誉额度的管理，全面降低企业应收账款，缩短应收账龄，加速企业资金周转。

（3）积极应对市场变化，加强对药品招标价格和其他价格体系的管理，使企业对外的销售价格更加有序，统一，并加强企业对价格的有效控制。

（4）实施针对销售人员的移动营销管理，充分利用互联网技术和手机操作平台，使销售人员可以在移动的过程中，实时完成绝大部分工作内容。

（5）通过实施客户关系管理，密切企业与客户之间的联系，并实时了解渠道销售流向和库存分布以及终端客户的销售和库存情况。

（6）充分考虑销售业务与现代化物流中心的仓储运输业务的协调管理，发挥现代化物流中心的作用。并且考虑信息系统之间的衔接关系，例如：销售系统与运输配送系统之间的数据衔接关系、操作流程之间的关系等。

4. 采购方面 在采购方面，医药企业的采购管理，已经应用了进销存管理系统的采购模块。

进销存管理系统的采购模块，解决了医药企业采购管理从签订合同到收货、入库、结算、付款等一系列的业务流程的管理。尽管系统的使用情况，从总体上，还是令人满意的，但是，仍然存在着一些流程中的问题，而且，经过这么长的时间，情况发生了一定的变化，需求也在增加，急需对系统进行升级和完善。

（1）解决问题 为了加强对采购业务的管理，提高对供应商的服务水平，应解决以下方面存在的问题：①增强对供应商服务的能力，为供应商提供良好的平台，使供应商可以方便地查询自己品种的销售流向、商品发运情况、各级经销商的库存分布情况，甚至包括一部分医药企业所掌握的医院客户的处方情况等；②增强科学的采购计划决策分析系统以及采购比质比价管理，使采购的决策过程更加科学；③严格按照公司统一的绩效考核规定，加强采购人员业绩考核；④充分利用互联网和手机短信等先进的技术平台，将采购订单公布在网上，并通过手机短信，通知相应的供应商。

（2）解决问题途径 解决这些问题，必须要从以下几个方面入手：①深入每个岗位，解决所有涉及操作方便性方面的问题；②建设供应商服务系统，并和现在的采购系统进行有效的衔接，确保所需要的各个方面的信息，可以及时提供给供应商；③制定出科学合理的采购计划规则，并通过计算机系统进行有效的执行；④制定切实可行的采购人员的业绩考核标准，通过计算机系统，对采购人员的业绩进行量化考核；⑤开发网上采购订单系统，满足医药企业在这个方面的要求。

（三）建设客户关系管理系统

医药企业作为大型医药经营企业，始终为客户提供着优质的服务。面对激烈的市场竞争，要想为企业赢得更大的生存空间和发展机会，就必须不断地提高对客户的服务水平，建立长期稳定的客户群，并不断扩大。通过客户关系管理系统的建设，可以为医药企业的客户服务工作提供更好的信息支持，协助医药企业提高其客户服务质量和客户服务效率，从而最终提高医药企业的核心竞争能力。以某公司建设客户关系管理系统举例说明。

1. 存在问题调研 目前，医药企业在客户服务方面的管理，限于管理手段，还存在着一些问题。

（1）客户服务目前还停留在手工管理，管理水平还不高，不能高效的分析客户的各种信息。

（2）没有针对客户的销售业绩，对客户进行科学的分类，确保对重点客户的服务和关怀。

（3）与客户缺乏直接的联系通道，客户资源主要掌握在销售人员手中，如果销售人员流失，则客户关系将受到很大的影响。

（4）整个公司缺乏统一的客户关系管理，公司本部与各地分公司各自管理自己的客户。

2. 采取的手段　为解决以上问题，可以采用如下手段。

（1）认真分析客户关系管理的需求，实施客户关系管理（CRM）系统，对客户关系实施全面的计算机管理。

（2）通过对所有客户进行定期的销售统计，将客户进行动态的分类，确定重点客户群，并对其进行重点服务。

（3）对整个公司的所有客户资源，由医药企业进行统一的管理。

（4）通过互联网等先进的技术手段，加强整个公司与客户之间的直接联系，确保公司牢牢地把握客户资源。

（5）建立有针对性的网上社区和俱乐部，将客户的不同人员，紧紧地吸引过来，并通过网络平台，向客户进行宣传和服务。

3. 功能考虑　客户服务的大体功能设想如下。

（1）客户服务管理的功能结构　客户服务管理的功能结构如图 10－1 所示。

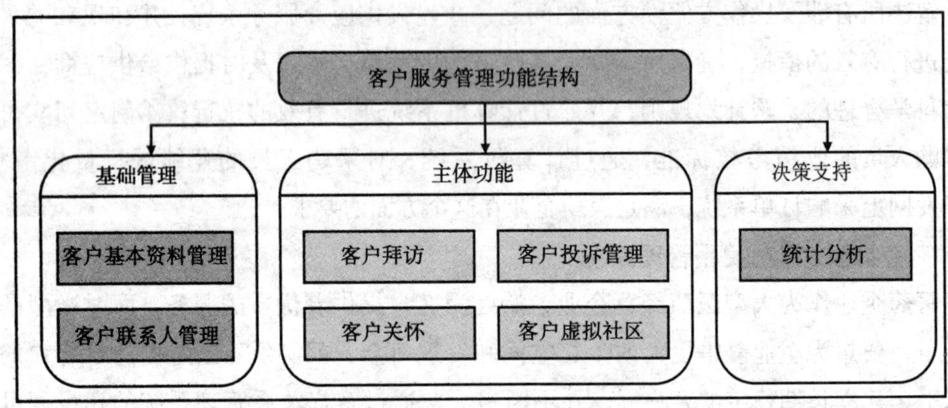

图 10－1　客户服务管理的功能结构

从图 10－1 中，可以看出，客户服务管理，主要包含基础管理、主体功能、决策支持等三大模块。其中，基础数据管理主要由客户基本资料管理和客户联系人管理构成，主体功能包括客户拜访、客户关怀、客户投诉管理、客户虚拟社区等功能组成；决策支持主要是与客户服务管理相关的统计分析。

（2）客户服务管理功能详细介绍

①客户基础资料管理　主要负责维护客户详细的基础资料，诸如医院的类型、等级、规模、地区、主要科室等。本功能的目的是为了让医药企业可以准确全面地掌握所有重要客户相关的详细资料，以便医药企业可以有针对性地对客户进行有效的服务，增加客户的忠诚度，将客户永久的保持下来。

②客户联系人管理　主要负责管理客户的重要的联系人。这些人员包括医院的院

长、副院长、各个科室的主任、主治医生、药房主任等。管理的内容包括这些人员的姓名、年龄、性别、职务、职称、所在科室、相关品种、兴趣爱好、生日、联系方式（包括办公电话、家庭电话、手机、电子邮件），家庭成员的情况，重要纪念日等。掌握这些信息，有助于是医药企业牢牢地掌握客户资源以及与客户重要联系人保持良好的关系，尽量降低销售人员流失所带来的对客户关系的影响，从而影响业务。

③客户拜访 主要负责对客户的拜访情况的管理。记录对客户每一次拜访的详细情况，包括时间，拜访的人员，拜访的目的，销售代表，客户经理，拜访情况总结，遗留问题的描述，下次拜访时间等。客户拜访的主要情况，都可以从营销管理系统中，直接获得数据，本功能主要站在客户的角度，记录拜访情况，以及应该拜访的提示。

④客户关怀 本功能的主要目的是以企业的名义，对相关的客户进行关怀，让客户感受到医药企业对其重视和关注，从而，在一定程度上，消除只能通过销售人员，与客户联系的弊端。客户关怀主要可以通过以下手段：电话联系客户、发送电子邮件给客户、手机短信发送给客户、其他方式等。系统将在一些重要的时刻，主动提醒对客户进行关怀。比如，在各种节日（如新年、春节、妇女节、五一、母亲节、父亲节、中秋、十一、圣诞节等）、客户的生日、重要纪念日等前夕，主动以各种形式，直接向客户进行问候和祝福，并通知相关的销售人员，主动向客户问候，以维系客户的关系。

⑤客户投诉管理 主要记录客户的各种投诉以及企业对这些投诉的处理过程，并和客户确认对投诉处理的结果。首先，系统记录客户的投诉，以及投诉的详细内容；然后，系统分派对投诉处理的责任人，并设置处理的时间；系统记录对投诉处理的详细情况，并和客户确认对投诉的处理结果。

⑥客户虚拟社区 主要通过互联网和手机短信，为客户提供一个虚拟的网上社区。通过互联网，客户可以访问这个社区，在社区中，可以获得相关的医药知识，和同行进行交流，对临床中各种问题的讨论，以及与药品厂家的交流和沟通等。

⑦统计分析 主要是将对客户的拜访、关怀等工作，与对客户的业绩进行比较，并加以分析。同时，及时的分析新增客户、停止的客户、业务增加的客户以及业务减少的客户的情况。

（四）建设集团投资管理系统

医药企业除了本部医药批发经营之外，另一职能就是对外投资，并保障公司的投资收益。为了实现医药企业投资统一的管理目标，提高投资管理效率，提高投资管理过程中各类数据的一致、及时、准确性。通过投资相关数据的积累，以便将来将各类历史数据经过数据挖掘，转变成相关信息和投资知识，为投资决策和分析提供支持。并且通过系统的实施和运行达到投资管理的数据集中、信息集中。

本系统的主要功能如下。

1. 项目审批决策系统 可以在线完成项目的立项建议书审批、可行性研究报告审批、项目初步设计报告审批，可以根据项目特点灵活设置审批流程，各审批部门可以在线签署意见或多部门联合评审，保证集团从项目初期起就有序、自动地积累各项目的知识和数据，结合后续的数据共享与监控管理，可以协助企业建立起一个覆盖所有项目全过程、全方位的投资项目管理信息数据库，为集团今后的同类项目的立项决策以及竣工运营提供参考信息。

2. 项目进度管理系统 集团管理部门可以下达项目建设总体计划，实现对项目的进度、计划及资源的监控和考核，能够随时查看/分析多项目的进度信息、属性、范围和资源等信息，并进行多种方式的展示、分析对比和评估预警，根据各个项目的进度绩效和增值法，对集团全部项目进行加权排序，推动集团项目建设整体绩效水平的提高。

3. 项目合同与资金管理系统 以合同信息为基础，集团管理部门可以实时自动获取各项目的合同执行信息，根据计量、变更、支付等实时信息动态统计集团全部在建项目的每日/周/月/季/年的资金需求总量、资金实际支付总量、资金欠付总量、资金应付总量、实际资金需求与计划资金的比较，能够以直方图、饼图等多种方式对未来某个时期的集团资金需求进行预测，并根据现有的资金情况进行预警，防止集团资金链突然断裂；同时，集团投资规划部门、财务管理部门、工程管理部门、物资采购部门可以及时掌握各项目概算和合同的最新执行情况，提高各部门以项目为中心的协同管理效率。

4. 项目质量管理系统 是统一的质量信息协作和共享平台，项目参与各方（建设、设计、施工、建立、质量监督部门等）可以在线查询内置的行业质量验收规范或标准，自定义验评范围和施工记录类型，根据日常质量数据的网络填报，验评报表可以自动统计、评定等级和汇总，并快速生成符合验收要求的竣工报告。集团管理部门可在线发布新的行业或企业质量规范或标准，通过多项目的质量数据的上传统计与分析，可及时掌握各项目各期质量验收优良 / 合格率、各项目本期及累计质量事故量等数据，为集团对项目的质量管理与绩效考评提供直接的依据，增强了集团在项目建设过程中的质量监控能力 。

5. 现场检查系统 通过组建检查（审计）工作组，依据审计或检查工作的有关规定，集团企业可以对多个投资项目组织有效的现场检查/抽查与评价，增强了对多投资项目的实时监管能力 。项目软件提供了现场检查/抽查记录和评价报告的功能，在使用向导协助下简单易用，并可与集团侧系统实现数据的即时互动传送——项目基本信息和历史数据可自动从集团侧下载，避免了数据的重复录入；检查记录和报告内容可即时上传集团侧管理系统，保证了数据的时效性（同时支持项目侧软件的离线工作和数据保存）；通过对现场检查数据的自动统计与汇总，生成多项目的检查 / 审计结果对比与分析报表，结合动态数据分析，企业集团可高效完成对多个项目的审计与综合考评工作。

6. 项目动态监测与预警系统 实现了下属项目建设单位的项目管理信息系统与集团投资项目决策与监管预警系统的完美融合，实现了集团在同一系统界面内、多垂直职能系统间数据的实时水平共享、分析和监测。集团可通过系统自动获取来自一线的项目进度、质量、投资等方面的实时动态信息，并在汇总的基础上形成多项目全生命过程的动态数据分析与监测数据，集团领导无需再在多职能系统间来回切换；通过实时数据与原计划/概算数据的对比，结合预警模型的加权转换和计算分析，可为集团提供对多项目的预警提醒及分析评价，帮助企业有效地及时防范投资风险，并可高效完成对多项目执行情况的动态考核。

（五）建设集团新药研发管控系统

新药研发是医药企业的最重要的工作之一，而且新药研发的周期很长，环节也很多，这就需要对新药研发过程中的各个阶段，包括后期三期临床试验阶段的各个过程的关键数据和指标进行记录，并形成新药研发过程的知识库，同时辅助对于新药研发的过程进行管控。

本系统是在集团投资管理系统的基础之上建立的，侧重于针对新药研发体系的过程进行专业化管控，管理的方面主要包括如下几个方面：阶段目标管理、实际执行情况管理、各类中间资料管理、实验数据管理等。

从管理的阶段来讲，包括如下的几个阶段：①实验室阶段过程管控；②中试阶段过程管控；③临床审批及临床三期试验过程管控；⑤新药评审阶段过程管控；⑥生产及销售阶段跟踪监控。

（六）建设人力资源及绩效管理系统

人力资源及绩效管理将以医药企业为核心，建立一个集中式的统一的人力资源管理平台。除了日常的人事管理职能之外，还将重点对人力资源储备库和绩效进行管理。

医药企业是一个经营性公司，实现利润是第一目标，所以需要根据医药企业的特色和每个控股参股公司的特色，设计具有医药企业特色的绩效管理体系和人力资源管理体系，满足医药企业和下属参控股企业的人力资源管理需求。

（七）建设办公自动化管理系统

医药企业的目标是成为一个学习性公司，而办公自动化系统的建设目标就是以创建学习型的企业为前提的。该系统以知识管理为核心，使知识管理的信息基础策略、信息共享策略、信息挖掘策略、信息展示策略、信息推荐策略等各个方面多层次多方式得以实现。

办公业务系统具体功能如表 10 – 1 所示。

表 10－1 办公业务系统具体功能

模块类别	模块名称	模块描述
个人邮箱	新建便笺	起草邮件便笺
	收件箱	用户收到的信件显示在此文件夹中
	发件箱	用户发出去的邮件记录在此文件夹中
	草稿箱	用户起草了，但还没发出的邮件文件夹
	文件夹	用户可以自己添加邮件文件夹
	邮件规则	定义邮件处理规则
	废纸篓	用户删除的邮件，存放在此废纸篓中
个人事务	个人日历	安排日程
	个人文档	随手记录自己的文档
	名片夹	用户的名片夹
	通讯录	单位的通讯录
	修改密码	允许用户修改自己的密码
公文管理	收文管理	对上级来文的处理，包括上级电子文件的处理和纸介质的扫描处理
	发文管理	内部发文处理，支持浏览器上的发文审批的痕迹保留
	档案管理	提供办公系统中的公文归档、档案的光盘刻录备份和恢复，实现文档一体化，同时提供各类实物档案的管理，提供档案借阅管理
	催督办	公文流转过程中的流程监控和催办、督办
	日常事务	对于临时工作的工作流处理（不需要归档的业务）
	工作流定制	提供图形化的工作流定制，提供对会签、催督办、代办、不定环节的并发和顺序流转处理
办公信息	会议管理	会议室的管理、会议的安排、通知等功能
	车辆管理	对车辆的使用情况和维修情况进行管理
	考勤管理	考勤情况的统计和查询
	人事管理	人事档案的管理
	值班管理	值班情况的登记和统计
	物品管理	各部处的物品领用和登记
公共信息	公告栏	公告栏中发布各种公告
	讨论区	建立内部信息交流和讨论的园地
	大事记	公司的大事记列表
	电子期刊	公司内部电子期刊的发布和管理
	政策法规	提供国家政策法规的发布
	通讯录	提供对内部电话号码等通讯方式的查询
	电子书库	电子书的出版和查阅
系统管理	用户管理	管理员进行部门和人员注册、修改的数据库
	管理引擎	管理员定义系统模块的数据库

续表

信息门户管理	布局模板管理	管理员进行门户网站页面布局
	栏目定义	管理员定义门户上的栏目属性，例如名称、数据源、更新频率等
	个人门户	提供用户定义自己的个人门户桌面功能
附加软件	办公助手	Indi. Assistant 办公助手，单独运行的小软件，能够实现信息提示、邮件提醒、Internet 邮件自动搜索等功能，并带有个性化页面。

第三节　企业信息化管理

一、企业信息化管理概述

1. 定义　企业信息化管理是指对企业信息实施过程进行的管理。

2. 企业信息化管理内容　企业信息化管理主要包含信息技术支持下的企业变革过程管理、企业运作管理以及对信息技术、信息资源、信息设备等信息化实施过程的管理。

企业信息化管理的三方面的实现是不可分割的，它们互相支持、彼此补充，达到融合又相互制约。企业信息化管理属于企业战略管理范畴，其对企业发展具有重要意义。

3. 企业信息化管理的精髓　企业信息化管理的精髓是信息集成，其核心要素是数据平台的建设和数据的深度挖掘，通过信息管理系统把企业的设计、采购、生产、制造、财务、营销、经营、管理等各个环节集成起来，共享信息和资源，同时利用现代的技术手段来寻找自己的潜在客户，有效地支撑企业的决策系统，达到降低库存、提高生产效能和质量、快速应变的目的，增强企业的市场竞争力。

4. 企业信息化管理与战略　企业的决策系统包括：决策层、战略层和战术层，相应地，企业信息化管理系统包括战略管理、实施管理、运行和维护管理三个层面。战略管理是企业信息化管理的龙头，企业信息化建设必须服从于企业的总体规划和战略。战略管理层面主要包括信息技术如何与企业的中长期规划和发展战略相适应、相融合；信息技术如何有效地保障企业的可持续发展；如何利用信息技术规划企业业务流程、提升企业竞争力。企业信息化的实施管理层面主要包括商业软件实施、软件开发、硬件部署等方面的内容，通过有效的管理保障软件开发项目、系统集成项目得以顺利的实施。运行和维护管理层面的重点是保障已经实施的项目发挥其应有的作用，保障各种系统能够正常、稳定、高效和安全运行。

5. 企业信息化的实施　企业信息化的实施涉及企业管理模式、组织架构、业务流程、组织行为的改变等是一个复杂的组织与管理变革过程。在信息管理变革中，通过变革目标导向确保变革有一个具有方向性的、可以监测的、有领导的管理环境，为整个变革历程制定计划，形成有实效的项目小组以及有效管理项目进程；采用新的领导方式对信息技术支持下的企业变革过程的管理的核心价值进行宣传提高管理层领导工作的有效性；采用有效措施激励员工，提高业务人员在新工作环境下的工作绩效；通过全员参与，使员工了解和明白变革的意义，鼓励员工提出创新性的想法以推动变革的进程。通过变革导向、领导方式、激励支持、全员参与四方面的变革管理使员工逐步深入参与到信息管理变革中以尽快实现提高企业员工的工作绩效。

6. 企业信息化的意义 企业信息化是我国推进整个国民经济信息化的重要组成部分，是全社会信息化的基础和前提。企业信息化是指企业利用现代的信息技术，通过对信息资源的深度开发和广泛利用，不断提高生产、经营、管理、决策的效率和水平，从而提高企业经济效益和企业竞争力的过程。从管理的角度看，企业信息化是对企业中的信息进行系统化、集成化、自动化的过程，也就是对企业信息系统的规划、实现、运行和管理的过程。

二、企业信息化的指导思想和原则

（一）指导思想

企业的信息化建设的指导思想就是在满足医药企业的信息需求的前提下，以提高经营管理能力和经济效益为目的，吸取国内外企业信息化的经验和教训，梳理企业管理流程，加强对于下属企业的管理力度，通过深化扩展现有的信息系统，并建设符合需求的信息系统，进而实现信息的一体化和精细化，提升医药企业的信息化水平。

（二）指导原则

医药企业信息化建设和应用应遵循“以利润为中心，以管理需求为指导；统一规划，分步实施，效益驱动，快速见效；信息共享，消除孤岛；以人为本、人人满意；系统稳定，安全可靠；增加投入，注重实效”的指导原则。

1. 以利润为中心，以管理需求为指导 医药企业的信息化建设必须围绕这一中心，首先，要为企业领导提供科学、及时、准确的决策信息，增强企业的市场竞争力，增强企业的盈利能力和应变能力；第二，要全面满足财务和业务管理的需求，提供优质服务，为提高企业的经济效益和企业可持续的健康快速发展提供有力的保障。

同时，对于现有的管理系统要提升其辅助管理的能力，为企业的日常管理和经营服务。

2. 统一规划，分步实施，效益驱动，快速见效 医药企业的管理范畴广泛、业务种类繁多，涉及的问题也很多，包括人、财、物、产、供、销等多个方面，整个信息化实施的工作非常复杂。

但医药企业作为一个整体运营的公司，信息系统也必须是一个有机的整体，不能再形成信息孤岛。所以，必须对信息系统进行统一规划，但在实施的时候，要根据实际情况和实际管理需要，分阶段、分步骤地进行，对于影响企业发展的重要问题，要优先解决。

对企业而言，利润是核心，发展是硬道理。信息化建设必须产生看得见、摸得着的效果，只有这样，企业信息化建设才能得到各方面的支持进而走上良性循环的发展道路。

3. 信息共享，消除孤岛 单机运行“信息孤岛”的时代正在消失，局域网、广域网的建设渗透到每个单位。企业的运作是一个有机的整体，涉及各个部门、各个岗位。由于他们对信息的需求各不相同，企业的网络也必须能够根据他们的不同需求，在其职权范围内，提供个性化的服务，从而大大提高企业整体的运行效率和决策速度。

各种管理信息系统之间的相互独立，也在产生着新的信息孤岛，在统一规划的前提下，还要针对现有的信息系统进行梳理，在尽可能保障过去的投资的前提下，实现信息的有效集成，保障企业的所有信息互联互通。

另外，根据实际的需要，分阶段地进行新的信息系统的建设工作，实现全面、准确、高效的信息共享。

4. 以人为本，人人满意 计算机仅仅是工作的工具，效率的产生最终还是要靠人来实现的。对企业的全体员工进行计算机知识的全员培训，而且要根据不同岗位和承担的不同任务，有针对性地进行分类培训，使每位员工都能得心应手地利用计算机处理好所在岗位的工作，这是企业信息化建设成败的关键。

5. 系统稳定，安全可靠 随着企业信息化建设的不断完善，企业的经营活动大多要依赖计算机来处理。建立一套行之有效的安全责任制度，确保系统的安全运行，是非常重要和当务之急的任务。主要措施包括：①建立一套安全可靠的防火墙和防、杀病毒系统；②设立严格的信息查询、处理、复制权限；③制定一套严格的计算机密码的管理办法，企业全体员工均应承担企业机密不外泄的义务；④做好系统数据、服务器数据和其他重要数据的备份工作。

6. 增加投入，注重实效 根据医药企业实际的发展情况和管理需求，应科学地加大对于信息化的投入力度，但同时考虑前期的信息化投资和新投入的信息系统的实际作用和效果，使得资金和资源可以发挥更大的效益。

三、企业信息化的技术基础

企业信息化实现的前提条件是信息技术。没有信息技术，企业信息化只能是空洞的概念和原理，是不可能实现的。从ERP的发展过程（MRP、MRPII、ERP）可以清楚地看出，信息技术的进步，使得ERP得到更高程度的实现，推动其思想向前发展，从而又推动信息技术的进步。两者相辅相成，互相推动共同向前发展，所以必须依赖计算机。

（一）信息化基础平台

要实现企业信息化，必须依靠一个基础平台，那就是计算机网络，实现企业内的信息共享，以提高竞争力。

1. 计算机网络概述 计算机网络是由各自具有自主功能而又通过各种通信手段相互连接起来以便进行信息交换、资源共享或协同工作的计算机组成的复合系统。

从20世纪50年代开始发展起来的计算机网络技术，随着计算机和通信技术的飞速发展而进入了一个崭新的时代。信息技术的迅猛发展，特别是当今新一轮计算机发展热潮的到来，使得计算机网络技术面临新的机遇和挑战，同时也将促进网络技术的进一步发展。

2. 企业信息化网络方案 基于网络向未来演进的趋势、宽带网络的投资效益等多种因素，结合企业的网络现状，制定网络方案。

3. 计算机网络建设的原则 计算机网络系统设计必须适应当前各项应用，又可面向未来信息化发展的需要，因此必须是高质量的。在设计网络时，需要遵循以下原则。

（1）实用性和先进性 采用先进成熟的技术满足需求，兼顾其他相关的管理需求，尽可能采用先进的网络技术以适应更高的数据、语音、视频（多媒体）的传输需要，使整个系统在相当一段时期内保持技术的先进性，以适应未来信息化的发展的需要。

（2）安全可靠性 为保证各项业务应用，网络必须具有高可靠性，尽量避免系统的单点故障。要对网络结构、网络设备、服务器设备等各个方面进行高可靠性的设计和建设。在采用硬件备份、冗余等可靠性技术的基础上，采用相关的软件技术提供较强的管理机制、控制手段和事故监控与网络安全保密等技术措施提高整个网络系统的安全可靠性。

（3）灵活性和可扩展性 计算机网络系统是一个不断发展的系统，所以它必须具有良好的灵活性和可扩展性，能够根据企业不断深入发展的需要，方便地扩展网络覆盖范围、扩大网络容量和提高网络的各层次节点的功能。具备支持多种通信媒体、多种物理接口的能力，提供技术升级、设备更新的灵活性。

（4）开放性和互连性 具备与多种协议计算机通信网络互连互通的特性，确保本计算机网络系统的基础设施的作用可以充分地发挥。在结构上真正实现开放，基于开放式标准，包括各种局域网、广域网、计算机等，坚持统一规范的原则，从而为未来的发展奠定基础。

（5）经济性和投资保护 应以较高的性能价格比构建本计算机网络系统，使资金的产出投入比达到最大值。能以较低的成本、较少的人员投入来维持系统运转，提供高效能与高效益。尽可能保留延长已有系统的投资，充分利用以往在资金与技术方面的投入。

（6）可管理性 由于系统本身具有一定复杂性，随着业务的不断发展，网络管理的任务必定会日益繁重。所以在网络设计中，必须建立一套全面的网络管理解决方案。网络设备必须采用智能化，可管理的设备，同时采用先进的网络管理软件，实现先进的分布式管理。最终能够实现监控、监测整个网络的运行情况，合理分配网络资源、动态配置网络负载、可以迅速确定网络故障等。通过先进的管理策略、管理工具提高网络的运行性能、可靠性，简化网络的维护工作，从而为办公、管理提供最有力的保障。

（二）办公自动化

办公自动化（office automation，OA）是将现代化办公和计算机网络功能结合起来的一种新型的办公方式，是当前新技术革命中一个技术应用领域，属于信息化社会的产物。

1. 办公自动化系统结构 一般可以分为三个层次。

（1）事务型办公自动化系统 文字和报表处理系统，公文管理系统，档案管理系统，会议管理系统，轻型印刷系统，行政事务管理系统，系统维护。简称 OA。

（2）辅助管理型办公自动化系统 简称 MIS。

（3）决策型办公自动化系统 简称 DSS。

2. 办公自动化的发展前景 办公自动化的发展方向应该是数字化办公。所谓数字化办公即几乎所有的办公业务都在网络环境下实现。从技术发展角度来看，特别是互联网技术的发展，安全技术的发展和软件理论的发展，实现数字化办公是可能的。从管理体制和工作习惯的角度来看，全面的数字化办公还有一段距离，首先数字化办公必然冲击现有的管理体制，使现有管理体制发生变革，而管理体制的变革意味着权利和利益的重新分配；另外管理人员原有的工作习惯、工作方式和法律体系有很强的惯性，短时间内改变尚需时日。尽管如此，全面实现数字化办公是办公自动化发展的必然趋势。

（三）电子商务

广义上指使用各种电子工具从事商务或活动。这些工具包括从初级的电报、电话、广播、电视、传真到计算机、计算机网络，到 NII（国家信息基础结构 - 信息高速公路）、GII（全球信息基础结构）和 Internet 等现代系统。而商务活动是从泛商品（实物与非实物，商品与非商品化的生产要素等）的需求活动到泛商品的合理、合法的消费除去典型的生产过程后的所有活动。狭义上指利用 Internet 从事商务或活动。

电子商务通常是指在全球各地广泛的商业贸易活动中，在因特网开放的网络环境下，基于浏览器/服务器应用方式，买卖双方不谋面地进行各种商贸活动，实现消费者的网上购物、商户之间的网上交易和在线电子支付以及各种商务活动、交易活动、金融活动和相关的综合服务活动的一种新型的商业运营模式。

四、企业信息化的实施

企业信息化的实施是一个复杂而艰巨的系统工程，它涉及软件公司的产品成熟与否、实施人员对产品的熟悉程度、用户的所有制体制、上层领导对项目的重视程度、中层干部对 ERP 流程认可程度、业务人员对操作的熟悉程度，以及企业效益、文化、人文地理环境、ERP 厂商和客户的沟通程度等方方面面的因素。

因此，可以这样认为，每实施一个 ERP 项目，就如同指挥一个重大的战役。系统实施小组的双方负责人就是这场战役的指挥官，他们要按照既定方针精心部署：如何控制各项工作合理有序地进行，如何协调各方面的工作关系，如何合理地配置人力和各种资源，并制定详细可行的工作进度，在保证实施质量的前提下，尽可能缩短项目实施周期，减少实施成本，以达到厂商和用户双赢的目的。

五、企业信息化的评价

企业信息化评价是企业信息化建设中的重要环节，客观评价企业信息化发展水平，对于企业提高信息化水平与市场竞争能力、正确指导企业信息化的发展具有重大理论意义和实用价值。因此，信息企业化水平的评价工作与建设工作是同等重要，而且是紧迫的。目前，国内外已产生相当多的信息化评价理论，在此仅对我国国内学者普遍应用的理论方法进行总结和评价。现阶段，人们对企业信息化水平和企业信息化效益的评价还没有达成共识，对企业信息化的系统研究和评价方法的研究还处于起步阶段。因此，建立一套科学的、系统的以及具有可操作性的企业信息化评价方法，对企业信息化进行科学、客观和准确的评价，对树立正确的企业信息化理念至关重要。

（一）评价方法

截止到目前，我国学者在研究企业信息化水平方面所提出的评价方法越来越多。按照所涉及的学科领域的不同，可以划分为专家评价法、经济模型法、运筹学方法、统计分析方法、系统工程方法、模糊数学方法以及智能化评价方法等。其中，理论体系比较完善而且应用范围较广的主要是专家评价法、层次分析法、多元统计分析法、多层次评价方法和组合评价法。

目前，国内在企业信息化评价理论、内容和评价方法上已经取得了一定的成果。2002 年，我国建立的《中国企业信息化指标体系》是目前中国权威的、以效益为导向的企业信息化评价指标体系，但是在指标体系的建立上还存在着一些不足。因此，不同行业根据经营方式的差异应该建立适合各个行业特点的指标体系。指标体系需要在充分考虑到企业可持续发展的前提下建立起来多角度和立体化的考察方式，将信息化发展水平、发展质量和发展能力考虑在内，这是因为现有文献基本上都是从企业信息化的现有水平着眼，强调侧重企业信息化的现有数量和规模，研究角度单一。合理评价指标的建立是评价方法得以实施的根本。在企业信息化已经取得阶段性进展的今天，很多企业在寻求企业信息化纵深发展时更需要合理的理论支持，需要合理的评价体系和评价方法。目前，有很多企业对于信息化的大量投资见不到回报，然而很少有企业主动采用正确的方式和合理的依据对 IT 项目进行评价。有效的信息化评价方法可以提高企业对自身状况的了解，因此客观上需要合理化、系统化和简便易行的评价方法。

总的说来，随着信息化的不断发展以及现代经济、管理理论的不断创新，目前对企业信息化综合评价方法的研究还有些滞后，尚未形成一套科学的、系统的评价体系和方法，这方面工作有待进一步开展。

（二）评价角度

以企业信息化项目管理为基础的评价信息化实施的中心环节是信息系统的建设和应用，并且通常是以项目形式组织实施的，因此，以项目为基础而进行的评价显得尤为必要。基于项目管理的系统评价主要是以信息系统项目为核心，其目的是保证项目管理的科学性，主要分为纵向评价和横向评价。

1. 纵向评价　主要从项目进程的角度进行评价，包括：项目前瞻和立项论证——事前评价；项目建设中——中期评价和工程监理；项目建成交付和投入运行后——验收评价和事后评价。

2. 横向评价　主要从下面几个角度进行综合评价。

（1）技术角度　简化出系统建设、系统性能等技术评价指标体系。

（2）经济角度　直接经济效益和潜在经济效益，定量与定性分析结合。

（3）社会角度　宏观上评价系统对社会进步贡献的测算。

（4）环境角度　系统对环境的影响。

（三）评价模型

（1）IBM Rational 估计项目成本的技术之一——COCOMO II 模型。

工作量 =（人员）（环境）（质量）（规模）（过程 *）

式中，* 表示过程有效性。

这个等式抓住了以下关键因素。

工作量：完成项目需要的人月（pm）；

过程：基于产生最终产品的过程的有效性的公式；

环境：考虑工具和技术的因素；

质量：考虑需要的产品质量的因素；

规模：组成最终产品的人工产生的代码行数；

人员：考虑团队能力的因素。

（2）由 Barry Boehm 和 Dan Port 对软件问题的“价值方面”定义了“基于价值的软件工程（VBSE）”。VBSE 涉及软件和信息系统产品，过程技术，以及它们与人类价值的互动。它使用风险分析来平衡软件规范和灵活性。目前，在美国最被认可的培训当属核子研究公司的执行官堪培尔所讲授的课程。堪培尔认为，关键是要学习如何获取正确的数据，即如何问合适的人合适的问题。堪培尔认为，一套成型的投资分析方法能够保证分析的连续性，尽管通过这样的分析方法所得出来的结论可能不够准确。

（3）ROI 是一个相对直接的投资度量，它表达了收回原始投资需要的时间（偿还期）。它也可以被表示为一个百分数——ROI%。根据这一公式计算，最佳投资是偿还期最短的投资。但它没有考虑到风险。ROI 不是评定信息化项目成败的全部。ROI 只能是设定项目优先级的一个工具。然而，任何投资都要回归到 ROI 上来。

(4) 净现值(NPV)是一种用于资本预算的方法,在预算中要从现金流入的现值中减去现金流出的现值。它通过比较1美元在今天的价值与其在未来的价值——考虑到通货膨胀和收益——来度量项目的盈利性。NPV分析对一项投资或一个项目在未来产生的现金流入的可靠性比较敏感。

(5) 内部收益率(IRR)经常用于资本预算,它是使得所有现金流动的净现值为零的利率。在对内部收益率的计算中,净现值被设为零,要计算的是使净现值为零的内部收益率。然后项目的这一内部收益率(IRR)被与风险相近的项目的最小要求收益率进行比较。

复习测试题

一、名词解释

1. 信息
2. 企业信息化
3. 首席信息官
4. 信息管理

二、选择题

1. 信息化的内容包括( )

   A. 信息处理计算机化　B. 信息传输网络化　C. 信息应用大众化
   D. 信息贡献的社会化　E. 信息使用方便化

2. 信息化要素包括( )

   A. 信息网络　B. 信息资源　C. 信息技术
   D. 信息产业　E. 信息法规环境与信息人才

3. 人类经历了( )等几次革命

   A. 农业革命　B. 工业革命
   C. 知识经济和信息化革命　D. 土地革命
   E. 资本革命

4. 信息的功能包括( )

   A. 信息是一切生物进化的导向资源　B. 信息是知识的来源
   C. 信息是决策的依据　D. 信息是控制的灵魂
   E. 信息是思维的材料

5. 企业信息化管理主要包含信息技术支持下的( )

   A. 企业变革过程管理　B. 企业运作管理　C. 信息技术管理
   D. 信息资源管理　E. 信息设备管理

6. 企业信息化管理系统包括（ ）

A. 战略管理　　B. 实施管理　　C. 运行管理

D. 维护管理　　E. 记录管理

三、简答题

1. 简述信息时代的特点。
2. 简述信息的功能。
3. 简述进行企业信息化建设的意义。
4. 目前企业信息化存在的问题有哪些？
5. 信息化建设的策略是什么？
6. 简述企业信息化建设的实施方案。
7. 信息化的指导原则是什么？

第十一章

财务管理

掌握： 医药企业财务管理的目标、内容和货币的时间价值及其计算方法；财务预算的编制方法和程序。

熟悉： 医药企业资金筹集的原则、方式；利润的构成和分配顺序；产品成本的分类和成本费用控制的原则。

了解： 财务分析指标；医药企业现金、应收账款和固定资产的管理以及对外投资管理。

美国财务管理学家 Arthur J. Keown 在 1996 年出版的《现代财务管理基础》一书中写道："财务管理与经济价值或财富的保值增值有关，是有关创造财富的决策"。每个企业要想掌握生产经营的主动权，若要达到预期的经营目标，就必须掌握企业资金运动的规律性，并按资金运动的客观要求去管理资金，充分发挥资金的使用效益，实现企业最佳的经济效益。医药企业财务管理是企业管理的重要组成部分，它研究医药企业如何以最有效的理财方式、以最小的投入去实现企业预期的经营效果，获得最大的利润。

第一节　医药企业财务管理概述

一、财务管理的含义

企业财务管理是按照既定的目标和原则组织企业财务活动和处理协调财务关系的一项经济管理行为。企业财务活动是企业生产、经营过程中的资金运动。资金是企业在生产过程中能够增值的生产经营要素的价值。企业是一个以营利为目的的经济组织，就必须筹集和运用资金，并对其收入和利润进行分配，这些理财活动对企业来说至关重要。财务关系是企业在基金运动过程中发生的各种经济关系，包括企业同投资者、受资者、债权人、债务人、政府、企业内部的生产经营者以及其他经济组织所发生的关系。

如果企业不能对资金和资金运动进行有效管理，就失去了对生产经营过程各方面进行综合反映与调节的手段，也不能有效控制企业生产经营活动的物质运动，会造成企业生产和再生产的受阻或破坏，所以，财务管理是商品经济条件下最基本的管理实践活动。财务管理研究企业如何用最有效的理财方式和手段去达到企业预期的整体经营目标，获取最大的利润。资金运动是财务管理的客观基础，而财经法规是财务管理的依据。

在计划经济体制下，我国长期实行“统一领导、分级管理”的财务管理体制，这种体制下，企业“有责、无权、少利”，企业只对上级主管部门负责，财务管理并不重要。随着市场经济体制和现代企业制度的确立，企业管理越来越重视财务管理，国家制定了相关财经法令和财务通则、财务制度等，用以规范企业的资金运动，协调企业的财务关系，财务管理体系渐趋完善。

医药企业财务管理即医药企业理财，就是企业如何聚财、用财、生财。具体地讲，就是组织医药企业财务活动，处理医药企业财务关系的一项综合性经济管理工作。

二、财务管理的目标

医药财务管理目标是指医药企业进行财务活动所要达到的根本目的，它是企业财务管理工作的前提条件，决定财务管理的内容和环节，是衡量财务管理工作是否合理的标准。

（一）医药财务管理整体目标

1. 利润最大化 利润最大化是指不断增加企业的利润，通过企业财务管理从而使利润达到最大。在我国，利润是考核企业经营成果的最重要的指标。

利润最大化目标优点是：利润可以衡量生产经营活动创造的剩余价值；追求利润最大化可以促进企业加强经营管理、改进技术、科技创新、提高生产率，降低成本，促进社会经济繁荣和发展。

利润最大化目标缺陷是：没有考虑利润实现的时间、没有考虑资金的时间价值，难以正确判断在不同时间利润的大小。例如：一个企业今年获利100万元和明年获利100万元，哪个更符合企业的目标？具体缺陷如下。

（1）利润最大化不明确是短期利润还是长期利润？是税前利润还是税后利润？是经营利润还是股东利润？

（2）没有反映企业获得的利润与投入资金的关系，容易导致企业追求外延的扩大、规模的膨胀而忽视效率的提高，容易导致企业只顾眼前的最大利益而不顾企业的长远利益和社会责任。例如：同样获得100万元的利润，一个企业投入资本500万元，另外一个企业投入资本700万元，哪个更符合企业的目标？

（3）同样是获利100万元，一个企业全部是现金，另一个企业全部是应收账款，并可能发生坏账损失。利润最大化无法判断哪个利润更加可靠，没有考虑利润和所承担风险的关系。

2. 股东财富最大化 股东财富最大化即通过采用最优的财务决策、合理经营，在考虑资金的时间价值和风险报酬的情况下，不断增加企业财富，使得企业总价值达到最大。企业总价值包括股利和出售股权所换取的现金。股东财富最大化是利润的相对额，即单位投资所实现的平均增值额。

股东财富最大化充分考虑资金的风险因素和时间价值因素，风险因素关系投资问题也关系筹资问题和股利政策。考虑筹资问题的目的是，充分利用负债效应，保持合理的资本结构，减少财务风险，促使企业稳定发展。考虑股利政策的目的是，分析业主近期利益与远期利益，以增强企业股票在市场上的吸引力。

对于上市公司来说，财富最大化就是股票市场价格最大化。股价的高低，代表了投资大众对企业价值的客观评价。每股的价格反映了资本与获利的关系；同时受预期每股盈余的影响，反映了每股盈余大小及取得使用时间；可以反映每股盈余将面临的风险。企业价值最大化不但要考虑企业当前的盈利水平，还要考虑企业未来的获利能力，可见股东财富最大化弥补了利润最大化的不足，但是它也有不足。

（1）只适用于上市公司。

（2）只强调了股东的利益，而忽视了其他人的利益。

（3）股票价格受很多因素影响，公司并不能决定。把不可控的因素引入财务管理目标是不合理的。

3. 企业价值最大化 企业价值最大化是指企业财务管理行为以实现企业的价值最大为目标。企业价值指企业所有者权益的市场价值或是企业所能创造的预计未来现金流量的现值。未来现金流量包含了资金的时间价值和风险价值。

（1）优点 ①考虑了取得报酬的时间，并用时间价值的原理进行了计量；②考虑了风险与报酬的关系；③将企业稳定的持续的长期的获利能力放在首位；④用价值代替价格，克服了外界市场因素的干扰，避免企业的短期行为。

（2）缺点 ①企业的价值不易操作；②对于非上市公司要评估才能确定价值。

（二）财务管理的分部目标

财务管理的分部目标，取决于财务管理的内容。一般而言，有哪些财务管理的内容，就会随之有相应的各部分目标。据此，财务管理的分部目标可以概括为如下几个方面。

1. 企业筹资管理的目标 企业为了保证生产的正常进行或扩大再生产的需要，必须有一定数量的资金。企业的资金可以从多种渠道、多种方式来筹集不同来源的资金，其可使用时间的长短，附加条款的限制和资金成本的大小都不相同。这就要求企业在筹资时不仅需要从数量上满足生产经营的需要，而且要考虑到各种筹资方式给企业带来的资金成本的高低，财务风险的大小，以最低需求量为原则，选择最佳筹资方式，实现财务管理的整体目标。

2. 企业投资管理的目标 筹集的资金要尽快用于生产，获取赢利。但任何投资决策都带有一定的风险性，因此，在投资时必须认真分析影响投资决策的各种因素，科学地进行可行性研究，以便在风险与报酬之间进行权衡，力求提高投资报酬，降低投资风险。不断提高企业价值，实现企业财务管理的目标。

3. 企业营运资金管理的目标　企业的营运资金是为满足企业日常营业活动的需求而垫支的资金。营运资金的周转，与生产经营周期具有一致性。在一定时期内资金周转越快，就越是可以利用相同数量的资金，生产出更多的产品，取得更大的利润，获得更多的报酬。因此，加速资金周转是提高资金利用效果的重要措施。

4. 企业利润管理的目标　企业进行生产经营活动，要发生一定的生产消耗，并取得一定的生产成果，获得利润。企业财务管理必须努力挖掘企业潜力，促使企业合理使用人力和物力，以最少的耗费取得尽可能多的经营成果，增加企业盈利，提高企业价值。企业的利润分配关系着国家、企业、企业所有者和企业职工的经济利益。

三、财务管理的内容

财务活动和财务关系是企业财务经济的两种现象，它们共同成为财务管理的对象。财务活动和财务关系之间相互作用、相互联系、不可分割。财务活动、财务关系的变化发展规律和两者之间的相互联系，以及它们对企业营运发展的作用，是企业财务管理的研究对象，具体包括以下几个方面。

（一）财务活动

1. 筹集资金活动　企业必须先占有或能够支配一定数额的资金，才能组织商品生产，所以说企业的起点是企业通过各种形式筹集资金。筹资是指企业为了满足投资和用资的需要，筹措和集中所需资金的过程。企业筹资主要用于：投资的增加、创建新企业、企业扩张与发展、企业生产条件和环境的变化、资金结构的变化等的需要。

企业的筹资活动包括合理确定筹资的时间和总量，选择筹资方式和渠道，合理预测和调整筹资的成本、筹资风险和资本结构。

企业两种不同的资金来源：一是企业债务资金，企业可以通过从银行借款、发行债券、利用商业信用等渠道取得。二是企业自有资金，企业可以通过向投资者吸收直接投资、发行股票、企业内部留存收益等方式取得，投资者包括国家、法人、个人等。企业筹集资金表现为资金的流入，企业因筹资而产生的偿还借款、支付利息、股利以及其他筹资费用等，则表现为企业资金的流出。这种因筹资而引起的财务活动，是企业财务管理的主要内容之一。

2. 投放资金活动　企业取得资金后，必须将资金投入使用，以谋求最大的经济效益。对于创造价值而言，投资管理是财务管理工作中最重要的一环。

企业投资可分为广义的投资和狭义的投资两种。广义的投资指企业将筹集到的资金投入使用的过程，包括企业内部使用资金的过程（如购置流动资产、固定资产、无形资产等）和对外投放资金的过程（如投资购买其他企业的股票、债券或与其他企业联营等)。狭义的投资仅指对外投资。企业购买内部所需资产、各种证券，都需要支付资金，而当企业变卖其对内投资形成的各种资产或收回其对外的投资时，则产生资金的收入。这种因企业投资而产生的资金的收付，便是因投资引起的财务活动。

投资活动包括确定企业的投资方向、投资规模、投资方式，制定企业的长短期投资计划，根据具体情况进行投资决策；预测、分析投资风险，以争取获得最佳投资收益。投资的效果又直接影响着利润的分配，正确的投资决策，对于提高企业经济效益，增强企业活力具有重要意义。投资活动的受益于风险并存，可以分散投资降低风险。

3. 营运资金活动 企业在日常生产经营过程中，以各种方式进行一系列的资金收付。首先，企业采购材料或商品，需要支付工资和其他营业费用；销售产品收回资金等，这些都是因企业经营引起的财务活动。

企业的营运资金主要是为满足企业日常营业活动的需要而垫支的资金，营运资金的周转与生产经营周期具有一致性。医药企业的营运周期很长，所以，如何加速资金周转，提高资金的利用效率，是财务管理的主要内容。

4. 分配资金活动 分配资金活动就是企业将取得利润和收益在各相关利益者之间分配的过程。在企业法律、法规的允许范围内，制定最优的利润分配政策，以利于企业的长远发展。广义地说，分配是指对企业各种收入进行分割和分派的过程。而狭义的分配仅指对利润尤其是净利润的分配。

企业投资取得的收入如销售收入，首先要用以弥补生产经营耗费，缴纳流转税，其余部分成为企业的营业利润；营业利润和投资净收益、营业外收支净额等构成企业的利润总额。利润总额首先要按国家规定缴纳所得额，净利润要提取公积金和公益金，分别用于扩大积累、弥补亏损和改善职工集体福利设施，所余利润作为投资者的收益分配给投资者或暂时留存企业或作为投资者的追加投资。

上述四个方面，不是相互割裂、互不相关的，而是相互联系、相互依存的。

（二）财务关系

企业财务关系是指企业在组织财务活动过程中与有关各方所发生的经济利益关系。

1. 企业与政府之间的财务关系 企业必须按照税法中的相关规定向中央和地方政府缴纳各种税款，包括所得税、增值税、营业税、资源税、财产税等。企业和政府间的财务关系是强制和无偿的分配方式。

2. 企业与投资者之间的财务关系 企业的投资者向企业投入资金，企业向其投资者支付投资报酬所形成的经济关系。企业的投资者有国家、法人、个人。投资者按合同、协议规定、章程约定履行出资义务，并从企业获得一定的报酬。投资者对企业有一定程度的控制权，可以参与企业净利润、净资产的分配，承担企业一定的经费和法律责任。企业同投资者之间的财务关系，体现投资者与经营者之间的权责关系。

3. 企业与受资者之间的财务 企业对外投资，应按约定履行出资义务，并按出资份额参与受资者的经营管理和利润分配。企业与受资者的财务关系体现着所有权性质的投资与受资的关系。

4. 企业与债权人之间的财务关系　企业向债权人借入资金，并按借款合同的规定按时支付利息和归还本金所形成的经济关系。企业与债权人之间的财务关系属于债务与债权关系。

5. 企业与债务人之间的财务关系　企业将资金以购买债券、通过借款或商业信用等形式出借给其他单位所形成的经济关系。出资后，可按合同约定要求债务人支付利息和到期归还本金。企业与债务人之间的财务关系属于债权与债务关系。

6. 企业相互之间的财务关系　企业之间除投资之外的一般业务往来引起的经济关系。如企业之间相互提供产品和劳务，以货币资金支付货款，发生的资金结算关系；企业之间的资产租赁，而发生资金融通关系。企业相互之间的财务关系体现等价交换、平等协作的经济关系。

7. 企业内各部门之间的财务关系　企业内部各部门之间在生产经营各环节中相互提供产品或劳务所形成的经济关系，是一种资金结算的利益关系。

8. 企业与职工之间的财务关系　企业向职工支付劳动报酬（工资、津贴和奖金，提取公益金等）过程所形成的经济关系。企业与职工之间的财务关系体现职工个人与企业在劳动成果上的分配关系。

四、财务管理的价值观念

正确的观念是理财成功的基础，具体理财时也许会碰到这样的一些问题：“明年公司要归还一笔贷款，从现在开始每个月要留有多少准备金?”，“假如有两个投资项目，它们的投资额和回报率都相同，该如何选择呢?”，回答这个问题涉及财务管理的两个价值观念：货币的时间价值观念和风险价值观念。

（一）时间价值的概念

对于今天的1000元和5年后的3000元，你会选择哪一个呢?

资金的时间价值就是资金所有权与资金使用权相分离后，资金使用者向资金所有者支付的一种报酬或代价。

货币的时间价值指货币由于投入到生产经营领域，随着时间推移而产生的增值，是没有风险和通货膨胀条件下的社会平均资金利润率。

1. 时间价值的表示　资金时间价值可以用绝对数表示，也可以用相对数表示。

相对数：时间价值率 - 利息率；

绝对数：时间价值额 - 利息额。

2. 时间价值的计算

现值（P）：指一定量货币按规定利率折算的现在价值。

终值（F）：指一定量货币按规定利率计算的未来价值。

（1）单利　本金在贷款期限中获得利息，无论时间多长，所生利息都不加入本金重复计算利息。

单利利息计算公式：$I = P \times i \times t$

单利终值计算公式：$F = P + I$

式中，P——本金，又称期初额或现值；

I——利息；

i——利率，一般指每年利息与本金之比；

F——本金与利息之和，又称本利和或终值；

t——时间。

例：某企业有一张带息期票，面额为 1200 元，票面利率为 4%，出票日期 6 月 15 日，8 月 14 日到期（共 60 天），则到期时利息为：

$I = 1200 \times 4\% \times 60/360 = 8$ 元

单利终值是指按单利计算一定时间后的本息和。

单利终值计算：$F = P + P \times i \times t = 1200 + 1200 \times 4\% \times 60/360 = 1208$ 元

单利现值指未来时间收到或付出资金按单利计算新算的现在价值。

单利现值计算：$P = F - I$

（2）复利终值和现值的计算　复利是指每期的所生利息加入本金再计利息，逐期滚算，俗称“利滚利”。

复利终值 F_v 是指一次收付款项的本息和，是该收付款项的 n 年后的价值。

复利终值计算：$F_v = I + P = P\left[(1+i)^{n-1}\right] + \mathrm{P} = \mathrm{P}(1+i)^n$

$(1+i)^n$ 为复利终值系数，表示为（F/P，i，n）。

复利现值 P_v 指未来时间收到或付出资金按复利计算折算的现在价值。

复利现值计算：$P_v = F(1+i)^{-n}$

$(1+i)^{-n}$ 为复利现值系数，表示为（P/F，i，n）。

例：某人在第一年年初将 1000 元存入银行，银行年利率 5%，以复利计算利息，则 5 年后该人在存折账面上的价值是多少？

$F_v = P(1+i)^n = 1000 \times (1+5\%)^5 = 1000 \times 1.27629 = 1276.29$（元）

例：某人在第一年年初将一笔钱存入银行，银行年利率 5%，以复利计算利息，则 5 年后该存折账面上的价值为 1000 元，则他在第一年年初存入银行多少钱？

$P_v = F(1+i)^{-n} = 1000 \times 0.784 = 784$（元）

（3）普通年金的计算　年金是指一定期间内每期相等金额的收付款项，用 A 表示。普通年金即后付年金，是每年年末收付相等金额的款项，也称后付年金。

普通年金的终值 F_A：是每期年金的终值（本息）的和。

普通年金终值计算公式为：$F_A = A \times \left[(1+i)^n - 1)/i\right] = \mathrm{A} \times (F/A, i, n)$，其中（$F/A$，$i$，$n$）称作“年金终值系数”。

年金现值计算公式为：$P = A \times \left[1 - (1+i)^{-n}\right]/i = A \times (P/A, i, n)$，其中

$(P/A, i, n)$ 称作"年金现值系数"，

例：某人在每年年末都存10000元到银行，银行年利率为2%，以复利计算利息，则10年后的本息和为多少？

年金终值可表达为：$F_A = A \times (F/A, i, n) = 1 \times (F/A, 2\%, 10) = 10.95$（万元）

10年后的本息和为10.95万元。

例：某人在年初将一笔钱存入银行，以后每年年末都取出1000元，在第5年刚好取完，银行年利率为5%，以复利计算利息，那么年初存入的这笔钱为多少？

$P = A \times (P/A, i, n) = 1000 \times 4.330 = 4330$（元）

（二）风险价值观念

风险无处不在，但是风险是具有价值的。

风险价值主要是投资者资金投入后所冒不确定性风险而得到的回报，可分为不可分散如（风险如利率变化）和可分散风险（如公司经营风险），风险的衡量可以计算标准离差率。

如果有需要投资500万元的两个项目，一个没有风险，可获利80万元；另一个项目成功几率只有50%，但是成功后可获利200万元，失败的结果是损失10万元，你会选择哪个项目？这就涉到我们下面所讲的风险价值。

风险报酬是指投资者因承担风险而获得的超过时间价值的另一部分额外报酬。在上例中，另一个项目承担50%的风险，其获得120万元（200－80）风险报酬。通常情况下，风险越高，相应所需获得的风险报酬率越高。

风险报酬率＝风险报酬/原投资额

不考虑通货膨胀因素时，投资报酬率就是时间价值率与风险报酬率之和。财务管理的原则是：在一定的风险下必须使收益达到较高的水平，在收益一定的情况下，风险必须维持在较低的水平。

第二节　预算管理

财务预算不仅是财务管理的一项重要方法，而且还是财务管理工作的一个重要环节。

医药企业由于受厂房和初期建设投入资金量大、生产周期长，成本收回时间长等因素影响，预算显得尤为重要，预算过低，有可能在企业还没能坚持到收回成本时就因资金链的断裂而导致前功尽弃。所以，医药企业预算管理必须做到科学预测，严格按预算执行。

一、医药企业预算管理的概念

1. 定义　预算是行为计划的量化，这种量化有助于管理者协调、贯彻计划，是一

种重要的管理工具。

医药企业预算管理是在医药企业战略目标的指引下，通过预算编制、执行、控制、考评与激励等一系列活动，全面提高企业管理水平和经营效率，实现企业价值最大化。

2. 预算的优点

（1）有助于管理者确定可行的目标，同时也能考虑可能的情形。

（2）促进合作与交流，总预算能协调组织的活动，使得管理者全盘考虑整个价值链之间的相互联系，预算是一个有效的沟通手段，能触及到企业的各个角落。

（3）有助于业绩评价，通过预算管理各项目标的预测、组织实施，促进企业各项目标的实现，保证企业各项目标的不断提高和优化，是体现企业业绩的一种好的管理模式。

（4）激励员工。预算的过程会促进管理者及全体员工面向未来，促进发展，有助于增强预见性，避免盲目行为，激励员工完成企业的目标。

二、预算管理的基本原则

预算管理的原则包括责任制原则、例外管理原则、有效性原则、经济效益原则、动态管理原则。

1. 责任制原则　责任制原则是指对负责的工作范围可控制事项负责。如我们把各责任区域的成本划分为可控成本和不可控成本，各责任区域对本区域发生的可控制成本负责。

2. 例外管理原则　例外管理原则是要把注意力集中在超乎常情的情况，因为实际发生的情况通常与预算有出入。如发生的差异不大，一般不需要逐一查明原因，只把注意力集中在非正常的例外事项。如某一段时间发现生产药品等原材料特别节约，经过核查，是非程序性采购造成记录的时间差、工作混乱、数量差错，这是一种不合情理的节约。公司可以重新修正采购控制程序，并随时检查该程序的有效性。

3. 有效性原则　有效性原则是指预算编制不要过于繁琐，预算控制程序要有可操作性，避免预算管理失效性。

4. 经济效益原则　经济效益原则是为控制所费与所得效益相比，后者应大于前者。

三、预算编制

（一）预算编制方法

固定预算编制方法又称静态预算法，是指在编制预算时，只根据预算期内正常的、可实现的某一固定业务量（如生产量、销售量）水平作为惟一基础来编制预算的一种方法。通常做的生产预算、销售预算，是按预计的某一业务量水平来编制的，就属于固定预算。这是一种较为传统的预算编制方法。

弹性预算又称变动预算或滑动预算，是指为克服固定预算方法的缺点设计的，以业务量、成本和利润之间的依存关系为依据，按照预算期可预见的各种业务量水平为基础，编制能够适应多种情况预算的一种方法。弹性预算主要被用于成本预算和利润预算。

（二）预算的编制程序

企业编制预算，一般应按照“上下结合、分级编制、逐级汇总”的程序进行。

1. 下达目标 企业董事会或经理办公会根据企业发展战略和预算期经济形势的初步预测，在决策的基础上提出下一年度企业财务预算目标，包括销售目标、成本费用目标、利润目标和现金流量目标，并确定财务预算编制的政策，由预算管理层下达各部门。

2. 编制上报 各部门根据预算管理层下达的财务预算目标和政策，结合自身特点以及预测的执行条件，提出详细的本部门财务预算方案上报企业财务管理部门。

3. 审查平衡 企业财务管理部门对各部门上报的财务预算方案进行审查、汇总，提出综合平衡的建议。在审查、平衡过程中，预算管理层应当进行充分协调，对发现的问题提出初步调整的意见，并反馈给各有关部门予以修正。

4. 审议批准 企业财务管理部门在各部门修正调整的基础上，编制出企业财务预算方案，上报预算管理层讨论。对于不符合企业发展战略或者财务预算目标的事项，企业预算管理层应当责成有关部门进一步修订、调整。在讨论、调整的基础上，企业财务管理部门正式编制企业年度财务预算草案，提交董事会或总经办审议批准。

5. 下达执行 企业财务管理部门对董事会或总经办审议批准的年度总预算，分解成一系列的指标体系，由财务预算管理层逐级下达各部门执行。

四、预算的执行控制

预算执行过程的控制包括权限划分、资金监控和预算仲裁。其中权限划分是在预算执行过程中，为保证预算内的投融资、资产购置、费用开支、经营业务管理的有效性，对预算额度的使用许可设置必要的审批权限。资金监控部分，企业可根据预算管理需要，设置“业务资金预算执行监控付款、收款卡”和“费用预算执行监控卡”。另外，当各预算单位之间发生利益冲突而导致经营业务无法正常进行时，首先应由各预算单位领导之间自行协调，协调无效时，上报预算委员会主任仲裁。预算委员会做出仲裁决议后，由预算工作组下达“预算仲裁决议书”给相关预算单位。仲裁决议一经形成，各预算单位必须无条件执行。

五、预算调整

在预算执行过程中，由于主、客观条件的发展变化，要保证预算的科学性、严肃性与可操作性，对预算进行适当的调整是必要的。但这种调整同预算的制定一样，是全面预算管理的一个重要、严肃的环节，必须建立严格、规范的调整审批制度和程序。

只有下列情况发生时，方能对业已制定的预算指标进行调整：总公司领导交办的追加任务；外贸形式发生重大变化；国家相关政策发生重大变化；预算单位主要管理、经营人员变动；总公司内部调整；突发事件；以及预算委员会认为应该调整的其他事项。

六、预算反馈控制

预算反馈控制包括反馈控制制度和预算反馈报告两部分。为确保预算目标的顺利实现，在预算执行过程中各级预算单位应定期召开预算例会，对照预算指标及时总结预算执行情况、计算差异、分析原因、提出改进措施。预算例会按照召开的频度应当形成不同形式的预算反馈报告。

第三节　医药企业筹资管理

筹集资金是资金运动的起点，医药企业无论是进行日常的生产经营活动还是进行扩大再生产，必须有足够的资本，如何筹集到足够的资金，是企业经营者要解决的首要问题。目前我国医药企业筹措资金的渠道主要有：银行信贷资金、风险投资资金、其他金融机构资金、其他企业资金、居民个人资金、国家资金、企业自留资金等。

一、筹资管理的概念

筹集资金是指医药企业根据其生产经营、对外投资和调整资本结构等需要，通过筹资渠道和金融市场，运用筹资方式，向外部有关单位或个人以及从企业内部筹措和集中生产经营所需资金的财务活动。

医药筹资管理是医药企业分析研究如何用较少的代价筹集足够的资金，以满足生产经营的需要。应依据资金的需要量、使用期限，分析不同来源和不同筹集方式对企业未来可能产生的潜在影响，选择最经济的筹资渠道，决定企业筹资的最佳组合。

二、企业筹资的基本原则

企业筹资是一项重要而复杂的工作，为了有效地筹集企业所需资金，必须遵循以下基本原则。

1. 规模适当原则　筹资的目的是保证企业生产经营的正常、高效运行，所以，企业首先要确定合理的最低资金需求量。不同时期企业的资金需求量并不是一个常数，企业财务人员需要认真分析科研、生产、经营状况等，采用一定的方法，预测资金的需要数量，合理确定筹资规模。

2. 筹措及时原则　企业财务人员在筹集资金时必须熟知资金时间价值的原理和计算方法，以便根据资金需求的具体情况，合理安排资金的筹集时间，适时获取所需资金。避免超前筹资和滞后筹资或投用前的浪费等带来的不良后果，影响企业的正常运行。

3. 来源合理原则　资金的来源渠道和资金市场为企业提供了资金的源泉和筹资场所，它反映资金的分布状况和供求关系，决定着筹资的难易程度。不同来源的资金，对企业的收益和成本有不同影响，因此，企业应认真研究资金来源渠道和资金市场，合理选择资金来源。而合理资金来源结构，取决于主权资本和借入资本的比例及长期资金来源与短期资金来源的比例。

4. 经济原则　在确定筹资数量、资金来源、筹资时间的基础上，企业在筹资时还必须认真研究各种筹资方式。企业筹集资金必然要付出一定的代价，不同筹资方式条件下的资金成本有高有低。为此，就需要对各种筹资方式进行分析、对比，选择经济、可行的筹资方式以确定合理的资金结构，以便降低成本，减少风险。筹资方式不同，风险也不同，取得资金的难易程度也不同。要实现最佳筹资组合，应考虑各种筹资方式下的成本与筹资风险等因素。

三、筹资的分类

1. 按使用时间长短分类　分为长期资金筹集和短期资金筹集。长期资金筹集是指使用期限在 1 年以上的资金筹集。长期资金筹集的方式有：吸收直接投资、发行股票、经营积累、发行长期债券、长期借款和融资租赁等。短期资金筹集是指使用期限在 1 年以内的资金筹集。短期资金筹集的方式有：短期借款、发行短期债券和商业信用等。

2. 按筹资产权关系不同分类　可分为股权性筹资和债权性筹资。股权性筹资是指出资者成为企业所有者的投资形式，如吸收直接投资、发行股票等方式筹集资金。债权性筹资是指投资者成为企业债权人的筹资形式，如长短期借款、发行债券等方式筹集资金。

四、医药企业筹资方式

（一）权益资金的筹集方式

1. 吸收直接投资　吸收直接投资是指企业以协议等形式吸收国家、其他企业、个人直接投入的现金、实物财产和无形资产等，形成企业资本金的一种筹资方式。它不以股票为媒介，是非股份制企业筹集资金的一种基本形式。吸收直接投资筹资的优点：有利于增强企业信誉；有利于尽快形成生产能力；有利于降低财务风险。缺点：资金成本高；容易分散企业控制权。

2. 发行股票　股票是股份有限公司为筹资而发行的有价证券，是持股人拥有公司股份的入股凭证。股票是股份公司的所有权，股票持有者是企业的股东。因此，股票投资属于股权性投资，同时，又是一种间接投资。发行股票是现代企业筹集长期资金的最主要方式，具体包括发行普通股和发行优先股两种方式，在我国，发行优先股的较少。发行普通股筹资的优点：没有固定利息负担；没有固定到期日，不用偿还，是企业的永久性资本；筹资风险小，没有固定的还本付息的风险；能增加企业信誉；筹资限制较少。缺点：资金成本高；容易分散控制权。

3. 企业内部经营积累 经营积累为企业在经营过程中形成的资本公积金、盈余公积金和未分配利润等，属于所有者权益。资本公积金是一种资本储备形式，按照法定程序可以转化为资本金。资本公积金的内容包括：股本溢价、资本溢价、法定资产重估增值、资本汇率折算差额和接受捐赠财产等。盈余公积金是企业按照规定从税后利润中提取的积累资金。这部分积累资金主要用于按照法定程序补充资本、弥补企业以前年度亏损和股份有限公司按规定分配股利。未分配利润在以后还需要在国家、投资者、企业之间进行分配。

（二）负债资金的筹集方式

1. 银行借款 银行借款按借款期限分为长期借款与短期借款；按借款有无担保分为信用贷款与抵押贷款；按提供借款的机构分为政策性银行贷款、商业银行贷款等。借款筹资的优点：筹资速度快；筹资成本低，与发行债券相比，借款利息率低，且无须支付发行费用，与股票筹资相比，借款利息可在所得税前支付，可抵免一部分所得税；借款弹性大，可协商借款金额、利率、期限等。借款筹资的缺点：筹资风险大，还款压力大；限制条件多，筹资数量有限。

2. 发行债券 公司债券指企业为筹集资金而发行的、向债权人承诺在一定期限内按期支付利息和归还本金的书面凭证。债券分类：按债券面是否记名分为记名债券与不记名债券；按债券利率是否固定分为固定利率债券与浮动利率债券；按能否转为公司股东债券分为可转换债券与不可转换债券；按是否参与公司的盈余分配分为参与公司债券和不参与公司债券。债券筹资的优点：债券利息一般低于股息，所以资金成本较低；债券持有人只是企业的债权人，不参与企业的经营管理，不影响公司的控制权；能产生财务杠杆作用，当企业资金利润率高于债券资金成本时，多发行债券能给企业带来更大的收益。债券筹资的缺点：财务风险较高，债券必须按期还本付息；限制条件多；筹资数量有限；产生负财务杠杆作用，当债券利率高于企业资金利润率时，发行债券越多，企业的收益越少。

3. 融资租赁 融资租赁指由出租人按照承租人的要求融资购买设备，并在契约或合同的较长限期内提供给承租企业使用。出租人收取租金但不提供维修设备服务，承租人在租赁期内对资产拥有实际的控制权。它通过融物来达到融资的目的。融资租赁是融资与融物的结合，是带有商品销售性质的借贷活动，是企业筹资的一种新方式。优点：筹资速度快；限制条件少；分期偿还，还款压力低，减少不能偿还的风险；租金在所得税前支付，可以减少纳税额。缺点：筹资成本高；资产处置权有限。

4. 商业信用 商业信用指商品交易中以延期付款或预收货款方式进行购销活动而形成的借贷关系，是企业之间的直接信用行为。在会计上主要形成应交税金、应付账款、应付票据、应付工资、预收货款等。商业信用筹资容易取得，但期限较短。

第四节 投资管理

企业投资就是指企业资金的投放，以期望在未来获取收益的一种行为。企业能否把有限的资金投放到收益高、回收快、风险小的项目上，这对企业的生存和发展起着至关重要的作用。企业为了获取经济利益，在筹集了资金以后，要把资金使用于生产经营活动的各个方面。

企业投资按其内容不同分为项目投资、证券投资和流动投资；按范围不同分为对企业内部投资和外部投资。科学地进行投资管理，对投资方案进行可行性研究，降低投资风险，提高经济效益。

一、对内投资管理

对内投资是指把资金使用于企业内部购置各种生产经营用的资产，其投资方向偏重于固定资产、流动资产（包括现金、短期投资、应收款项、存货等）等生产性投资。

（一）现金管理

在当今的物质经济时代，现金可以说是企业的血液，承担着企业的经营成本和费用，同时又是利润的来源，是企业经营活动无法离开的决定性因素。

1. 现金的含义 现金并不指单纯的现钞，它包括以下四部分。

（1）库存现金 支付企业日常零星开支而保管的库存现钞，具有很强的交换能力。

（2）银行存款 指企业存放在银行可随时用于支付的现金存款。

（3）其他货币资金 指企业有特定用途的资金，如外埠存款、银行汇票存款、银行本票存款、信用卡存款等。

（4）现金等价物 指企业持有的期限短、流动性强、可随时兑换成现金、存在价值变动的有风险的投资。

2. 现金管理的目的 企业置存现金的目的是为了满足交易性、预防性和投机性的需要。

现金是一种流动性极强、获利能力最弱的资产，如果企业置存过多的货币资金，会因这些资金的不流通无法取得盈利，造成资源的浪费，降低企业的投资收益率。可是如果企业置存的现金量过少，企业将不能应付日常业务开支，使企业蒙受损失，因此日常现金应控制在一定的数额内。

现金不足和现金过量都对企业的生产经营带来不好的影响，因此企业货币资金管理的目标，就是要把握好资产的流动性和盈利能力之间，留存适当的现金，以获取最大的长期利润，即企业如何在降低风险与增加收益之间寻求一个平衡点，以确定最佳现金流量。

3. 企业最佳现金持有量的确定方法 最佳现金持有量又称为最佳现金余额，是指现金满足生产经营的需要，又使现金使用的效率和效益最高时的现金最低持有量。

企业最佳现金持有量可以通过现金周转模式、成本分析模式、存货模式还有随机模式等分析得出。

(1) 现金周转模式 现金周转模式是根据企业现金的周转时间来确定最佳现金持有量的方法。

由现金周转模式计算最佳现金持有量的步骤如下。

①确定现金周转期

现金周转期 = 存货周转期 + 应收账款周转期 - 应付账款周转期

现金周转期是指企业从购买原材料支付货款起到完成产品销售收回货款止的时间。

存货周转期是指将原材料转化为产品后售出后所需要的时间。

应收账款周转期是指将应收账款转化为现金所需要的时间。

应付账款周转期是指从收到尚未付款的材料开始到现金支出之间的时间。

②确定现金周转率。

现金周转率 =360/现金周转期

③确定最佳现金持有量

最佳现金持有量 = 年现金总需求量/现金周转率

现金周转模式不仅全面地描述了存货资金周转的过程，还为计算存货资金周转期提供了有效的准确的依据，通过现金周转期指标可以了解存货资金周转的速度。一般情况下，我们依据现金的周转速度和一定时期的预计现金需求量来确定现金的最佳持有额度。但是，现金的周转速度越快并不代表就越好，要学会平衡抉择。

(2) 成本分析模式 成本分析模式是通过分析持有现金的成本，寻找使持有成本最低的现金持有量。其决策原则是使得现金持有总成本最小的现金持有量。

在成本分析模式下，企业持有的现金有三种成本。

①机会成本 现金作为企业的一项资金占用，是有代价的，这种代价就是它的资金成本。企业保留一定的现金余额，就不能同时用该现金进行其他投资以获得收益，放弃的再投资收益即机会成本，也叫现金的持有成本。现金持有量越大，机会成本越高。企业为了经营业务需要，拥有一定的现金，并付出一定的机会成本时必要的，但拥有的现金量过多，机会成本代价太大就不划算了。

②管理成本 企业拥有现金就会产生管理费用，如管理人员工资和必要的安全措施费等，这些费用就是企业的管理成本。管理成本是一种固定成本，与现金持有量之间无明显的比例关系。企业留存现金，会产生现金的管理成本。

③短缺成本 短缺成本是指企业因缺乏必要的现金，不能应付业务开支所需，而使企业蒙受的损失或付出的代价。短缺成本随现金持有量的增加而下降。

最佳现金持有量是指能使上述三项成本之和最小的现金持有量。

(3) 存货模式 存货模式又称鲍摩尔模型（the baumol model）。鲍摩尔模型理论的依据是把持有的有价证券同货币资金的库存联系起来观察，分析现金储存的机会成本和现金转换（即买卖有价证券）的固定成本，以求得两者成本之和最低时的现金余额，该现金余额即为最佳现金持有量。

（4）随机模式　随机模式是在现金需求量难以预先知道的情况下进行现金持有量控制的方法。

①基本原理　企业根据历史经验和现实需要，测算出一个现金持有量的控制范围，即制定出现金持有量。

$$现金最优返回线：R=\sqrt[3]{\frac{3b\delta^2}{4i}}+L$$

式中：L 为企业最低现金每日需求量；i 为有价证券的日利息率；b 为每次固定转换成本；δ 为现金余额波动的标准差。

$$上限的确定：H=3R-2L$$

例：假定某公司有价证券的年利率为 9%，每次固定转换成本为 50 元，公司认为任何时候其银行活期存款及现金余额均不能低于 1000 元，又根据以往经验测算出现金余额波动的标准差为 800 元。最优现金返回线 R、现金控制上限 H 的计算为：

有价证券日利率 $=9\% \div 360=0.025\%$

现金最优返回线：$R=\sqrt[3]{\frac{3b\delta^2}{4i}}+L$

$$=\sqrt[3]{\frac{3\times50\times800^2}{4\times0.025\%}}+1000=5579（元）$$

现金控制上限：$H=3R-2L$

$=3\times5579-2\times1000$

$=14737$（元）

下限的确定：即每日最低现金需要量。

②适用范围　随机模式是在现金需求量难以预知的情况下进行现金持有量控制的方法。

对于企业合理现金持有量可以参考以下三种情况：当金融环境紧张时，现金持有量相对要增加一些；当金融环境稳定时，企业银行信用等级高时，现金持有量相对可减少些；当受季节性影响生产不稳定时，就要相对增加现金持有量。

（二）应收账款管理

应收账款是企业因对外销售产品、材料、供应劳务及其他原因，应向购货单位或接受劳务的单位及其他单位收取的款项，包括应收账款、其他应收款、应收票据等。

当今社会，随着经济水平的发展，对医药产品的需求大幅增加，医疗保险制度的进一步改革，促使医药行业快速发展。由于医药市场竞争激烈，医药企业加大赊销，企业应收账款金额增长加快，使应收账款成为整个医药行业普遍存在的问题。如果对应收账款管理不善，坏账损失也将日益增多，致使企业增加费用开支及损失，会给企业的正常生产经营活动造成严重影响。

应收账款不能按时收回，而只有部分收回，有些明明是可通过法律手段收回的却由于资料不全而不能收回，直至最终形成企业单位资产的损失。赊销在企业经营中发挥重要作用的同时，也由此会产生应收账款风险的问题，可能会阻碍企业的发展。

药品的特性、行业所处的市场环境是企业自身很难改变的。企业可以考虑尽量减少流通环节，但更为重要的是，企业应加强对应收账款的管理，将坏账、呆账减少到最小的可能性。

1. 信用政策 应收账款积累过多，会影响企业财务状况和正常的经营活动，单纯依靠事后催收和控制远不能解决问题，应当建立专门的信用管理机构，制定合适的信用政策，加强对赊销的管理，同时做好应收账款的事后处理。同时，企业应制定合理的信用标准、信用条件、信用额度，建立应收账款管理信息系统。

2. 收账政策 收账政策是指债权人向债务人催收逾期尚未支付的应收账款的策略。一般来说，对债务人进行定性、定量分析后，便可以确定赊销对象、信用标准和信用条件。但是，现实中总有一部分应收账款由于种种原因不能及时收回，如何采取适当的收账政策对应收账款加以催收，成为企业信用政策一个重要的方面。

如果收账政策过松，会使本来拖欠的账款时间再延长，坏账风险增加；如果催收过急，会影响企业与债务人的关系，从而影响企业未来的销售收益。因此，企业应分别不同情况，采取不同措施。收款政策的确定具体包括：账龄分析、坏账准备、制定适当的收账政策。

（1）账龄分析 账龄分析法是把全部应收账款按期限长短进行分类，并分别计算出各类应收账款占应收账款总额的比重，以便检查出企业现有应收账款额、逾期未收回的、逾期时间长短、与其金额大小等问题，并针对不同的情况，不同的收账政策予以催收。

（2）坏账准备 根据现行财务制订规定，对于因债务人死亡，既无遗产可以清偿又无义务承担人，确实无法收回的应收账款，以及因债务人逾期未履行偿债义务超过3年仍然不能收回，因债务人破产，依照民事诉讼法清偿后，确定无法追回的应收账款经主管财政机关审核认可的应收账款，按照应收账款年末余额的3%～5%，预先估计可能发生的坏账，减少企业坏账的风险，避免企业出现明盈实亏的虚假现象。

（3）制定适当的收账政策 收账必须有一定的程序，例如信件通知、电话催收、访谈、法律行动等。对付短期欠款的客户，可出具催收信方式催收账款；对付长期欠款的客户可致电、上门催缴，对于严重的可以通过法律方式来解决。但是，不论采用哪种方式，都是一种成本费用。一方面，如果追讨未果，会增加成本费用及坏账风险；另一方面，催收手段过于激烈，或使用法律方式，更会造成客户反叛。因此，在医药市场情况及客户信用情况变化的情况下，医药企业更应对其进行必要调整，使其始终保持在企业本身所能承受的风险范围之内，医药市场竞争激烈，若是催收过急会对自身产品造成很大威胁。具体而言，收账程序包括四个阶段：一是医药企业向客户进行提示；二是派专业队伍进行追收；三是委托专业的收账公司进行追收；四是采取法律诉讼进行追收。

收账前应注意的事项如下。

一是在采取行动前，先弄清造成拖欠的原因。例如是资金紧张还是故意拖欠，是疏忽还是对药品的药效不满或其他原因。企业应针对不同的情况采取不同的收账策略。

二是直接找初始联系人或订单负责人，千万别让客户互相推诿。

三是尽量避免做出过激的行为。尽管收账人员在催款时困难很多，也应避免过激的行为。因为一旦发生过激行为，客户可能就乘机拖延，收款将会越来越难。

四是不要怕催款而失去客户。到期付款是理所当然的事。害怕催款引起客户不快或失去客户只会使客户得寸进尺，助长客户不交付账款的不良习惯。其实，只要技巧运用得当，完全可以将收款作为与客户沟通的机会。当然，如果客户坚持不付款，失去该客户也不会产生什么大的损失。

五是如果客户发出“如不能继续提供药品就不再付款”的威胁时，企业应立即终止供货，否则只会发生亏损。

六是收款时间至关重要，医药企业一定要坚持“定期收款”的原则。逾期应收账款拖得越久，就越难收回。国外专门负责收款机构的研究表明，收款的难易程度取决于账龄而不是账款金额。此外，债转股也是处置企业应收账款的一种有效方法。债转股是指通过应收账款持有人与债务人通过协商将应收账款作为对债务人的股权投资解决双方债权债务问题的方法。因为债务人一般为债权人的下游产品线生产商或流通渠道的销售商，债权人把债权转为股权投资后对产品市场深度和广度的推广很有利。

（三）存货管理

存货是指企业在生产经营过程中为销售或耗用而储备的各种物资。包括：原辅材料、燃料、低值易耗品、在产品、半成品、产成品、协作件、商品等。

储存存货的原因有以下几点：①保证生产或销售的经营需要，由于企业很少能做到随时购入生产经营所需要的各种物资；②出自价格的考虑，零购物资的价格往往较高，而整批购买在价格上有优惠。

但是，过多的存货占用较多的资金，并且会增加包括仓储费、保险费、维护费，管理人员工资在内的各项开支。存货管理应使存货的成本最小化，注意进货项目、供应单位、进货时间、进货批次的选择，在存货效益与存货成本之间做出权衡，使存货效益－成本最优化。

销售部门对市场行情要充分了解，做出正确判断，开展存货预算管理，对存货的价格、价格、品种、总量和批量等相关信息的合理性和效果性进行控制，严格控制申购、采购、保管、出库等环节，设立药品库存上下限，避免药品积压或短缺，实现降低库存、减少资金占用，保证企业经营活动的顺利进行。

（四）固定资产投资管理

固定资产是指企业使用期限超过 1 年的房屋、建筑物、机器、机械、运输工具以及其他与生产、经营有关的设备、器具、工具等。不属于生产经营主要设备的物品，单位价值在 2000 元以上，并且使用年限超过 2 年的，也视为固定资产。

固定资产是企业的劳动手段，也是企业赖以生产经营的主要资产。从会计的角度划分，固定资产一般被分为生产用固定资产、非生产用固定资产、租出固定资产、未使用固定资产、不需用固定资产、融资租赁固定资产、接受捐赠固定资产等。

固定资产投资的特征：投资额大、建设周期长、资金回收慢、专用性强、风险大。

固定资产投资管理的要求：市场调查、科学决策、及时足额筹资、认真分析风险和收益的关系。

1. 固定资产日常管理

（1）建立规定资产管理责任制　固定资产根据使用部门归口管理，分级管理。为了确保固定资产的安全完整和维护固定资产的正常运行，各使用单位有专人管理和维护、有使用记录、明确各级人员管理的权利和责任，责任落实到每个人。

（2）合理使用固定资产　应根据固定资产的具体性能和使用要求，合理安排生产加工任务和工作负荷，以使得固定资产能得到充分的利用。指定固定资产使用规则、操作程序，如果设备技术要求很高或操作复杂的还要配备相应的操作人员。

（3）进行日常固定资产数据管理　从购置、领用、清理、盘点、借用归还、维修到报废进行全方位准确监管，为每个实物赋予一张惟一的条码资产标签，进行数据管理，结合资产分类统计等报表真正实现账卡物相符，从而能解决资产不明、设备不清、闲置浪费、虚增资产和资产流失问题。

（4）定期组织固定资产清查工作　固定资产清查主要是盘点实物，查核账目，及时编制固定资产盘存报告单。对于固定资产的盘盈、盘亏要做相应的账务处理，对于盘亏、毁损的情况，应及时查明原因，分清责任，妥善处理。

2. 固定资产折旧的方法　企业应根据固定资产所含经济利益的预期实现方式选择合适折旧方法如：年限平均法、工作量法、双倍余额递减法、年数总和法等。折旧方法一经确定，不得随意变更。如需变更，应在会计报表附注中予以说明。

为体现一贯性原则，在 1 年内固定资产折旧方法不能修改。在各折旧方法中，当已提月份不小于预计使用月份时，将不再进行折旧。本期减少的要计提折旧以符合可比性原则，而本期增加的固定资产当期不提折旧，当期减少的要计提折旧以符合可比性原则。

（五）无形资产管理

无形资产是指企业拥有的非实物形态的、能在未来较长时间内为企业带来某些权利和收益的资产。包括专利权、商标权、土地使用权、经营特许权、专利技术、商誉等。

无形资产一般按取得时的实际成本计价。如果是自行开发的，应按开发实际发生的支出数记账，商誉只有在合并时才作价入账。无形资产入账后，应当从收益之日起，在一定期限内分期平均分摊。

二、对外投资管理

（一）对外直接投资管理

对外直接投资就是企业根据投资协议以货币资金、实物资产、无形资产对其他企业进行直接投资，以取得投资收益或者实现对投资企业控股的目的。对外直接投资是一种长期的战略性投资，有投资期限长、耗资多、不经常发生、变现力差等特点，是企业的重要投资方式。

1. 对外直接投资应考虑的因素　由于对外直接投资的成败对企业有很大影响，且具有投资期限长、金额大、风险高的特点，因此在做投资决策时，要充分考虑各方面因素：①企业当前的财务状况；②企业整体的经营目标；③投资对象的收益与风险。

2. 对外直接投资的方式

（1）联营投资　联营投资指企业与其他单位按照章程或协议条款，共同出资，组建合资经营企业的对外投资活动。由于联营企业审批程度简单，已成为企业对外投资的重要部分，其具有跨行业、跨所有制和跨国界的特点。联营企业可分为以下几类。

①按性质不同分为国内联营企业和外商投资企业。

②从投资各方的紧密程度不同来看，可分为：紧密型联营企业、半紧密型企业和松散型联营企业。紧密型联营企业是指联营各方投资者按照章程的规定注入资本，组成新的法人实体，投资各方按规定承担相应权利和义务。半紧密型联营企业一种合伙型的联合经营，联营主体通过签订协议形成合作经营伙伴，各方保留法人地位，但经营活动统一安排。松散型联营企业是有关主体独立经营、自负盈亏，通过协议各方保持稳定的协作关系。

（2）并购投资　并购投资指一家企业以现金、证券或其他形式购买取得其他企业的产权，使其他企业丧失法人资格或改变法人实体，并取得对这些企业决策控制权的经济行为。企业并购投资形式分类如下。

①从行为方式来看，并购投资分为吸收并购投资与新设并购投资。吸收并购是一个企业吸收另外一个或一个以上的企业，吸收方存在，被吸收企业解散的一种并购投资方式。

②按并购双方产品与企业的联系划分：横向并购投资、纵向并购投资和多角并购投资。并购方与被并购方处于同一行业，生产或经营处于同一产品，并购投资使资本在同一市场领域或部门集中的行为叫做横向并购投资。生产工艺或经营方式上有前后关联的企业的并购，是生产、销售的连续性过程中互为购买者和销售者的企业之间的

并购投资叫做纵向并购投资，其目的主要是组织专业化生产和实现产销一体化。多角并购投资又叫混合投资，是处于不同产业领域，产品属于不同市场，且与其产业部门之间不存在特别的生产技术联系的企业进行并购投资，可以互补、优化组合，扩大市场范围。

③按并购涉及被并购企业的范围分：整体并购投资和部分并购投资。

整体并购投资是资产和产权的整体转让，是产权的权益体系或资产不可分割的并购投资方式。通过提高资金、资源集中的速度，从而提高规模水平和经济效益。

部分并购投资是企业的资产和产权分割后进行交易而实现企业并购投资的行为，包括三种形式：对企业部分实物资产进行并购投资；将产权划分为若干份等额价值进行产权交易；将经营权分为营销权、商标权、专利权等几个部分进行转让。

（二）对外证券投资管理

证券是有价证券的简称，是指票面载有一定金额，代表财产所有权或债权可以有偿转让的一种纸质凭证。证券投资是指以国家或外单位公开发行的有价证券为购买对象的投资行为，它是企业投资的重要组成部分。

1. 债券投资 国内的债券主要包括国债、金融债券、企业债券、公司债券等数种。

（1）债券投资的特点 医药企业对外投资的另一个企业没有经营权，不承担该企业亏损责任；债券利率事先约定，债券投资可以获得固定的利息收入，债券的利率高于银行存款的利率，收益稳定，风险较小；没到期时也可以利用债券价格的变动，在市场自由买卖中赚差价。

（2）债券投资的风险

①债券利率变动风险 利率越高，债券收益也越高。反之，债券收益下降。

利率同债券价格呈负相关关系，利率升高，债券价格下降，利率降低，债券价格上升。债券期限越长，债券价格受利率影响越大。

②购买力风险 通货膨胀将使债券代表的购买力降低。

③再投资风险 原购买的债券到期后，不能再投资于相同获更高收益债券的风险。

④违约风险 债券发行人在债券到期时无力偿还本金及利息而产生的风险。一般政府债券违约风险为零，金融债券较小，企业风险较高。

2. 股票投资管理

（1）股票投资的特点

①收益不确定 股票投资的收益主要来源于投资者从公司领取的股息或红利和股票买卖价差收入。股票收益存在两个方面的不确定性：一方面是由于股票的价格受到公司业绩、利率、通货膨胀率、国家宏观经济政策等因素的影响很大，故其波动性较大；另一方面，股息或红利的高低也受到公司经营业绩的好坏和公司的分配政策等因素的影响。

②流动性高 投资者可以随时将手中持有的股票通过证券交易市场卖出或买入。

③抵御通货膨胀 在通货膨胀时，股票的价格会随着公司原有资产的价格的上涨而上涨，从而避免了资产的贬值。股票在高通货膨胀时期通常是被优先选择的投资方式。

④风险性高 股票一经购买，投资者不能抽回本金，只能通过交易市场以现行价格卖出，而股票价格的影响因素复杂多变，如果遇到企业经营不好或股市低迷，很可能会遭受巨大损失，甚至血本无归。

⑤对投资者的要求高 股票投资是技术含量要求比较高的投资工具，要求投资者具有一定的资金实力、财务分析及信息搜集能力，良好的判断力和心理承受力，要有一定的时间和精力来研究股票和财经行情，

（2）股票投资的风险 有非系统风险和系统风险。非系统风险又叫可分散风险或公司持有风险，是指某些因素对单个股票造成经济损失的可能性。系统风险又叫不可分散风险或市场风险，是指由于某些因素给市场上所有股票都带来经济损失的可能性。例如所全球经济危机造成全世界股票价格普跌等。

3. 基金投资管理 投资基金是一种带有集资性质的行为，投资人将钱交给专业人员去管理操作，这些人将集合起来的资金投资于各种已上市的公司股票、各种债券，或者投资于黄金、珠宝、钻石等市场。这些专业人员只收取一定比例的手续费和管理费，投资后所获得的利润扣除风险基金都归投资人所有。

（1）基金投资特点

①专业化管理 基金管理公司拥有大量的投资专家，他们通过专业的技术分析和投资组合为投资者提供专业化的理财服务。

②分散投资风险 投资基金将小额资金汇集起来，通过科学的投资组合，进行多元化投资，将投资分散于不同种类的资产项目，大大地降低了单一投资的风险。

③有利于形成规模效应，降低投资成本 通过资金汇集，投资基金能够形成规模效应，分散投资风险、降低交易手续费，减少投资成本，提高获利能力。

（2）基金投资风险

①市场风险 分散投资虽能在一定程度上消除来自于个别公司的非系统风险，但市场的系统风险却无法消除。

②基金公司管理能力的风险 虽说基金管理者一般情况下能较好地认识风险的性质、来源和种类，能较准确地度量风险，并能够按照自己的投资目标和风险承受能力构造有效的证券组合，能在市场变动的情况下，及时地对投资组合进行更新，从而将基金资产风险控制在预定的范围内。但是，基金管理人良莠不齐，不同基金管理人在知识水平、管理经验、信息渠道和处理技巧等方面也存在巨大差异。

③基金份额不稳定的风险 基金按照募集资金的规模，制定相应的投资计划，并制定一定的中长期投资目标。其前提是基金份额能够保持相应的稳定。当基金管理人管理和运作的基金发生巨额赎回，足以影响到基金的流动性时，不得不迫使基金管理

人做出降低股票仓位的决定，从而被动地调整投资组合，影响既定的投资计划，使投资者的收益受到影响。

第五节 成本费用管理和利润分配管理

一、成本费用管理

企业在生产过程中生产各种工业产品（包括产成品、自制半成品、工业性劳务等）、自制材料、自制工具、自制设备以及供应非工业性劳务要发生的用货币表现的各种生产耗费的总和就是生产费用。企业为生产一定种类和一定数量的产品所发生的全部直接材料费用、直接人工费用和间接制造费用的总和，称为产品的生产成本。

成本费用管理是指企业对在生产经营过程中全部费用的发生和产品成本的形成所进行的计划、控制、核算、分析和考核等一系列科学管理工作的总称。成本费用管理是企业财务管理的核心内容之一。企业应对生产经营过程的各个环节进行科学合理的管理，建立健全的原始记录，实行定额管理，严格计量验收和物资发放和领用、退回等制度，加强成本费用的控制管理，力求以最少的生产耗费取得最大的效益。

（一）成本归口管理责任制

制定各部门管理责任制，进行合理分工。

1. 生产部 负责制定备品备件定额，运行材料消耗定额，检修材料消耗定额。保持设备的完好，提出年度、季度的运行、检修、设备大中小修费用计划。

2. 安保部 负责安全保卫工作及消防设施和器材管理，提出年度消防、警卫训练等费用计划。

3. 人事部门 负责制定劳动定额，控制工资总额和劳动保护用品的发放范围及标准，控制社会保障支出，提出年度、季度工资及劳保费用计划。

4. 物控部 负责制定工器具消耗定额，做好节约代用、修旧利废工作。

5. 行政部 负责低值易耗品、电话电信的管理工作，提出年度、季度低值易耗品购置计划及电信电话费用计划。

6. 工程部 负责房屋、建筑物和福利设施等管理工作，提出所管辖资产的年度、季度修理费用计划。

7. 财务部门 是成本管理的综合部门，汇总编制成本计划；掌握成本开支范围和标准，控制成本；参与制定有关成本的各项定额；如实核算成本，并进行综合分析。

（二）成本的开支范围及标准

1. 职工薪酬 主要包括以下内容：职工工资、奖金、津贴和补贴、职工福利、医疗保险、养老保险、失业保险、工伤保险和生育保险等社会保险、住房公积金、工会经费和职工教育经费、非货币性福利、因解除与职工的劳动关系给予的补偿、其他与获得职工提供的服务相关的支出。

2. 折旧费　按应计提固定资产原值，采用平均年限法及规定的提存率提取的费用。计提折旧的依据为月初应计提固定资产原值，当月增加的固定资产当月不计提折旧，当月减少的固定资产照提折旧。

3. 税金　按规定支付的房产税、土地使用税、所得税、增值税、营业税、印花税等。

4. 保险费　参加投保的财产物资的保险费用。

5. 物料消耗　生产运行、维护、检修、事故检修用各种材料、备品备件；不构成固定资产的小型技术革新用料；车间通风、照明及消防、卫生用料；生产及管理运输车辆耗用的燃材料；生产和管理部门的房屋、建筑物、设备、仪器、仪表等维修用料。

6. 管理费用包括　行政管理部门人员的工资及福利费、厂部固定资产折旧费、修理费、租赁费、保险费、差旅费、办公费、水电费、业务招待费、技术转让费、职工教育经费、待业保险费、无形资产摊销等。

7. 低值易耗品摊销　生产及管理部门用的家器具、办公桌椅及不构成固定资产的仪器、仪表等。

8. 运输费用　生产及管理部门发生的物品搬运费；租用汽车、吊车租赁费；运输用机动车辆养路费、过桥过路费、年检费、交管费及委托外单位的小修、保养等。

9. 租赁费　生产和管理部门由于生产经营需要从外单位临时租入的各种固定资产（除汽车）及工具而支付的租金。

（三）成本分类

通常可以把成本分为固有成本、变动成本和混合成本。

1. 固定成本　固有成本是指其总额在一定时期及一定产量范围内，不直接受业务量变动的影响而保持固定不变的成本。例如，固有折旧费用、房屋租金、行政管理人员工资、财产保险费、广告费、职工培训费、办公费、产品研究开发费用等均属于固定成本。其特征是：固有成本总额不因业务量的变动而变动，但单位固定成本（单位业务量负担的固定成本）会与业务量的增减呈反向变动。

保险费、房屋租金、管理人员的基本工资等。这些固定成本是企业的生产能力一经形成就必然要发生的最低支出，即使生产中断也仍然要发生，是维护企业正常生产经营必不可少的成本，所以也称为“经营能力成本”。它最能反映固定成本的特征。降低这类固定成本的基本途径，只能是合理利用企业现有的生产能力，提高生产效率，以取得更大的经济效率。

而广告费、职工培训费、新产品研究开发费等费用发生额的大小取决于管理当局的决策行动。它关系到企业的竞争能力，因此，想要降低这类固定成本，只有厉行节约、精打细算，编制出积极可行的费用预算并严格执行，防止浪费和过度投资等。

2. 变动成本　变动成本是指在特定的业务范围内，其总额会随着业务量的变动而成正比的变动成本。如直接材料、直接工人、按销售量支付的推销员佣金、装运费、包装费，以及按产量计提的固定设备折旧等都是和单位产品的生产直接联系的，其总额会随着产量的增减成正比例的增减。其特征是：变动成本总额因业务量的变动而成正比例变动，但单位变动成本（单位业务量负担的变动成本）不变。

生产一盒药，需要包装材料、原料和辅料等，这种成本只要生产就必然发生，若不生产，其技术变动成本变为零。

按照销售收入的一定百分比支付的销售佣金、技术转让费等。这类成本的特点是单位变动成本的发生额可由企业最高管理层决定。

3. 混合成本 在现实经济生活中，大多数成本与业务量之间的关系处于两者之间，即混合成本。一方面，他们要随业务量的变化而变化；另一方面，它们的变化又不能与业务量的变化保持着纯粹的正比例关系。

（1）混合成本的分类

1）半变动成本 半变动成本是指在有一定初始量基础上，随着产量的变化而成正比例变化的成本；这些成本的特点是：它通常有一个初始的固定基数，在此基数与业务量的变化无关，这部分成本类似于固定成本；在此基数之上的其余部分，随着业务量的增加成正比例增加。如，固定电话座机费、水费、煤气费等均属于半变动成本。

2）半固定成本 半固定成本也称阶梯式变动成本，这类成本在一定业务量的范围内的发生额是固定的，但当业务量增长到一定限度，其发生额就突然跳跃到一个新的水平，然后在业务量增长的一定限度内，发生额又保持不变，直到另一个新的跳跃。例如，企业的管理人员、运货员、检验员的工资等成本项目就属于这一类。

3）延期变动成本 延期变动成本在一定的业务量范围内有一个固定不变的基数，当业务量增长超出这个范围，它就与业务量的增长成正比例变化，例如，职工的基本工资，在正常工作时间情况下是不变的；但当工作时间超出正常标准，则需按加班时间的长短成正比例地支付加班薪金。

4）曲线变动成本 曲线变动成本通常有一个不变的初始值，相对于固定成本，在这个初始量的基础上，随着业务的增加，成本也逐渐变化，但它与业务量的关系是非线性的。这种曲线成本又可以分为以下两种类型：一是递增曲线成本，如累进计件工资、违约金等，随着业务量的增加，成本逐渐增加，并且增加幅度是递增的；二是递减曲线成本，如有价格折扣或优惠条件下的水、电消费成本、“费用封顶”的通信服务费等，其曲线达到高峰后就会下降或者持平。

（2）混合成本的分解方法 在实际经济生活中，企业大量的费用项目属于混合成本，为了经营管理需要，必须把混合成本分为固定与变动两部分。

混合成本的分解主要有以下几种方法。

1）高低点法 它是以过去某一会计期间的总成本和业务量资料为依据，从中选取业务量最高点和业务量最低点，将总成本进行分解，得出成本性态。

其计算公式如下。

$$单位变动成本=\frac{最高点业务量成本-最低点业务量成本}{最高点业务量-最低点业务量}$$

固定成本总额 = 最高点业务量成本 - 单位变动成本 × 最高点业务量

= 最低点业务量成本 - 单位变动成本 × 最低点业务量

或采用最低点法计算较简单，但它采用了历史成本资料中的高点和低点两组数据，故代表性较差。

2）回归分析法　这是一种较为精确的方法。它根据过去一定期间的业务量和混合成本的历史资料，应用最小二乘法原理，算出最能代表业务量与混合成本关系的回归直线，借以确定混合成本中固定成本和变动成本的方法。

3）账户分析法　又称会计分析法，它是根据有关成本账户及其明细账的内容，结合其与产量的依存关系，判断其比较接近哪一类成本，就视其为哪一类成本。这种方法简便易行，但比较粗糙且带有主观判断。

4）技术测定法　又称工艺工程法，它是根据生产过程中各种材料和人工成本消耗量的技术测定来划分固定成本和变动成本的方法。该方法通常只适用于投入成本与产出数量之间有规律性联系的成本分解。

5）合同确认法　它是根据企业订立的经济合同或协议中关于支付费用的规定，来确定并估算哪些项目属于变动成本，哪些项目属于固定成本的方法。合同确认法要配合账户分析法使用。

4. 根据成本性态建立总成本公式　在将混合成本按照一定的方法区分为固定成本和变动成本之后，根据成本性态，企业的总成本公式就可以表示为：

总成本 = 固定成本总额 + 变动成本总额

= 固定成本总额 + （单位变动成本 × 业务量）

这个公式在变动成本计算、本量利分析、正确制定经营决策和评价各部门工作业绩等方面具有不可或缺的重要作用。

（四）成本控制

1. 成本控制的含义和意义　成本控制是指运用各种方法，预定成本限额，按限额开支，以实际与限额比较，衡量经营活动的成绩与效果，并以例外管理原则纠正不利差异。

广义的成本控制包括一切降低成本的努力，目的是以最低的成本达到预先规定的质量和数量。

企业成本的概念也突破了生产成本的局限，它贯穿于整个产品的生命周期，包括产品概念的引入时发生的成本、产品的设计成本、生产成本、使用成本、维护保养成本、废弃成本，以及与产品有关的所有企业资源的耗费。由于医药技术的发展，医药产品的含金量越来越高，企业投入产品设计的成本所占比重越来越大，成本控制就尤为重要。控制成本、降低成本都可以增加利润，即使不完全以营利为目的的国有企业，如果成本很高，不断亏损，其生存受到威胁，会引发经销商和供应商相应的提价要求和增加流转税的负担，而降低成本可避免这类压力。

2. 成本控制系统的组成 包括组织系统、信息系统、考核制度和奖励制度等内容。

（1）组织系统 组织是人们为了一个共同的目标而从事活动的一种方式。一个企业的组织机构可以用管理等级和平均控制跨度来描述。管理等级是最高级单位和最低级单位之间的等级，平均控制跨度是指一个单位所属下级的数目。一个企业的组织机构还可以用权利集中和分散程度来描述。在一个企业里，权利很可能在一个职能领域中高度集中，而在其他职能领域则高度分散。一般说来，生产、财务和人事管理都属于高度集中的领域。

（2）信息系统 信息系统也就是责任会计系统。责任会计系统是企业会计系统的一部分，负责计量、传送和报告成本控制使用的信息。

责任会计系统主要包括责任预算、核算预算的执行情况、分析评价和报告业绩三个部分。

通常企业分别编制销售、生产、成本、财务的预算。主要按生产经营的领域来落实企业的总体计划。但为了进行控制，必须按责任中心来重编预算，按责任中心来落实企业的总体计划。这种工作被称为责任预算，其目的是使各责任中心的管理人员明确其应负的责任和应控制的事项。

在标准下达后，要按责任中心来汇集和分配。在进行核算时，为减少责任的转嫁，分配共同费用时，应按责任归结选择合理的分配方法。各单位之间相互提供产品和劳务，要拟定适当的内部转移价格，以便考核各自业绩。

（3）考核制度 考核制度是控制系统发挥作用的重要因素。主要内容如下。

规定代表责任中心目标的一般尺度，它因中心的类别而异，可能是销售额、可控成本、净利润或投资收益率。必要时还要确定若干级次目标的尺度，如市场份额、次品率、占用资金的限额等。

规定责任中心目标尺度的惟一解释方法。

规定业绩考核标准的计量方法。例如，成本如何分摊，相互提供产品和劳务使用的内部转移价格，使用历史成本还是重计成本计量等。

规定采用的预算标准。例如，使用固定预算还是弹性预算，是宽松的预算还是严格的预算，编制预算时采用的各种常数是多少。

（4）奖励制度 奖励制度是维持控制系统长期有效运行的重要因素。

人的工作努力程度受业绩评价和奖励方法的影响。奖励有货币奖励和非货币奖励两种形式，惩罚是一种负奖励。

3. 成本控制的原则

（1）经济原则 因推行成本控制而发生的成本不应超过因缺少控制而丧失的收益。有些企业领导误以为管理就是管得越细越好，程序越复杂越好，往往吃力不讨好，效益不大，甚至得不偿失。

经济原则很大程度上决定了我们只在重要领域中选择关键因素加以控制。经济原则要求能降低成本，纠正偏差，具有实用性，贯彻“例外管理”原则。例如，对脱离标准的重大差异展开调查，对超出预算的支出建立审批手续等。经济原则还要求贯彻重要性原则、要求成本控制系统应具有灵活性。

（2）因地制宜原则　适用所有企业的成本控制模式是不存在的。对大型企业和小型企业，老企业和新企业，发展快和相对稳定的企业，这个行业和那个行业的企业，以及同一企业的不同发展阶段，管理重点、组织结构、管理风格、成本控制方法和奖励形式都应当区别。例如，新企业的重点是销售和制造，而不是成本；正常经营后管理重点是经营效率，要开始控制费用并建立成本标准；扩大规模后管理重点转为扩充市场，要建立收入中心和正式的业绩报告系统；规模庞大的老企业，管理重点是组织的巩固，需要周密的计划和建立投资中心。

（3）领导重视与全员参与原则　成本控制要求领导层重视并全力支持、有完成成本目标的决心和信心、具有实事求是的精神。不可好高骛远，更不宜急功近利、操之过急。唯有脚踏实地，按部就班，才能逐渐取得成效。还要求领导层以身作则，严格控制自身的责任成本。

成本控制要求员工具有控制愿望和成本意识，养成节约习惯，正确理解和使用成本信息，据以改进工作，降低成本。

4. 标准成本的制定　标准成本是通过精确的调查、分析与技术测定而制定的，用来评价实际成本、衡量工作效率的一种预计成本，排除了不该发生的浪费。标准成本体现企业的目标和要求，主要用于衡量产品制造过程的工作效率和控制成本，也可用于存货和销售成本的计价。有两种含义。

成本标准 = 单位产品标准成本 = 单位产品标准消耗量 × 标准单价

标准成本 = 实际产量 × 单位产品标准成本

标准成本按所根据的生产技术和经营管理水平，分为理想标准成本和正常标准成本。

理想标准成本是在最优的生产条件下，利用现有规模和设备能达到的最低成本。是理论上的业绩标准、生产要素的理想价格和可能实现的最高生产能力的利用水平。理想的业绩标准是指生产过程中毫无技术浪费时的生产要素消耗量，最熟练的工人全力以赴工作、不存在废品损失和停工时间等条件下可能实现的最优业绩。最高生产能力的利用水平是指理论上可能达到的设备利用程度，只扣除不可避免的机器修理、改换品种、调整设备的时间，而不考虑产品销路不畅、生产技术故障造成的损失。这种标准是“工厂的极乐世界”，很难成为现实，即使出现也不可能持久。它的主要用途是提供一个完美无缺的目标，揭示成本下降的潜力，不能作为考核的依据。

正常标准成本是在效率良好的条件下，根据一般应该发生的生产要素消耗量、预计价格和预计生产经营能力利用程度制定出的标准成本。把难以避免的损耗和低效率等情况也计算在内，使之切实可行。从数量上看，它大于理想标准成本，但又小于历史平均水平，实施以后实际成本可能是逆差，是要经过努力才能达到的一种标准，因而可以调动职工的积极性。

正常标准成本的特点是：客观性和科学性；现实性；激励性；稳定性。

标准成本按其适用期，分为现行标准成本和基本标准成本。成本决定因素变化时，需要按变化了的情况加以修订现行标准成本。基本标准成本是指一经制定，只要生产的基本条件无重大变化，就不予变动的一种标准成本。重大变化是指产品的物理结构的变化，重要原材料和劳动力价格的变化，生产技术和生产工艺的变化等。由于市场供求和生产经营能力利用程度的变化，工作方法改变而引起的效率变化等，不属于生产的基本条件变化，不需修订。通过基本标准成本与各期实际成本对比，可反映成本变动的趋势，但基本标准成本不宜用来直接评价工作效率和成本控制的有效性，因为其不按各期实际修订。

（1）直接材料标准成本的制定　直接材料的价格标准是指发票价格、运费、检验和正常损耗等成本，是取得材料的完全成本，是预计下一年度实际需要支付的进料单位成本。

在制度直接材料标准成本时，其基本程序是：首先，区分直接材料的种类；其次，逐一确定它们在单位产品中的标准用量和标准价格；再次，按照种类分别计算各种直接材料的标准成本；最后，汇总得出单位产品的直接材料标准成本。

（2）直接人工标准成本的制定　直接人工成本是由直接人工的价格和直接人工用量两项标准决定的。

直接人工的价格标准就是标准工资率，它通常是由劳动工资部门根据用工情况制定。当采用计时工资时，标准工资率就是单位标准工资率，是由标准工资总额与标准总工时的商来确定的，即：

标准工资率＝标准工资总额／标准总工时

人工用量标准，即工时用量标准，它是指现有的生产技术条件下，生产单位产品所耗用的必要的工作时间的工时等。一般由生产技术部门、劳动工作部门等运用特定的技术测定方法和分析统计资料后确定。因此

直接人工标准成本＝标准工资率×工时用量标准

（3）制造费用标准成本　制造费用标准成本是由制造费用价格标准和制造费用用量标准两项因素决定的。

制造费用价格标准，即制造费用的分配率标准。其计算公式为：

制造费用分配率标准＝标准制造费用总额／标准总工时

制造费用的用量标准，即工时用量标准，其含义与直接人工用量标准相同。因此：

制造费用标准成本＝制造费用分配率标准×工时用量标准

成本按照其性态分为变动成本和固定成本。前者随着产量的变动而变动；后者相对固定，不随产量波动。所以，制定费用标准时，也应分别制定变动制造费用和固定制造费用的成本标准。

①变动制造费用的标准成本　变动制造费用的数量标准通常采用单位产品直接人工工时标准，它在直接人工标准成本制定时已经确定。有些企业采用机器工时或其他用量标准。作为数量标准的计量单位，应尽可能与变动制造费用保持较好的线性关系。

变动制造费用的价格标准是每一工时变动制造费用的标准分配率，即：

变动制造费用标准分配率 = 变动制造费用预示总数/直接人工标准总工时

$$\text{变动制造费用的标准成本} = \frac{\text{单位产品直接}}{\text{人工的标准工时}} \times \frac{\text{每小时变动制造}}{\text{费用的标准分配率}}$$

如果企业采用变动成本计算，固定制造费用不计入产品成本，不需制定固定制造费用的标准成本。如果企业采用完全成本计算，则要确定。

固定制造费用的用量标准与变动制造费用的用量标准相同，包括直接人工工时、机器工时、其他用量标准等，并且两者要保持一致，以便进行差异分析。它在直接人工标准成本制定时已经确定。

②固定制造费用标准成本

固定制造费用的价格标准是其每小时的标准分配率，即：

固定制造费用标准分配率 = 固定制造费用预示总数/直接人工标准总工时

$$\text{固定制造费用的标准成本} = \frac{\text{单位产品直接}}{\text{人工的标准工时}} \times \frac{\text{每小时固定制造}}{\text{费用的标准分配率}}$$

将上述料工费的标准成本按产品加以汇总，就可确定有关产品完整的标准成本。通常编制标准成本卡，反映具体构成。在生产之前送达有关人员，作为领料、派工和支出其他费用的依据。

5. 成本的控制阶段　成本形成过程的控制包括：产品投产前的控制、制造过程中的控制和流通过程中的控制三个阶段。

（1）产品投产前的控制　这部分控制内容主要包括：产品设计成本、加工工艺成本、物资采购成本、生产组织方式、材料定额与劳动定额水平等。这些内容对成本的影响最大，可以说产品总成本的60%取决于这个阶段的成本控制工作的质量。这项控制工作属于事前控制方式，在控制活动实施时真实的成本还没有发生，但它决定了成本将会怎样发生，它基本上决定了产品的成本水平。

（2）制造过程中的控制　制造过程是成本实际形成的主要阶段。绝大部分的成本支出在这里发生，包括原材料、人工、能源动力、各种辅料的消耗、工序间物料运输费用、车间以及其他管理部门的费用支出。投产前控制的种种方案设想、控制措施能否在制造过程中贯彻实施，大部分的控制目标能否实现和这阶段的控制活动紧密相关，它主要属于始终控制方式。由于成本控制的核算信息很难做到及时，会给事中控制带来很多困难。

(3) 流通过程中的控制 包括产品包装、厂外运输、广告促销、销售机构开支和售后服务等费用。在目前强调加强企业市场管理职能的时候，很容易不顾成本地采取种种促销手段，反而抵消了利润增量，所以也要做定量分析。

二、利润分配管理

利润总额的计算及分析其构成是保证企业利润正确分配的前提。

(一) 利润的构成及计算

利润是指企业一定会计期间的经营成果，反映企业生产经营活动各方面的经济效益。利润包括利润总额和净利润两层含义。

利润总额是指企业的税前利润，由营业利润和营业外收支构成；净利润是指企业的税后利润。具体计算公式如下。

营业收入 = 主营业务收入 + 其他业务收入

营业成本 = 主营业务成本 + 其他业务成本

营业利润 = 营业收入 - 营业成本 - 营业税金及附加 - 销售费用 - 管理费用 -
财务费用 - 资产减值损失 + 公允价值变动损益 + 投资净收益

利润总额 = 营业利润 + 投资净收益 + 营业外收入 - 营业外支出

利润净额 = 利润总额 - 所得税

(二) 利润分配的定义和主体

利润分配是将企业实现的净利润，按照国家财务制度规定的分配形式和分配顺序，在国家、企业和投资者之间进行的分配。利润分配的过程与结果，是关系到所有者的合法权益能否得到保护，企业能否长期、稳定发展的重要问题，为此，企业必须加强利润分配的管理和核算。

企业利润分配的主体一般有国家、投资者、企业和企业内部职工；利润分配的对象主要是企业实现的净利润；利润分配的时间即确认利润分配的时间，是利润分配义务发生的时间和企业作出决定向内向外分配利润的时间。

(三) 税后利润的分配顺序

企业缴纳所得税后的利润，除国家特别规定的外，按下面的顺序分配。

(1) 弥补以前年度的亏损。

(2) 提取法定盈余公积金。法定盈余公积金按照税后净利润的10%提取。法定盈余公积金已达注册资本的50%时可不再提取。优先弥补以前年度的亏损，但转增资本金后留存的法定盈余公积金不得低于注册资本的25%。

(3) 提取法定公益金。根据《公司法》规定，法定公益金按税后利润的5%～10%提取。提取的公益金用于企业职工的集体福利设施。

(4) 向投资人分配利润。企业以前年度未分配的利润，可以并入本年度分配。

第六节 财务分析

一、财务分析的定义

有关财务分析的含义，美国南加州大学教授 Water B. Neigs 指出，财务分析的本质是搜集与决策有关的各种财务信息，并加以分析和解释的一种技术。美国纽约市立大学 Leopold A. Bernstein 的看法是，财务分析是一种判断的过程，旨在评估企业现在或过去的财务状况及经营成果，其主要目的在于对企业未来的状况及经营业绩进行最佳预测。

一般来说，财务分析实质是以会计核算和报表资料及其他相关资料为依据，采用一系列专门的分析技术和方法，对企业等经济组织过去和现在有关筹资活动、投资活动、经营活动、分配活动的盈利能力、营运能力、偿债能力和增长能力状况等进行分析与评价的一种经济管理活动的总和，它可以为企业的投资者、债权人、经营者及其他关心企业的组织或个人在了解企业过去、评价企业现状、预测企业未来做出正确决策等过程中提供准确的信息或依据。

二、财务分析的目的和作用

财务分析主体和财务分析服务对象制约着财务分析的目的。

财务分析不仅对企业内部生产经营管理有着重要的作用，而且对企业外部投资决策、贷款决策、赊销决策等有着重要作用，这是由服务对象多元化决定的。

财务分析的作用：预测、决策、计划、控制、考核、评价。

三、财务分析工作内容

1. 资金运作分析 为公司的资金运作、调度与统筹提供信息与决策支持；根据公司业务战略与财务制度，预测并监督公司现金流和各项资金使用情况。

2. 财务政策分析 为公司的业务发展、财务管理政策制度的建立及调整提供建议；根据各种财务报表，分析并预测公司的财务收益和风险。

3. 经营管理分析 参与销售、生产的财务预测、预算执行分析、业绩分析，并提出专业的分析建议，为业务决策提供专业的财务支持。

4. 投融资管理分析 参与投资和融资项目的财务测算、成本分析、敏感性分析等活动，配合上级制定投资和融资方案，防范风险，并实现公司利益的最大化。

5. 财务分析报告 根据财务管理政策与业务发展需求，撰写财务分析报告、投资财务调研报告、可行性研究报告等，为公司财务决策提供分析支持。

四、财务分析指标

（一）变现能力比率

1. 流动比率

流动比率 = 流动资产合计/流动负债合计

企业设置的标准值：2。

流动比率体现企业的偿还短期债务的能力，二者成负相关关系。流动资产越多，短期债务越少，则流动比率越大，企业的短期偿债能力越强。

一般情况下，影响流动比率的主要因素有营业周期、流动资产中的应收账款数额和存货的周转速度。若企业设置的标准值低于正常值，企业的短期偿债风险较大。一般情况下，营业周期、流动资产中的应收账款数额和存货的周转速度是影响流动比率的主要因素。

2. 速动比率

速动比率 =（流动资产合计 - 存货）/ 流动负债合计

保守速动比率 =0.8 ×（货币资金 + 短期投资 + 应收票据 + 应收账款净额）/ 流动负债

企业设置的速动比率标准值：1。

因为流动资产中，尚包括变现速度较慢且可能已贬值的存货，因此将流动资产扣除存货再与流动负债对比，以衡量企业的短期偿债能力，所以该值比流动比率更能体现企业的偿还短期债务的能力。

低于 1 的速动比率通常被认为是短期偿债能力偏低。应收账款的变现能力是影响速动比率的可信性的重要因素，但是，账面上的应收账款不一定都能变现，也不一定非常可靠。

3. 营运资本

营运资本 = 流动资产 - 流动负债

（二）资产管理比率

1. 存货周转率

存货周转率 = 产品销售成本 /［（期初存货 + 期末存货）/2］

企业设置的标准值：3。

存货周转率（次数）= 主营业务成本/平均存货

存货的周转率是存货周转速度的主要指标。提高存货周转率，缩短营业周期，可以提高企业的变现能力。

它不仅影响企业的短期偿债能力，也是整个企业管理的重要内容。同时存货周转速度反映存货管理水平，存货周转率越高，存货的占用水平越低，流动性越强，存货转换为现金或应收账款的速度越快。它不仅影响企业的短期偿债能力，也是整个企业管理的重要内容。

2. 存货周转天数

存货周转天数＝360/存货周转率

＝［360×（期初存货＋期末存货）/2］/产品销售成本

企业设置的标准值：120。

企业购入存货、投入生产到销售出去所需要的天数。提高存货周转率，缩短营业周期，可以提高企业的变现能力。

存货周转天数越少，存货的占用水平越低，流动性越强，存货转换为现金或应收账款的速度越快。

3. 应收账款周转率　指定的分析期间内应收账款转为现金的平均次数。

应收账款周转率＝销售收入/［（期初应收账款＋期末应收账款）/2］

企业设置的标准值：3。

应收账款周转率越高，说明其收回越快。反之，说明营运资金过多呆滞在应收账款上，影响正常资金周转及偿债能力。

应收账款周转率要与企业的经营方式结合考虑。季节性经营的企业、大量使用分期收款结算方式、大量使用现金结算的销售以及年末大量销售或年末销售大幅度下降等几种情况使用该指标不能反映实际情况。

4. 应收账款周转天数　表示企业从取得应收账款的权利到收回款项、转换为现金所需要的时间。

应收账款周转天数＝360/应收账款周转率

＝（期初应收账款＋期末应收账款）/2］/产品销售收入

企业设置的标准值：100。

应收账款周转天数越少，说明其收回越快。反之，说明营运资金过多呆滞在应收账款上，影响正常资金周转及偿债能力。

5. 营业周期

营业周期＝存货周转天数＋应收账款周转天数

＝｛［（期初存货＋期末存货）/2］×360｝/产品销售成本＋｛［（期初应收账款＋期末应收账款）/2］×360｝/产品销售收入

企业设置的标准值：200。

营业周期是从取得存货开始到销售存货并收回现金为止的时间。一般情况下，营业周期与资金周转速度成负相关关系，营业周期短，说明资金周转速度快；营业周期长，说明资金周转速度慢。

营业周期应结合存货周转情况和应收账款周转情况一并分析。营业周期的长短体现企业的资产管理水平、企业的偿债能力和盈利能力。

6. 流动资产周转率

流动资产周转率＝销售收入/［（期初流动资产＋期末流动资产）/2］

企业设置的标准值：1。

流动资产周转率反映流动资产的周转速度，周转速度越快，会相对节约流动资产，相当于扩大资产的投入，增强企业的盈利能力；相反，周转速度越慢，就需补充流动资产参加周转，形成资产的浪费，降低企业的盈利能力。

流动资产周转率可全面评价企业的盈利能力，但使用时要结合存货、应收账款一并进行分析，和反映盈利能力的指标。

7. 总资产周转率

总资产周转率＝销售收入/［（期初资产总额＋期末资产总额）/2］

企业设置的标准值：0.8。

总资产周转率反映总资产的周转速度，周转越快，说明销售能力越强。一般来说，企业可以采用薄利多销的方法，提高总资产周转率，带来利润绝对额的增加。

总资产周转指标用于衡量企业运用资产赚取利润的能力。经常和反映盈利能力的指标一起使用，全面评价企业的盈利能力。

（三）负债比率

负债比率是反映债务和资产、净资产关系的比率。它反映企业偿付到期长期债务的能力。

1. 资产负债比率

资产负债率＝（负债总额/资产总额）×100%

企业设置的标准值：0.7。

资产负债率也被称为举债经营比率，主要反映债权人提供的资本占全部资本的比例。负债比率越大，企业面临的财务风险越大，获取利润的能力也越强。资产负债率在60%～70%，比较合理、稳健；达到85%及以上时，应视为发出预警信号，企业应提起足够的注意。如果企业资金不足，依靠欠债维持，导致资产负债率特别高，偿债风险就应该特别注意了。

2. 产权比率

产权比率＝（负债总额/股东权益）×100%

企业设置的标准值：1.2。

产权比率反映企业的资本结构是否合理、稳定，表明债权人投入资本受到股东权益的保障程度。

产权比率高是高风险、高报酬的财务结构，产权比率低，是低风险、低报酬的财务结构。从股东来说，在通货膨胀时期，企业举债，可以将损失和风险转移给债权人；在经济繁荣时期，举债经营可以获得额外的利润；在经济萎缩时期，少借债可以减少利息负担和财务风险。

3. 有形净值债务率

有形净值债务率＝［负债总额/（股东权益－无形资产净值）］×100%

企业设置的标准值：1.5。

有形净值债务率是产权比率指标的延伸，更为谨慎、保守地反映在企业清算时债权人投入的资本受到股东权益的保障程度。如若不考虑商誉、商标、专利权以及非专利技术等无形资产的价值，它们不一定能用来还债，为谨慎起见，一律视为不能偿债。从长期偿债能力看，较低的比率说明企业有良好的偿债能力，举债规模正常。

4. 已获利息倍数

已获利息倍数 = 息税前利润/利息费用

= （利润总额 + 财务费用）/（财务费用中的利息支出 + 资本化利息）

通常也可用近似公式：

已获利息倍数 = （利润总额 + 财务费用）/财务费用

企业设置的标准值：2.5。

已获利息倍数反映企业偿付借款利息的能力，也叫利息保障倍数。如果已获利息倍数足够大，企业就有充足的能力偿付利息。

已获利息倍数越高，说明企业的债务利息压力越小。企业要有足够大的息税前利润，才能保证负担得起资本化利息。

（四）盈利能力比率

盈利能力是指企业赚取利润的能力。在分析盈利能力时，应该排除证券买卖等非正常项目、已经或将要停止的营业项目、重大事故或法律更改等特别项目、会计政策和财务制度变更带来的累积影响数等因素的影响。不论是投资人还是债务人，都非常关心这个项目。

1. 销售净利率

销售净利率 = （净利润/销售收入）×100%

企业设置的标准值：0.1。

销售净利率反映每一元销售收入带来的净利润是多少。

销售净利率可以分解成为销售毛利率、销售税金率、销售成本率、销售期间费用率等指标进行分析。企业在增加销售收入的同时，必须要相应获取更多的净利润才能使销售净利率保持不变或有所提高。

2. 销售毛利率

销售毛利率 = ［（销售收入 - 销售成本）/销售收入］×100%

企业设置的标准值：0.15。

销售毛利率表示每一元销售收入扣除销售成本后，有多少钱可以用于各项期间费用和形成盈利。

销售毛利率是企业是销售净利率的最初基础，而销售毛利率是能形成盈利的关键因素。企业可以按期分析销售毛利率，从而对企业销售收入、销售成本的发生及配比情况作出判断。

3. 资产净利率（总资产报酬率）

资产净利率=净利润/［（期初资产总额+期末资产总额）/2］×100%

企业设置的标准值：根据实际情况而定。

资产净利率反映企业资产的综合利用效果。资产净利率越高，表明资产的利用效率越高，说明企业在增加收入和节约资金等方面取得了良好的效果，否则相反。

资产净利率是一个综合指标。产品的价格、单位产品成本的高低、产品的产量和销售的数量、资金占用量的大小等都是影响资产净利率高低的重要因素。而净利的多少与企业的资产的多少、资产的结构、经营管理水平有着密切的关系。该指标还可以结合杜邦财务分析体系来分析经营中存在的问题。

4. 净资产收益率（权益报酬率）

净资产收益率=净利润/［（期初所有者权益合计+期末所有者权益合计）/2］×100%

企业设置的标准值：0.08。

净资产收益率反映公司所有者权益的投资报酬率，也叫净值报酬率或权益报酬率，是最重要的财务比率，具有很强的综合性。

杜邦分析体系可以将这一指标分解成相联系的多种因素，进一步剖析如资产周转率、销售利润率、权益乘数等影响所有者权益报酬的各个方面。另外，在使用该指标时，还应结合对“应收账款”、“其他应收款”、“待摊费用”进行分析。

（五）流动性分析

流动性分析是将资产迅速转变为现金的能力。

1. 现金到期债务比

现金到期债务比=经营活动现金净流量/本期到期的债务

本期到期债务=一年内到期的长期负债+应付票据

企业设置的标准值：1.5。

现金到期债务比反映企业的偿还到期债务的能力。除去企业能够用来偿还债务的除借新债还旧债外，一般来说，应当是经营活动的现金流入才能还债。

2. 现金流动负债比

现金流动负债比=年经营活动现金净流量/期末流动负债

企业设置的标准值：0.5。

现金流动负债比反映经营活动产生的现金对流动负债的保障程度。除去企业能够用来偿还债务的除借新债还旧债外，一般来说，应当是经营活动的现金流入才能还债。企业能够用来偿还债务的除借新债还旧债外，一般应当是经营活动的现金流入才能还债。

3. 现金债务总额比

现金流动负债比=经营活动现金净流量/期末负债总额

企业设置的标准值：0.25。

企业能够用来偿还债务的除借新债还旧债外，一般应当是经营活动的现金流入才能还债。现金流动负债比的计算结果不仅要与过去比较，还要与同业比较才能确定高与低。这个比率越高，企业承担债务的能力越强。这个比率同时也体现企业的最大付息能力。

（六）获取现金的能力

1. 销售现金比率

销售现金比率 = 经营活动现金净流量/销售额

企业设置的标准值：0.2。

销售现金比率反映每元销售得到的净现金流入量，其值越大越好。

计算结果要与过去比，与同业比才能确定高与低。这个比率越高，企业的收入质量越好，资金利用效果越好。

2. 每股营业现金流量

每股营业现金流量 = 经营活动现金净流量/普通股股数

普通股股数由企业根据实际股数填列。

企业设置的标准值：根据实际情况而定。

每股营业现金流量反映每股经营所得到的净现金，其值越大越好。

该指标反映企业最大分派现金股利的能力。超过此限，就要借款分红。

3. 全部资产现金回收率

全部资产现金回收率 = 经营活动现金净流量 / 期末资产总额

企业设置的标准值：0.06。

全部资产现金回收率说明企业资产产生现金的能力，其值越大越好。全部资产现金回收率体现了企业资产回收的含义。把上述指标求倒数，则可以分析全部资产用经营活动现金回收，需要的期间长短。回收期越短，说明资产获现能力越强。

（七）财务弹性分析

1. 现金满足投资比率

$$\text{现金满足投资比率} = \frac{\text{近 5 年累计经营活动现金净流量}}{\text{同期内的资本支出、存货增加、现金股利之和}}$$

企业设置的标准值：0.8。

取数方法：近 5 年累计经营活动现金净流量应指前 5 年的经营活动现金净流量之和；同期内的资本支出、存货增加、现金股利之和也从现金流量表相关栏目取数，均取近 5 年的平均数。

资本支出，主要是从购建固定资产、无形资产和其他长期资产所支付的现金项目中取数。

存货增加，从现金流量表附表中取数。取存货的减少栏的相对事件即存货的增加；现金股利，从现金流量表的主表中，分配利润或股利所支付的现金项目取数。如果实行新的企业会计制度，该项目为分配股利、利润或偿付利息所支付的现金，则取数方式为：主表分配股利、利润或偿付利息所支付的现金项目减去附表中财务费用。

该值越大说明企业资金自给率越高，经营产生的现金满足资本支出、存货增加和发放现金股利的能力越好。值达到若小于1，则说明企业部分资金要靠外部融资来补充。其值若=1，说明企业可以用经营获取的现金满足企业扩充所需资金。

2. 营运指数

营运指数=经营活动现金净流量/经营应得现金

其中，经营所得现金=经营活动净收益+非付现费用

=净利润－投资收益－营业外收入+营业外支出+本期提取的折旧+无形资产摊销+待摊费用摊销+递延资产摊销

企业设置的标准值：0.9。

营运指数分析会计收益和现金净流量的内在联系，评价收益质量。如若值小于1，则说明企业的收益质量较低；如若值接近1，说明企业可以用经营获取的现金与其应获现金相当，收益质量高。

3. 现金股利保障倍数

现金股利保障倍数=每股营业现金流量/每股现金股利

=经营活动现金净流量/现金股利

企业设置的标准值：2。

该比率的大小与支付现金股利的能力的强弱是成正比的；分析可以与同业进行横向比较，与企业过去做纵向比较。

五、财务分析的方法

1. 比较分析法 比较分析法是通过某经济指标在数量上的差异来揭示该经济指标增减变化情况及发展趋势。

利用比较分析法对财务报表分析时，一般进行以下几方面比较。

（1）实际同计划或目标的比较。目的在于了解该项指标的计划或目标的完成情况，还存在多大的差异。

（2）实际同上期或历史最好水平的比较。了解纵向的发展变化情况，管理工作的改进情况。

（3）实际同国内外先进水平的比较。寻找差距，找出原因，不断推动企业提高经营管理水平。

2. 趋势分析法 趋势分析法是指利用企业连续两期或两期以上的财务报表资料，编制比较财务报表，对某些指标（如资产总额、负债总额、收入成本、利润等）在不同时期的增减变化方向及幅度进行分析，以反映该指标的发展变化趋势。

定基动态比率是以某一时期的指标值为固定的基数而计算的；而环比动态比率是以每一分析期的前期数为基数而计算出来的比率。

3. 比率分析法 比率分析法是通过计算两个相关的财务指标的比率，来揭示指标

关系合理性的分析方法。

4. 因素分析法　因素分析法是指测定某经济指标的各个构成因素的变动分别对该经济指标的影响程度的分析方法。

复习测试题

一、名称解释

1. 企业财务管理
2. 医药企业预算管理
3. 筹集资金

二、选择题

1. 财务管理的分部目标（　）

A. 企业筹资管理的目标　B. 企业投资管理的目标

C. 企业营运资金管理的目标　D. 企业利润管理的目标

2. 财务活动包括（　）

A. 筹集资金活动　B. 投放资金活动　C. 营运资金活动

D. 分配资金活动　E. 管理资金活动

3. 净利润要提取公积金和公益金，分别用于（　）

A. 扩大积累　B. 弥补亏损

C. 改善职工集体福利设施　D. 分配给投资者

E. 作为投资者的追加投资

4. 预算管理的原则包括（　）

A. 责任制原则　B. 例外管理原则　C. 有效性原则

D. 经济效益原则　E. 动态管理原则

5. 预算的编制程序

A. 下达目标　B. 编制上报　C. 审查平衡

D. 审议批准　E. 下达执行

6. 长期资金筹集的方式有（　）

A. 吸收直接投资　B. 发行股票　C. 经营积累

D. 发行长期债券　E. 长期借款和融资租赁

7. 负债资金的筹集方式有（　）

A. 银行借款　B. 发行债券　C. 融资租赁

D. 商业信用　E. 个人贷款

8. 现金并不指单纯的现钞，它还包括（　）

A. 库存现金　　B. 银行存款　　C. 其他货币资金
D. 现金等价物　　E. 机器设备

9. 国内的债券主要包括（　）
A. 国债　　B. 金融债券　　C. 企业债券
D. 公司债券　　E. 个人债券

三、简答题

1. 医药财务管理整体目标是什么？
2. 财务关系有哪些？
3. 企业筹资的基本原则是什么？
4. 财务分析工作内容有哪些？
5. 如何做好预算？
6. 产品成本包括哪些方面？如何进行成本控制？
7. 利润的构成及分配顺序是怎样的？
8. 财务分析的方法有哪些？

第十二章

企业战略管理

掌握： 医药企业战略规划的一般过程。

熟悉： 医药企业总体战略和经营战略规划的步骤，并能运用 BCG 法、GE 法、SWOT 法等分析实际问题。

了解： 了解医药企业战略的含义、层次和特点。

从美丽“太太”到健康行业领跑者“健康元”

1993 年 3 月 8 日第一批太太口服液上市，当时中国的保健品市场，特别是女性口服液还比较少，消费者对保健品的认识还停留在简单的蜂王浆、青春宝等一般性产品上。因此，太太药业定位于需要治疗黄褐斑、气血虚，月收入 1500 元以上的年轻女性，这部分人群是女性保健品的消费主力，由于抓住了这部分人群，产品一上市就占领了女性保健品领导品牌的地位。在此基础上，太太又推出了“静心口服液”，针对40 岁以上、有更年期症状的女性，适当的产品定位加上适当的营销手段，该产品上市头一年回款就达 7200 万元，2001 年即达 1.7 亿，成为继“太太口服液”后的又一拳头产品，奠定了太太女性保健品的领导地位。

1997 年太太药业斥资 2.8 亿元收购名列深圳制药业第三位的海滨制药厂，这标志着太太药业正式从保健业转向医药业。这一收购被业内称为当时中国医药行业最大的收购案。2000 年太太药业的意可贴上市，宣告了太太正式进军医药 OTC 市场。口腔溃疡占口腔疾病门诊病例的 10% ~15%，市场较大，但缺少全国性的知名品牌，太太药业针对这一市场推出的意可贴产品虽然是个小品牌，却有惊人的表现，上市仅 9 个月就实现销售回款 3000 多万元，并迅速成为该行业的领导品牌。

2001 年 6 月 8 日，深圳太太药业股份有限公司在上海证交所挂牌上市，融资 17 亿元。有了资金来源后，2002 年 4 月，太太完成了两大战略扩张行为。

1. 2002 年 4 月 3 日，太太宣告收购健康药业中国有限公司 100% 的股权及购买鹰牌注册商标所有权。鹰牌商标至今有 30 年的历史，涉及药材、健康产品等多个门类，是香港十大品牌之一，借助鹰牌在亚洲的品牌声誉来铺设太太的“亚洲之行”，并为未来的“世界之行”建立前哨站，是其最大的目的。

2. 2002 年 4 月，太太药业通过收购丽珠药业股份成为丽珠药业的第一大股东。此次收购惊心动魄、险象环生，吸引了包括医药行业人士、经济学专家、营销专家、证券市场 A 股、B 股投资者等众多眼球，各类媒体纷纷关注报道，为太太药业赚足了眼球，最终以太太药业的成功成就了其“中药、西药、保健品三位一体”的发展战略。丽珠在医药行业的优势显而易见，其拳头产品丽珠得乐占当时市场份额的 40%，多年的发展已形成了化学制剂、中药、生化药、生物制药以及半合成原料药五大板块，并有极为广泛的新药储备和良好的研发能力，对太太药业意欲在医药市场大展拳脚极为有利，从市场销售能力来看，太太在保健品及 OTC 方面较为成功，而丽珠在处方药的门诊市场及住院市场极为有利，这种优势互补将对企业品牌的提升产生强大的促进作用。

第一节　企业战略概述

一、企业战略的概念

（一）战略概念

战略一词，源于希腊语 strategos，其含义是指“将军指挥军队的艺术”。

《简明不列颠百科全书》战略是“在战争中利用军事手段达到目的的科学与艺术”。

《孙子兵法》：“夫未战而妙算胜者，得胜多也；未战而算不胜者，得胜少也。多算胜，少算不胜，而况不算乎！吾以此观胜负矣！”，“打仗作战的谋略”。

德鲁克，1954 年，《管理实践》：战略的核心是明确企业的远期目标和中近期目标，以目标来指导经营，度量企业绩效。

战略概念：战略是目标、意图或目的以及为达到这些目的而制定的主要方针和计划的一种模式。一般而言，战略是泛指重大的、带全局性的、规律性的或决定全局的谋划。

（二）战略与战术

1. 战略（strategic）特点　方向性、宏观、全局性、稳定性。

2. 战术（tactical）特点　操作性、微观、局部、灵活性。

3. 毛泽东对战略和战术应用的描述　在战略上藐视敌人，在战术上重视敌人。帝国主义和一切反动派都是纸老虎（战略）。敌进我退，敌驻我扰，敌疲我打，敌退我追（战术）。集中优势兵力，各个歼灭敌人（战术）。

战略的持久战，战役和战术的速决战，这是一件事的两个方面。

战略上的有规则、有定向；战役、战术上的不规则、无定向。

研究带全局性的战争指导规律，是战略学的任务。

研究带局部性的战争指导规律，是战术学的任务。

4. 营销中的战略与战术

（1）战略营销计划（strategic marketing plan） 在分析当前最佳市场机会的基础上提出其目标市场和价值建议。

（2）战术营销计划（tactical marketing plan） 描绘一个特定时期的营销战术，包括产品特征、促销、商品化、定价、销售渠道和服务。

（三）企业战略

1. 广义 包括长期目标（终点），目标的实施过程（途径），强调企业战略的计划性、全局性、整体性，称为战略的传统概念。

2. 狭义 只包括为达到终点而寻求的途径（不包括终点本身），突出应变性、竞争性、风险性。

3. 企业战略 企业为了获得持续竞争优势，谋求长期生存和发展，在外部环境与资源分析的基础上，对企业的主要发展方向、目标以及实现的途径、手段等方面所展开的一系列全局性、根本性和长远性的谋划。

4. 企业战略管理 企业为实现战略目标，制定战略决策、实施战略方案，控制战略绩效的动态管理过程。

二、战略学派

目前对什么是企业战略有各种不同的见解，综合国内外的各种解释，可归纳为以下三个学派的观点。

1. 目标战略学派 该学派的主要代表人物有安德鲁（K. R. Andreus）、钱德勒（A. D. Chandler）和魁因（J. B. Quinn）等。目标战略学派将企业战略理解为：企业战略所要解决的问题是企业的长期目的和目标。

2. 竞争战略学派 该学派的主要代表人物是迈克尔·波特（Michael Potter）。波特将企业战略理解为：企业战略的关键是确立企业的竞争优势。他在《竞争优势》一书中，用一章的篇幅讨论“市场信号”的问题，而发出市场信号实际上是一种竞争战略，竞争战略就是“公司为之奋斗的一些终点与公司为达到目标而寻求的途径的结合物”。

3. 资源配置学派 该学派的主要代表人物有安索夫（H. I. Ansoff）、申德尔（D. E. Shendle）和霍夫（C. W. Hofer）等。资源配置学派将企业战略理解为：企业战略的核心是资源配置。通过合理的资源配置，使企业的资源配置与环境要求相适应，并指导和解决企业发展中的一切重要问题。

三、医药企业战略的层次

要理解战略规划，就必须认识公司的战略层次结构。一般现代大型医药企业存在三个战略层次（图 12－1）：公司战略（corporate strategy）、业务战略（business strategy）和职能战略（functional strategy）。

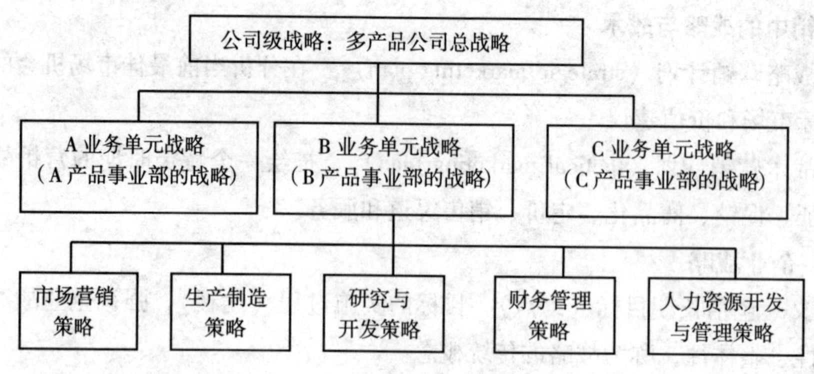

图12－1　大型医药企业战略系统

1. 公司战略　公司战略的概念首先由安索夫提出，它研究的对象是几个相对独立业务组合而成的企业总体战略，是在充分考虑资源能力和协同作用的条件下，解决企业应在哪些领域里从事经营活动的问题。公司战略的制定，实际上是对经营领域结构的优化和整合。企业总体战略依据不同的角度大致可以分为三种类型：扩张型战略、稳定型战略、收缩型战略。

公司战略，又称总体战略，是企业最高层次的战略。它需要根据企业的目标，选择企业可以竞争的经营领域，合理配置企业经营所必需的资源，使各项经营业务相互支持、相互协调。如在海外建厂、在劳动成本低的国家建立海外制造业务的决策。

2. 业务战略　又称“业务单元战略（business unit strategy）”，它是在公司战略指导下，研究某一个特定战略经营单位的分战略。对于大型医药企业或医药集团，某一领域的战略表现为某一战略单位（如事业部或分公司）的战略。在中小型医药企业表现为某一类甚至某一个产品的经营战略。业务战略主要有低成本战略、差异化战略和集中化战略。

公司的二级战略常常被称作业务战略或竞争战略。业务战略涉及各业务单位的主管及辅助人员。这些经理人员的主要任务是将公司战略所包括的企业目标、发展方向和措施具体化，形成本业务单位具体的竞争与经营战略。如推出新产品或服务、建立研究与开发设施等。

3. 职能战略　它是为贯彻实施上述两个层次战略而研究、制定的某个具体职能管理的子战略。它是使笼统的战略内容更加具体化，以指导具体的业务决策，为实施上述两个层次的战略服务。所以，没有明确的职能部门战略，企业战略也只能是空中楼阁。职能部门战略大致可以分为：产品战略、市场战略、资源战略、技术开发战略、财务战略、人力资源战略等。

职能战略又称职能层战略，主要涉及企业内各职能部门，如营销、财务和生产等，如何更好地为各级战略服务，从而提高组织效率。如生产过程自动化。比如：财务战略、人力资源发展战略、销售战略等。

四、企业战略的分类

1. 加强型战略

（1）市场渗透　通过更大的营销努力提高现有产品或服务的市场份额。

（2）市场开发　将现有产品或服务打入新的市场。

（3）产品开发　通过改造现有产品或服务，或开发新产品或服务而增加销售。

2. 一体化战略

（1）前向一体化　获得分销商或零售商的所有权或对其加强控制。

（2）后向一体化　获得供方公司的所有权或对其加强控制。

（3）横向一体化　获得竞争者的所有权或对其加强控制。

3. 多元化战略

（1）集中多元经营　增加新的、但与原业务相关的产品或服务。

（2）混合多元经营　增加新的与原业务不相关的产品或服务。

（3）横向多元经营　为现有用户增加新的不相关的产品或服务。

4. 防御战略

（1）合资经营　两家或更多的发起公司为合作目的组成独立企业。

（2）收缩　通过减少成本与资产对企业进行重组，以扭转销售额和盈利的下降。

（3）剥离　将分公司或企业的一部分售出。

（4）清算　为实现其有形资产价值而将公司资产全部分块售出。

5. 竞争战略

（1）成本领先　通过采用一系列针对本战略的具体政策在产业中赢得总成本领先。

（2）差异化　通过提供标新立异的产品或服务，形成一些在全产业范围内具有独特性的东西。

（3）专一经营　主攻某个特定的顾客群，某个产品系列的一个细分区段或某一个地区市场。

五、企业战略管理的意义

（一）企业所面临的环境变化

1. 知识经济对企业管理的影响　1990 年联合国研究机构提出了“知识经济”的概念，1996 年联合国经济合作与发展组织（OECD）明确定义了“以知识为基础的经济”（knowledge based economy），第一次提出了这种新型经济的指标体系和测度。1996 年 12 月 30 日的美国《商业周刊》发表一组文章提出“新经济”，指出一种新型经济已经形成。随着知识经济和信息时代的来临，要求企业组织结构扁平化、管理弹性化，促进企业以更快和更灵活的方式满足市场和顾客不断变化的需要，产生了一系列深刻的变革。

这些变革包括以下方面。

(1) 组织变革　企业的组织变革，一是要求企业管理层级简单化，二是规模的小型化、网络化，三是生产运作的柔性化（产品研究开发的柔性化、产品生产的柔性化、产品销售的柔性化），四是经营管理的人性化（管理决策的民主化、员工管理的人性化），五是组织运作模式的虚拟化。

(2) 顾客市场驱动一切　在知识经济时代，顾客的需求日趋个性化和多样化，为此，企业必须自觉地以市场为导向，时刻将顾客的需要放在第一位，与顾客合作，深入顾客的经营过程和生活过程，加大应用研究和技术开发力度，在适销对路的基础上，向顾客提供包括服务和信息在内的产品（比如衣服，从过去统一制服到多样化，知识经济与机器大生产不同的地方，日益个别化、个性化）。

(3) 管理创新　管理创新是企业根据企业经营的内外部环境的变化，根据企业的生产力发展水平，及时调整和优化企业的管理观念和管理方式的过程。管理创新是提高企业效率和效益、增强企业活力的根本途径，没有管理创新，企业将不可避免地停滞、衰退，以致最终被市场淘汰。管理学家彼得·德鲁克认为，经理是现代企业文化的创造者，是可与艺术家的图腾形象相媲美的文化英雄。管理强调随机应变、灵活机动、开拓创新，经营管理绝无定式。

(4) 以人为本　在知识经济时代，一方面知识日渐成为企业经营活动中的最重要的资源，人对知识的掌握和驾驭以及由此而带来的企业创新使得人在经济活动中的地位和作用比以往任何时候都变得更加突出和重要；另一方面，人的思维方式、价值观念也发生了巨大的变化，人的自主性、个性化、自我价值实现的愿望等都将得到充分的尊重和鼓励。这些都促使企业在管理中把对人的关注、人的个性和能力的释放、人的积极性的调动推到了空间的中心地位，“以人为本”的管理得到了空前的强化。

2. 经济全球化的趋势　随着信息技术的广泛应用和国际经济贸易体系的不断完善，产品生产的供、产、销在地理上的概念将基本消失，资金流动与产品流通在世界范围内变得更加容易和方便，全球经济信息的瞬时沟通，使得世界经济融为一体，因此，企业面临的市场是一个国际化、全球化的大市场。全球化的一个直接后果是大型跨国公司或跨国集团在全球范围内的迅猛扩张，并以数量众多、规模庞大的分子公司的建立为其具体表现。跨国公司必须进行组织创新，以适应自身发展的需要和其面临的外部环境变化。

企业全球化经营主要表现如下。

(1) 网络管理的形成　网络管理的核心是通过人力资源、软技术和信息在跨国公司全球系统内的自由流动，开发新型的管理关系。它摒弃了以往母公司与分子公司间等级分明、各分子公司间界限分明的僵硬模式，将组织管理的范围向外延伸，供应商、客户、竞争者甚至连传媒机构都成为网络管理所需调动的目标。

（2）跨国公司总部的出现 作为组织安排，总部的出现是跨国公司不断适应分布更趋广泛、资源流动更趋密集多向的国际化经营的需要、最大限度挖掘价值增值潜能、强化竞争力的结果。跨国公司对总部的组织设计不受国家界限的约束、没有国内与国外的割裂。跨国公司已经成为国际经济交往中的“完全行为能力主体”，其个体利益有时甚至超过了国家整体利益。为了实现其个体利益，跨国公司的全球经营战略走出窠臼，非股权式的战略性联盟成为跨国公司推行全球化生产和营销战略间组织变化的一个重要动向。主要有三类：战略研发（R&D）联盟、战略生产联盟、战略营销联盟。

3. 我国企业发展中存在的问题 国有大中型企业是我国经济的脊梁，根据国务院发展研究中心的研究，可明显看出中国500强和世界500强的差距：首先，中国工业500强的总资产和销售收入的平均值，只分别相当于世界500强的0.88%和1.74%；其次，中国500强的平均资产利润率、人均利润和人均收入，分别相当世界500强的24.62%、12.31%和9.5%；第三，世界500强在研究开发方面的投入一般占销售收入的5%～10%，中国500强平均是在1.38%以下；第四，世界500强一般都是跨国公司，它的投资、生产和销售都是世界性的，而中国500强里，称得上是跨国公司的比例甚小，许多企业其竞争力只是国家级的，谈不上国际级或世界级的水平。

（1）企业发展贪大图快 企业发展、扩张可以采取两种途径：一是内部扩张，通过资本积累，凭借自己的技术优势、资金优势和管理优势，向相关产品、相关产业发展；二是外部扩张，通过资产购并、重组，将别的企业拿过来。有些企业进行大规模扩张，兼并过来许多没有什么优势的企业；有些地方政府和政府部门则实行“拉郎配”，或整行业成建制地变成一个大公司、大集团。这样一来，确实可以在短期内把企业的销售额、资产规模“做”大，但企业（集团）的内涵如科技研究与开发水平、管理水平等并没有发生实质性的变化。贪大图快凑“大个”的做法很可能“欲速则不达”，反而把核心企业、把好企业削弱，甚至拖垮。

（2）把规模经济等同于规模庞大 规模庞大不等于规模经济。这可以从三个方面考察：一是生产能力的限度，投入增加超过一定点，产出的增量或边际产出将会减少，出现规模报酬递减现象；二是交易成本的限度，主要是企业内部交易成本——通常称为管理成本的限制；三是对技术进步的限制，在出现垄断情形时尤其如此。总之，规模经济包含的是一个适度规模、有效规模，既不是越大越经济，也不是越小越经济。

（3）过分追求多元化经营 多元化经营战略是大型企业发展的重要战略选择。在美国，特别是进入20世纪60年代，多元化经营战略越来越得到普遍采用，成为企业发展壮大的一种典型方式。在1950年，《财富》杂志所列的美国500强工业企业中，只有38.1%企业多元化经营的收入超过总收入的25%，到1974年，这个比例增加到63%；与此对应的单一或主导产业的公司的比例下降到37%。随着资本的积累和技术的创新，适时、适度的多元化经营成为大多数企业追求的成长战略。

（二）企业生命周期的挑战

据统计，我国企业平均寿命只有7~8年，民营企业只有3~4年，跨国公司的平均寿命为11~12年。世界500强企业的平均寿命为40~42年，世界1000强企业的平均寿命为30年。这一现象表明，那些因决策失误、对市场反应迟钝、管理不善的企业会过早衰退。

促使企业成长或老化的原因既不是规模也不是时间。我与创立已经100年的“年轻”公司打过交道，也见过不少成立不过10年的“老公司”。决定企业生命活力的关键要素是企业的灵活性和可控性。

——［美］伊查克·麦迪思《企业生命周期》

一个企业既有灵活性又有可控性，这一阶段称为“盛年期”。盛年期是企业生命中最为强盛的阶段，因此企业有必要维持在这个阶段。应不断采取“预防措施”使之增强抵抗力，尽可能摆脱病态型、老化型的问题，进而顺利进入新的生命境界。

——［美］伊查克·麦迪思

（三）3C使企业越来越难赢

（1）顾客（customers）占上风。

（2）竞争（competition）在加剧。

（3）变化（change）是常事。

六、医药企业战略的特征

1. 全局性 企业战略是从整个集团公司的发展来考虑的，不仅仅包括销售的战略，还包括研发战略、生产战略、人才战略、并购战略、产品线战略等。

2. 长期性和相对稳定性 一个企业的战略一般是中长期的，是相对稳定的，不能朝令夕改。一般考虑10年或数十年的战略规划。

3. 适应性 从上述企业战略的概念和特征可知，这种能使企业适应和改造未来环境、决定企业前进方向的决策是企业的最高决策，也是企业最高领导者的基本任务。

4. 其他特征

（1）总体性 企业总体行动指南。

（2）竞争性 是企业面对激烈的竞争环境求得生存和发展的方案。

（3）指导性 是指导企业行动的纲领性文件。

（4）现实性 与理想性不同，是有现实基础和条件的。

七、企业战略构成要素

企业战略的四个构成要素如下。

1. 经营范围 指企业从事生产经营活动的领域，它反映出企业目前与其外部环境相互作用的程度，也可以反映出企业计划与外部环境发生作用的要求。

2. 资源配置　指企业过去和目前资源和技能配置的水平和模式，资源配置的好坏会极大地影响企业实现自己目标的程度，是企业现实生产经营活动的支持点。

3. 竞争优势　指企业通过其资源配置的模式与经营范围的决策，在市场上所形成的与其竞争对手不同的竞争地位。

4. 协同作用　指企业从资源配置和经营范围的决策中所能需求到的各种共同努力的效果，就是说分力之和大于各分力简单相加的结果。

第二节　医药企业战略规划

一、医药企业任务的确定

1. 确定医药企业任务的影响因素　确定医药企业任务，应考虑以下四个因素：企业的发展历史及其特色，管理者偏好，市场环境，企业资源。

2. 撰写医药企业战略书　在充分考虑企业任务的影响因素的基础上，企业应以书面报告的形式提出本企业的任务，即企业战略规划书。

一份有效的业战略规划书应该体现以下要求：①贯彻市场营销观念；②切实可行；③鼓舞人心；④简洁明确。

二、医药企业目标的确定

（一）目标种类

企业目标是指企业未来一段时期内所要达到的一系列具体目标的总称。企业作为一个社会经济组织，它的目标是多元化的，既有经济目标，也有非经济目标；既有定性目标，也有定量目标。概括而言，主要包括以下内容。

1. 市场目标　如市场占有率。

2. 利润目标　如利润率、投资回报率。

3. 技术目标　如新产品开发等。

4. 人力资源目标　如人力资源的获得、对个人能力的挖掘和发展，人员流失率。

5. 职工积极性目标　如对职工的激励、报酬。

6. 社会责任目标　如公司在社会中的形象和贡献等。

（二）制定目标的要求

不管是什么样的目标，都应当明确、可靠、重点突出，经过努力可以实现。为此，企业制定的目标必须符合下列要求。

1. 多重性　企业不只是追求单一的目标，而是追求多个目标，以反映企业经营的全貌。多个目标就构成一个或多个相互关联的目标体系，可以全方位来考察企业的发展态势。同时，企业各级管理人员都有自己的具体目标并承担实现这些目标的责任，这就形成了如彼得·德鲁克所说的“目标管理”制度。

2. 数量性　企业目标应尽可能数量化，这样的目标易于把握和核查。确定一个量化目标，如销售额达到几十个亿，利润达到几个亿。而不能简单地确定类似“增加企业的利润”，量化目标有利于具体工作的安排和经营者最终工作绩效的评价。

3. 时限性　指各个具体目标的完成必须有时间的规定。很显然，没有时间限制的目标是不具有操作意义的。

4. 可行性　制定的战略要能实行，要有可行性，如果企业所制定的战略、目标，是不能实行的，那只是纸上谈兵，无益于事。

三、医药企业成长战略规划

企业在对现有业务组合进行分析和评估之后，下一步就是对未来发展方向做出具体的安排，即制定企业的成长战略。企业的成长战略主要有三种：密集型战略、一体化战略和多元化战略。

1. 密集型战略　当企业的现有产品和现有市场还有发展潜力时，企业可以采取密集型战略。密集型战略包括三个方式：市场渗透、市场开发和产品开发（图 12－2）。

	现在产品	新产品
现在市场	1.市场渗透	3.产品开发
新市场	2.市场开发	4.多元化经营

图 12－2　密集型战略的三种方式（图中 1、2、3）

（1）市场渗透　市场渗透（market penetration）即企业通过加强市场营销，如加大促销工作的力度、增加销售渠道、降低产品售价等，努力增加产品在现有市场上占有的份额。企业可以采取的措施主要有三类。①鼓励现有顾客更多的购买；②争取竞争者的顾客；③设法吸引新顾客。

（2）市场开发　市场开发（market development）即企业尽力为产品寻找新的市场，满足新市场对产品的需要。企业可采取的措施主要有三种。①寻找目标市场的潜在顾客；②寻找新的销售渠道；③扩大销售区域范围。

（3）产品开发。

2. 一体化战略　如果企业所在行业的吸引力和发展潜力大，而且企业在供、产、销等方面有能力实行一体化，并且实现一体化能够带来规模效益，则采取一体化战略。具体形式有三种：①后向一体化；②水平一体化；③前向一体化。

3. 多元化战略　①同心多元化；②水平多元化；③集团多元化。

四、医药企业战略规划的一般过程

1. 发现问题 根据企业发展和行业发展的现状，发现企业在发展过程中存在的问题，或需要解决的问题。

2. 评估问题的重要性 问题可能会很多，要对所有的问题进行分类，并评估每个问题对企业发展的重要性。

3. 分析问题 将问题排序后，应对重要问题进行分析，将战略问题层层分解。

4. 提出与问题有关的战略 分析问题以后，必须考虑是否提出和由谁提出战略的事宜。

5. 发展战略计划并形成行动方案 根据所提战略，考虑和决定如何及时、有效地进行实施，从而增进或避免减少医药企业的效益。

第三节 企业战略管理

一、战略管理的概念

由安索夫在1976年出版的《从战略计划走向战略管理》一书中提出。

广义的战略管理是指运用战略对整个企业进行管理。狭义的战略管理是指对企业战略的制订、实施、控制和修正。

企业战略管理是决定企业长期表现的一系列重大管理决策和行动，包括企业战略的制订、实施、评价和控制。

企业战略管理是企业制定长期战略和贯彻这种战略的活动，是企业在处理自身与环境关系过程中实现其宗旨的管理过程。

二、企业战略的关键要素

1. 企业愿景 企业愿景是企业在未来某一时期希望达到的理想远景。

企业愿景的特点是：①愿景必须具有市场性；②愿景建设不仅仅是形式上的遵从。

2. 企业使命 使命陈述是对一个企业区别于其他类似企业的持久性目的的陈述，它确定了企业所经营的产品种类和市场范围，描述了企业的共同价值观和业务重点。

3. 产品与市场范围 说明企业属于哪个特定行业和领域，企业在所处行业中产品与市场的地位是否占有优势，用它来说明企业的共同经营主线是什么。

4. 成长方向 表明企业从原有产品与市场组合向未来产品与市场组合移动的方向。如表12－1所示。

表 12－1　企业成长方向战略

市场＼产品	原　有	相　关	全　新
原　有	市场渗透	产品发展	产品革新
相　关	市场开拓	多角化	产品发明
新　兴	市场转移	市场创造	创新发展

5. 竞争优势　企业只有具有“成本领先、差异化、集中一点”才具有竞争优势，也才能成功。

6. 协同作用　协同作用主要表现为：①销售协同作用；②运行协同作用；③管理协同作用。

三、企业战略管理过程

（一）战略分析

了解组织所处的环境和相对竞争地位，主要目的是评价影响企业目前和今后发展的关键因素，并确定在战略选择步骤中的具体影响因素。

战略分析包括三个主要方面。

1. 确定企业的使命和目标　它们是企业战略制定和评估的依据。

2. 外部环境分析　战略分析要了解企业所处的环境（包括宏观、微观环境）正在发生哪些变化，这些变化给企业将带来更多的机会还是更多的威胁。

3. 内部条件分析　战略分析还要了解企业自身所处的相对地位，具有哪些资源以及战略能力；还需要了解与企业有关的利益和相关者的利益期望，在战略制定、评价和实施过程中，这些利益相关者会有哪些反应，这些反应又会对组织行为产生怎样的影响和制约。

（二）战略选择

战略分析阶段明确了“企业目前状况”，战略选择阶段所要回答的问题是“企业走向何处”。

1. 制定战略选择方案　在制定战略过程中，当然是可供选择的方案越多越好。企业可以从对企业整体目标的保障、对中下层管理人员积极性的发挥以及企业各部门战略方案的协调等多个角度考虑，选择自上而下的方法、自下而上的方法或上下结合的方法来制定战略方案。

2. 评估战略备选方案　评估备选方案通常使用两个标准：一是考虑选择的战略是否发挥了企业的优势，克服劣势，是否利用了机会，将威胁削弱到最低程度；二是考虑选择的战略能否被企业利益相关者所接受。需要指出的是，实际上并不存在最佳的选择标准，管理层和利益相关团体的价值观和期望在很大程度上影响着战略的选择。此外，对战略的评估最终还要落实到战略收益、风险和可行性分析的财务指标上。

3. 选择战略　即最终的战略决策，确定准备实施的战略。

如果由于用多个指标对多个战略方案的评价产生不一致时，最终的战略选择可以考虑以下几种方法。

（1）根据企业目标选择战略　企业目标是企业使命的具体体现，因而，选择对实现企业目标最有利的战略方案。

（2）聘请外部机构　聘请外部咨询专家进行战略选择工作，利用专家们广博和丰富的经验，能够提供较客观的看法。

（3）提交上级管理部门审批　对于中下层机构的战略方案，提交上级管理部门能够使最终选择方案更加符合企业整体战略目标。

4. 战略政策和计划　制定有关研究与开发、资本需求和人力资源方面的政策和计划。

（三）战略实施

战略实施就是将战略转化为行动。主要涉及以下一些问题：如何在企业内部各部门和各层次间分配及使用现有的资源；为了实现企业目标，还需要获得哪些外部资源以及如何使用；为了实现既定的战略目标，需要对组织结构做哪些调整；如何处理可能出现的利益再分配与企业文化的适应问题，如何进行企业文化管理，以保证企业战略的成功实施等。

企业战略管理的实践表明，战略制定固然重要，战略实施同样重要。一个良好的战略仅是战略成功的前提，有效的企业战略实施才是企业战略目标顺利实现的保证。另一方面，如果企业没有能完善地制定出合适的战略，但是在战略实施中，能够克服原有战略的不足之处，那也有可能最终导致战略的完善与成功。当然，如果对于一个不完善的战略选择，在实施中又不能将其成功实施，那么战略管理是不成功的。

（四）战略评价和调整

战略评价就是通过评价企业的经营业绩，审视战略的科学性和有效性。

战略调整就是根据企业情况的发展变化，即参照实际的经营事实、变化的经营环境、新的思维和新的机会，及时对所制定的战略进行调整，以保证战略对企业经营管理进行指导的有效性。包括调整公司的战略展望、公司的长期发展方向、公司的目标体系、公司的战略以及公司战略的执行等内容。

四、战略管理的任务

提出公司的战略展望，指明公司的未来业务组成和公司前进的目的，从而为公司提出一个长期的发展方向，清晰地描绘公司将竭尽全力所要进入的事业，使整个公司对一切行动有一种目标感。

（1）建立目标体系，将公司的战略展望转换成公司要达到的具体业绩标准。

（2）制定战略，达到期望的结果。

（3）高效、有效地实施和执行选择的公司战略。

（4）评价公司的经营业绩，采取完整性措施，参照实际的经营事实、变化的经营环境、新的思维和新的机会，调整公司的战略展望、公司的长期发展方向、公司的目标体系、公司的战略以及公司的战略执行。

（5）战略和企业家精神　战略制定从根本上来说是一项以市场和顾客为推动因素的企业家活动：具有冒险精神，具有创造性，具有发现新型市场机会的眼力，具有敏锐洞察顾客需求的洞察力，有承担风险的兴趣，这些都是制定公司战略的本质要求。

五、企业战略应注意的倾向

企业的战略制定、战略实施和战略评价，构成企业战略管理过程的三个重要阶段。在这三个阶段，我国企业均不同程度地存在一些问题，这些问题的表现也正是企业战略危机的征兆。

1. 流浪倾向　一位管理大师曾有个形象的比喻：没有战略的企业就像流浪汉一样无家可归。

国内不少企业就有这种“流浪倾向”。它们缺乏企业战略，经营企业喜欢脚踏溜冰鞋，溜到哪儿算哪儿。许多企业经营者，因为繁冗的事物性工作而成为大忙人，以致于无暇顾及企业的任务、方向及战略。管理大师彼德·德鲁克认为，使企业遭受挫折的惟一最主要原因，恐怕就是人们很少充分地思考企业的任务是什么。

随着市场竞争的优胜劣汰，企业广泛的并购重组，使得企业的经营范围、组织规模、产品结构、市场范围等不可避免地发生重大改变。因此，企业必须不失时机地重新制定企业战略，才能成功应对日趋激烈的市场竞争。

2. 东施效颦　有些企业虽然也考虑制定战略，但其战略不是建立在对企业外部机制、威胁和内部优势、弱点的全面、科学分析与论证基础之上，而是喜欢走“东施效颦”的捷径。看到别的行业、别的企业获得成功，便盲目跟风。尤其是在企业进入新产业的问题上，缺乏独立判断，热衷于跟紧大势人云亦云，致使企业发展战略高度雷同，我国家电行业便是一例。

3. 航母情结　国内企业有一种倾向，即企业越大越好，所跨行业和地区越多越好。但许多“小舢板”因外力作用而被焊接成了“航空母舰”，却由于缺乏协调，难以形成有机体和核心竞争能力，因而在市场的汪洋大海中，很难真正发挥航空母舰的作用。

4. 旧瓶装新酒　有什么样的经营战略，就应有什么样的组织结构。这是因为企业的组织结构不仅在程度上决定了目标和政策是如何建立的，而且还决定了企业资源配置。

不少企业的组织规模、经营领域、产品种类、市场范围等，随着新战略的实施已发生重大改变，而企业的组织结构却变化缓慢甚至一成不变。这种旧瓶装新酒的做法，往往使企业的现行结构变得无效。其典型的症状包括：过多的管理层次，过多的人员参加过多的会议，过多的精力被用于解决部门间的冲突，控制范围过于宽广，有过多的目标未能实现等。

5. 赶鸭子上架 不管制定企业战略时考虑得多么周详，由于市场环境瞬息万变，总会感到变化大于计划。因此，适时、客观地、高效地对正在实施的战略进行评价，并据此采取相应行动，无疑是保证企业实现既定目标的必要条件。

但不少企业习惯于到年末，甚至是只有到发生重大问题时，才考虑进行战略评价。其实，企业战略出现危机并非是一朝一夕的事，往往都有一段潜伏期。在潜伏期的早期阶段，企业经营者也大都有所察觉，但由于尚未出现严重偏差，不易引起经营者的重视。由于未能及时进行战略评价，找出问题所在并采取相应的纠正措施，当企业外部或内部出现某种诱因时，战略危机总爆发就在所难免了。

战略评价何时进行才合适？实际上，战略评价活动就应当持续地进行，而不只是在特定时期的期末或在发生了问题时才进行。

6. 见树不见林 一方面，企业在进行战略评价时，容易片面强调短期的财务指标，如投资收益率、股本收益率、销售增长率、市场份额等。这些指标固然重要，但由于绝大多数财务指标都是为年度目标而不是为长期目标制定的，而有些战略需要经过几年甚至更长时间才能实施完毕，其实施结果可能在数年后方能显现。因此，这种做法不仅难以对战略作出准确的评价，反而在客观上弱化了战略目标，极易对企业的战略实施产生误导。

企业为了追求这些财务指标，自觉不自觉地将目标搁置一边，而采取与战略不一致甚至背道而驰的短期行为。《财富》杂志每年对25个产业的企业进行评价，采用关键的8项评价指标包括：管理质量、创新性、产品或服务质量、长期投资价值、财务状况、对社区和环境义务的履行、吸引培养和保留人才的能力、对公司资产的使用。

7. 远离数字化 当前，我国多数企业的战略评价，或者是集中式的专家研讨，或者是零散的内部报告。评价活动多是静态的，即并未将评价活动作为一个动态过程来管理，而是评价报告完成就意味着评价活动的结束。企业尚未形成相对稳定的评价机制和动态的评价体系，远离数字化的落后的评价手段在企业中还广泛存在。

在市场竞争中，通常是拥有最佳信息的一方获胜。在某些情况下，管理者需要掌握当日的新信息。因此，是否采用Internet，决定着企业是采用最新信息还是过时信息进行战略评价。

六、实施战略的误区

误识一：将战略管理只作为企业“致胜”的工具。这是很多企业普遍存在的问题。人们普遍认为，战略管理就是发展、扩张、提升、做大、做强。少有人能认识到，战略管理更要重视“防败”。防败与致胜是战略管理的两个方面，它们存于一体，如军事活动中消灭敌人，保存自己。首先，防败是致胜的基础，只有保证不败，才有机会去取胜；其次，企业发展速度越是提升，失败的几率越高，风险越大。所以，有效的战略管理应该是防败与致胜的统一。

误识二：将战略管理等同于战略性管理。战略管理所要解决的是企业的发展方向、事业定位等全局性、根本性问题，是研究“做正确的事”。战略思想是思想性成果，是组织科学、组织知识、组织经验的结果。而战略性管理所要解决的是企业战略中的问题，是企业整体战略的实施手段，如营销战略、人才战略、资源管理等，是研究“正确的做事”，是组织管理、组织技术的结果。如果没有战略管理把握方向，即使再努力去“正确的做事”，也常常会适得其反。所以一些企业请知名管理咨询公司帮助策划营销战略、广告战略等，没有达到预期效果，很可能是因为缺少整体战略或整体战略与整体性战略不统一。

误识三：将战略管理等同于五年计划、十年规划。五年计划、十年规划是企业战略管理的一个组成部分，其主要通过各项指标，反映企业在一段时期内经营管理的各项目标，并围绕目标的实现，制定系列措施，是战略管理的指标体系，属战略性管理。与之不同，战略管理是思想性成果，是决策者对环境、时间、企业内外不同因素等的综合分析、判断、抉择，由此产生的思想和方法大多难以通过指标来表述和体现。目前许多企业在制定五年计划、十年规划时，缺少战略研究和管理，以指标为中心，不去考虑环境的变化和企业的合理与适应，这就陷入了难境。所谓“合理与适应”应该是只要是合理、适应的，就是正确的。那么，有增也有减、有扩也有缩、有进也有退、有合也有分，一切服从企业生存与发展的需要，才是真正意义上的企业发展战略。

误识四：重行业性和技术性经验，轻社会性和经验性知识。很多企业在选择咨询委托时，都将有无行业经验作为主要选择标准，这不仅是一个严重误区，还会使企业严重偏离战略方向。战略咨询是要从企业现实出发，跳出企业局限对企业问题研究，其任务是把针对于某个企业特点所需要的知识（包括技术知识）组织起来，用于该企业战略管理。这种知识的组织是“管理的管理”，需要科学理论和科学方法，也需要经验，所以对任何行业都适用。而行业经验则偏重于具体技术知识和经验，只对企业战略某一部分有用（不是全部），难以解决战略全局的前瞻性、长远性问题。

误识五：迷信专家、学者。很多企业在考虑和制定发展战略时，希望请一些社会知名专家、学者，帮助策划、把关。还有企业请来各路专家，集中开 1 ~ 2 次讨论会，希望专家们可以就战略问题提出适当的意见、建议，但往往不如人愿。这是因为战略管理需要的是以战略管理专家为主而组织的各方面专家群体，不是社会上的知名经济学家，而且，企业战略思想的产生，是在对企业深入了解的基础上，长时间的、连贯的思想过程，短时间的灵光闪现只能称其为“点子”或“策划”，离战略思想还差得很远。

七、战略制定过程中需注意的问题

企业战略管理是企业在宏观层次通过分析、预测、规划、控制等手段，实现充分利用本企业的人、财、物等资源，以达到优化管理，提高经济效益的目的。在中国，由于长时间的计划经济体制的影响，企业战略管理还仅仅是一个开头。但是随着我国经济市场化的日益加深，市场竞争日趋激烈，作为市场经济运行的主要参与者的我国企业，是我国实现经济繁荣和充分就业的决定因素，加强企业战略管理，是提高我国企业管理体制水平，提高竞争能力的有力工具，结合我国企业现状，应注意以下七个方面。

1. 战略目标　一个企业，必须有一个明确的长远奋斗目标，古语“有志者事竟成”，没有宏伟战略目标的企业，犹如一个没有志向的人，是成不了大事的。只有确定了宏伟的奋斗目标，才能使企业凝集全部的力量，众志成城，向一个共同方向努力。有种说法，一个老板有多大的雄心，这个企业就能发展到多大，“心有多大，舞台就有多大”，讲的就是一个道理。

2. 战略规划　由于战略目标是一个长远的目标，不是马上就可以实现的，在理想与现实之间，必须有一个艰苦的奋斗历程。所谓战略规划，就是要将这个奋斗历程予以规划，以期充分调动企业资源，沿着既定方向前进，尽快实现战略目标。假设有一个公司，要在20年内发展成为世界500强，那么，首先得明确20年后，世界500强的标准是什么，然后根据现有实际状况，制订出一个切实可行的计划。如第1～5年，必须明确目标，制定规划，培养核心能力，建立良好的内部管理体制，储备人才准备形成强有力的竞争能力。第6～10年，取得海内、外上市资格，通过发行股票筹集充足的资本以保证高速扩张。第11～15年，大规模扩张，通过兼并、控购、联合等方式，一举取得市场优势地位。第16～20年，巩固基础，理顺管理结构，提高效益，通过进一步扩张，达到跨入世界500强的战略目标，使理想最终变为了现实。在此基础上，企业进行深化和具体化后，对全体职工进行宣传和鼓动，以战略规划为核心建立公司上下一致的奋斗方向。

3. 战略基础　企业的总的核心能力构成企业的战略基础，一个企业之所以能够在市场竞争之中立足，以致于发展壮大，是因为这个企业必定有特殊的、超过别人的、与众不同的地方，这个不一般的地方就是企业的核心能力，这是一个企业生命力的关键，如可口可乐公司，其核心能力就是其秘密配方和品牌；微软公司的核心能力是其卓越的软件开发能力。作为企业董事会和最高领导人，应该认真分析判断本企业的核心能力之所在，然后巩固核心能力，发展核心能力，保护核心能力。

4. 战略保障　一个企业的发展和战略目标的实现还必须通过严格的经营管理来实现，包括：计划预算编制与实施、现金控制与管理、成本利润分析、技术开发制度、采购与付款方式、销售与收款政策、筹资与投资决策、企业文化建设、企业形象设计等各个方面，这是企业成功的战略保障，也是企业战略核心能力得以发挥的基础。企业应该重视这些保障措施的制定和实施。

5. 战略决策　现代经济生活的发展，已经远远超过一个人的经验和能力所能控制的范围，必须建立良好的信息搜集、整理、分析、报告体制，以保证决策的灵敏性、准确性。在进行重大决策时，应该共同讨论，各展所长，形成科学决策。

经过几百年的市场经济的实践，董事会决策和委员会咨询是企业决策的有力工具。董事会中应该包括有股东代表、经理层代表外，更关键的是必须有足够的专家学者组成的独立董事，独立董事不代表个别股东或高级管理人员的利益，而是代表整个企业的长远利益，为企业董事会决策提供专业意见，以弥补内部董事的种种缺陷。全体董事会成员对其决策行为承担法律责任，包括经济责任甚至刑事责任。

美国法律规定：一个公司必须有独立董事和由独立董事组成审计委员会。这是美国公司决策成功的关键之一。同样，建立各种专业性咨询委员会，容纳各方面利益的代表，进行磋商，为有关方面提供决策依据，也是通向科学决策的有力工具之一。

6. 战略执行　任何正确决策必须通过准确有效的执行，才能予以贯彻。战略执行主要是通过经理层、各职能机构、各分公司、各经办人员的活动来完成。应该通过公开招聘审查，选定具有专业能力的人员承担职责，配备各种人才组成具有整体协作能力的团队，并且根据企业的实际需求，科学设置各职能机构，建立切实可行的制度来保证机构的运行。另外还必须建立人员的培训、考核、选拔、轮换、更新制度，如董事会董事轮换，总经理 3 年一任，部门经理 1 年一聘，普通员工每个季度考核一次，保证机构的活力与发展，以适应社会经济的不断发展变化。

八、企业战略案例

1. 使命（mission）　德鲁克曾说，问“我们的使命是什么”就等于问“我们的业务是什么”。使命陈述（mission statement）是对使命的高度概括和正式表述，是对企业存在理由的宣言。制定使命陈述是进行战略管理的起点和基础。

一项完善的使命陈述应阐明企业的经营目的、顾客、产品或服务、市场及采用的基本手段和方式。一项使命陈述应当包括：①对企业进行定义并表明企业的追求；②内容要窄到足以排除某些风险，宽到足以使企业能创造性地增长；③将本企业与其他企业相区别；④可作为评价现时及将来活动的基准体系；⑤表述足够清楚，能为企业上下广泛理解。

2. 企业使命实例

先声药业使命：凝聚更多力量，为患者寻求和提供更有效药物，让员工为此而自豪，从而赢得客户和社会的尊重。

雅培使命：对生命的承诺。

拜耳使命：科技创造美好生活。

强生使命：因爱而生。

百时美施贵宝使命：研发并提供创新药物，帮助患者战胜严重疾病。

礼来公司使命：让全世界人民生活得更长久，更健康，更有活力！

默克（默沙东）使命：我们应当永远铭记，药物是为人类而生产，不是为追求利润而制造的。只要我们坚守这一信念，利润必将随之而来。仅仅发明了一种新药，并非已经大功告成，我们还要探索有效途径，使默沙东的最佳科研成果，能够造福于全人类。

阿斯利康中国使命：在我们优先专注的治疗领域内，开发、提供和销售高品质的创新药物。我们决心以高度的责任感来开展我们的业务，加强对中国的长期承诺，成为首选合作伙伴。

诺华使命：我们致力于不断研究、开发和推广创新产品，以帮助人类治愈疾病、减轻病痛和提高生活质量。我们期望以优良的业绩回报投资者，并且奖励为公司贡献智慧和力量的人。

葛兰素史克使命：让人们能够做到更多、感觉更舒适、生活更长久，从而提高人类的生活质量。

3. 企业愿景实例

先声药业企业愿景：在重大挑战领域创造革命性药物。

辽宁太平医药有限公司愿景：构建企业、商业、终端的“生态型共生合作模式”。

步长医药集团企业愿景：客户的健康使者，员工的温馨家园，民族的医药先锋，中国的国际品牌。

东阿阿胶集团企业愿景：滋补养生产业引领者，滋补养生理念的引领者，滋补养生产品的引领者，产业健康发展的引领者。

复兴药业企业的愿景：全球主流医药健康市场的一流企业。

4. 企业战略编制范例

凡事预则立，不预则废。什么样的目标决定了什么样的人生和结果，对人、对企业都是如此。

对企业而言，不制定发展战略规划，会出现盲目扩张、竞争乏力、执行不力、成长后劲不足等诸多问题。

制定合理有效的企业战略，是企业持续发展必要的保证。

企业发展战略规划，为企业未来的长期生存与发展作出了方向性、整体性、全局性定位、反展目标和相应的实施方案。

企业发展战略规划范本

1. 背景原则

1.1 规则编制背景

1.2 规则编制原则

1.3 规划时限

2. 公司现状

2. 1 发展历程
2. 2 企业特色
3. 行业发展机遇
3. 1 行业分析
3. 2 主要业务
3. 3 行业问题
3. 4 行业前景
4. 企业发展目标
4. 1 企业发展阶段
4. 2 企业发展目标
4. 3 企业中长期经营目标
4. 4 企业中长期管理目标
4. 5 目标制定的基本思想
5. 发展战略
5. 1 人力资源战略
5. 2 特色营销战略
5. 3 技术制胜战略
5. 4 品牌工程战略
5. 5 超常规发展战略
6. 企业发展模式
6. 1 发展模式的选择
6. 2 中长期发展模式的说明
6. 3 中长期发展模式展望
6. 4 中长期发展模式模块组合
7. 企业管理
7. 1 管理定位
7. 2 管理机构
7. 3 管理方法
7. 4 管理制度
7. 5 生产管理
7. 6 技术管理
7. 7 营销管理
7. 8 财务管理
7. 9 信息管理

8. 职工队伍

8.1 职工队伍管理目标

8.2 职工远景规划

8.3 职工管理制度的系统性

8.4 精才集聚原则

9. 企业文化

9.1 意义

9.2 企业家形象

9.3 团队形象

9.4 公共关系

10. 组织措施

10.1 建立执行组织

10.2 规划执行力

10.3 为核心目标工作

10.4 建立学习组织

复习测试题

一、名称解释

1. 战略

2. 企业战略

3. 企业战略管理

二、选择题

1. 战略是泛指（　）的谋划

A. 重大的　　B. 带全局性的　　C. 规律性

D. 决定全局　　E. 全面的

2. 战略特点是（　）

A. 方向性　　B. 宏观　　C. 全局性

D. 稳定性　　E. 全面的

3. 战术营销计划描绘一个特定时期的营销战术，包括（　）

A. 产品特征　　B. 促销　　C. 商品化

D. 定价　　E. 销售渠道和服务

4. 企业战略管理是指企业为（　）的动态管理过程

A. 实现战略目标　B. 制定战略决策　C. 实施战略方案
D. 控制战略绩效　E. 管理战略过程

5. 一般现代大型医药企业存在（ ）等战略层次
A. 公司战略　B. 业务战略　C. 职能战略
D. 部门战略　E. 销售战略

6. 企业战略的构成要素是（ ）
A. 经营范围　B. 资源配置　C. 竞争优势
D. 协同作用　E. 产品组合

7. 确定医药企业任务，应考虑以下（ ）因素
A. 企业的发展历史　B. 企业特色　C. 管理者偏好
D. 市场环境　E. 企业资源

8. 一份有效的业战略规划书应该体现以下要求（ ）
A. 贯彻市场营销观念　B. 切实可行　C. 鼓舞人心
D. 简洁明确　E. 创造效益

三、简答题

1. 简述企业战略的分类。
2. 简述企业战略管理的意义。
3. 简述医药企业目标的确定。
4. 简述医药企业战略规划的一般过程。
5. 简述企业战略的关键要素。
6. 简述企业战略应注意的倾向。

参考文献

[1] 周进东，罗兴洪．药品生产企业管理与实务［M］．北京：人民卫生出版社，2010.

[2] 周晶．浅析企业文化建设的重要性［J］．黑龙江科技信息，2007，(21).

[3] 陈霞．如何加强企业文化建设［J］．北方经济，2006，(20).

[4] 汪晓民．企业文化的价值取向［J］．当代经理人，2006，(1).

[5] 王宇锋．企业文化建设在企业管理中的作用［J］．内蒙古水利，2006，(3).

[6] 冷冰．浅谈企业文化在企业管理中的作用［J］．工会论坛，2006，(4)：4.

[7] 李秋红．企业文化在企业发展中的作用［J］．第三届中国质量学术论坛论文集，2008，(3).

[8] 常颖．企业文化解说［J］．内蒙古电大学刊，2008，(1).

[9] 陈军，张亭楠．现代企业文化—二十一世纪中国企业家的思考［M］．北京：机械工业出版社，2002.

[10] 王吉鹏，李明．企业文化诊断评估理论与实务［J］，探索创新，2005，(12).

[11] 魏杰．中国企业文化创新［J］．科技与管理，2006，(1).

[12] 匡家庆，刘跃．现代餐饮业经营管理［J］．科技与管理，2007，(1).

[13] 刘光明．企业文化案例［J］．第3版．北京：经济管理出版社，2007.

[14] 张丽娜．关于学习型企业文化创建问题的探讨［J］．中国商界，2010，(5).

[15] 罗九牛．关于企业文化建设的若干思考［J］．商业文化，2010，(8).

[16] 张德．企业文化建设［M］．北京：清华大学出版社，2003.

[17] 困昆得．公司精神［M］．昆明：云南大学出版社，2002.

[18] 李海燕．企业文化变革研究［M］．北京：北京交通大学出版社，2007.

[19] 成思危．企业信息化与管理变革［M］．北京：中国人民大学出版社，2001.

[20] 罗超理，李万红．管理信息系统原理与应用［M］．北京：清华大学出版社，2002.

[21] 梁滨．企业信息化的基础理论与评价方法［M］．北京：科学出版社，2000.

[22] 邱东．多指标综合评价方法的系统分析［M］．北京：中国统计出版社，1991.

[23] 庞庆华．企业信息化水平的灰色关联分析［J］．情报杂志，2006，25 (6)：61－62.

[24] 孙建军．信息资源管理概论［M］．南京：东南大学出版社，2005.

[25] 甘立人. 企业信息化建设与管理 [M]. 北京: 北京大学出版社, 1998.
[26] 王鲁滨. 企业信息化建设: 理论、实务、案例 [M]. 北京: 经济管理出版社, 2007.
[27] 王鲁滨. 现代信息管理 [M]. 北京: 经济管理出版社, 2005.
[28] 杨尊琦, 林海. 企业资源规划 (ERP) 原理与应用 [M]. 北京: 机械工业出版社, 2006.
[29] 金达仁. 我国企业信息化渐入佳境 [OL]. 人民网, 2003-05-14.
[30] 安筱鹏, 王厚芹. 中国企业信息化回顾与展望 [N]. 中国计算机报, 2003, 02, 26.
[31] 戴恩民. 企业信息化、网络化的思考 [OL]. 国研网, 2003-09-16.
[32] 周建群. 中小企业信息化建设研究 [J]. 赤峰学院学报, 2008, (6): 15-16.
[33] 程盛芳. 面向知识管理的中小企业信息化建设策略 [J]. 技术与市场, 2008, (12): 11~12.
[34] 马力强. 中国现代物流发展报告 [M]. 北京: 机械工业出版社, 2003.
[35] 王丰, 杨西龙. 我国医药物流发展探讨 [J]. 物流学术, 2003, (3).
[36] 袁长明. 物流管理概论 [M]. 北京: 化学工业出版社, 2007.
[37] 张琳. 基于TQM的第三方医药物流企业药品质量风险管理 [J]. 科技促进发展, 2011, (4): 18-20.
[38] 陈洁. 医药经营企业在第三方物流下的质量管理探讨 [J]. 上海医药, 2011, (6): 25-26.
[39] 张庆英. 医药冷链物流质量环管理探析 [J]. 物流技术, 2010, (20): 29-31.
[40] 李茜. 关于医药现代物流体系中质量管理的探讨 [J]. 上海医药, 2010, (1): 22-23.
[41] 缪兴锋. 基于模糊方法的医药物流服务质量评价研究 [J]. 湖南工程学院学报 (社会科学版), 2009, (4): 33-34.
[42] 陆国平. 医药现代物流的质量管理实践与探索 [J]. 上海医药, 2009, (8): 16-17.
[43] 方伟. 大学生职业生涯规划咨询案例教程 [M]. 北京: 北京大学出版社, 2008.
[44] 杜林致. 职业生涯管理 [M]. 上海: 上海交通大学出版社, 2006.
[45] 于桂兰, 苗宏慧. 人力资源管理 [M]. 北京: 清华大学出版社, 2009.
[46] 顾沉珠. 人力资源管理实务 [M]. 上海: 复旦大学出版社, 2005.
[47] 朱文涛. 医药企业管理学 [M]. 北京: 中国中医药出版社, 2010.
[48] 金占明. 战略管理 [M]. 北京: 清华大学出版社, 2004.
[49] 刘冀生. 企业战略管理 [M]. 第2版. 北京: 清华大学出版社, 2003.
[50] 周三多. 管理学-原理与方法 [M]. 第4版. 上海: 复旦大学出版社, 2003.

[51] 彭智海，汤少梁．医药市场营销学［M］．北京：科学出版社，2004.

[52]［英］格里·约翰逊，凯万·斯科尔斯著，金占明、贾秀梅译．公司战略教程［M］．第三版．北京：华夏出版社，1998.

[53]［美］弗雷德·R·戴维著，李克宁译．战略管理［M］．第8版．北京：经济科学出版社，2001.

[54] 吴斌，顾天辉．现代战略管理［M］．北京：首都经济贸易大学出版社，2004.

[55] 孟卫东，张卫国，龙勇．战略管理：创建持续竞争优势［M］．北京：科学出版社，2004.

[56] 约翰·E·特鲁普曼著，胡零，刘智勇译．薪酬方案——如何制定员工激励机制［M］．上海：上海交通大学出版社，2002.